Theo Pirker (Hrsg.)

Die bizonalen Sparkommissare

Schriften des Zentralinstituts für sozialwissenschaftliche Forschung der Freien Universität Berlin

ehemals Schriften des Instituts für politische Wissenschaft

Band 67

Theo Pirker (Hrsg.)

Die bizonalen Sparkommissare

Öffentliche Finanzkontrolle im Spannungsfeld zwischen Eigen- und Fremdinteresse während der Vor- und Gründungsphase der Bundesrepublik Deutschland

Westdeutscher Verlag

Die Deutsche Bibliothek – CIP-Einheitsaufnahme

Die bizonalen Sparkommissare: öffentliche Finanzkontrolle
im Spannungsfeld zwischen Eigen- und Fremdinteresse
während der Vor- und Gründungsphase der Bundesrepublik
Deutschland / Theo Pirker (Hrsg.). – Opladen: Westdt. Verl., 1992
(Schriften des Zentralinstituts für Sozialwissenschaftliche Forschung
der Freien Universität Berlin; Bd. 67)
ISBN 978-3-531-12385-1 ISBN 978-3-322-93596-0 (eBook)
DOI 10.1007/978-3-322-93596-0
NE: Pirker, Theo [Hrsg.]; Zentralinstitut für Sozialwissenschaftliche
Forschung < Berlin >: Schriften des Zentralinstituts...

Der Westdeutsche Verlag ist ein Unternehmen der Verlagsgruppe Bertelsmann International.

Umschlaggestaltung: Christine Nüsser, Wiesbaden

Gedruckt auf säurefreiem Papier

ISBN 978-3-531-12385-1

Inhalt

Vorwort

Daß in Zeiten des politischen wie gesellschaftlichen Umbruchs die Dinge, auch die bürokratischen Dinge, nicht unbedingt in gewohnten Bahnen verlaufen, ist eine Binsenweisheit und überrascht kaum. Ebensowenig dürfte es Erstaunen auslösen, daß in solchen Zeiten eventuell verbliebene staatsbürokratische Fragmente dazu tendieren, möglichst schnell wieder stabile administrative Strukturen zu errichten und - wenn die Verhältnisse es zulassen - in die gewohnten und ach so "bewährten" Bahnen zurückzufinden. Verwunderung herrschte bei uns, d.h. bei meinen Mitarbeitern und mir, jedoch darüber, daß bei der historischen Aufarbeitung einer solchen Umbruchphase, konkret der Periode vom Zusammenbruch des Deutschen Reiches 1945 bis zur Errichtung des westdeutschen Staates 1949, die Institution, die für sich in Anspruch nimmt, während dieser Zeit maßgeblich an der Wiederherstellung eines funktionierenden Verwaltungsapparates mitgewirkt bzw. diese beeinflußt zu haben, schlicht und einfach übersehen worden war. Diese Verwunderung war um so größer, als es eine nicht eben neue Erkenntnis ist, daß Verwaltungsstrukturen einen evidenten Einfluß auf die Politik zumindest insofern ausüben können und auch ausüben, als sie deren Umsetzung zu behindern, wenn nicht gar zu torpedieren vermögen, und daß dementsprechend auch die Einflußnahme auf die Schaffung solcher Strukturen politisch bedeutsam ist.

Die Institution von der hier die Rede ist, ist der Rechnungshof; und fragt man, warum er in dem angesprochenen Zusammenhang bisher kaum wahrgenommen wurde, so mag es viele Erklärungen dafür geben. Eine nicht nur naheliegende, sondern auch durchaus fundierte ist die, daß er seit jeher als unpolitisch gilt. Nicht zuletzt dieses von den Rechnungshöfen selbst nachhaltig gepflegte Image dürfte erheblich dazu beigetragen haben, daß die Besatzungsmächte den sehr bald neu- bzw. wiedererrichteten Finanzkontrollbehörden einen relativ großen Handlungsspielraum einräumten[1], der es diesen ermöglichte, nicht nur Aufbau und Struktur der Verwaltung in der Nachkriegszeit maßgeblich zu beeinflussen[2], sondern auch deren Inhalte mitzubestimmen und schließlich den Prozeß der Verfassunggebung gutachterlich zu begleiten[3]. Zumindest suggerieren zahlreiche Darstellungen der Rechnungshöfe eine solche Einschätzung, die wir als eine zentrale These an den Anfang unserer Forschungsarbeit gestellt haben. Wenn diese These auch nicht in vollem Umfang bestätigt werden konnte, so blieb als Ergebnis dennoch, daß die Institutionen der staatlichen Finanzkontrolle damals erheblich größere Gestaltungsmöglichkeiten besaßen als in der Zeit nach der Konsolidierung des westdeutschen Teilstaates und daß sie hiervon auch in extensiver Weise Gebrauch machten.

Im Mittelpunkt des Endberichtes zur "Geschichte und Bedeutung der Finanzkontrolle und ihrer Behörden im westlichen Nachkriegsdeutschland", dessen gedruckte Fassung hiermit vorgelegt wird, steht die Entwicklung bzw. das Geschehen im Vereinigten Wirtschaftsgebiet, also der sogenannten Bizone, wurden doch die Verwaltungsstrukturen des westdeutschen Staates durch dessen bizonalen Vorlauf wesentlich geprägt, ja fast schon prädominiert. Somit kann die Errichtung der bizonalen Verwaltungen als die

1 Vgl. hierzu den einleitenden Beitrag von R. Weinert sowie den Beitrag von F.-O. Gilles
2 Vgl. hierzu die übrigen Beiträge von R. Weinert sowie den Beitrag von G. Otto
3 Vgl. hierzu den Beitrag von G. Otto

historische Schnittstelle für die administrative Ausgestaltung der späteren Bundesrepublik gelten.

Die Einflußnahme der Finanzkontrolleure auf diese administrative Ausgestaltung wurde zwar - wie schon gesagt - erheblich durch den von den Besatzungsmächten gewährten Handlungsspielraum erleichtert; man griffe jedoch zu kurz, reduzierte man die Erklärung für dieses Gewährenlassen nur auf den Faktor des scheinbar Unpolitischen. Vielmehr ist hierbei auch auf die erheblich divergierenden besatzungspolitischen Vorstellungen und Konzepte der westlichen Siegermächte hinzuweisen, die sich zudem in der Praxis als sehr diffus erwiesen, und das trotz langwieriger und intensiver Vorbereitungen, die sich u.a. in Handbüchern für die Besatzungsoffiziere niederschlugen, und ungeachtet einer unter den gegebenen Umständen zweifellos sorgfältigen Auswahl und Schulung dieses Personenkreises. Es dürfte den jeweiligen Fachoffizieren bei den einzelnen Militärregierungen daher sicher nicht unwillkommen gewesen sein, die Unschärfe und gelegentliche Widersprüchlichkeit ihrer Vorgaben durch die Wiederherstellung deutscher Verwaltungsstrukturen, sofern sie politisch indolent schienen, kompensieren zu können. Der Sachverstand der 'Oberexperten' aus den Rechnungshöfen kam da durchaus gelegen.

Allerdings wäre es falsch, daraus abzuleiten, die Finanzkontrollbehörden wären bei ihrem Aufbau oder hinsichlich ihrer Struktur von den verschiedenen besatzungspolitischen Vorstellungen der Siegermächte unberührt geblieben. Diese hatten im Gegenteil darauf beträchtliche Auswirkungen und führten zu höchst unterschiedlichen staatsrechtlichen Verankerungen der neuen Rechnungshöfe und zu einem Kompetenzwirrwarr[4], der in Anlehnung an ein Wort des fast schon legendären Reichssparkommissars und bis 1938 amtierenden Reichsrechnungshofpräsidenten, Friedrich E.M. Saemisch, als Buntscheckigkeit apostrophiert wurde[5], wobei anzumerken ist, daß diese Buntscheckigkeit, soweit sie nicht in den folgenden Jahrzehnten im Zuge von Gesetzesnovellierungen beseitigt wurde, teilweise noch heute vorhanden ist. Daß die Alliierten den Sachverstand der Finanzkontrolleure nicht nur indirekt nutzten, sondern diesen ab und an auch direkt für ihre Zwecke zu instrumentalisieren suchten, etwa im Zusammenhang mit dem Komplex Besatzungskosten, sei hier nur am Rande vermerkt.

Die besatzungspolitischen Interessen der Siegermächte beschränkten sich jedoch - wie bekannt - keineswegs auf eine funktionierende deutsche Verwaltung oder eine effektive Finanzkontrolle. Insbesondere für die Vereinigten Staaten von Amerika standen wirtschaftspolitische Fragen im Vordergrund; und dies nicht erst vor dem Hintergrund des sich abzeichnenden Kalten Krieges, sondern spätestens seit den Vereinbarungen von Bretton Woods 1944, wodurch der US-Dollar als Weltleitwährung endgültig etabliert wurde. Die hieraus resultierende Dominanz von währungs- und geldpolitischen Erwägungen ließ auch die amerikanische Besatzungspolitik nicht unberührt. Demgemäß spielten Fragen der Wirtschaftsankurbelung und der Währungsreform in Deutschland eine immer bedeutsamere Rolle[6], während die administrative Ausgestaltung einschließlich der Finanzkontrolle zunehmend aus dem Blickfeld rückte. Zu berücksichtigen ist dabei auch, daß in der britischen Zone - anders als in der amerikanischen - eine zentralistisch konzipierte Administration in Form der zonalen Be-

4 Vgl. hierzu den Beitrag von F.-O. Gilles
5 Vgl. Saemisch 1931, S. 99 ff., Peucker 1952, S. 49
6 Vgl. hierzu u.a. Horstmann, Th. 1989

hörden existierte, die bei der Konstituierung des Vereinigten Wirtschaftsgebietes und seiner administrativen Ausstattung einen Erfahrungsvorsprung besaß, den sie auch zu nutzen wußte. Hinzu kommt, daß in der Verwaltung der britischen Zone organisatorische, personelle und funktionelle Kontinuitäten, und das gilt vor allem für die Finanzkontrolle, wesentlich stärker ausgeprägt waren als im amerikanischen Besatzungsgebiet.

Dementsprechend wird in dem ersten Beitrag von R. Weinert zwar zunächst die Entwicklung in der amerikanischen Zone skizziert, jedoch kommt dieser für unsere Thematik eine nur untergeordnete Bedeutung zu. Außerdem ist sie am Beispiel Bayerns schon an anderer Stelle ausführlicher behandelt worden ebenso wie das Geschehen im französischen Besatzungsgebiet und die Vorgeschichte bis 1945[7]. Wichtiger ist demgegenüber die Entwicklung in der britischen Zone, die denn auch im Mittelpunkt dieser Darstellung steht. Anschließend wird in dem Beitrag von F.-O. Gilles der alles andere als gradlinig und harmonisch verlaufende Aufbau einer öffentlichen Finanzkontrolle im Vereinigten Wirtschaftsgebiet dargestellt bis hin zur Re-Institutionalisierung einer gesamtstaatlichen Finanzkontrolle, sprich der Errichtung des Bundesrechnungshofes. Eng verflochten damit waren die ab und an einer Springprozession ähnelnden Anläufe zu einer zonenübergreifen und später bundesweiten Kooperation der westdeutschen Rechnungsprüfungsbehörden.

In den folgenden Beiträgen von R. Weinert und G. Otto steht die Gutachter- bzw. Beratungstätigkeit der Finanzkontrolleure im Vordergrund, insbesondere ihre schon angesprochene Einflußnahme auf den Aufbau und die Gestaltung der deutschen Nachkriegsverwaltung und zwar auf der Ebene der Einzelverwaltungen, auf der einer Landesadministration und schließlich auf der gesamtstaatlichen. Zunächst werden die Bemühungen bzw. Aktivitäten im Zusammenhang mit der Umorganisierung der Verwaltungen des Vereinigten Wirtschaftsgebietes behandelt und das am Beispiel der bizonalen Wirtschaftsbehörde, die damals am ehesten für politischen Streit sorgte und daher am stärksten öffentlicher Kritik ausgesetzt war. Anschließend geht es um das Gutachten des Rechnungshofs im Vereinigten Wirtschaftsgebiet bzw. des Bundesrechnunghofs zur Neuordnung der Verwaltung des Landes Schleswig-Holstein, mit dem man zu Beginn der fünfziger Jahre erfolgreich an die Tradition des Reichssparkommissars anknüpfte, galt doch die Expertise noch nach Jahrzehnten als richtungweisend. Schließlich wird die Gutachter- und Beratungstätigkeit für den Parlamentarischen Rat und den Organisationsausschuß der Ministerpräsidentenkonferenz der Länder im Zusammenhang mit dem Aufbau der neuen Bundesbehörden näher beleuchtet, ein Gebiet, das auch für die Finanzkontrolleure nicht frei von Fußangeln war und auf dem sie sich - wohl eher unfreiwillig - in heftigste politische Querelen verstrickten.

Im Schlußbeitrag werden - sozusagen in einem vorausschauenden Rückblick - einige Überlegungen zur theoretischen Fundierung und Einordnung der Finanzkontrollbehörden innerhalb eines Konglomerats intermediärer Institutionen, die vor allem dadurch gekennzeichnet sind, daß sie autonom gesellschaftliche Teilbereiche kontrollieren bzw. regulieren, angestellt. Darüber hinaus stehen diese Überlegungen im Zusammenhang

---

7 Vgl. Otto/Weinert 1987; zur Vorgeschichte in der Weimarer Republik und im NS-Staat vgl. Gilles 1987, Gilles 1989, Dommach 1987, Weinert 1987; ergänzend siehe auch Gilles/Otto/Weinert 1987 (c), u.a. mit Kurzdarstellungen zu der jeweiligen Entwicklung in Bayern, Hamburg, Hessen, Niedersachsen, Nordrhein-Westfalen und Rheinland-Pfalz

mit der Eröffnung neuer im wesentlichen nur interdisziplinär zu bewältigender Forschungsfelder, die als ein indirektes Ergebnis dieses Projektes anzusehen sind.

Bevor ich jedoch hierauf noch etwas näher eingehe, seien einige Anmerkungen zur Vorgeschichte dieses Projekts erlaubt, oder besser zu den Umständen, unter denen meine Mitarbeiter auf dieses Thema aufmerksam wurden, auch wenn solche Umstände für die Forschungstätigkeit selbst im allgemeinen kaum von Bedeutung sein dürften - von Ausnahmen abgesehen, und um eine solche handelt es sich hier.

Meine Mitarbeiter fanden zu dem Thema Finanzkontrolle und Rechnungshöfe über eine Kontroverse, in die sie mit eben diesen Institutionen, insbesondere mit dem Bundesrechnungshof, über die adäquate Organisationsform in einem Teilbereich der Bonner Ministerialbürokratie gerieten. Im Zusammenhang mit dieser Kontroverse stellte sich - sozusagen als Nebenprodukt - heraus, daß die wissenschaftliche Beschäftigung mit dem Komplex Finanzkontrolle weitgehend von den Rechts- und Wirtschaftswissenschaften dominiert wurde und daß die vereinzelten sozialwissenschaftlichen Arbeiten hierzu sich auf den Bereich Erfolgskontrolle bzw. Politikevaluierung beschränkten. Eine Beschäftigung mit der Institution Rechnungshof selbst einschließlich ihrer Tätigkeit und ihrer Wirkungen in Exekutive, Legislative und Öffentlichkeit gab es nicht. Es lag nahe, diese gravierende Forschungslücke zu schließen. Das hierzu von meinen Mitarbeitern entwickelte Konzept[8] mündete schließlich in ein Forschungsprojekt zur "Wirkungsanalyse der Tätigkeit des Bundesrechnungshofs im legislativen und exekutiven Bereich", das zwischenzeitlich von einigen Kollegen unter der Leitung von Nils Diederich erfolgreich abgeschlossen wurde[9].

Der Umstand, daß meine Mitarbeiter als die Initiatoren das Projekt nicht selber durchführten, lag darin, daß sie nach der Einreichung des Forschungsantrages auf eine mindestens ebenso gravierende Forschungslücke stießen, nämlich die weitgehende Ausblendung der Finanzkontrolle und ihrer Institutionen aus der westdeutschen Nachkriegsgeschichte, und daß der hierzu ausgearbeitete Forschungsantrag dann die Hürden der Bewilligungsbürokratie leichter und schneller nahm als sein zeitlicher Vorläufer.

Wenn schon diese Verquickung der beiden Forschungsprojekte, aus der heraus sich das vorab erwähnte übergreifende Konzept zur Institutionenanalyse entwickelt hat, Resultat der Projektvorgeschichte war und insofern durchaus eine Ausnahme darstellt, so gilt dies noch mehr für die erstaunliche Kooperationsbereitschaft der Praktiker der Finanzkontrolle, zumal sie völlig im Gegensatz stand zu den von vielen gutachtenden und anderen Experten prognostizierten verschlossenen Türen, gegen die man bei den Rechnungshöfen laufen werde. Dabei dürfte diese Bereitschaft beileibe nicht nur auf die jeweiligen Forschungskonzepte zurückzuführen sein, so überzeugend sie für den einen oder anderen auch gewesen sein mögen. Auch Zufälligkeiten, wie z.B. anstehende Jubiläen, mögen eine Rolle gespielt haben, aber eben auch die angesprochene Vorgeschichte einschließlich der dabei entstandenen und von uns keineswegs verleugneten Konfliktsituation - zumindest lassen vereinzelte Andeutungen aus den Rechnungshöfen diesen Schluß zu.

Diese Kooperation zeigte sich vor allem in der Bereitschaft der Rechnungshöfe zur Öffnung ihrer Archive bzw. Altregistraturen und ihrer tatkräftigen Unterstützung bei

8 Vgl. hierzu Diederich/Gilles/Otto/Otto/Weinert 1983, dies. 1985 sowie Otto 1990
9 Vgl. Diederich/Cadel/Dettmar/Haag 1990

der Suche nach Zeitzeugen. Ohne sie wäre eine erfolgreiche Durchführung dieses Projektes kaum möglich gewesen, zumal sich herausstellte, daß der größte Teil der Dokumente eben nicht in den staatlichen Archiven, sondern in den Kellern der Rechnungshöfe lagerte. Das rege Interesse an unserer Forschungsarbeit äußerte sich aber auch in der Teilnahme zahlreicher Rechnungshofvertreter an zwei Tagungen zu dieser Thematik, die 1985 und 1986 von meinen Mitarbeitern und mir durchgeführt wurden[10].

Zu erwähnen ist in diesem Zusammenhang noch, daß es in den letzten Jahren - wie schon angedeutet - bei vielen Rechnungshöfen etwas zu feiern gab, sei es zum 275-jährigen oder 175-jährigen Bestehen wie im Falle des Bundesrechnungshofes einschließlich seiner Vorläufer oder des Bayerischen Obersten Rechnungshofes oder seien es die 40-Jahres-Jubiläen bei der Mehrzahl der übrigen Landesrechnungshöfe oder daß es anläßlich eines runden Geburtstages Rechnungshofpräsidenten zu würdigen galt[11]. Dies war für manch eine der Finanzkontrollbehörden allemal Anlaß genug, nun ihrerseits in ihren Archiven zu stöbern und ihr Werden und ihre Arbeit in Feierstunden, Festschriften oder "Werkstattberichten" zu dokumentieren. Wenn meine Mitarbeiter und ich auch nur in einem Fall direkt an solchen Arbeiten beteiligt waren[12], so wurde in einigen weiteren Fällen doch auf Anregungen bzw. Hinweise der Forschergruppe zurückgegriffen, zumindest aber der Anstoß hierfür durch unser Projekt gegeben.

In diesem Kontext möchte ich auch auf die beträchtliche Zahl von Publikationen hinweisen, die im Rahmen dieses Forschungsprojektes entstanden sind und die weit über das übliche Maß hinausgeht: Neben zwei Sammelbänden und einigen weiteren Aufsätzen sowie mehreren in den 'Arbeitsheften und Berichten' des Zentralinstituts für sozialwissenschaftliche Forschung veröffentlichten Abhandlungen[13] sind hierzu auch zwei Monographien zur Entwicklung der Finanzkontrolle nach 1945 bzw. zur Periode der NS-Herrschaft zu erwähnen[14]. Von daher repräsentiert die hier vorgelegte Publikation nicht die gesamten Untersuchungsergebnisse zur Nachkriegsgeschichte der institutionell verfaßten öffentlichen Finanzkontrolle, sondern nur einige, wenn auch zentrale Teilaspekte.

Zu erwähnen ist ebenfalls die im Laufe des Projektes enstandene Materialsammlung zum Thema Finanzkontrolle im allgemeinen und zur Nachkriegsgeschichte der Rechnungshöfe in Deutschland im besonderen. Diese Sammlung hat u.a. aufgrund der großzügigen Überlassung von Kopien sowie überzähliger Originale aus den Rechnungshöfen einen Umfang erreicht, der in dieser institutionellen Breite an keiner anderen Stelle in Deutschland vorliegt, wenn auch - gemessen an der ursprünglichen Zielvorstellung - selbstkritisch anzumerken ist, daß die archivarische Aufbereitung dieser

10 Vgl. Gilles/Otto/Weinert 1987 (c)
11 Vgl. Bayerische Landeszentrale für politische Bildungsarbeit (Hg.) 1987, Rechnungshof Baden-Württemberg (Hg.) 1987, Präsident des Landesrechnungshofs Nordrhein-Westfalen (Hg.) 1988 sowie Zavelberg (Hg.) 1989
12 Vgl. Pirker/(Gilles/Otto/Weinert) 1987
13 Vgl. Gilles/Otto/Pirker/Weinert 1985, Pirker (Hg.) 1987 mit Beiträgen von Dommach, Gilles, Müller, Otto, Pirker, Weinert und Wittrock, Gilles/Otto/Weinert 1987 (a), dies. 1987 (c), Pirker/(Gilles/Otto/Weinert) 1987, Pirker (Hg.) 1989 mit Beiträgen von Cadel, Gilles, Haag, Horstmann, Jeep, Otto, Pirker und Weinert; des weiteren sind in den Arbeitsheften und Berichten des Zentralinstituts für sozialwissenschaftliche Forschung Abhandlungen von Gilles (Nr. 18), Otto (Nr. 25) und Weinert (Nr. 13 - 15) publiziert worden, die gleichzeitig den Grundstock dieses Endberichtes darstellen.
14 Zwar handelt es sich hierbei um eigenständige Dissertationen (vgl. Gilles 1986, Dommach 1988), die jedoch im Zusammenhang mit diesem Projekt erarbeitet wurden und daher diesem zuzurechnen sind.

Materialien noch längst nicht abgeschlossen ist, was jedoch hauptsächlich durch die finanziellen und personellen Restriktionen, denen solche Arbeiten häufig unterworfen sind, bedingt ist. Daß dennoch unser Bestreben dahin geht, diese Dokumentensammlung nicht dem Schicksal der meisten im Verlauf von Forschungsprojekten angehäuften Materialien anheimfallen zu lassen, nämlich im Orkus des Unauffindbaren und des Nimmerwiedersehens zu verschwinden, sondern sie für weitere Forschungen zur Verfügung zu stellen, wird u.a. durch eine in der Schriftenreihe des Zentralinstituts für sozialwissenschaftliche Forschung erschienene Beschreibung und Bestandsübersicht zum "Archiv Regulative Institutionen"[15] dokumentiert.

An dieser Stelle möchte ich nun noch kurz auf die angesprochenen weiteren Forschungsfelder eingehen, die sich im Zusammenhang mit unserem Projekt herausgebildet haben. Zum einen hatten einige der Projektgutachter empfohlen, die Vorgeschichte der Nachkriegsgeschichte der Finanzkontrolle, also den Zeitabschnitt vom Ende des Ersten bis zum Ende des Zweiten Weltkrieges, summarisch in die Untersuchung einzubeziehen. Bei der Auswertung der entsprechenden Literatur und einer ersten Sichtung diesbezüglichen Materials ergab sich ebenfalls ein eklatantes Forschungsdefizit, das in Form einer Projektergänzung allein nicht zu beheben war und dem daher in zwei eigenständigen Projekten nachgegangen worden ist. Das erste beschäftigte sich vorrangig mit den Aktivitäten des Reichsrechnungshofs in sogenannten Institutionen der 'Führergewalt', wozu u.a. diverse Gliederungen bzw. Einrichtungen der NSDAP, die Waffen-SS und der Reichskommissar für die Festigung deutschen Volkstums gehören. Gegenstand des zweiten Projektes war die Finanz-, Verwaltungs- und Wirtschaftskontrolle in den von Deutschland während des Zweiten Weltkrieges besetzten Gebieten, eine Thematik, die perspektivisch innerhalb eines internationalen Forschungsverbundes noch weiter vertieft werden soll.

Zum anderen wurden unsere Forschungsarbeiten zur Nachkriegsgeschichte im Rahmen eines an der Freien Universität eingerichteten Forschungsprojektschwerpunktes durch die schon erwähnte Wirkungsanalyse des Bundesrechnungshofes und darüber hinaus durch eine wirtschaftswissenschaftliche Studie zum Problem der Wirtschaftlichkeit in der Staatsadministration[16] ergänzt, wobei die naheliegende Verzahnung dieser Vorhaben zu der Entwicklung eines institutionenzentrierten Forschungsansatzes geführt hat, der durchaus sinnvoll auf eine Vielzahl anderer intermediärer bzw. regulativer Institutionen ausgedehnt werden kann und wird[17], zumal sich herausgestellt hat, daß die Sozialwissenschaften das Thema Institutionen im allgemeinen und die angesprochenen intermediären regulativen Institutionen im besonderen seit langem vernachlässigt haben. Dementsprechend ist an der Freien Universität mittlerweile ein Forschungsgebietsschwerpunkt zu dieser Problematik eingerichtet worden. Im übrigen scheint mir eine Ausweitung dieses Ansatzes aufgrund der aktuellen Entwicklung in Osteuropa dringend geboten, da der Zusammenbruch der dortigen kommunistischen Herrschaftssysteme - so meine These - in erheblichem Umfang durch das Fehlen solcher Institutionen herbeigeführt, zumindest aber beschleunigt worden ist[18].

---

15 Vgl. Fietzek/Mehl 1990
16 Vgl. Jeep/Riese 1989 sowie Jeep 1989
17 Vgl. Pirker 1989, Gilles/Otto 1989
18 Vgl. Pirker 1990 sowie den Schlußbeitrag dieses Bandes

Abschließend gilt es Dank zu sagen, der aufgrund der breiten Unterstützung, die unsere Arbeit gefunden hat, etwas umfangreicher ausfallen muß als allgemein üblich. Zunächst danke ich den Finanzkontrollbehörden in der alten Bundesrepublik Deutschland, die uns - wie erwähnt - bereitwillig ihre Archive geöffnet oder zumindest relevante Dokumente zugänglich gemacht und uns großenteils bei unserer Arbeit aktiv unterstützt haben. Ohne hiermit das Verdienst der übrigen Personen schmälern zu wollen, seien in diesem Zusammenhang namentlich hervorgehoben der bis zum Herbst 1985 amtierende BRH-Präsident Karl Wittrock und sein Nachfolger Heinz-Günther Zavelberg sowie die Präsidenten der Landesrechnungshöfe, insbesondere Ulrich Müller vom Berliner Rechnungshof, außerdem seien genannt Hermann A. Dommach vom Bundesrechnungshof und die Leiterin der dortigen Bibliothek, Erika Radewagen, sowie Horst Bronk vom Rechnungshof der Freien und Hansestadt Hamburg und schließlich der Vizepräsident des Niedersächsischen Landesrechnungshofs, Helmut Spörlein, der uns in gewisser Weise auch als Zeitzeuge unterstützt hat.

Danken möchte ich auch den übrigen mehr als vierzig Zeitzeugen, die meinen Mitarbeitern und mir bereitwillig Auskunft gegeben und sich größtenteils für doch recht zeitintensive Interviews zur Verfügung gestellt haben. Es würde zu weit führen, hier alle namentlich aufzuführen; jedoch seien die für uns wichtigsten, ohne daß damit eine weitergehende Wertung verbunden wäre, im folgenden in alphabetischer Reihenfolge genannt: Ernst Beck, Prüfungbeamter der Rechnungskammer Württemberg-Hohenzollern, Hans-Joachim Bohnsack, Mitarbeiter des Hamburger Finanzsenators, Theodor Eschenburg, Flüchtlingskommissar und stellvertretender Innenminister von Württemberg-Hohenzollern, Herbert Fischer-Menshausen, Mitarbeiter des Rechnungshofes im Vereinigten Wirtschaftsgebiet, Rudi Habek, Prüfungsbeamter des Rechnungshofes Rheinland-Pfalz, Robert Jung, Mitglied des Hessischen Rechnungshofes, der inzwischen verstorbene Josef Marschall, Angehöriger des Reichsrechnungshofs und Vizepräsident des österreichischen Rechnungshofs, Hellmut Meier, Angehöriger des Landesrechnungshofs Sachsen und Mitglied des Rechnungshofes von Berlin, Winfried Münch, Prüfungsbeamter des Rechnungshofes Rheinland-Pfalz, Fritz Neumark, Angehöriger des Reichsfinanzministeriums, Heinz-Maria Oeftering, Präsident der Rechnungskammer Hessen-Pfalz, des Rechnungshofes Rheinland-Pfalz und des Beratenden Finanzausschusses bei der Militärregierung für die französische Besatzungszone, Hans Posthaus, Mitglied des Landesrechnungshofes Nordrhein-Westfalen, Herbert Wernicke, Bürodirektor im Landesrechnungshof Nordrhein-Westfalen, und Hans-Georg Wormit, Angehöriger des Innenministeriums Schleswig-Holstein.

Ebenfalls zu danken ist den Angestellten im Bundesarchiv sowie in den Landes- bzw. Staatsarchiven in Baden-Württemberg, Bayern, Bremen, Hamburg, Hessen, Rheinland-Pfalz und Schleswig-Holstein für ihre Unterstützung bei der oft recht aufwendigen Dokumentenrecherche. Des weiteren danke ich den Mitgliedern des zur Betreuung des Projektes eingerichteten Beirates: dem inzwischen leider verstorbenen Kollegen Martin Broszat bzw. dessen Vertreter Ludolf Herbst, dem Kollegen Rudolf Morsey und dem ehemaligen BRH-Präsidenten Karl Wittrock sowie der Freien Universität Berlin, die durch finanzielle Zuwendungen seitens ihrer Forschungsförderungskommission zum Gelingen dieser Arbeit beigetragen hat, vor allem aber der Stiftung Volkswagenwerk für die Förderung des Projektes.

Schließlich danke ich allen, die am Zustandekommen dieses Buches mitgewirkt und dafür gesorgt haben, daß der zwischen der Vorlage der einzelnen Beiträge und der Fertigstellung der Druckvorlage verstrichene Zeitraum in einem einigermaßen vertretbaren Rahmen geblieben ist, insbesondere, da diese Aufgabe einen erheblichen zusätzlichen Arbeitsaufwand erforderte. Besonderer Dank gilt in diesem Zusammenhang Franz-O. Gilles und Gerhard Otto, die die redaktionelle Überarbeitung der Texte übernommen und die notwendigen editorischen Arbeiten erledigt bzw. koordiniert haben, sowie Marcel Simon für sein Engagement bei der technischen Fertigstellung der Druckvorlage.

Berlin, im Dezember 1991

Theo Pirker

Rainer Weinert

Bruchlose Kontinuität: Öffentliche Finanzkontrolle und anglo-amerikanische Besatzungspolitik

Die jeweilige Besatzungspolitik der amerikanischen und der britischen Militärregierung hatte durchaus unterschiedliche Auswirkungen auf den Aufbau der deutschen Verwaltung nach 1945 bis hin zu der des Vereinigten Wirtschaftsgebietes. Dies gilt in gleicher Weise für die Institutionen der Finanzkontrolle. Allerdings war dieses Thema für beide Alliierten von eher nachgeordnetem Interesse, woraus sich für die deutschen Rechnungshöfe ein nicht unerheblicher Handlungsspielraum ergab, dessen Behandlung hier im Vordergrund steht. Für die amerikanische Besatzungspolitik ist zudem eine Schwerpunktverlagerung auf währungs- und geldpolitische Fragen zu konstatieren mit einer institutionellen Focussierung auf die Bankenpolitik. Die Finanzpolitik rückte daher in den Hintergrund, bestenfalls die Probleme der Einnahmen, also die Steuerpolitik, fanden größere Beachtung. Fragen der Finanzkontrolle blieben dagegen weitgehend peripher. Demgegenüber kam dieser Thematik und damit auch den Institutionen der Finanzkontrolle in der britischen Zone eine größere Bedeutung zu. Dies nicht zuletzt deshalb, weil der Aufbau der Rechnungshöfe dort durch eine wesentlich größere Kontinuität, und zwar sowohl in organisatorischer und funktioneller als auch in personeller Hinsicht, geprägt war. Für die folgende Darstellung ergibt sich hieraus nahezu zwangsläufig, daß das Schwergewicht auf die britische Besatzungspolitik gelegt wird.

I. Rechnungshöfe und amerikanische Besatzungspolitik

Die zentralen Ziele der amerikanischen Besatzungspolitik im Bereich der öffentlichen Finanzen und der öffentlichen Finanzkontrolle wurden in einer "history" der Public Finance Branch of the Finance Division, German Country Section, Civil Affairs Division of SHAEF im Juni 1946 wie folgt zusammengefaßt:

1. die Entnazifizierung der öffentlichen Finanzverwaltungen;
2. das Verhindern einer angespannten Finanzlage, die die Ziele der amerikanischen Besatzungsmacht beeinträchtigen könnte;
3. die Herstellung einer soliden finanziellen Basis, die die Entwicklung demokratischer Institutionen fördert[1].

Um diese Ziele zu erreichen, wurden verschiedene Maßnahmen in Angriff genommen, so u. a. die Entfernung politisch belasteter Beamter, die Aufhebung diskriminierender Steuergesetze oder die Streichung öffentlicher Ausgaben, die nazistischen oder militaristischen Zwecken dienten[2].

Aus diesen allgemeinen Zielen und Maßnahmen der Public Finance Branch wird deutlich, daß ihr strategischer Ansatz institutionell das Reichsfinanzministerium und konzeptionell die deutsche Steuergesetzgebung war. Die Institutionen der öffentlichen Finanzkontrolle im Reich und in den Ländern spielten in diesen strategischen Überle-

1 Vgl. IfZ/Fin/24/5, Bl. 3
2 Vgl. ebd

gungen zunächst keine Rolle. Das trifft vor allem für die Periode unmittelbar nach dem Zeitpunkt der "unconditional surrender" zu.

Als ein Hauptproblem erwies sich für die Public Finance Branch die Steuerpolitik des Nazi-Regimes, vor allem die Zentralisierung der Steuerpolitik während des Krieges und die inflationären Wirkungen der Kriegsfinanzierung.

Die ursprüngliche Planung bis zum 30. Juni 1945 ging davon aus, daß es zum Zeitpunkt der Niederschlagung des Hitler-Regimes zwar einige Unterbrechungen und Friktionen in der Hierarchie der Finanzverwaltung von der Zentrale bis zu den Kommunen geben würde; insgesamt glaubte man jedoch, von dem Bestehen und dem Funktionieren sowohl einer Regierung als auch der Finanzverwaltung ausgehen zu können. In dem Bericht über diese Periode heißt es dazu lapidar: "This was not the case."[3] Was man vorfand, war ein Finanzministerium, das sich in Auflösung befand. In dem Bericht der Public Finance Branch wird das eindrucksvoll geschildert:

"Although some disruptions in the chain of governmental authority between the national government and the lower levels were anticipated, pre-occupation planning had envisaged the existance of a national government operating in Germany at the time of surrender. This was not the case. Records and personnel of the Ministry of Finance were dispersed from the Danish border to the Bavarian mountains and from the Sudetenland to the hills of Württemberg. Some eleven hundred officials had been in the Ministry. The largest group found in one place was in Ilmenau (Thuringia) where there were ninetysix persons together with many of the current records of the Customs and Tax Departments. Other personnel and records were found in Berlin, at Bodenbach on the Elbe, Hamburg, Garmish, Sigmaringen (Württemberg), and Würzburg."[4]

Aufgrund dieser institutionellen Auflösungserscheinungen mußte der ursprünglich ins Auge gefaßte "Goldcup-Plan" revidiert werden, der darin bestand, "to seize the premises of financial agencies such as the Ministry of Finance, Reichsbank etc, impound important records and documents, screen the personnel and then to utilize the agencies to whatever extend it was desired"[5]. Nur wenige Beamte und Akten konnten für die Arbeit der Public Finance Branch in Anspruch genommen werden, um wenigstens partielle Ziele dieses Planes weiter zu verfolgen. Auch die Situation der Finanz- und Zollämter und deren Verbindungen zu den Oberfinanzpräsidien und weiter zur Reichshauptkasse werden in dem Bericht geschildert als ein "complete breakdown"[6]. Als weiteres Problem für die Public Finance Branch stellte sich heraus, daß die Steuerzahlungen in der Konfusion der letzten Kriegsmonate rapide abgenommen hatten und diese Situation in den ersten Monaten der amerikanischen Besatzung nicht geändert werden konnte. In der Periode vom 1. April bis zum 30. Juni 1945 betrugen z.B. die Steuereinnahmen in der US-Zone nur 20 Prozent des vierteljährlichen Durchschnitts des Jahres 1944. In dieser ersten Zeit nach dem Zusammenbruch ging die amerikanische Besatzungsmacht dazu über, sogenannte "short term budgets" aufzustellen, die manchmal nicht länger als zwei Wochen dauerten, um die wichtigsten finanziellen Aufgaben bestreiten zu können; hierzu sollten alle möglichen Finanzierungsquellen in Anspruch genommen werden. Grundsätzliches Vertrauen hatte man, wie es heißt, bei den Steuern auf Grundbesitz, Mietzins, Umsatz-, Bier- und anderen Steuern sowie verschiedenen Einnahmen in beträchtlicher Höhe, die sich aus dem

3 Ebd.
4 Ebd.
5 IfZ/Fin/24/5, Bl. 1 ff.
6 Ebd. Zur Situation der Kassen kurz vor und nach dem Kriegsende vgl. Scherpenberg 1985.

Verkauf des Eigentums von Deutschen ergaben. Allmählich zeigte sich, daß die in den meisten Kommunen vorhandenen Mittel ausreichten, um die unmittelbaren finanziellen Erfordernisse der Besatzung zu bestreiten. Nachdem diese unmittelbaren Probleme gelöst werden konnten ("stop-gap solutions"), konnte die Public Finance Branch daran gehen, die Behörden ab der Ebene der Oberfinanzpräsidien wieder ingangzusetzen.

Die folgende Besatzungsperiode reicht vom 1. Juli bis 31. Dezember 1945, während der für die amerikanische Finanzpolitik die USFET Directive to Commanding Generals Military Districts, "Administration of Military Government in the US Zone in Germany, 7 July 1945" maßgeblich war[7]. Zu den wichtigsten finanzpolitischen Zielen dieser Directive gehörte die Entfernung aller Mitglieder der NSDAP aus den Finanzverwaltungen, sofern sie mehr als nur formale Mitglieder waren ("more than nominal participants"), die Entfernung solcher Beamten, deren aktive Unterstützung des Nazismus und des deutschen Militarismus außer Frage stand, und solcher Beamten, die sich gegenüber der amerikanischen Besatzungsmacht feindselig verhielten; zudem sollten alle Gesetze und Verordnungen außer Kraft gesetzt werden, die eine Diskriminierung nach Rasse, Nationalität oder Weltanschauungen enthielten; die deutsche Verwaltung sollte nur bis zur Landesebene aufgebaut und die lokalen Instanzen gestärkt werden; nur in dem Maße, wie es für die Besatzungspolitik unbedingt erforderlich war, sollten einzelne zonale Verwaltungen errichtet werden.

In dieser frühen Phase stand nach dem Bericht der Public Finance Branch das Ausschalten ehemaliger aktiver NSDAP-Mitglieder in der Finanzverwaltung im Vordergrund der Besatzungspolitik. Diese Maßnahmen führten jedoch dazu, daß die Effektivität dieser Verwaltung erheblich beeinträchtigt wurde, da keine neuen qualifizierten Kräfte zur Verfügung standen[8]. In dem Bericht heißt es aber auch, daß diese negativen Effekte zu keinem Zeitpunkt über eine Stufe hinausgelangten, die für die Realisierung der besatzungspolitischen Ziele hätte gefährlich werden können.

Mit der Military Government Proclamation No. 2 vom 19. September 1945 wurden auch formal die Hoheitsfunktionen des Reichs auf die jeweiligen Länder übertragen[9], und bis Ende 1945 waren alle Finanzministerien in den Ländern der amerikanischen Besatzungszone arbeitsfähig.

Die nächste Besatzungsperiode umfaßt die erste Jahreshälfte 1946. In dieser Periode stabilisierte sich die amerikanische Besatzungsherrschaft. Die deutsche Bevölkerung und die deutschen Verwaltungen, soweit sie bereits errichtet waren, hatten ab diesem Zeitpunkt, so die Einschätzung auf amerikanischer Seite, den Zusammenbruch gewissermaßen überwunden und "the basic governmental reorganization had been accomplished, the occupation had been established and its objectives and policies had been disseminated and implemented, and the first half-way comprehensive reports of the effect of all of this on the governmental financial structure were available"[10]. Finanzpolitisch stellte sich auch in der ersten Jahreshälfte 1946 als Hauptproblem die Bekämpfung inflationärer Effekte, die vor allem ein Ergebnis der Kriegsfinanzierung in den letzten

7 Vgl. IfZ/Fin/24/5, Bl. 7

8 Diese rigide Entnazifizierungspoltik der amerikanischen Besatzungsverwaltung mit negativen Effekten wurde in fast allen Berichten der Landesrechnungshöfe von Anfang an vehement kritisiert (vgl. u. a. die ersten Berichte des bayerischen Rechnungshofs über die Durchführung der Rechnungsprüfung für die Jahre 1945 und 1946 (ARI/FK/8.2.1/18101949 und ARI/FK/8.2.1/20041950)).

9 Vgl. ebd.

10 Vgl. IfZ/Fin/24/5, Bl. 12

Kriegsjahren waren, heraus; neu waren die inflationären Effekte, die auf Maßnahmen der eingesetzten Länderregierungen zurückgingen. Im Vordergrund standen auch hier Fragen der Inflationsbekämpfung, Probleme der staatlichen Einnahmen und der Steuergesetzgebung, nicht aber der öffentlichen Finanzkontrolle oder gar Finanzkontrollpolitik - eine solche gab es nicht.

Als aktuelle Probleme rückten für die Public Finance Branch 1946 Probleme der Ausgaben stärker in den Vordergrund. Die Besetzung Deutschlands führte zu der Notwendigkeit, neue Ausgabenkategorien einzuführen, vor allem die der Besatzungskosten und die der Aufnahme und Pflege der "displaced persons". Zur Bewältigung dieser Ausgaben wurden sehr früh die Rechnungshöfe in der US-Zone herangezogen, wie wir aus den Berichten des bayerischen Rechnungshofs wissen. Aber ähnlich wie in der britischen Besatzungszone[11], brachten weder die deutschen noch die alliierten Stellen die Besatzungskosten jemals unter Kontrolle. In einer Aufstellung der Public Finance Branch über die außerordentlichen Ausgaben der drei Länder der US-Zone vom 1. April 1945 bis zum 31. März 1946 betrug die Gesamtsumme der außerordentlichen Ausgaben 1,104 Milliarden RM, davon entfielen auf die Besatzungskosten 50,9 Prozent oder 562 Millionen RM; die Betreuung der "displaced persons" kostete 12,7 Prozent oder 140 Millionen RM[12]. Die Gesamtkosten, die in der US-Zone anfielen, wurden von der Public Finance Branch allerdings als noch vertretbar eingeschätzt:

"While the monthly total of occupation cost payments increased during the period from a starting rate of 30 - 40 million RM monthly to approximately a 100 million RM monthly, the total bill may be considered unusually low in relationship to the large U.S. military strength initially concentrated in the U.S. Zone."[13]

Eine wichtige Rolle spielte in den Zielen der Public Finance Branch die Institution Rechnungshof auch 1946 nicht, obwohl die allgemeine Ausrichtung ihrer Politik den Bedeutungszuwachs der Rechnungshöfe zumindest nahegelegt hätte. Diese allgemeine Einschätzung umriß die Public Finance Branch so:

"It was recognized very early in the Occupation that the reinstitution of proper budgetary procedure at both the Land and local level was of the highest importance. Not only is it one of the most effective aids to democratic control over, the policies and operations of the government but also particularly in the present German situation of a disrupted economy it is absolutely essential that the financial operations of the government to project to the most careful calculation and stringent control. Furthermore, from the standpoint of Military Government objectives, budgetary review affords an effective method of checking on the implementation of Military Government directives and objectives and furnishes a clear picture of the financial position and policies of the governments".[14]

Die Institution, die auf deutscher Seite für die Einhaltung und Kontrolle der hier erwähnten finanzpolitischen Ziele zuständig war, der Rechnungshof, wird von der Public Finance Branch in diesem Zusammenhang nicht einmal erwähnt.

Auf der Public Finance Conference, die am 7. und 8. August 1947 in Berlin stattfand, an der nur die Vertreter der amerikanischen Militärregierungen aus Bayern, Hessen, Württemberg-Baden, Bremen und Berlin sowie Vertreter von OMGUS teilnahmen, wurde der Rechnungshof nur beiläufig erwähnt. Als es um die Frage der Kontrolle der

11 Vgl. Teil II dieser Darstellung
12 Vgl. IfZ/Fin/24/5, Bl. 16
13 Vgl. IfZ/Fin/24/5, Bl. 16 f.
14 Vgl. IfZ/Fin/24/5, Bl. 17 f.

Budgets ging, wurde u.a. vorgeschlagen, für diese Zwecke auf den Rechnungshof zurückzugreifen; der zuständige OMGUS-Vertreter, Colonel Jones, meinte zwar, daß das eine exzellente Idee sei, aber, so seine etwas merkwürdige Auffassung, "the Rechnungshof cannot be used as an arm of Military Government"[15]. Diese Frage wurde aber nicht weiter diskutiert und spielte auch auf der nächsten Public Finance Conference, die Ende September 1947 in Stuttgart erstmals unter Beteiligung der Länderfinanzministerien stattfand, keine Rolle.

Die hier vertretende Position, daß die Institution Rechnungshof in dem besatzungspolitischen Kalkül der Public Finance Branch nicht auftauchte, hat A.M. Hillhouse, ein ehemaliges Mitglied der Public Finance Branch, im Jahre 1952 in einem Artikel über den Bundesrechnungshof bestätigt. Über die Entwicklung und den Aufbau der Landesrechnungshöfe in der amerikanischen Besatzungszone sagte er kurz und knapp: "The Americans took no active steps to reconstitute the Laender courts"[16].

Dieses Ausklammern der Rechnungshöfe der Länder in der amerikanischen Zone ist für den Aufbau dieser Institutionen nicht hinderlich gewesen - ganz im Gegenteil. Denn nun gehörte die Finanzkontrolle zu den "wichtigen Einzelfragen"[17], in denen die deutsche Seite einen großen Aktionsradius ausschöpfen konnte. Gerade weil (und nicht: obwohl) die Rechnungshöfe keine Rolle in der Politik der Public Finance Branch spielten, gehörten sie zu den ersten deutschen Verwaltungen, die ihre Arbeit nach dem Zusammenbruch wieder aufnahmen. Ganz offensichtlich ist diese Kontinuität in Bayern, wo die Mitarbeiter der Außenabteilung München des Reichsrechnungshofes nur deshalb in den ersten beiden Wochen im Mai 1945 ihre Arbeit nicht fortsetzen konnten, weil ihnen der Zutritt durch eine Militärwache verwehrt wurde. Danach zog die Militärwache ab, die Rechnungshof-Beamten konnten weiterarbeiten und erhielten von der Militärregierung für Bayern am 16. Mai 1945 die offizielle Erlaubnis zur "Fortführung der Prüfungsgeschäfte"[18]. Um 'einfach weitermachen' zu können, mußten die Rechnungshöfe allerdings jene Voraussetzungen erfüllen, die mit der allgemeinen amerikanischen Besatzungspolitik harmonierten. Hier kam es zu einer Koinzidenz von amerikanischer Besatzungs- und Deutschlandpolitik und den institutionellen Bestandsinteressen der Rechnungshöfe. Es kann davon ausgegangen werden, daß die Public Finance Branch in der "pre-surrender period" über kein besatzungs- und finanzpolitisches Konzept verfügte, wie die Rechnungshöfe "im besonderen" zu behandeln seien. Hier kam das traditionell unpolitische Image und Selbstverständnis der Rechnungshöfe, nicht gegen die inthronisierte Macht bzw. Regierung zu arbeiten, sowohl dieser Institution als auch den amerikanischen Interessen entgegen: die deutsche Seite konnte zunächst fortfahren wie bisher und - wie die spätere Entwicklung zeigte - die Rechnungshöfe konnten bei der Budgetkontrolle entlastend für die Militärregierung wirken. Obendrein konnten die Rechnungsprüfungsorgane in die amerikanische Dezentralisierungspolitik eingebunden werden, da sie den Zentralisierungstendenzen innerhalb der Finanzministerien der Länder

---

15 Protokoll der Public Finance Conference, 7. und 8. August 1947 (vgl. IfZ/Fin/24/5, Bl. 17 f.). Diese Position ist insofern erstaunlich, da bekannt ist, daß z.B. die Militärregierungen in Bayern oder in Hessen mehrfach auf die jeweiligen Landesrechnungshöfe zurückgegriffen haben, und zwar durchaus als Instrumente der Militärregierungen; zu Bayern vgl. Otto/Weinert 1987; zu Hessen, Interview mit G. Bayersdorf vom Mai 1983 (ARI/FK/I/13051986).

16 Hillhouse/Lang 1952, S. 533

17 Vgl. Weisz 1976, S. 65 f.

18 Zit. n. Otto/Weinert 1987, S. 94

Einhalt geboten, deren Interesse es war, die staatliche Finanzkontrolle in die Finanzverwaltung zu integrieren[19]. Durch die intakt gebliebenen Strukturen konnten die Rechnungshöfe rechtlich (durch die Beibehaltung der Reichshaushaltsordnung), organisatorisch (durch den Fortbestand des alten Apparates), funktionell (durch eine auch in der Zeit des sogenannten Dritten Reiches fortgeführte und sogar ausgeweitete Beratungsfunktion für die Verwaltungen)[20] und personell (durch den Rückgriff auf einen alten, eingespielten Stamm von Fachbeamten) wichtige Entlastungsfunktionen für die amerikanische Militärregierung sowohl bei der Kontrolle deutscher Verwaltungen leisten als auch durch Beratungen bei der Budgetaufstellung und der Budgetkontrolle. Die Orientierung sowohl bei der amerikanischen wie der britischen Militärregierung, den Rechnungshof als eine verwaltungstechnische Serviceeinrichtung zu betrachten, ist ganz eindeutig, was vor allem bei der Prüfung der Besatzungskosten klar zum Ausdruck kam[21].

Für die Länderrechnungshöfe in der amerikanischen wie in der britischen Zone läßt sich nachweisen, daß sie ihre Hauptaufgabe in einer umfassenden Beratung der sich im Aufbau befindlichen deutschen Verwaltungen sahen. Solche Fragen spielten z.B. Anfang Juni 1948 in Bayern eine wichtige Rolle, als Vertreter der Militärregierung in Bayern und von OMGUS im - nunmehr wieder so benannten - Obersten Bayerischen Rechnungshofs (ORH) erschienen. Einem internen Vermerk des ORH zufolge hatten die Amerikaner auch zu diesem Zeitpunkt noch kein finanzkontrollpolitisches Konzept; gleichwohl zeigten sie sich informiert über diese Institution, waren vor allem interessiert an der unabhängigen Stellung des Rechnungshofs und machten aus ihrer Position keinen Hehl, daß der Rechnungshof schon bei der Aufstellung des Haushaltes beteiligt werden müßte. Die Finanzkontrolleure des Rechnungshofs stimmten diesen Vorstellungen freudig zu, wiesen jedoch gleichzeitig daraufhin, daß solche Pläne auf den Widerstand des bayerischen Finanzministeriums stoßen würden[22]. Die Unabhängigkeit des Rechnungshofs von der Exekutive mußte den Vertretern der Militärregierung als ein idealer Anwendungsfall ihrer allgemeinen Dezentralisierungspolitik erscheinen; umgekehrt witterten die Rechnungshof-Beamten hier ihre Chance, durch die massive Unterstützung seitens der Militärregierung einer befürchteten Vereinnahmung durch das Finanzministerium zu entgehen. Und diese Rechnung ging auch auf: ohne die Intervention der Militärregierung in Bayern hätten es die Rechnungsprüfer weitaus schwieriger gehabt, ihre Autonomie durchzusetzen.

Die hier für Bayern beispielhaft skizzierten Konfliktlinien sind nicht nur typisch für dieses Bundesland, sie lassen sich beinahe in allen Ländern nachweisen: in Hamburg ebenso wie in Württemberg-Baden. Ganz offensichtlich war diese Intervention in Bremen. Hier gab es bis zum Jahre 1937 ein "Rechnungsamt der Finanzdeputation", das dem Vorsitzenden der Finanzdeputation unterstellt war, und das war immer der Senator

---

19 Vgl. für Bayern Otto/Weinert 1987

20 Vgl. hierzu die anderen Beiträge von Weinert in diesem Band

21 Das belegen die Berichte der Länderrechnungshöfe aus den ersten Nachkriegsjahren, in denen vor allem auf die Beratung und (beschränkte) Kontrollbefugnis bei den Besatzungskosten eingegangen wird, und zwar aufgrund von besonderen Prüfungsaufträgen der jeweiligen Militärregierungen (vgl. u.a. die Denkschriften des Bayrischen ORH für die Rechnungsjahre 1945 und 1946 (ARI/FK/8.2.1/18101949; ARI/FK/8.2.1/20041950), die Denkschrift des Rechnungshofes des Landes Hessen für die Rechnungsjahre 1946 und 1947 (ARI/FK/8.6.1/12041950) sowie ergänzend die Berichte des Rechnungshofes der britischen Zone betreffend die Rechnungsjahre 1945 und 1946 (ARI/FK/7.1.1/15041948; ARI/FK/7.1.1/20021949).

22 Vgl. Otto/Weinert 1987, S. 99 f.

für Finanzen. Nach 1945 kam in der Bremer Finanzverwaltung niemand auf die Idee, eine andere Regelung in Erwägung zu ziehen. Noch Anfang 1948 wurde aus der Finanzverwaltung argumentiert:

"Bremen als Stadtstaat würde sich nun kaum für einen Rechnungshof eignen, der gegenüber der Bremischen Staatsregierung selbständig wäre und so nur (eine) dem Gesetz unterworfene oberste Staatsbehörde mit richterlicher Unabhängigkeit darstellen würde."[23]

Zunächst konnte sich der bremische Finanzsenator auf Bestrebungen in Hamburg berufen, wo eine ähnliche Regelung bestand, die auch vom dortigen Finanzsenator heftig verteidigt wurde. In Bremen kam allerdings eine andere Variante zum Tragen, die am 25. März 1948 von der Bürgerschaft beschlossen wurde. Sie sah die Errichtung eines Prüfungsamtes vor, das personell und sachlich dem Präsidenten der Bürgerschaft unterstellt war. Diese Regelung mußte zurückgenommen werden, da sie verfassungswidrig war: der Präsident der Bürgerschaft gehört dem Parlament an und nimmt an der gesetzgebenden Tätigkeit des Landes teil; als oberster Kontrolleur des Finanzgebarens des Landes hätte er gleichzeitig verwaltende Tätigkeiten ausgeübt. "Dies", so heißt es in einem Aktenvermerk aus der bremischen Finanzverwaltung vom 12. April 1948, "steht aber im Widerspruch zur Verfassung, welche auf dem Prinzip der Gewaltenteilung aufgebaut ist."[24]

Die bremische Finanzverwaltung gab sich aber noch nicht geschlagen. In einem Schreiben vom 30. April 1948 wurde zwar vage angedeutet, daß "evtl. daran gedacht werden (könnte), eine mehr oder weniger unabhängige Instanz" ins Leben zu rufen. Aber noch Mitte Mai 1948 hielt der bremische Finanzsenator an seiner alten Position fest. In einem Schreiben an Franz Haaser, Präsident des Rechnungshofes der britischen Zone, heißt es klipp und klar, daß ein selbständiges Arbeiten eines Finanzkontrollorganes in Bremen "wie bei den Landesrechnungshöfen der übrigen Länder der Bizone ... nicht möglich (ist)"[25].

Diese Absichten machte die amerikanische Militärregierung zunichte. Am 1. Juni 1948 schrieb der Finanzberater des Militärgouverneurs, Jack Bennett, an den Direktor der Militärregierung für Bremen, William H. Goehring :

"Die dringlichste Frage hinsichtlich der Haushalte ist der Status des Rechnungshofs oder der vergleichbaren Behörde in Bremen, der nach dem Gesetz die einzelne Überwachung und Handhabung der Haushalte und Haushaltsrechnung obliegt (RHO § 87). Es ist notwendig, dass die Landes-Militär-Regierungen auf einer genauen Erledigung der gesetzlichen Pflichten und der Verantwortlichkeit, die nach dem Gesetz dem Rechnungshof zugewiesen sind, bestehen. Im einzelnen sollten die Landes-Militär-Regierungen folgendes sicherstellen:
a) dass die Prüfungs- und Haushaltsverwaltungs-Behörde unabhängig nach den bestehenden Gesetzen und Bestimmungen arbeitet (RHO § 118);
b) dass der Behörde die notwendige Anzahl Prüfungsbeamter zur Erfüllung der gesetzlichen Aufgaben zur Verfügung gestellt wird (RHO § 109(2);
c) dass die Behörde gemäss den gesetzlich gegebenden Vollmachten den Zeitpunkt der Einsendung der Haushaltsrechnung festsetzt und ihre Vorlage erzwingt (RHO §§ 99, 102);
d) dass die Behörde im Hinblick auf die dauernden Irrtümer in der Abrechnung der Besatzungs-

23 StA Bremen 3-F.1.b.12. Nr. 28
24 Vgl. ebd. Der bremische Finanzsenator Nolting-Hauff trat diesen verfassungsrechtlichen Bedenken auf der Senats-Sitzung vom 30. April 1948 bei.
25 StA Bremen 3-F.1.b.12. Nr. 28

kosten eine fortgesetzte Prüfung der Ausgaben der Besatzungskosten amtlich durchführt, um sicherzustellen, dass die Bücher und Belege in Form und Inhalt richtig sind."[26]

Erst diese Einlassung der amerikanischen Militärregierung veranlaßte die bremische Senatsverwaltung, ihre alten Pläne aufzugeben. In einem internen Vermerk über die neue Stellung eines Rechnungshofs heißt es:

"Im Hinblick auf die größere Bedeutung, die durch das Schreiben der Militärregierung der ganzen Frage (der Stellung eines Landesrechnungshofs in Bremen, R.W.) zugewandt werden muß - auch bei den Verhandlungen in Bad Homburg über den bizonalen Rechnungshof war ständig ein Vertreter der Mil.Regierung anwesend -, wird es notwendig sein, die Errichtung (eines Rechnungshofs, R.W.) durch ein Gesetz und nicht - wie vorgesehen - durch eine Verordnung des Senats zu regeln."[27]

Die Zäsur besteht nicht nur darin, daß diese Errichtung per Gesetz geregelt wurde, sondern daß überhaupt ein autonomer "Rechnungshof" und kein Rechnungsamt errichtet wurde. Und so kam es, daß am 25. November 1949 ein "Gesetz, betreffend den Rechnungshof der Freien Hansestadt Bremen", verkündet wurde, das bestimmt, daß der Rechnungshof eine dem Senat gegenüber selbständige, nur dem Gesetz unterworfene Behörde der Hansestadt ist.

Es bleibt also festzuhalten, daß sich die bremische Finanzverwaltung heftig gegen einen autonomen Rechnungshof in Bremen gewehrt hat. Durch zwei Entwicklungen wurden diese politischen Absichten zunichte gemacht: 1. durch die sich abzeichnenden Entwicklungen in den anderen Ländern der westlichen Zonen und der Bizone (autonomer Rechnungshof, der nur dem Gesetz unterworfen ist) und 2. durch die massive Einlassung der amerikanischen Militärregierung. Ein unabhängiger Rechnungshof in Bremen stellte eine Diskontinuität zum alten Rechnungsamt der bremischen Finanzdeputation dar und wurde letztlich von der amerikanischen Militärregierung erzwungen.

Die Position der amerikanischen Militärregierung verwundert nicht weiter, da sich die Amerikaner im wesentlichen die Punkte zu eigen machten, die sich in den anderen Ländern ihrer Zone bereits abzeichneten; hierbei spielten vor allem die Beratungen über das Gesetz für einen bizonalen Rechnungshofs eine Rolle. Aber auch hier gilt, daß diese "issues" nicht die Schwerpunkte in der Politik der Public Finance Branch bildeten. Solche Überlegungen flossen erst ab 1947 und 1948 in deren Politik ein, nachdem sich die amerikanische Besatzungsherrschaft etabliert hatte und sich ihre Beamten ein Bild über die Situation in den deutschen Verwaltungen verschafft hatten. Die Autonomisierungsbestrebungen der Rechnungshöfe in den Ländern, das zeigte sich sehr früh, entsprachen der amerikanischen Dezentralisierungspolitik. Das Glück der deutschen Rechnungsprüfer bestand eben genau darin, sich implizit auf dieses besatzungspolitische Ziel bei der Formulierung ihrer institutionellen Interessen stützen zu können, das Unglück der Beamten aus den einzelnen Finanzministerien eben darin, dieses nicht zu können.

Es gibt also einen eindeutigen Zusammenhang zwischen der amerikanischen Dezentralisationspolitik und der Autonomie bzw. Autonomisierung der Rechnungshöfe in den Ländern der US-Zone, ohne daß die amerikanische Seite über ein finanzkontrollpolitisches Konzept verfügte oder besser: verfügen mußte. Beide Facetten der US-Besat-

26 StA Bremen 3-F.1.b.12.Nr. 28
27 StA Bremen 3-F.1.b.12.Nr. 28

zungspolitik kamen den institutionellen Bestandsinteressen der Rechnungshöfe entgegen. Zudem hatte die Entwicklung in Bayern für die US-Zone quasi prototypische Bedeutung, während in Bremen nur die Regelungen nachvollzogen wurden, die anderswo bereits wirksam waren.

II. Öffentliche Finanzkontrolle in der britischen Besatzungspolitik

In der britischen Besatzungspolitik spielten die deutschen finanzpolitischen Institutionen von Anfang an eine wichtige Rolle. Unter dem Begriff "financial institutions" sind nicht nur die klassichen Institutionen der Finanzverwaltung zu verstehen, sondern auch Banken und Versicherungen. In diesem Institutionenensemble waren jedoch die Finanzkontrollinstitutionen, vor allem die Rechnungshöfe, von untergeordneter Bedeutung. Im Vordergrund standen Fragen bzw. Befürchtungen einer Inflation, Maßnahmen zur Aufrechterhaltung der Wirtschaftsstruktur der britischen Zone sowie die Währungsreform. Die Beiträge des "Rechnungshofs des Deutschen Reichs (britische Zone)" zur Reduzierung der Besatzungskosten und der Kontrolle der deutschen Verwaltungen sind deshalb vor allem unter dem Aspekt der Vorgeschichte der Bundesrepublik Deutschland von Bedeutung, nicht so sehr unter dem Aspekt der britischen Besatzungspolitik. Durch die Entscheidung der britischen Militärregierung, daß der Rechnungshof für die britische Zone bereits im Juli 1945 seine Arbeit aufnehmen bzw. fortsetzen konnte, schufen die Briten allerdings eine zentrale Voraussetzung, daß diese Institution die einflußreichste Finanzkontrollbehörde in der ersten Phase der britischen Besatzungsherrschaft werden konnte.

1. "The Principle of Indirect Control"

Die deutschlandpolitischen Planungen und die Besatzungspolitik der britischen Regierung zielten auf eine nachhaltige Begrenzung des finanziellen Beitrages für die eigene Besatzungszone und darüber hinaus auf die möglichst schnelle Gewähr eines ökonomischen Ertrages aus der deutschen Industrie für den eigenen Wiederaufbau[28]. Um dieses Ziel zu erreichen, sollte die britische Besatzungsherrschaft entlang dem Grundsatz der indirekten Kontrolle verlaufen. Dieser Grundsatz sah nicht die Zerschlagung des finanziellen und wirtschaftlichen Institutionensystems in Deutschalnd vor, sondern - soweit wie möglich - dessen Erhalt, um es für die britischen Besatzungsziele instrumentalisieren zu können.

Dieser Grundsatz war das Ergebnis der politischen Überlegung, daß ein Deutschland, das in Elend, Hunger und Chaos gestürzt würde[29], ein unsicherer Kantonist in Europa bleiben müßte, von dem keine stabilisierenden Wirkungen ausgehen könnten (die Erfahrungen nach dem Ersten Weltkrieg sowie die sozialpolitischen Voraussetzungen

28 Ebenso Scherpenberg 1984, S. 102
29 Derartige Maßnahmen, vor allem eine Inflation als eine Art "zweite Niederlage" der Deutschen, wurden von der amerikanischen Seite im Zuge der Morgenthau-Vorschläge eine Zeit lang nicht ausgeschlossen, damit die Deutschen endlich lernten, "that war does not pay" (vgl. Horstmann 1986, S. 58 f.).

für den Aufstieg der NSDAP waren hierfür wohl ausschlaggebend). Bei den Briten standen deshalb sicherheitspolitische Interessen an erster Stelle (rigorose Demilitarisierung), d.h. eine gezielte Zerstörung der Rüstungskapazitäten und eine behutsame wirtschaftliche Erholung sowie das Ingangsetzen einer grundlegenden Demokratisierung in Deutschland. Aus der Sicht der britischen Regierung boten diese Maßnahmen viel eher die Garantie, deutsche Expansionsbestrebungen unter Kontrolle zu halten und Deutschland zu einem politischen wie ökonomischen Stabilitätsfaktor in Europa werden zu lassen. Die Erreichung dieser Ziele setzte nach den militärisch und politisch notwendigen Eingriffen in die rüstungswirtschaftliche und politische bzw. parteipolitische Struktur des besiegten NS-Deutschlands nicht nur den Erhalt der wirtschafts-, sozial- und finanzpolitischen Institutionen in Deutschland voraus, sondern darüber hinaus deren Instrumentalisierung und Effektivierung für die besatzungspolitischen Ziele, was durch eine Politik der "indirect control"[30] realisiert werden sollte. Einer der exponierten Vertreter dieser Strategie war der Leiter der Finance Division, J.-P. Chambers, der diese "Philosophie" im März 1945 seinem amerikanischen Gegenüber Bernstein wie folgt erläuterte:

"Long range interests of the Allied force require that so far as is possible, we must attempt to stabilize the economy, prevent inflation of wages and prices ... etc. In other words, the Allied authorities, using the Germans as instrumentalities to carry out the program, should carry out a system of economic and financial control with respect to those things which are normally undertaken in one's own country to maintain stability of economic and financial structure... In order to carry out this program and in order to run Germany efficiently and with an economy of manpower, we must maintain centrally the German governmental machinery, supervise und closely control it and through it, run all of Germany ... (Chambers) repeatedly emphasized the need for running the economy efficiently in Germany so that the democratic forces could come into power and the country not be lost to Bolshevism."[31]

Dieser "indirect control" lagen zwar auch politische Motive zugrunde, insbesondere die Erfahrungen nach dem Ersten Weltkrieg und die innenpolitische Entwicklung in Deutschland, jedoch vor allem ökonomische: Die finanziellen und wirtschaftlichen Lasten des Krieges hatten Großbritannien so extrem belastet, daß eine materielle Bewältigung des Krieges nur mit massiver Unterstützung der USA möglich war:

"Die britischen Positionsverluste im internationalen Handels- und Finanzwesen zeitigten erhebliche Ausmaße und wurden durch die erzwungene Liquidierung umfangreicher Auslandsguthaben und einer wachsenden Sterling-Verschuldung gegenüber dem Commonwealth noch verstärkt, so daß erhebliche Dollar-Kredite im Rahmen des Pacht- und Leihgesetzes in den USA notwendig wurden. Das Spiegelbild dieser finanziellen Kalamitäten, die wachsende politische Schwächung, drängte Großbritannien gegenüber den Vereinigten Staaten faktisch in die Rolle des Juniorpartners und drohte sich zur Gefährdung seiner politischen und wirtschaftlichen Unabhängigkeit auszuwachsen."[32]

Vor diesem Hintergrund war es naheliegend, daß die britische Seite nicht nur die sicherheitspolitisch notwendige Befriedung Deutschlands im Auge hatte; gleichzeitig wurde versucht, Voraussetzungen für eine demokratische Entwicklung in Deutschland

30 Vom "principle of indirect control" spricht die CCG (BE) in einem Memorandum vom 30. Januar 1947 über "The devolution of financial powers to the Länder" (PRO FO 371/64452).
31 Zit. nach Horstmann 1986, S. 63
32 Horstmann 1986, S. 53

zu schaffen und die Tatsache betont, daß dieses Land wirtschaftlich in Mitteleuropa einen wichtigen Markt darstelle, der auch für Großbritannien attraktiv sei[33].

Nach der Niederwerfung des Deutschen Reichs und den sich verhärtenden Fronten zwischen den USA und der Sowjetunion erwies sich diese Politik zudem als ein sehr wirksames Mittel gegen den sowjetischen Einfluß. Nach Albrecht Tyrell war die britische Besatzungspolitik nicht nur eine Interessenvertretung gegen Deutschland, sondern immer auch eine gegen die Sowjetunion und gehörte damit "in den umfassenderen Kontext der Entstehung des Kalten Krieges"[34].

2. *Die öffentliche Finanzwirtschaft in den deutschlandpolitischen Planungen Großbritanniens*

Die deutschlandpolitische Linie in Großbritannien, wie sie sich seit 1943 in der britischen Öffentlichkeit wie in den internen Beratungen der Regierung abzeichnete, erfreute sich breiter Zustimmung. Diese Linie bestand im wesentlichen aus drei Zielen: 1. militärische Niederwerfung des Deutschen Reiches, 2. Zerstörung und wirkungsvolle Kontrolle der militärischen, rüstungswirtschaftlichen und politischen Grundlagen des NS-Regimes und 3. durch Maßnahmen der Reeducation, Eingriffe in die Wirtschaft sowie durch andere Kontrollmaßnahmen langfristig die Voraussetzungen dafür zu schaffen, daß ein nunmehr befriedetes Deutschland wieder in die internationale Völkergemeinschaft zurückkehren könne[35]. Auf dieser Ebene stellte sich für die britische Regierung 1943 vor allem das Problem der Vereinbarkeit ihrer Deutschlandpolitik mit der der US-Regierung und der Sowjetunion.

Bei der Umsetzunmg dieser globalen deutschlandpolitischen Zielsetzungen gab es in Detailfragen jedoch z.T. erhebliche Meinungsverschiedenheiten[36]. Allerdings herrschte wiederum weitgehende Einigkeit darüber, daß die Wiederherstellung einer geordneten öffentlichen Finanzwirtschaft einschließlich ihrer institutionellen Komponenten vorrangig zu realisieren sei. So ist es denn auch nicht weiter verwunderlich, daß es in diesem Bereich - im Gegensatz zu den Problemen bei der Sanierung des Geldwesens und der Währungsreform - zu keinen grundlegenden Konflikten zwischen den Alliierten kam.

Im Zuge der Planungen für die Besetzung Deutschlands wurden in der Regierung verschiedene Handbücher über Staat und Gesellschaft in Deutschland erarbeitet, die für die jeweiligen Offiziere der Militärregierung bestimmt waren[37]. Auf britischer Seite gab es das vier Bände umfassende Deutschlandhandbuch der Naval Intelligence Division der Admiralität, das unter der Federführung von E. J. Passant verfaßt worden war und vor allem die deutsche Geographie, Infrastruktur und Wirtschaft behandelt[38]. Für unsere Fragestellung von besonderem Interesse ist jedoch das Deutschlandhandbuch der Political Warfare Executive (P.W.E.), das in enger Zusammenarbeit mit dem Foreign Office

33 So z.B. der britische Schatzkanzler J. Anderson im März 1947 (vgl. Horstmann 1986, S. 53 f.)
34 Tyrell 1987, S. 607
35 Vgl. Tyrell 1987, S. 193
36 Ebd.
37 Diese Handbücher hatten vor allem Informationscharakter und unterschieden sich hierin vom S.H.A.E.F. Military Government Handbook for Germany, welches politischen Richtliniencharakter hatte (vgl. Reusch 1985, S. 120.).
38 Vgl. Reusch 1985, S. 121

und dem Ministry of Economic Warfare unter der Leitung von A.D. Wilson erstellt worden war[39].

Die Konzipierung einer Finanzpolitik für Deutschland konnte sich auf ein schon länger betriebenes Studium des deutschen Finanzwesens im allgemeinen und der Reichsfinanzen und der Kriegsfinanzierung im besonderen stützen[40]. Zuständig war die Enemy Branch des Ministry of Economic Warfare, ab Mitte 1944 Economic Advisory Branch, die mit dem Foreign Office gemeinsam unterhalten wurde[41]. Die Arbeit ging in die erwähnten Handbücher ein, von denen das "Germany. Basic Handbook" und das "Germany. Zone Handbook" die wichtigsten waren[42].

In dem "Basic Handbook. ABC of German Administration and Public Services" aus dem Jahre 1944 hieß es unter "Public Finance": das "German system of Public Finance is extremely complicated" (S. 62); es könne deshalb nur darum gehen, einen allgemeinen Überblick über die Verwaltung zu geben, über die Verteilung der Einnahmen und Ausgaben. Im Mittelpunkt der Ausführungen standen Erläuterungen der Steuererhebungskompetenzen von Reich, Ländern und Gemeinden. Der Abschnitt über das deutsche Haushaltsrecht gab eine kurze Auskunft zur Reichshaushaltsordnung und der Deutschen Gemeindeordnung und erklärte den Unterschied zwischen ordentlichem und außerordentlichem Haushalt. Über die Kontrolle des Haushalts hieß es abschließend zum Rechnungshof:

"The supreme authority over all matters of public accounting is the Rechnungshof des Deutschen Reiches, which has the position of a judicial authority and to whose scrutiny the budgets of all authorities of the Reich and the Länder are subject."[43]

Ähnlich sieht die Definition aus, die die Bank of England in einem Memorandum über "German Fiscal Machinery" - ebenfalls aus dem Jahr 1944 - gibt. Zusätzlich werden fünf Außenabteilungen der Potsdamer Zentrale in München, Karlsruhe, Koblenz, Hamburg und Leipzig erwähnt[44].

Es entsprach den besatzungspolitischen Intentionen der Briten, daß 1944 Fragen des deutschen Steuersystems, der Verteilung der Steuereinnahmen etc. im Vordergrund standen[45] und nicht Fragen des Haushaltsrechts und der Budget- und Finanzkontrolle.

39 Einen guten Überblick über beide Handbücher mit dem Schwerpunkt des deutschen Beamtentums gibt Reusch 1985, S. 120 ff.
40 Vgl. Scherpenberg 1984, S. 102 f.
41 Ebd.
42 Vgl. hierzu Scherpenberg 1984, S. 102 ff. Für das öffentliche Finanzwesen sind besonders folgende Handbücher hervorzuheben: Germany. Basic Handbook. ABC of German Administration and Public Services (PRO WO 220/219); Germany. Basic Handbook, Part II. Administration (PRO WO 220/205); Germany. Basic Handbook. Economic Survey T "Currency, Finance and Banking" (PRO WO 220/207). Eine Zusammenfassung gibt Scherpenberg 1984, S. 103 ff.
43 Pro WO 220/219, S. 65
44 Diese Angaben beziehen sich auf die Verordnung über die Bildung von Außenabteilungen des Rechnungshofs des Deutschen Reichs vom 17. Juni 1936, RGBl. II, S. 211. Sie waren 1938 schon überholt. Zur Errichtung einer Außenabteilung in Koblenz ist es nie gekommen; der Präsident des Reichsrechnungshofes, Saemisch, sah zunächst davon ab, da er, wie er im März 1938 in der Denkschrift des RRH zum Rechnungsjahr 1935 schreibt, kein "dringendes Bedürfnis" für die Errichtung dieser Außenabteilung sah (vgl. ARI/FK/2.1.1/24031938, S. 9). Nach dem Anschluß Österreichs wurde der Wiener Rechnungshof als Außenabteilung Wien dem Reichsrechnungshof einverleibt; im Zuge des Krieges übersiedelte die Außenabteilung Leipzig nach Dresden, des weiteren wurden Außenabteilungen in Metz und Posen errichtet (vgl. Dommach 1988, S. 71).
45 Vgl. PRO WO 220/205. Basic Handbook, Part II: Administration

Auf dieser formalen Ebene konnten sich die britischen Offiziere ein allgemeines Bild verschaffen, wie die deutsche Staatsbürokratie funktionierte. Über den tatsächlichen Einfluß, den sich der Reichsrechnungshof z.B. in der Endphase der Weimarer Republik im Zuge des Machtzuwachses der Bürokratie[46] sichern konnte, ganz zu schweigen von den Prüfungsaktivitäten der Rechnungshof-Beamten in den besetzten Gebieten während des Krieges, geben diese Formaldefinitionen natürlich keine Auskunft. Insofern konnten sich die britischen Offiziere auf dem Informationsniveau, wie es die "Handbooks" repräsentierten, kein zutreffendes Bild über den faktischen Einfluß des Reichsrechnungshofs nach 1933, vor allem aber nach Ausbruch des Krieges machen[47]. Über die tatsächlichen Möglichkeiten, die diese Institution für die britische Besatzungspolitik auf finanzpolitischem Gebiet bot, z.B. um die Besatzungskosten zu reduzieren oder um die deutsche Administration zu kontrollieren, waren die angelsächsischen Verwaltungsoffiziere auf die Informationen der Rechnungsprüfer vor Ort angewiesen. Daß die Beamten des Rechnungshofes hier schnell ihre Chance witterten, um ihre Behörde mit großem politischen Gewicht ins (politische) Spiel zu bringen, versteht sich von selbst.

Wie in den innerbritischen Gremien dominierten auch in den interalliierten Übereinkünften des Jahres 1944 Fragen der Inflationsverhinderung und der Geldversorgung der Streitkräfte[48]. So tauchen etwa in dem Entwurf der "Financial Directive to S.C.A.E.F: on Civil Affairs in Germany" vom März deutsche Finanzkontrollinstitutionen nicht auf; allerdings heißt es unter 5. "Financial Institutions":

"stock exchanges and similar financial institutions will be closed, but you should keep the position under review and forward your recommendations for the re-opening of any or all of them when you consider that the time is appropiate."[49]

Eine derartig weit gefaßte Regelung eröffnete den zuständigen Besatzungsoffizieren einen großen Ermessensspielraum. Implizit mußten die Rechnungshöfe von diesen Plänen profitieren, da sie zu keinem Zeitpunkt der NS-Herrschaft in der Agitation der Nationalsozialisten und selbst in der NS-Finanzpolitik einen exponierten Stellenwert eingenommen hatten. Noch mehr kam ihnen die allgemeine Zielsetzung der britischen Besatzungspolitik entgegen, die finanzwirtschaftliche Struktur in Deutschland - so gut es ging - zu erhalten, da diese Institutionen sowohl einen Beitrag zur Reduzierung der Besatzungskosten zu liefern vermochten als auch wichtig für eine Normalisierung des wirtschaftlichen Lebens nach der Besetzung waren. Im "Kielwasser" dieser allgemeinen besatzungspolitischen Richtlinien waren die Rechnungshöfe für die zuständigen Offiziere der Finance Division zwar hilfreiche Bündnispartner, einen hervorragenden Stellenwert hatten die öffentlichen Finanzkontrollinstitutionen jedoch keineswegs.

In der britischen Regierung setzte sich früh die Erkenntnis durch, daß eine radikale Umgestaltung und Erneuerung des nazifizierten politischen Systems in Deutschland und das Fortbestehen wichtiger Verwaltungsbereiche für ihre Besatzungsherrschaft gleichzeitig nicht realisiert werden könnte. Diese pragmatische Position wurde innerhalb der

46 Vgl. Bracher 1971, S. 33; Gilles 1987
47 Selbst über die formalrechtliche Entwicklung nach Hitlers Machtergreifung herrschte offenbar Unklarheit, so heißt es z.B. in dem oben zitierten Memorandum der Bank of England, daß nicht bekannt sei, ob es eine Änderung des formalen Status dieser Kontrollinstitution gegeben habe (PRO T 160/1280/F 18700/013B, S. 13).
48 Vgl. Scherpenberg 1984, S. 92
49 PRO FO 942/19

Regierung am nachhaltigsten vom Foreign Office vertreten[50]. Diese Haltung geriet 1944 im Zuge der von Morgenthau verschärften Deutschlandpolitik der amerikanischen Regierung zunehmend in Widerspruch zu den Absichten der USA[51].

Das Foreign Office hatte innerhalb der britischen Regierung in der Treasury, dem britischen Schatzamt, einen zentralen Verbündeten[52]. Reusch berichtet von den Auseinandersetzungen Mitte 1944 über die Auflösung von NS-Organisationen und der geplanten Entlassung von deutschen Beamten, die zunächst en bloc bis auf die Ebene der Ministerialdirektoren reichen sollte, eine Regelung, die vor allem von der Treasury als zu weitgehend kritisiert wurde[53]. J.M. Troutbeck, der einflußreiche Deutschlandexperte von der Gruppe Advice on Germany[54], erreichte schließlich einen Kompromiß, mit dem die pragmatische Position des Foreign Office und der Treasury durchgesetzt wurde. Der Erhalt einer effizienten deutschen Verwaltungsstruktur, insbesondere der Wirtschafts- und Finanzverwaltung, erhielt eindeutig den politischen Vorzug gegenüber einer weitgefaßten Entnazifizierungspolitik[55].

In diesem politischen Zusammenhang stand ein Treffen der britischen Regierung[56], das am 3. November 1944 unter der Leitung Troutbecks stattgefunden und sich mit der Säuberung deutscher Finanzinstitutionen befaßt hatte, und bei dem folgende allgemeine Leitlinie vereinbart worden war:

> "(a) That in the financial as in other fields it was desirable that the pre-surrender policy pursued by S.C.A.E.F. should conform to the following instruction:
> In the absence of tripartite policy it is essential that the Supreme Commander's policies be limited to those necessary for the attainment of the primary objectives of Military Government during his period and that the way be left as smooth as possible (by omission rather than commission) for the assumption of power by the Control Commission/Council on its tripartite basis."[57]

Das Entfernen von Beamten aus deutschen Verwaltungen dürfe nicht mit dieser allgemeinen Leitlinie in Widerspruch geraten, es müsse aber auch vermieden werden, daß derartige Maßnahmen sich schädlich auf die Ausübung der Besatzungsherrschaft auswirkten. Man kam überein, die deutschen Beamten aus den Verwaltungen zu entfernen, die "active Nazis, ardent sympathisers with National-Socialism, or former members of the German General Staff" waren sowie "convicted or suspected of conduct prejudicial to military security, such as financial sabotage."[58] Allerdings sollte selbst den aus ihren Ämtern entfernten Beamten Gelegenheit gegeben werden, "to establish their good faith at a later stage."[59] Institutionell bezogen sich die Vereinbarungen dieses Treffens auf Banken und Versicherungen, nicht auf Rechnungshöfe.

---

50 Vgl. Reusch 1985, S. 103
51 Reusch (1985, S. 104) weist allerdings nach, daß die von Morgenthau erreichte Verschärfung die Detailplanungen im Foreign Office unberührt ließ. Selbst das U.S. Department of State habe sich dieser Verschärfung eine Zeit lang widersetzt und den Besatzungsbehörden etwa die Verwendung deutscher Beamter empfohlen, wenn diese keine Nazis waren und loyal arbeiten würden.
52 Vgl. Reusch 1985, S. 106
53 Vgl. ebd.
54 Zu Troutbeck vgl. Reusch 1980, S. 327; ders. 1985, S. 66
55 Der Kompromiß sah vor, daß leitende Beamte, "Experten", in ihren Positionen verbleiben konnten, es sei denn, bedeutende Gründe rechtfertigten eine andere Entscheidung (vgl. Reusch 1985, S. 108).
56 Mit Vertretern des Foreign Office, der Treasury, der Control Commission for Germany (British Element), Allied Commission for Austria (British Element), War Office, Board of Trade, Bank of England und der Economic and Industrial Planning Staff.
57 "Purge of German Financial Personnel" (PRO FO 942/240)
58 Ebd.
59 Ebd.

Die britischen Vorstellungen widersprachen den in der Folge der "Handbuch-Kontroverse" verschärften deutschlandpolitischen Vorstellungen der amerikanischen Regierung. Dies zeigte sich auch in der Behandlung der deutschen Finanzinstitutionen. Schon im Mai 1944, als Vertreter der britischen Treasury mit denen der U.S. Treasury die Direktiven für die Periode nach dem Waffenstillstand ("post-armistice financial directive") berieten, traten die Auffassungsunterschiede offen zutage. E.W. Playfair von der britischen Treasury schrieb am 25. Mai 1944 reichlich genervt über seine Beratungen mit dem Vertreter der U.S. Treasury, Taylor, an das War Office; dieser sei seinen Argumenten kaum zugänglich gewesen, da er auf einem sehr doktrinären Standpunkt beharrt habe. So meinte Taylor u.a., daß man die Deutschen in drei Gruppen einteilen könne, die entsprechend zu behandeln seien: a) eine kleine Gruppe von Nazi-Kriminellen, b) in eine große - etwa die Hälfte der Gesamtbevölkerung -, die durch aktive Kollaboration mit der NSDAP einen gewissen Wohlstand erreicht habe und c) in die andere Hälfte, die durch die Nazi-Regierung in Armut gestoßen worden sei[60].

Diese Meinungsverschiedenheiten sollten auf einem Treffen am 9. November 1944 zwischen beiden Seiten geklärt werden[61]. Das Treffen diente der Überarbeitung des "SHAEF Financial Manual". Die Hauptkontrahenten waren - wie nicht anders zu erwarten - auf britischer Seite Playfair und auf amerikanischer Seite Taylor. In Anspielung auf den Schock, den das SHAEF-Handbuch für die Militärregierung in Deutschland in der amerikanischen Regierung auslöste[62], meinte Taylor mit Hinsicht auf die seiner Meinung nach völlig unzureichenden Denazifizierungsbestrebungen, daß sich die Alliierten daran erinnern sollten, "what we were fighting the war for"[63]. Jeder in Washington gehe davon aus, "that the eradication of Nazidom was the far most important thing, and that everything else must rank behind it in importance."[64] Daraus folge für ihn, daß jeder Deutsche, der eine wichtige Position im NS-Regime ("a position of importance in the Nazi system") übernommen habe, vom NS-System abhängig gewesen sei und sich deshalb mitschuldig gemacht habe, da er das Umsetzen der NS-Politik ermöglicht hätte. Mit solchen Leuten sollten die Alliierten nicht zusammenarbeiten.

Hiervon wich die britische Position erheblich ab, die Playfair erläuterte. Übereinstimmung stellte er nur in der Frage fest, wie die "active Nazis" zu behandeln seien. Das

---

60 Playfair an C.E. Key vom War Office vom 25. Mai 1944 (PRO FO 942/20)

61 Unter der Leitung Playfairs nahmen teil auf amerikanischer Seite: von der U.S. Treasury Mr. Taylor und Mr. Mann, Captain Ophals und Lieutenant Bogden vom U.S. Group Control Council und von britischer Seite: Colonel Gunston und Major Debenham von CCG (BE), Colonel Macpherson und Colonel Anderson von Control Commission for Austria (British Element), Mr. Trevaldwyn vom War Office, "Removal of the Nazi personnel from the German financial system" (PRO FO 942/240).

62 General Eisenhowers Deutschlandplaner erarbeiteten ein Handbuch für die zukünftige Militärregierung für Deutschland, das im März 1944 in Washington für großen politischen Wirbel sorgte. In Ermangelung spezifischer politischer Vorgaben entwickelten sie hierin von ihnen als pragmatisch und unpolitisch eingeschätzte Maßnahmen für das besiegte Deutschland. So ist z.B. im Handbuch ausdrücklich die Aufrechterhaltung und das Weiterarbeiten des deutschen Verwaltungssystems vorgesehen bis anderslautende Weisungen erteilt würden. Eisenhowers Planer formulierten unbeabsichtigt eine bis dato fehlende deutschlandpolitische Konzeption, die auf massive sicherheitspolitische Bedenken in Washington und London stieß. Das betrifft vor allem die Tatsache, daß sie in dem Handbuch "das Deutsche Reich in gewisser Weise mit den befreiten Ländern auf eine Stufe stellten." (Tyrell 1987, S. 268). Eine völlig andere deutschlandpolitische Initiative startete nach seiner Europareise 1944 der amerikanische Finanzminister Henry Morgenthau jr., die gravierende wirtschaftspolitische Eingriffe mit dem Ziel der Deindustrialisierung Deutschlands vorsah (vgl. Tyrell 1987, S. 281 ff sowie Donnison 1961, S. 196 ff.).

63 PRO FO 942/240

64 Ebd.

Problem sei jedoch, wie die große Masse der Deutschen zu behandeln sei, die ihrem "normal life" - so Playfair wörtlich - im NS-Staat nachgegangen seien, ohne gegen die NS-Herrschaft zu protestieren, die sich aber selbst nie aktiv mit der NS-Politik identifiziert hätten. Mit diesen Deutschen sollten seiner Meinung nach die Alliierten ruhig zusammenarbeiten, wenn sie dazu bereit wären.

Ein anderes Problem war, wie die verschiedenen Finanzinstitutionen zu behandeln seien. Einigkeit herrschte auch hier nur für die Bereiche, deren hohe Nazifizierung außer Frage stand, wie z. B. der Bank der Deutschen Arbeit. Hingegen traten Differenzen schon bei der Behandlung der Reichsbank auf. Playfair meinte, daß man mit einer Reihe leitender Beamter zusammenarbeiten könne, obwohl er zugestand, daß wahrscheinlich eine größere Zahl von Mitarbeitern der Reichsbank entfernt werden müsse. Institutionen der öffentlichen Finanzkontrolle erwähnte keiner der Teilnehmer dieses Treffens, diese spielten auch in der gesamten Korrespondenz um das SHAEF Financial Manual keine Rolle.

Die angelsächsische Seite war nicht bereit, sich der 'doktrinären' Linie der amerikanischen Verbündeten zu beugen. In britisch-diplomatischer Höflichkeit meinte Playfair einleitend, daß dieses Treffen nicht dazu diene, eine abschließende Einigung zu erzielen. Die unterschiedlichen Positionen zwischen den beiden Verbündeten (der eine plädierte für eine ökonomische Schwächung Deutschlands, der andere für eine wirksame Kontrolle der deutschen Wirtschaft mit dem Ziel einer behutsamen Erholung) mußten sich zwangsläufig auch im Bereich der Finanzinstitutionen niederschlagen[65] sowie in der Frage, wie die leitenden Beamten dieser Institutionen zu behandeln seien; folgerichtig konnte dieser Konflikt nicht gelöst werden.

Will man die britischen Deutschlandplanungen ab 1943 hinsichtlich der deutschen Finanzinstitutionen zusammenfassen, vor allem hinsichtlich der steuerpolitisch relevanten[66], so fällt ein für die Kriegsverhältnisse hoher Kenntnisstand auf. Noch bemerkenswerter und besatzungspolitisch bedeutsamer scheint jedoch die Tatsache zu sein - und die spätere konkrete Besatzungspolitik belegt das -, daß die britischen Regierungsstellen zudem eine ziemlich klare Vorstellung davon hatten, wie sie dieses Wissen um das Funktionieren der deutschen Institutionen für ihre Nachkriegsziele dienstbar machen wollten. Hierin scheint uns auch das Spezifische der englischen Deutschlandplanungen im Bereich der Finanzinstitutionen zu liegen.

3. Aufbau des öffentlichen Finanzwesens in der britischen Zone

Der vorrückenden britischen 21. Army Group wurde am 3. Mai 1945 Hamburg übergeben; möglich wurde dieser Akt durch Verhandlungen zwischen deutschen Parlamentären und der britischen Armee, in denen Hamburg zur offenen Stadt erklärt und ein Übergabemodus vereinbart wurde, durch den der britischen Armee eine funktionsfähige Verwaltung und ein funktionsfähiger Rechnungshof in die Hände fielen[67].

---

65 Horstmann (1986) geht auf die heftigen Konflikte zwischen der amerikanischen und britischen Finance Division ein.
66 Vgl. hierzu Scherpenberg 1984 sowie hinsichtlich der bankenpolitischen Planung Horstmann 1986
67 Vgl. Bohnsack 1986

"Über die finanzielle Verwaltung der Stadt wurden dem Bürgermeister nach vorangegangener Besprechung bei der Militärregierung bereits am 13. Juni 1945 grundsätzliche schriftliche Regelungen gegeben... Nach dieser Anordnung, die der späteren vom 5. August 1945 (FDTI No. 33) bereits vorgriff, sollte der Stadtkämmerer unter dem Bürgermeister für die finanzielle Kontrolle aller Abteilungen der Staats- und Gemeindeverwaltung verantwortlich sein, der Oberpräsident hingegen, ebenfalls unter der Verantwortung des Bürgermeisters, für die finanzielle Kontrolle aller Abteilungen der Reichssonderverwaltungen, soweit sie in Hamburg waren, die Zuständigkeit haben. Ausgenommen von der Zuständigkeit des Oberfinanzpräsidenten und damit auch der des Bürgermeisters waren lediglich die Reichsbank, die Reichsbahn und die Reichspostdirektion; diese wurden unmittelbar der Kontrolle der alliierten Militärregierung unterstellt.
Konsequenterweise unterstellte die Militärregierung durch Schreiben vom 3. Juli 1945 ... die Reichssonderverwaltungen auch in sonstiger Hinsicht dem Bürgermeister und übertrug ihm insoweit die Rechte des früheren Reichsstatthalters und der jeweiligen Reichsminister, für diese Behörden Recht zu setzen. Wenn auch der Rechnungshof des Deutschen Reiches - Außenabteilung Hamburg - in den beiden genannten Anordnungen der Militäregierungen nicht ausdrücklich erwähnt wird, fällt er unzweifelhaft unter die dort angeführten Reichssonderverwaltungen."[68]

Faktisch wurden mit dieser Entwicklung im Mai 1945 schon die Voraussetzungen für die Weiterarbeit der Außenabteilung Hamburg des Reichsrechnungshofs geschaffen und nicht erst mit der ersten ausdrücklichen Anordnung der britischen Militärregierung im Juli 1945.

In der Zeit von Juli 1945 bis Ende August 1945 fällt der Übergang von der operativen militärischen Phase der Besatzung zur administrativen zivilen Besatzung[69]. Das Headquarters Military Government der 21. Armeegruppe ging in der Control Commission for Germany (British Element)(CCG (BE)) auf. Diese Umorganisation fand am 25. August 1945 mit der Umbenennung der 21. Armeegruppe zur Besatzungsarmee ("British Army of the Rhine") (B.A.O.R.) ihren vorläufigen Abschluß.

Anfang Oktober 1945 gab die CCG (BE) eine Übersicht über ihre Aufgaben und Ziele heraus. Danach kam der Finance Division die Kontrolle deutscher Finanzen (bzw. Finanzinstitutionen) zu, um die Ausführung alliierter Wirtschaftspolitik zu erleichtern. Als eine ihrer Hauptaufgaben betrachtete sie die Verhinderung bzw. Bekämpfung der Inflation[70].

Nach der Besetzung Deutschlands mußte von den britischen Besatzungsoffizieren eine Reihe von ad-hoc-Entscheidungen getroffen werden, die sich zwar an dem Rahmen orientierten, der mit den "Handbüchern" vorgegeben war, faktisch jedoch erheblich hiervon differierten[71]. Mit der Herausgabe der "Finance Division Technical Instruction" (FDTI) No. 33 vom 5. August 1945 durch die Public Finance Branch der Finance Division, CCG (BE) sollten diese Entwicklungen koordiniert werden.

Eine der wichtigsten Regelungen dieser FDTI ist die weitere Gültigkeit der Reichshaushaltsordnung, der Reichsabgabenordnung, der Reichswirtschaftsbestimmungen, der Reichskassenordnung, der Rechnungslegungsordnung und der Richtlinien für die Abrechnung der Kassen mit der Reichskasse. Der Hauptteil dieser Anweisung betraf das Kassen- und Haushaltswesen[72]. Für unser Thema von Interesse ist die Tatsache, daß durch diese Anweisung noch keine deutschen Behörden mit zonaler Kompetenz errichtet wurden, die denen der obersten Reichsbehörden entsprachen - mit einer

68 Ebd., S. 3 f.
69 Vgl. Scherpenberg 1984, S. 135
70 Vgl. ausführlich hierzu Scherpenberg 1984, S. 136 ff.
71 Vgl. Scherpenberg 1984, S. 138; Thies (1979) spricht sogar davon, daß in der ersten Phase der Besatzung von einem machtpolitischen Vakuum in der britischen Politik gesprochen werden muß.
72 Vgl. Scherpenberg 1984, S. 138 ff.

Ausnahme: dem Rechnungshof des Deutschen Reichs (britische Zone). Der Entschluß der Finance Division, den Rechnungshof als erste deutsche Institution mit dieser Zuständigkeit weiterarbeiten zu lassen, entsprach dem "dringenden Interesse", so Scherpenberg, der Finance Division, "die gewissenhafte Anwendung der Reichsgesetze und -bestimmungen über die Führung der öffentlichen Finanzen auch durchzusetzen."[73]

Mit dem förmlichen Veto Frankreichs vom 1. Oktober 1945 im Allierten Kontrollrat gegen die Errichtung deutscher Zentralbehörden, stellte sich für die britische Militärregierung die Notwendigkeit, die öffentliche Finanzwirtschaft in der eigenen Zone zu konsolidieren. Um die als vordringlich eingeschätzte Ordnung der Einahmeverwaltung zu erreichen, wurden zunächst die Finanzleitstelle und die Zonenhauptkasse geschaffen.

Durch FDTI No. 63 vom 21. Dezember 1945 wurde zunächst die Zonenhauptkasse errichtet, die damit faktisch die Nachfolge der Reichshauptkasse antrat, was ihr formell allerdings erst durch die Verordnung No. 61 zum 1. Dezember 1946 zuerkannt wurde[74]. Ihre Aufgabe bestand in der Entgegennahme der Steuereinnahmen der Oberfinanz- und Regionshauptkassen zur Unterhaltung und Weitergabe an die Länder sowie in der Betreuung des Kassenwesen der Zoneneinrichtungen[75].

Im Januar 1946 begannen die Vorarbeiten zur Errichtung der "Leitstelle für die Finanzverwaltung", die durch FDTI No. 72 vom 2. Februar 1946 und Verordnung Nr. 24 vom 1. März 1946 formell errichtet wurde[76]. Zu den Aufgaben gehörte die Sicherstellung einer einheitlichen Durchführung der Steuer- und Zollgesetze, Überwachung der gleichmäßigen Verteilung der Haushaltsmittel an die Oberfinanzpräsidenten und die ordnungsmäßige Verwaltung der Haushalte der Landesfinanzverwaltungen etc[77].

Planungen auf britischer Seite für weitere Zonenämter begannen bereits im Frühling 1946, so z.B. für das Zentrale Haushaltsamt (ZHA). Diese Planungen traten jedoch erst nach der Pariser Außenministerkonferenz und der Entscheidung für die Errichtung der Bizone in eine konkrete Phase der Umsetzung. Sie gipfelten schließlich in mehrere Verordnungen, die allesamt zum 1. Dezember 1946 in Kraft traten. Dabei handelt es sich um folgende:

Verordnung Nr. 58:

Errichtung eines Haushaltsamtes für die britische Zone

Die Verordnung war nach Einschätzung der CCG (BE) "of most interest to Regional Commissioners"[78]. Die Aufgaben des ZHA entsprachen denen des ehemaligen Reichsfinanzministeriums ohne die Finanzangelegenheiten der Länder und Kommunen sowie der Steuerverwaltung, die gesondert geregelt wurden. In seine Kompetenz fielen vor allem die Bearbeitung des Haushalts-, Besoldungs-, Versorgungs- und Tarifrechts und, worauf die Briten besonderen Wert legten, die Vorlage und Durchführung der Haushaltspläne für die britische Zone[79].

---

73 Scherpenberg 1984, S, 139 f.
74 Vgl. Scherpenberg 1984, S. 198 f.
75 Vgl. Vogel 1983, S. 75
76 Vgl. Vogel 1983, S. 59
77 Vgl. Vogel 1983, S. 60
78 PRO FO 371/64452
79 Vgl. Vogel 1983, S. 70 f.

Verordnung Nr. 59:

Bestimmungen über Haushaltspläne der öffentlichen Körperschaften

Diese Verordnung regelt die Aufstellung der Haushaltspläne und deren Unterteilung in den zonenmäßig verwalteten Teil, den gebietsmäßig verwalteten Teil, den besonderen Teil und in den Notstandshaushaltsplan sowie die Notstandshaushaltspläne der früheren Reichspost, der früheren Reichsbahn, der Länder, der Gemeinden und Gemeindeverbände. Diese Verordnung legte im wesentlichen die Zuständigkeit des Zentralen Haushaltsamtes fest und schrieb die Weitergeltung der RHO für die britische Zone fort. Danach war das ZHA zuständig für den zonal verwalteten Teil des früheren Reichshaushalts; für den gebietsmäßig verwalteten Teil war hingegen ein "Gebietshaushaltsverwalter" ("regional budget officer") zuständig, der jedoch dem ZHA untergeordnet war. Die ohnehin starke Stellung des Zentralen Haushaltsamtes wurde durch diese Verordnung noch untermauert. Mit der Errichtung des ZHA hatte die britische Militärregierung ein starkes "Finanzministerium" für die britische Zone geschaffen; die rechtliche Kontinuität war durch die Gültigkeit der RHO gewährleistet, die funktionelle Kontinuität in den Zuständigkeiten, die sich aus der RHO ableiteten, und mit Josef Mayer stand ein einflußreicher ehemaliger Beamter des Reichsfinanzministeriums an der Spitze dieses Amtes (personelle Kontinuität).

Verordnung Nr. 60:

Finanzielle Zuständigkeit der Länderregierungen und Einstellung von Reichszuschüssen

Diese Verordnung regelte, welche Steuereinnahmen auf die Länder übertragen werden sollten, nachdem bereits in der Verordnung Nr. 59 in Artikel VII die Verantwortlichkeit der Länderfinanzminister für ihren Haushalt festgelegt worden war. Die Durchführung sollte in jedem Fall in Abstimmung mit dem ZHA erfolgen[80].

Verordnung Nr. 61:

Diese Verordnung bestätigte die bereits etablierte Zonenhauptkasse[81], die als Funktionsnachfolger der Reichshauptkasse zu betrachten ist. In Artikel 1 Absatz 3 heißt es: "Die früher vom Reichsfinanzminister auf Grund der Reichskassenordnung übertragenen Zuständigkeiten gehen innerhalb des britischen Kontrollgebietes auf den Leiter der Zonenhauptkasse über."[82]

Verordnung Nr. 62:

Errichtung eines Zonen-Rechnungshofs[83]

Verordnung Nr. 63:

Zonen-Schuldenverwaltung

Diese Verordnung diente der Errichtung der Zonen-Schuldenverwaltung, um, wie es einleitend dazu hieß, "die Finanzverwaltung in der britischen Zone zu verbessern und Vorkehrungen für die Ausgabe und Bedienung öffentlicher Schuldverschreibungen

80 "With regard to the devolved expenditures, Finance Ministers (of the Länder) should seek guidance from the Zonal Budget Office." (PRO FO 371/64452)
81 "Ordinance No. 61 confirms the existence of the Zonal Hauptkasse..." (PRO FO 371/64452)
82 Ebd.
83 Vgl. hierzu das nächste Kapitel

im notwendigen Umfang und für die Übernahme von Bürgschaften für Kreditinstitute mit Zustimmung der Militärregierung zu schaffen"[84]. Das Zonen-Schuldenamt trat die Nachfolge der früheren Reichsschuldenverwaltung entsprechend den Bestimmungen der Reichsschuldenordnung und des Reichsschuldenbuchgesetzes an. Neu war die Ausgabe kurzfristiger öffentlicher Schuldverschreibungen und die Übernahme von Bürgschaften für Kreditinstitute[85].

Mit der Schaffung dieser Zentralbehörden für Steuer- und Haushaltswesen, der Finanzleitstelle, des Zentralen Haushaltsamtes, der Zonenhauptkasse, der Zonen-Schuldenverwaltung und des Zonen-Rechnungshofes wendete die britische Militärregierung "the principle of indirect control"[86] sehr zielstrebig auf dem finanzpolitischen Gebiet an. Scherpenberg geht sogar so weit zu meinen, daß die Briten mit der Errichtung dieser Institutionen "einen charakteristischen, von der Entwicklung in anderen Zonen deutlich unterschiedenen Beitrag zur Rekonstruktion des öffentlichen Finanzwesens in Westdeutschland (geleistet hätten)"[87]. Daß sich die Briten bei diesen Maßnahmen primär von ihren besatzungspolitischen Zielen leiten ließen und nicht nur alte Reichsbehörden sozusagen prolongierten, zeigt die für deutsche Verhältnisse völlig ungewöhnliche institutionelle Trennung in Einnahmenseite (Finanzleitstelle) und Ausgabenseite (Zentrales Haushaltsamt)[88]; diese resultiert aus der Prioritätensetzung in der britischen Politik, nämlich zunächst eine Ordnung der Einnahmeverwaltung zu erreichen.

III. Der Rechnungshof des Deutschen Reichs (britische Zone)

1. Gründung und Arbeitsschwerpunkte der zonalen Kontrollbehörde

Die Außenabteilung Hamburg des Reichsrechnungshofs wurde mit der Verreichlichung der Finanzkontrolle im Jahre 1937 gegründet. Die Prüfungszuständigkeit erstreckte sich auf die Länder Braunschweig, Oldenburg, Bremen, Hamburg, Lippe, Schaumburg-Lippe und Mecklenburg sowie auf verschiedene Haushaltseinnahmen und Ausgaben des Reiches im norddeutschen Raum; ihr Leiter war der Rechnungshof-Direktor Franz Haaser. Bereits am 21. Juli 1945 setzte die Außenabteilung ihre Arbeit mit Zustimmung der Militärregierung fort[89]. In Folge der FDTI No. 33 vom 5. August 1945, die, wie erwähnt, schon eine Bestandsgarantie für diese Institution enthielt, wurde diese durch eine Anordnung der Militäregierung vom 29. August 1945 ausdrücklich bestätigt. Franz Haaser behielt weiter seinen Posten als Leiter dieser unter ihrem alten Namen weiterfirmierenden Institution. Die Anordnung (AO) vom 29. August 1945 war unterzeichnet vom Chef der Audits & Accounts Section der Finance Division, Lt. Col. F.B. Baker. Ihr Zuständigkeitsbereich erstreckte sich auf das gesamte britische Kontroll-

84 ARI/FK/7.1.5./01121946
85 Eine Regelung, die das ZHA als unzweckmäßig kritisierte (vgl. Vogel 1983, S. 78).
86 Der Begriff stammt vom Headquarters, CCG (BE), The devolution of financial powers to the Länder vom 30. Januar 1947 (PRO FO 371/64452).
87 Scherpenberg 1985, S. 244
88 Vgl. auch Girndt 1971, S. 115
89 In der Denkschrift des Zonen-Rechnungshofs zum Rechnungsjahr 1945 heißt es, diese Weiterarbeit erfolgte aufgrund des "Erlaß(es) an die Reichs- und Länderbehörden vom 21. Juli 1945 - H - G 205/45 - ", S. 6 (ARI/FK/7.1.1./15041948).

gebiet. Grundlage des Zonenrechnungshofs (ZRH), so wurde betont, seien die einschlägigen Reichsgesetze, insbesondere die Reichshaushaltsordnung, soweit die Militärregierung nichts anderes bestimmt habe. Der Aufgabenbereich erstreckte sich auf den der ehemaligen Außenabteilung Hamburg des Reichsrechnungshofs (RRH), der Preußischen Obersten Rechnungskammer und des RRH selbst. Geprüft werden sollten auch Organisationen, die vor der Kapitulation Deutschlands aufgelöst oder stillgelegt worden waren, vor allem Gesellschaften, "an denen das Reich oder Preußen in erheblichem Umfange beteiligt sind"[90]. Die Aufgabe des ZRH bestand in diesen Fällen darin, sehr komplexe ökonomische Zusammenhänge wie die wirtschaftlichen Beteiligungen des Reiches und Preußens für die Besatzungsmacht transparent zu machen und auf diese Weise effektives Verwaltungshandeln der britischen Militärregierung zu ermöglichen. So berichtete z.B. der Rechnungshof mehrfach in übersichtlicher Form über die sehr weit gestreuten wirtschaftlichen Beteiligungen des Reiches und Preußens[91].

Der Rechnungshof beschränkte sich jedoch nicht nur auf die Erstellung von Übersichten und Zusammenfassungen. Die Überprüfung von Beteiligungen des Reiches und Preußens erfolgte nach entsprechenden Anweisungen der Property Control Branch zur Beantwortung folgender Fragen:

"a) ob noch ein Interesse der öffentlichen Hand daran besteht, Eigentümer der Beteiligungen zu bleiben,
b) ob die Unternehmen in der Lage sind, Darlehen des Reichs und Preußens zu tilgen, Zahlungen auf Grund der mit dem Reich und mit Preußen geschlossenen Pachtverträge zu leisten und für die abgelaufenen Geschäftsjahre Gewinne auszuschütten."[92]

Diese Anweisungen der Property Control Branch der CCG (BE) reihten sich nahtlos in die besatzungspolitischen Leitlinien der britischen Militärregierung ein. Insbesondere die erste Frage muß als "politisch" gewertet werden, da deren Beantwortung bestimmte ordnungspolitische Präferenzen implizierte. So nahm der Rechnungshof eine politische Interpretation der Besatzungspolitik vor, wenn er etwa zu den Gesichtspunkten für die Überprüfung der Unternehmen - wenn auch etwas wolkig - formuliert: "Ein Interesse

90 StA Hamburg/Finanzbehörde I 210 - 9/7, Bl. 58
91 Vgl. u.a. die Übersicht des Rechnungshofes für Sonderaufgaben über die Beteiligung des Reiches und des ehemaligen Landes Preußen in der britischen Zone vom 3. Dezember 1949 (ARI/FK/7.2/03121949). An anderer Stelle heißt es zusammenfassend zu diesem Komplex: "1. Das Reich und das ehemalige Land Preußen sind nach den bisherigen Feststellungen des Rechnungshofs an rd. 400 Unternehmen des Privatrechts unmittelbar oder mittelbar beteiligt, die in der britischen Besatzungszone ihren Sitz haben oder dort Vermögen besitzen. Die Höhe der Beteiligung ist bei der Mehrzahl der Unternehmen, besonders bei den wirtschaftlich bedeutenden Gesellschaften, als maßgeblich zu bezeichnen. Sie beträgt bei einem erheblichen Teil der Unternehmen 100 % des Grund- oder Stammkapitals. An einer Reihe von Unternehmen sind außer dem Reich oder Preußen auch andere Gebietskörperschaften (Länder, Gemeinden und Gemeindeverbände) beteiligt.
2. Beteiligungen des Reichs und des ehemaligen Landes Preußen bestehen in zahlreichen Wirtschaftszweigen. Es kommen hauptsächlich in Betracht: Unternehmen des Steinkohlen-, Braunkohlen- und Erzbergbaus, des Kohlenhandels, der Eisen- und Stahlerzeugung sowie der eisenverarbeitenden Industrie (z.B. Maschinenfabriken, Werften und Rüstungsbetriebe), Gesellschaften der Aluminiumerzeugung und -verarbeitung, Unternehmen der Energiewirtschaft, Wohnungs- und Siedlungsgesellschaften, Unternehmen des Filmwesens (Herstellung, Vertrieb und Theater), Verkehrsunternehmen (Bahnen, Schiffahrtsunternehmen, Hafen- und Flughafengesellschaften), Kreditinstitute und Revisionsgesellschaften...
4. Ein wesentlicher Teil der Unternehmen ist in Konzernen zusammengefaßt. Als wichtigste seien hervorgehoben der Viag-Konzern mit der Elektrowerke AG und der Vereinigte Aluminiumwerke AG (Reich), die Reichswerke-Konzerne (Reich) sowie der Veba-Konzern mit der Preußag und der Preußenelektra (Preußen)." Überprüfung der Beteiligungen des Reichs und des ehemaligen Landes Preußen in der britischen Besatzungszone durch den Rechnungshof des Deutschen Reiches, (britische Zone) (ARI/FK/7.1.2./15031948).
92 Ebd.

der öffentlichen Hand, selbst Gesellschafter von wirtschaftlichen Unternehmen zu sein, besteht infolge des Kriegsausgangs und der veränderten staatlichen Aufgabe häufig nicht mehr."[93]

Die Anordnung der Militärregierung vom 29. August 1945 über die Weiterarbeit des Rechnungshofs stellte formal wie faktisch die Kontinuität der Finanzkontrolle in der britischen Zone her. Rechtlich arbeitete der Rechnungshof nach den einschlägigen Reichsgesetzen weiter, organisatorisch wurde der alte Apparat der ehemaligen Außenabteilung Hamburg des RRH weitergeführt, funktionell wurden die bisherigen Aufgaben des Rechnungshofs bestätigt; auch personell blieb die Kontinuität gewahrt, da der alte Leiter der ehemaligen Außenabteilung auch der neue war: Franz Haaser. In der englischen Fassung der Anordnung vom 25. August 1945 firmiert Haaser als "Director of the Reichsrechnungshof (British Element)". Diese personelle Kontinuität verdichtete sich in den folgenden Monaten, als mehrere leitende Rechnungshof-Beamte aus der alten Potsdamer Zentrale nach Hamburg übersiedelten, da sich eine zunächst für möglich gehaltene Reaktivierung des Reichsrechnungshofs in der sowjetischen Besatzungszone als unrealistisch erwies.[94]

Die Hauptaufgabe im Jahre 1945 faßte der Rechnungshof wie folgt zusammen:

"Bei diesen (Nachkriegs-) Verhältnissen mußte der Rechnungshof seine Arbeit auf das Wesentliche konzentrieren. Es konnte nicht so sehr darauf ankommen, die Einnahmen und Ausgaben im einzelnen auf ihre Richtigkeit zu prüfen. Wichtiger war es, den Behörden bei dem Neuaufbau und der Wiedereinrichtung der Verwaltung jede nur erdenkliche Hilfe und Unterstützung zukommen zu lassen, dabei aber auch vor allem die Behörden mit dem Gedanken vertraut zu machen, daß ihre Arbeit auch weiterhin einer Nachprüfung durch den Rechnungshof unterliege. Erfahrungsgemäß ist es von außerordentlicher Bedeutung, wenn die Behörden wissen, daß ihre Arbeit und Wirtschaftsführung einer Kontrolle unterliegt und sie für ihre Handlungen einzustehen haben. Bei den unklaren Verhältnissen hatte sich in Teilen der Verwaltung der Gedanke breitgemacht, daß allein die Anordnungen der Besatzungsmacht, nicht aber auch die Vorschriften deutschen Rechts, insbesondere des Haushaltsrechts, zu beachten waren. Vereinzelt versuchten Dienststellen und Behörden eigensüchtige Ziele durch Erlangung der Zustimmung der Besatzungsmacht ohne Rücksicht auf allgemeine Interessen und die Kosten durchzusetzen, von der irrtümlichen Meinung ausgehend, daß die Besatzungsmacht die Mittel zur Verfügung stelle. Dieser Grundhaltung galt es mit allen Kräften entgegenzuwirken."[95]

Die Fragen und Probleme, die der Rechnungshof hier auflistet, waren für ihn nicht neu, die meisten spielten implizit auf das Verhalten der Verwaltungen im NS-Regime an; z.B. die Betonung, daß es "erfahrungsgemäß" von großer Bedeutung sei, wenn die Behörden wüßten, daß ihre Arbeit überprüft werde; diese Feststellung ergab nur vor dem Hintergrund einen Sinn, daß es etwa seit 1941 im "Altreich" kaum eine nennenswerte Kontrolle durch den Reichsrechnungshof gegeben hatte. Auch das Bestreben einiger Verwaltungen, den Rechnungshof dadurch auszuschalten, indem man sich anderslautende Weisungen der britischen Militärregierung verschaffte, erinnert stark an die

93 Ebd. Der Rechnungshof wendet sich sodann Fragen zu, in welchen Fällen eine Beteiligung beibehalten werden sollte und in welchen nicht.

94 Vgl. hierzu den folgenden Beitrag von Gilles sowie Otto/Weinert 1987, S. 93 ff. Zu den leitenden Beamten, die bereits im Reichsrechnungshof bzw. der PrORK tätig waren und nach Hamburg kamen, gehörten u.a. die Ministerialräte Arthur Fuchs, Ernst Gabriel, Freiherr von Dungern, Leo Krokisius, Manfred von Mackensen, Ernst Kösters, Walter Panzeram, Hermann Härtig, Hans Greuner, die Rechnungshof-Direktoren Alfred Rausch, Herbert Peucker (vgl. Liste der Beamten des Reichsrechnungshofs und der PrORK (ARI/FK/2.4./10111940) und die Hausnachrichten des Rechnungshofs des Deutschen Reiches (brit. Zone) (ARI/FK/7.1.3)).

95 Bericht des Rechnungshofs des Deutschen Reichs, britische Zone, für das Rechnungsjahr 1945, S. 7 (ARI/FK/7.1.1./15041948)

ausufernde Praxis von Verwaltungen im Staat Hitlers, durch Beschaffen von "Führerbefehlen" bestehende Kontrollmechanismen zu umgehen. Deshalb mußte der Rechnungshof dieser, wie er selbst betont, "Grundhaltung" in den Verwaltungen kräftig entgegenwirken.

Aber auch die Notwendigkeit, sich auf das Wesentliche zu konzentrieren, den Behörden vor allem beim "Neuaufbau" beratend zur Seite zu stehen, war nicht neu für den Rechnungshof. Spätestens seit 1941 lag in der Beratung der neu aufzubauenden Besatzungsverwaltungen in den von der deutschen Wehrmacht besetzten Gebieten im Westen und Osten Europas der Schwerpunkt der Rechnungshoftätigkeit bis zum Zusammenbruch. Unter diesen funktionellen Aspekten war der Rechnungshof, so merkwürdig das auch klingen mag, durch seine Arbeit von 1941 bis 1945 für die Aufgabe als "Zonen-Rechnungshof" im Nachkriegsdeutschland bestens gerüstet. Und diese Erkenntnis dürfte sich rasch in der britischen Militärregierung durchgesetzt haben.

Der Rechnungshof für die britische Zone entfaltete schon früh nach dem Zusammenbruch eine sehr geschäftige Aktivität, wovon der 142-seitige Bericht für dieses Rechnungsjahr Zeugnis legt. Er prüfte 1945 im Bereich des Reichshaushalts die entsprechenden Einzelpläne für Arbeit, Justiz, Ernährung, Landwirtschaft und Forstwirtschaft, Finanzverwaltung, Polizei, Wissenschaft, Erziehung und Volksbildung, die Zuweisungen an Länder und Gemeinden (und Gemeindeverbände), die Deutsche Reichspost und die Deutsche Reichsbahn sowie die wirtschaftlichen Unternehmen. Diese Angaben berücksichtigen nicht die vielen Sonderprüfungen, die der Rechnungshof aufgrund spezieller Anweisungen der Finance Division vornehmen mußte.

In dem vorläufigen Bericht des Rechnungshofes für das Rechnungsjahr 1946 stellte dieser über die einzelnen Prüfungen hinaus Überlegungen an, wie die erkennbare Besserung der Haushaltswirtschaft der britischen Zone, die von 1945 zu 1946 erkennbar war, zu bewerten sei.

"Das Zahlenbild der öffentlichen Haushalte im R(echnungsjahr) 1946 erscheint äußerlich günstiger als es der Gesamtlage, insbesondere dem Leistungsstand der Wirtschaft entspricht. Die Ergebnisse zeigen auf der Einnahmenseite eine starke Aufblähung - bedingt durch die überhöhten Steuersätze. Die Ausgaben bleiben weit hinter den Beträgen zurück, die zur Befriedigung der gegebenen Bedürfnisse normalerweise notwendig gewesen wären. Das trifft vornehmlich für den Sozialhaushalt (Sozialversicherung, Arbeitslosenversorgung, Wohlfahrtsfürsorge) zu, dessen Aufwendungen heute in keinem Verhältnis stehen zu der wirklichen Armut weiter Kreise der Bevölkerung, insbesondere der Flüchtlinge, Ausgebombten und Kriegsbeschädigten. Im R(echnungsjahr) 1946 betrugen die Kosten der offenen gemeindlichen Fürsorge annähernd 700 Millionen RM (betreut waren rund 10 v.H. der Gesamtbevölkerung); das sind rund 32,-- RM je Einwohner gegenüber 45,-- RM im R(echnungsjahr) 1931. Die Überalterung und der Frauenüberschuß der Bevölkerung, die zeitbedingte Minderung ihrer wirtschaftlichen Leistungsfähigkeit und die Schwierigkeit, alle Flüchtlinge, alle Evakuierten usw. alsbald in den Wirtschaftsprozeß wieder einzugliedern, lassen die Annahme gerechtfertigt erscheinen, daß die Beseitigung des Geldschleiers zunächst eine wesentliche Zunahme der öffentlichen Soziallasten auslösen wird.
Die durch den Zustrom von Verdrängten hervorgerufene Überbevölkerung und die bereits während des Krieges durchgeführten Bevölkerungsverschiebungen (aus den zerstörten Städten in die ländlichen Bezirke) wirken sich auf allen Gebieten des öffentlichen Haushalts, nicht nur im Sozialhaushalt, lastensteigernd aus. Die Erfahrung lehrt, daß der öffentliche Finanzbedarf der allgemeinen Verwaltung (Polizei, Schulen, Verkehr, Wohnwesen, öffentliche Einrichtungen und dergleichen) progressiv mit der Zunahme der Bevölkerungsdichte steigt. Die sich daraus ergebenden Haushaltsschwierigkeiten verschärfen sich, je mehr Bevölkerungskreise mit geringer Steuerkraft das Zuwachselement bilden. Ein solcher Tatbestand ist heute gegeben, da die überwiegende Zahl der Flüchtlinge und Ausgebombten den Zufluchtsgebieten mehr zusätzliche Lasten als Steuerkraft zuführt. Auch diese Mehrlasten finden in der Haushaltsrechnung 1946 noch keineswegs ihren vollen zahlenmäßigen Niederschlag. Denn einmal war der Bevölkerungszustrom noch nicht been-

det, zum andern hatte die notwendige Ausweitung der öffentlichen Verwaltung mit dem ungewöhnlichen Bevölkerungszuwachs nicht annähernd Schritt halten können (Beispiel: Lehrermangel). Die organisatorische Lösung des Flüchtlingsproblems - die wirtschaftliche Eingliederung der Verdrängten - steckt noch in den Anfängen; sie wird erst in Zukunft erhebliche Mittel beanspruchen."[96]

Der Rechnungshof lieferte hier eine nüchterne Beschreibung der wirtschaftlichen und sozialen Lage in der britischen Zone und relativierte damit das "äußerlich" günstige Zahlenbild der öffentlichen Haushalte. Er meinte damit auch, daß die Ausgabenseite 1946 unter "Zwangsersparnissen" standen, die sich aus der Sperre des Schuldendienstes, den Kriegsschädenzahlungen und dem Mangel an Material, Transportmitteln und Arbeitskräften erklärten. Diese Mangellage führe "zu einer erzwungenen Drosselung dringender Ausgaben für die Unterhaltung, Instandsetzung und Erneuerung und damit zu einer Anstauung des Bedarfs, die später, wenn die Verhältnisse sich gebessert haben und eine Befriedigung des zurückgestellten Bedarfs zulassen, einen um so größeren Druck auf die öffentlichen Haushalte ausüben wird."[97] Der Rechnungshof beschrieb hier nicht nur einen seiner Meinung nach falschen "Investitionsstau", er prognostizierte auch die (unerwünschten) Folgen, wenn nicht Abhilfe geschaffen würde. Die Perspektive, aus der diese Kritik an dieser Sparpolitik erfolgte, ist nicht die der Sparsamkeit; vielmehr ist die aus der Feststellung des Investitionsstaus gezogene Konsequenz eine wirtschafts- und finanzpolitische Empfehlung (Aufhebung der Ausgabendrosselung), deren Richtigkeit die weitere Entwicklung gezeigt hat.

Zum 1. Dezember 1946 wurde schließlich durch die Verordnung Nr. 62 der Zonen-Rechnungshof im Rahmen der Errichtung anderer deutscher Finanzinstitutionen ins Leben gerufen. Die Verordnung enthielt im wesentlichen die Bestimmungen der Verordnung vom 25. August 1945.

In das Jahr 1946 fiel auch die Bildung der Länder Nordrhein-Westfalen, Niedersachsen und Schleswig-Holstein. Dementsprechend sah die Verordnung Nr. 62 die Errichtung von Zweigstellen des Zonen-Rechnungshofs (ZRH) in diesen Ländern vor. Damit wurde das Ende des Zonen-Rechnungshofes eingeläutet, das sich allerdings noch bis 1950 hinziehen sollte.

Die britische Seite war zu diesem Zeitpunkt bereits auf die amerikanische Linie eingeschwenkt. In einem Memorandum der Finance Division vom 30. Januar 1947 über die Verlagerung der Finanzhoheit auf die Länder hieß es einleitend: "The principal object of the Ordinances (No. 58 - 63, Anm. d. Verf.) is to reorganise the financial arrangements of the British Zone, in order that the governments of the Länder may be able to carry out the functions devolving upon them under Ordinance No. 57"[98]. An anderer Stelle wird die Intention der Verfasser deutlich, sollten doch diese Verordnungen "will bring the British Zone more into line with the Americans."[99] Für die institutionalisierte Finanzkontrolle folgte hieraus politisch zwingend die Autonomisierung der Länderrechnungshöfe, da den Finanzministern der Länder auch die Finanzhoheit überantwortet

96 Vorläufiger Bericht des Rechnungshofs des Deutschen Reichs (britische Zone) über das Rechnungsjahr 1946, S. 4 ff. (ARI/FK/7.1.1./18041948)
97 Ebd.
98 PRO FO 371/64452
99 Ebd.

wurde[100]. Sollten die Länder Wünsche nach einer Errichtung eines Landesrechnungshofes äußern, müßte, so die Auflage, gewährleistet sein,

"that the Court is legally independent of the Executive and is solely responsible to and reports to an elected legislature. This is a necessary guarantee of democratic parliamentary government and has been proved in practice in England, where the Auditor and Comptroller General is an Officer of the House of Commons and reports directly to that body. Even in Germany before the Nazi Regime the Rechnungshof was legally independent of the Executive and reported to the Legislature."[101]

Diese Entwicklung führte im ZRH wie in den anderen Zentralbehörden der britischen Zone dazu, daß dort die Luft "dünn" wurde[102], und diese schließlich ihre Kompetenzen an die bizonalen Verwaltungen abtreten mußten.

2. Die Zusammenarbeit zwischen Rechnungshof und Haushaltsamt

Schon früh bahnte sich zwischen Zonenrechnungshof und Zonen-Haushaltsamt eine enge Zusammenarbeit an. Hierbei begrüßten es die Rechnungsprüfer in ihrem Bericht über das Rechnungsjahr 1945 ausdrücklich, daß die Militärregierung die deutsche Finanzverwaltung nicht zerschlagen und ihre Aufgaben in einer Zentralbehörde gebündelt hatten: "Die Organisation der Finanzverwaltung als eine unabhängige zentral geleitete Sonderverwaltung hat sich nach den Prüfungserfahrungen des Rechnungshofs als zweckmäßig erwiesen und bewährt."[103]

Es lag gewissermaßen in der Natur der Sache, daß das 'Reichsfinanzministerium' der britischen Besatzungszone, das Zentrale bzw. Zonen-Haushaltsamt, und der Rechnungshof gegenüber den zu prüfenden Verwaltungen an einem Strang zogen, wie das zwischen Reichsfinanzministerium und Reichsrechnungshof auch der Fall war[104]. Im März 1947 wurde diese Zusammenarbeit durch ein gemeinsames Schreiben des Präsidenten des Rechnungshofes, Franz Haaser, und dem Leiter des Haushaltsamtes, Josef Mayer, allen Verwaltungen der britischen Zone mitgeteilt. Einleitend heißt es:

"Rechnungshof und Zentral-Haushalts-Amt verfolgen das gemeinsame Ziel, eine wirtschaftliche und sparsame Verwaltung der Haushaltsmittel sicherzustellen. Während die Aufgaben des Zentral-Haushalts-Amts im wesentlichen auf dem Gebiete der Aufstellung und der Durchführung des

100 In dem bereits erwähnten Memorandum heißt es, "but Articles IV and V of Ordinance No. 62 provide that Branch Offices of the Zonal Rechnungshof may be set up in each Land, with a view to their eventual transformation into independent Courts of Audit." (PRO FO 371/64452)

101 Ebd.

102 So Girndt 1971, S. 117

103 ARI/FK/7.1.1./15041948, S. 38

104 Dabei darf allerdings nicht vergessen werden, daß die Harmonie zwischen RFM und RRH sich fast nur auf Fragen der zu prüfenden Behörden bezogen; ansonsten war (und ist) dieses Verhältnis alles andere als konfliktfrei. Die Spannungen rühren u.a. daher, daß der RFM bzw. der Bundesfinanzminister heute mit seiner riesigen Finanzverwaltung einerseits Objekt der Prüfungen des Rechnungshofes ist, andererseits wird der Rechnungshof bei der Aufstellung seines Haushaltes (und seinen Stellenforderungen) vom RFM wie jede andere oberste Reichs- bzw. Bundesbehörde behandelt. Über das 'Hineinregieren' des RFM in den RRH berichtet u.a. Heinig 1949. Nicht zuletzt die Periode der unmittelbaren Nachkriegsgeschichte ist gekennzeichnet durch den Versuch der Länderfinanzministerien, die Rechnungshöfe zu neutralisieren (für Bayern vgl. Otto/Weinert 1987).

Haushaltsplans liegen, ist die Kontrolle des Haushaltsplans Gegenstand der Tätigkeit des Rechnungshofs."[105]

Diese Kooperation sei deshalb "möglichst eng zu gestalten".

Der Rechnungshof versprach sich von dieser Zusammenarbeit u.a., die Beweggründe zu erfahren, "die für die Bewilligung oder Ablehnung von Mitteln maßgebend sind", und hoffte sich dadurch "über die Gesamteinstellung des Zentral-Haushaltsamts in grundsätzlichen Fragen und in finanziell wichtigen Angelegenheiten zu unterrichten"[106]. Um die hier angekündigte Zusammenarbeit wirksam werden zu lassen, wurden in beiden Behörden je ein Verbindungsmann bestimmt (im ZRH Direktor Dr. Panzeram, im ZHA Oberregierungsrat Thiel). Deren Aufgabe bestand in der Abstimmung und Sicherstellung der Meinungsbildungsprozesse in beiden Behörden im Sinne dieser Absichtserklärung; sie sollten zu bestimmten Fragen die jeweiligen Referenten (im Rechnungshof: Prüfgebietsleiter) zusammenführen und die Unterrichtung der Leiter beider Behörden gewährleisten. Haaser und Mayer verabredeten des weiteren, je nach der Bedeutung der anstehenden Angelegenheiten gemeinsam die zuständigen britischen Offiziere zu unterrichten[107]. Zudem veranlaßte Mayer ein Schreiben vom 26. März 1947, in dem Maßnahmen zur Beteiligung und Unterrichtung des Rechnungshofs über die gesetzliche Beteiligungspflicht hinaus niedergelegt sind. So sollte der Rechnungshof nicht erst bei der Genehmigung des gesamten Haushaltes eingeschaltet werden, sondern bereits früher. Bei Anträgen auf Genehmigung außerplanmäßiger und überplanmäßiger Ausgaben "von grundsätzlicher oder finanziell erheblicher Bedeutung ist die Stellungnahme des Rechnungshofs einzuholen"[108], Übereinstimmung sollte - "nach Möglichkeit" - in Fragen der Kassen- und Buchführung, der Auslegung der haushaltsrechtlichen Bestimmungen und bei der Anordnung von Vereinfachungs- und Sparmaßnahmen herbeigeführt werden[109].

Eine derartige Kooperation zwischen Finanzminister und Rechnungshof ist in "normalen Zeiten" nicht ungewöhnlich. In der Zeit bis Mitte 1948 erfüllte sie mindestens zwei wichtige Funktionen:

- Reduzierung der Besatzungskosten, was auch im Interesse der Militärregierung lag, die deshalb diese Kooperationsbemühungen kräftig unterstützt haben dürfte;
- Etablierung einer ordnungsgemäßen und sparsamen Verwaltungsführung.

Für die Normalisierung und Konsolidierung der deutschen Behörden in der britischen Zone kann dieses schlagkräftige gemeinsame Auftreten des ZHA und des ZRH nicht hoch genug eingeschätzt werden.

Diese Koordinationsleistung beider Kontrollbehörden gehörte noch in die Zeit der "Herrschaft der Fachleute."[110] Diese Zusammenarbeit wurde von Haaser und Mayer als ein notwendiger, sachlich gebotener und deshalb unpolitischer Akt verstanden, um die Not im "Reich", von dessen Existenz vor allem der RH-Präsident nach wie vor ausging, zu lindern[111]. Aber diese Herrschaft der Fachleute neigte sich schon im Jahre 1947 ih-

105 Hausnachrichten Nr. 6/1947 des Präsidenten des Rechnungshofs des Deutschen Reiches (britische Zone) (ARI/FK/7.1.3)
106 Ebd.
107 Ebd.
108 Ebd.
109 Ebd.
110 Eine Formulierung, die von Heinz Maria Oeftering stammt (ARI/FK/I/22101985).
111 Diese Haltung reiht sich ein in die "politische Indolenz" vieler Beamter nach 1945 (vgl. Eschenburg 1956, S. 79; Foelz-Schroeter 1974, S. 138).

rem Ende zu; mit der Bildung der Bizone, dem Erstarken der politischen Parteien und der Legislative wurden derartige Leistungen zumindest in dieser Form nicht mehr gebraucht, ja, sie war sogar lästig geworden, wie die verschiedenen Auseinandersetzungen um den Rechnungshof im Jahre 1948, z.B. mit der "Haaser-Kommission"[112], belegen. Das Opfer dieser Entwicklung sollte ausgerechnet Franz Haaser werden.

3. Prüfungsschwerpunkt Besatzungskosten

Die Prüfung der Besatzungskosten durch den Rechnungshof ist von Anbeginn ein heikles Thema gewesen - und ist es bis heute geblieben. Denn politisch bedeutete diese Kontrolle eine Prüfung der in Zahlen gegossenen Politik der Siegermächte durch Repräsentanten des besiegten Deutschlands, die womöglich dieser Politik ablehnend gegenüberstanden und die Politik der Siegermächte vielleicht wenige Monate zuvor noch mit Waffengewalt bekämpft hatten; und nun sollten dieselben Repräsentanten Vorschläge entwickeln, wie diese Politik am effektivsten umgesetzt werden konnte. Verständlicherweise trauten die Siegermächte in den ersten Nachkriegsjahren den deutschen Kontrollbehörden nur sehr bedingt. Eine materielle Prüfung der Besatzungskosten, d.h. eine Prüfung der Frage, ob bestimmte Ausgaben überhaupt vertretbar waren, hat es deshalb nicht gegeben; auch das ist ein Vorbehalt der Alliierten, der, wenn auch wesentlich abgeschwächt, bis heute Gültigkeit hat[113]. Auf Seiten des Rechnungshofes, d.h. sowohl des Zonen-Rechnungshofes wie später des bizonalen und heutigen Bundesrechnungshofes, hat sich dieser bis heute eine demonstrative Zurückhaltung bei der Prüfung dieser Besatzungs- bzw. Stationierungskosten auferlegt, um selbst dem leisesten Eindruck zu vermeiden, hier würde sozusagen auf kaltem Wege, nämlich auf dem der Rechnungsprüfung, in alliierte Hoheitsrechte eingegriffen. Prüfungspraktisch stellten die Besatzungskosten damit eine Art Grauzone dar, deren Zuständigkeit zwar formal geklärt war, faktisch jedoch weder in das Raster einer 'normalen' Finanzkontrolle alliierter Kontrollinstitutionen fiel noch in das der deutschen Rechnungshöfe. Derartige Kontrollücken wirken erfahrungsgemäß kostentreibend, dies gilt auch für diesen politisch so sensiblen Bereich.

In einer Arbeit des Tübinger Instituts für Besatzungsfragen aus dem Jahre 1949 wurde der Zweck der Besatzungskosten und die damit verbundene Einflußnahme auf die deutsche Wirtschaft in vier Ziele unterteilt:

- Durchsetzung von Besatzungszielen (Entmilitarisierung, Demokratisierung, Dekartellierung etc.);
- Wahrnehmung gewisser Hoheitsaufgaben (Aufgaben, die eigentlich den deutschen Instanzen zustehen, jedoch von den Besatzungsmächten als oberster Regierungsinstanz ausgeübt werden, hierher gehören die Steuergesetze, Währungsreform etc.);

112 Vgl. den zweiten Beitrag von Weinert in diesem Band

113 Mit Schreiben vom 30. August 1949 übertrug BICO die Rechnungsprüfung dem bizonalen Rechnungshof, allerdings mit folgender Auflage: "Der bizonale Rechnungshof wird jedoch nicht ermächtigt sein, die wirtschaftliche Notwendigkeit für Aufwendungen, die Gegenstand der Prüfung sind, zu untersuchen oder über diese und über die Politik, die den Anweisungen der Besatzungsbehörden zugrunde liegt, ein Urteil abzugeben." Etwas später wurde in einer Note des Generalsekretärs der Alliierten Hohen Kommission für Deutschland an das Bundeskanzleramt ebenfalls hinsichtlich der Rechnungsprüfung der Besatzungskosten durch den Rechnungshof dieser Vorbehalt noch einmal bekräftigt (vgl. ARI/FK/7.1.4/30081949).

- Entnahmen aus der deutschen Wirtschaft (diese Entnahmen beziehen sich auf den Unterhalt der Besatzungstruppen, Restitutionen, Reparationen oder Wiedergutmachung);
- Überwachung der ordnungsmäßigen Verwendung der von den Besatzungsmächten in Deutschland investierten Mittel (z.B. ERP-Mittel)[114].

Bei der Behandlung dieser Fragen muß in Erinnerung gerufen werden, daß die Art und Weise der Erbringung der Besatzungskosten in den ersten Nachkriegsjahren mit den "besonderen Umständen der deutschen Niederlage" zu tun hatten, wie es in der Tübinger Studie heißt, nämlich der Art der Kriegführung, der bedingungslosen Kapitulation und dem Fehlen einer Zentralgewalt nach dem Zusammenbruch[115]. Die Umsetzung der jeweiligen Anordnungen differierte nicht nur zwischen den Zonen der Siegermächte erheblich[116], sondern aufgrund der recht heterogenen Verhältnisse auch innerhalb der einzelnen Zonen. Nach den Ergebnissen des Tübinger Institutes war das Verhältnis zwischen den deutschen und den alliierten Stellen ohnehin "weitgehend von den Persönlichkeiten (abhängig), die auf der einen oder anderen Seite (standen)"[117].

In der britischen Zone wurde im Herbst 1945 ein Sonderhaushalt ausgebracht, der Notstandshaushalt ("Emergency Budget"), aus dem die von der Besatzungsmacht veranlaßten und von den deutschen Stellen zu tragenden Kosten bestritten wurden, z.B. Entschädigungen für Requisitionen aller Art oder eben die Besatzungskosten im engeren Sinne. Außer einer Reihe von Einzelprüfungen, zu denen die britische Militärregierung die Prüfbehörde aufforderte, hatte der Rechnungshof auf die Höhe der Einnahmen und Ausgaben dieses Notstandshaushaltes keinen Einfluß[118]. Hieran kritisierten die Rechnungsprüfer, daß der Notstandshaushalt "zahlenmäßig nicht begrenzt und die Höhe der nicht durch Einnahmen gedeckten Ausgaben daher nicht voraussehbar ist (und daher die) deutsche Haushaltswirtschaft mit einem erheblichen Unsicherheitsfaktor (belastet)"[119]. Obwohl, wie der ZRH einräumte, die Grundsätze für die Entschädigung der Leistungen sich im Rahmen eines "angemessenen Ausgleichs" halten würden, hätten die Ausgaben von Beginn der Besatzung bis Ende des Rechnungsjahres 1946 knapp 3 Mrd. RM betragen. Aufwendungen in dieser Höhe gefährdeten jedoch den Haushaltsausgleich und damit die Voraussetzungen für eine ordnungsmäßige Finanzwirtschaft.

"Nach Auffassung des Rechnungshofs liegt es nicht nur im deutschen Interesse, sondern auch im Interesse der Besatzungsmacht, die Ausgaben des Notstandshaushalts unter Berücksichtigung der deutschen Finanzkraft durch verbindliche Voranschläge zu begrenzen und damit die Grundlage für eine gesunde Finanzgebarung zu gewinnen.

---

114 Institut für Besatzungsfragen 1949, S. 7
115 Institut für Besatzungsfragen 1949, S. 6
118 "Bei einer Darstellung der Einflußnahme der Besatzungsmächte auf die Wirtschaft liegt es nahe, nach Grundprinzipien in der Wirtschaftspolitik zu suchen, von denen sich die Besatzungsmächte bei ihren Maßnahmen gegenüber der deutschen Wirtschaft leiten lassen. Man könnte annehmen, auf diese Weise gleichsam einen roten Faden zu finden, der sich durch die gesamte Einflußnahme hindurchzöge, eine Erklärung für manche im einzelnen widerspruchsvollen Maßnahmen, die dann in einem großen Zusammenhang stehend erscheinen würden. Aber so verlockend diese Aufgabe ist, so wenig scheint sie lösbar zu sein, weil die Besatzungsmächte gegenüber Deutschland keine eindeutig festgelegte Wirtschaftspolitik treiben." Institut für Besatzungsfragen 1949, S. 10
117 Institut für Besatzungsfragen 1949, S. 6
118 Einen sehr begrenzten Einfluß hatte der Rechnungshof insofern, als die Lieferungen und Leistungen nach den Vorschriften des deutschen Preisrechts abgewickelt wurden (vgl. Bericht des ZRH zum Rechnungsjahr 1945, S. 54 (ARI/FK/7.1.1./15041948).
119 Ebd.

Der Begrenzung kommt insbesondere im Hinblick auf die künftige Finanz- und Währungsreform entscheidende Bedeutung zu."[120]

Mit solchen Vorschlägen drang der Rechnungshof zunächst bei den Alliierten nicht durch. Der Notstandshaushalt wies 1947 auf der Einnahmenseite zwei Einzelpläne mit insgesamt 12 Kapiteln auf, die Ausgabenseite hingegen bestand aus 59 Einzelplänen mit über 130 Kapiteln[121].

Die Einnahmen kamen aus unterschiedlichen "lebenswichtigen Einfuhren", etwa aus dem Verkauf von Lebensmitteln wie Weizen, Mehl, Fleisch etc.; den Einnahmen aus Wolle, Jute etc.; den Einnahmen aus lebenswichtigen Einfuhren wie dem Verkauf von Chemikalien und Düngemitteln u.a.m. Diese Einnahmen konnten in dem zerstörten Deutschland nur sehr gering sein. Die Ausgabenseite nimmt sich dagegen bombastisch aus.

Die wichtigsten Einzelpläne waren u.a. die für die britische Marine, Heer und Luftwaffe; sie umfaßten meistens die Kapitel Besatzungskosten (Unterhalt des Personals, Vorräte und Ausrüstung der Besatzungstruppen), Auflösung der Wehrmacht (Unterhalt, Bezahlung und Entlassung deutscher Truppenangehöriger), Kriegsgefangene und verschleppte Personen (Ausgaben in Deutschland für Unterhalt und Rückführung von Kriegsgefangenen und verschleppten Personen), Abrüstung (Kosten für die Abrüstung einschließlich der Zerstörung von Betriebsanlagen, Beschlagnahme von Maschinen und Ausrüstungsgegenständen sowie - nach Genehmigung - Entschädigungen hierfür), Rückerstattung (beim britischen Heer: genehmigte Entschädigungen für Waren, Ausrüstungsgegenstände und Schiffe, die im Zusammenhang mit der Rückerstattung an befreite Länder und Angehörige der verbündeten Nationen zurückgegeben wurden). Hierzu kamen beim Unterausschuß der Militärregierung u.a. die Einzelpläne für Sicherheitswesen, Öffentliches Gesundheitswesen, Post und Telegraf, Kirchliche Angelegenheiten, Erforschung der öffentlichen Meinung, Verwaltungsabteilung für allgemeine Erziehungsangelegenheiten. Des weiteren wären zu nennen das Transportwesen mit den Einzelplänen Straßenwesen, Eisenbahnen, Binnenschiffahrt, Häfen und Schiffahrtswesen (der Einzelplan Transportwesen, Abteilung Schiffahrtswesen bestand z.B. aus den Kapiteln Besatzungskosten (Kosten der Küstenschiffahrt für Zwecke der Besatzungstruppen), Rückerstattung (Kosten zur Wartung von Waren, Ausrüstungsgegenständen und Schiffen vor der Rückerstattung und anderen Zahlungen, die mit der Rückerstattung in Zusammenhang standen), Wiedergutmachung (Kosten für die Instandhaltung von Schiffen, die im Zusammenhang mit der Wiedergutmachung auf Strand stillagen), Ausfuhren (Inanspruchnahme von Waren und Dienstleistungen zu Auslieferungszwecken)); das Amt für Kriegsgefangene und verschleppte Personen; die Einzelpläne für den Arbeitseinsatz, Politisches Amt und Presse, Rundfunk und Nachrichtenkontrolle; das Rechtsamt mit den Einzelplänen Militärgerichte, Strafabteilung, Rechtsberatung und Rechtsetzung, Finanzwesen, Wiedergutmachung, Ablieferung und Rückerstattung; der Einzelplan Amt für Wiedergutmachung, Ablieferung und Rückerstattung mit dem Kapitel für Abrüstung (Kosten, die bei der Wartung und Veräußerung von feindlichem Kriegsmaterial entstehen); die nach drei Kapiteln differenzierte Rückerstattung u.a. für genehmigte Entschädigungszahlungen für Waren, Ausrüstungsgegenstände und Schiffe,

---

120 Ebd.
121 Rechnungshof des Deutschen Reiches, britische Zone, Verbuchungsstellen des Notstandshaushalts. Stand: 1. September 1947 (ARI/FK/7.1.1./01091947)

die im Zuge der Rückerstattung an befreite Länder und Angehörige der verbündeten Nationen zurückgehen; die ebenfalls nach drei Kapiteln differenzierte Wiedergutmachung, u.a. für genehmigte Entschädigungszahlungen für industrielle Ausrüstungsgegenstände, die für Reparationszwecke in Anspruch genommen wurden und sonstige Nebenkosten, die hiermit im Zusammenhang stehen; das Kapitel Ausfuhr; Beschaffungen für alliierte Wehrmachtteile mit den Einzelplänen USA, UdSSR und Frankreich, u.a. jeweils mit dem Kapitel Beschaffungen (Bezahlung von Waren und Dienstleistungen einschließlich Transportkosten in der britischen Zone zugunsten der verbündeten Streitkräfte); die Einzelpläne Belgische Armee, Dänische Armee und Norwegische Armee; die Einzelpläne zur Versorgung der Control Commission for Germany (British Element), den vier Einzelplänen der CCG Claims Panel u.a.m.

Fast alle Einzelpläne der Ausgabenseite enthielten Kapitel für Besatzungskosten und Verwaltung der Militärregierung. Die Aufzählung der Einzelpläne und Kapitel der Ausgabenseite und deren Zweckbestimmung ist in der Tat eine Art in Zahlen gegossene Politik der britischen Militärregierung. Angesichts der Heterogenität der Aufgaben, den teilweise sehr vagen Zweckbestimmungen und den immensen Summen mußte dieser Haushalt zwangsläufig außer Kontrolle geraten, zumal eine institutionelle externe Kontrolle faktisch nicht stattfand. Im Rechnungsjahr 1945 betrugen die Mehrausgaben (Ausgaben abzüglich der Einnahmen) für den Notstandshaushalt etwas über 782 Mio RM, im Rechnungsjahr 1946 bereits knapp 2,2 Mrd. RM und im Rechnungsjahr 1947 knapp 2,3 Mrd. RM[122]. Das rapide Abflachen der Steigerung von 1946 auf 1947 hielt u.a. der Rechnungshof seinem Wirken zugute, das Teil der allgemeinen Entwicklung gewesen sei, nämlich einer "allmähliche(n) Rückkehr zu den Grundsätzen einer sparsamen Verwaltung."[123] Die Ausgabenentwicklung - beinahe eine Verdreifachung von 1945 bis 1947 - zeigt, daß trotz der Maßnahmen des Rechnungshofes, die nur auf eine "sorgfältige Einhaltung" der britischen und deutschen Entschädigungsvorschriften abzielen konnten, und trotz der Vielzahl von "besonderen auf Anordnung der Kontrollkommission" veranlaßten Prüfungen[124] dieser Haushalt der deutschen Finanzkontrolle aus dem Ruder gelaufen war. Zudem gestaltete sich die Prüfung der Besatzungskosten als Teil des Notstandshaushalts besonders schwierig, da diese "in organisatorischer Hinsicht ... nicht abschließend geregelt wurden."[125]

Welches quantitative Ausmaß die britische Besatzungsverwaltung allein schon in Hamburg angenommen hatte, schildert ein Zeitzeuge folgendermaßen:

"Das Telefon-Verzeichnis der (britischen) Militärregierung Hamburg vom Dezember 1945 ... zeigt, daß die britische Verwaltung so weit ausgeufert war, daß sie 340 Offiziere umfaßte, nicht eingerechnet die Unteroffiziere sowie das britische Zivilpersonal. Nach dem Stand vom Juni 1946 arbeiteten bei dieser Militärregierung daneben 3.775 deutsche Angestellte und Arbeiter. Um diese Zahlen richtig zu würdigen, muß gesagt werden, daß daneben in Hamburg die Truppen der englischen Navy, Army und Air Force anwesend waren, die ein Heer von deutschen Angestellten und Arbeitern beschäftigten. Und dazu kamen die für die Besatzungsmacht tätigen para-militärischen Einrichtungen wie die GMSO (German Mine Sweeping Organization) und die GCLO (German Civil Labour Organization)."[126]

---

122 Vgl. Bericht des Rechnungshofs des Deutschen Reichs, britische Zone - Abwicklungsstelle - für das Rechnungsjahr 1947, S. 52 (ARI/FK/7.1.1./24021949)
123 Bericht für das Rechnungsjahr 1947, S. 21 (ARI/FK/7.1.1./24021949)
124 Vbd.
125 Bericht für das Rechnungsjahr 1947, S. 53 (ARI/FK/7.1.1./24021949)
126 Bohnsack, 1986, S. 12 f.

So ist es nicht weiter verwunderlich, daß nach einer Aufstellung des Rechnungshofs im VWG Mehrausgaben für Besatzungskosten in der britischen Zone in erheblichem Umfang notwendig wurden[127]:

vom 1.4.1948 bis 20.6.1948 .... 300 Mio RM
vom 21.6.1948 bis 31.3.1949 .... 1.700 Mio DM
vom 1.4.1949 bis 31.8.1949 .... 475 Mio DM.

Angesichts dieser Summen allein für die Besatzungskosten war an einen Ausgleich des Haushaltes für die britische Zone trotz aller diesbezüglichen von der Militärregierung unterstützten gemeinsamen Aktivitäten des ZRH und des ZHA nicht zu denken.

4. The Long Goodbye of The Zonal Rechnungshof

Im Verlaufe des Jahres 1948 wurden die Zentralämter der britischen Besatzungszone auf die bizonalen Ämter übergeleitet. Auch der Zonen-Rechnungshof wurde durch Verordnung der britischen Militärregierung vom 30. September 1948 aufgelöst. Da aber noch Prüfungsaufgaben und Abschlußarbeiten in der britischen Zone erledigt werden mußten, wurde der "Rechnungshof des Deutschen Reiches, britische Zone - Abwicklungsstelle -" errichtet, dessen Existenz formal bis zum 28. Februar 1949 befristet war.[128] Diese Abwicklungsstelle unter Haaser bestand jedoch über das offizielle Auflösungsdatum hinaus weiter.

Aus diesem Grund beschwerte sich denn auch der Leiter des am 3. November in Frankfurt a. M. gegründeten bizonalen Rechnungshofs, Vizepräsident Josef Mayer, ehemals Chef des ZHA in Hamburg, in einem Schreiben vom 23. März 1949, daß diese Doppelexistenz zweier Finanzkontrollorgane im VWG eine Reihe von Problemen aufwerfe, die den Aufbau und die Arbeit seiner Behörde nicht unerheblich behindere. Hierin kritisierte er u.a., daß die RH-Beamten sowohl seiner Weisungsbefugnis als auch der Haasers unterstünden, und drängte unmißverständlich auf Abhilfe dieses Kompetenzwirrwarrs: "Es geht nicht länger an, dass sie (die Rechnungshof-Beamten) nicht wissen, von wem sie Weisungen entgegenzunehmen haben und zum Schaden ihrer Arbeitsfreude zwischen zwei Weisungen gebenden Stellen hin und her gezerrt werden."[129]

Haaser dachte allerdings nicht daran, seine Hamburger Bastion aufzugeben, im Gegenteil, er landete einen neuen und zugleich seinen letzten Coup. Er erreichte bei der Finance Division, Audit Branch, daß seine Abwicklungsstelle am 30. Mai 1949 formal einen neuen Status erhielt, und zwar als "Rechnungshof für Sonderaufgaben", womit die Weiterführung eines großen Teils ihrer bisherigen Aufgaben zunächst gesichert schien[130]. Dies wirft die Frage auf, warum die britische Militärregierung nach Gründung des VWG neben den regionalen LRH den überregionalen ZRH - wenn auch in abgespeckter Form - bestehen ließ, der fast zwangsläufig in Konkurrenz zum bizonalen RH

127 Ähnliches gilt auch für die amerikanische Zone, in der vom 1.4.1948 bis 20.6.1948 rd. 815 Mio RM, vom 21.6.1948 bis 31.3.1949 rd. 1.200 Mio DM und vom 1.4.1949 bis 31.8.1949 rd. 598 Mio DM Mehrausgaben anfielen (vgl. Rechnungshof im VWG, Bericht über die Ergebnisse der Prüfung der Besatzungskosten und der verwandten Ausgaben in Auftragsangelegenheiten auf Grund der Ersten Durchführungsverordnung zu den Militärregierungsgesetzen Nr. 22 vom 31. Oktober 1949 (ARI/FK/9.1/31101949).

128 Vgl. Vogel 1956, S. 106

129 BA/B 112/4

130 Vgl. hierzu den Beitrag von Gilles in diesem Band

geraten mußte. Eine eindeutige und sachlich fundierte Antwort hierauf ist aus dem uns zugänglichen Quellenmaterial nicht zu entnehmen. Allerdings gibt es zwischen den Zeilen genügend Hinweise darauf, daß hierfür nicht so sehr funktionale Erfordernisse und/oder die berühmt-berüchtigte Bestandswahrung einmal errichteter bürokratischer Organisationen ausschlaggebend waren als vielmehr das allzu menschliche Machtspiel um Positionen, Prestige und Einfluß. So wurde nicht Haaser zum Vizepräsidenten und Leiter des RH im VWG berufen, sondern Mayer, obwohl unter fachlichen Gesichtspunkten die Bestallung des obersten Finanzkontrolleurs aus Hamburg nahegelegen hätte, ja sogar zwingend gewesen wäre. Aus politischen Gründen sprach jedoch vieles gegen Haaser: als Leiter der nach ihm benannten Prüfungskommission hatte er fast alle bizonalen Verwaltungen gegen sich aufgebracht[131]; als preußischer Unitarist favorisierte er (zunächst) das zentralistische Modell des Reichsrechnungshofs mit einer starken Zentrale (selbstverständlich unter seiner Ägide) und weisungsgebundenen Außenabteilungen und brachte damit insbesondere die föderalistisch orientierten süddeutschen Rechnungsprüfer gegen sich auf[132]; nicht zuletzt besaß Haaser als klassischer Rechnungshof-Beamter keine Lobby. Somit fehlten ihm beinahe sämtliche Voraussetzungen, um in der Gründungsphase der Bundesrepublik in der öffentlichen Verwaltung Karriere machen zu können. Trotz der Niederlage gab sich der parteilose und altgediente Experte in Sachen öffentlicher Finanzkontrolle bei dem seiner Meinung nach noch offenen Kampf um die Präsidentschaft des künftigen Bundesrechnungshofes noch nicht geschlagen[133]. Und hierbei hatte er - so zumindest unsere plausible Spekulation - einen wichtigen Bündnispartner: die britische Militärregierung. Im Gegensatz zu seinen Kollegen in der amerikanischen Zone, die in den ersten Nachkriegsmonaten doch einige Schwierigkeiten mit ihren Okkupanten hatten, bestand zwischen Haaser und den zuständigen Vertretern der angelsächsischen Besatzungsmacht offensichtlich von Anfang an ein gutes Verhältnis[134]. Diese Kontakte, die er im übrigen für sich monopolisiert hatte, wurden im Oktober 1947 wahrscheinlich noch enger, als die Audit Branch der Finance Division CCG(BE) in die Hamburger Residenz des ZRH an der Esplanade 3 einzog und somit bei Bedarf jederzeit informelle 'face-to-face'-Gespräche ohne lästigen und zudem verräterischen Schriftverkehr möglich waren, in denen Haaser wohl auch seine Gründe für die Errichtung eines RH für Sonderaufgaben erfolgreich dargelegt hatte. Jedenfalls mußte die Schaffung dieses zonalen Kontrollorgans noch nach der Verabschiedung der neuen Verfassung im Parlamentarischen Rat, mit dem das positionale Rennen um den zukünftigen BRH-Präsidenten offengehalten werden sollte, seinem Kontrahenten Mayer als Affront erscheinen, hatte dieser doch schon die Abwicklungsstelle in seinem Schreiben vom 23. März 1949 als völlig überflüssig bezeichnet, die sich zudem kontraproduktiv zu seiner bizonalen Behörde verhalte[135].

Aber auch dieser institutionelle Coup verfehlte seine (personal-)politische Wirkung, was den wichtigsten und einflußreichsten Mann der deutschen Finanzkontrolle in der Vor- und Frühgeschichte der Bundesrepublik zu einer tragischen Figur machte: Nach

131 Vgl. den zweiten Beitrag von Weinert in diesem Band
132 Vgl. den Beitrag von Gilles in diesem Band sowie Otto/Weinert 1987
133 Vgl. hierzu den Beitrag von Gilles in diesem Band
134 Ein Indiz hierfür ist u.a., daß die MR dem "Direktor" des Rechnungshofes des Deutschen Reichs (britische Zone) am 12. September 1946 den Titel "Präsident des Rechnungshofes" verliehen hatte, also kurz bevor die Errichtung eines bizonalen RH erwogen wurde.
135 Vgl. hierzu den Beitrag von Otto in diesem Band

der Auflösung des RH für Sonderaufgaben zum 31. März 1950 blieb für Franz Haaser im neuen BRH unter Josef Mayer nur noch ein Direktorenposten übrig.

Resümee

Nach diesen Ausführungen läßt sich hinsichtlich der Re-Etablierung der deutschen Finanzkontrollinstitutionen in der amerikanischen und britischen Zone resümierend festhalten, daß die öffentliche Finanzkontrolle zunächst kein zentrales Thema der Besatzungspolitik dieser beiden Alliierten darstellte, im Gegenteil, sie standen ihr eher indifferent gegenüber. Hieraus resultierte für die Rechnungshöfe in der unmittelbaren Nachkriegszeit ein nicht zu unterschätzender Handlungsspielraum, den die übrige im Aufbau befindliche Administration nicht oder nur selten hatte. Beigetragen hat hierzu ganz offensichtlich zum einen ihr sorgsam gepflegter Nimbus eines unpolitischen Kontrollorgans für eine ordnungsgemäße, sparsame und wirtschaftliche Verwaltung und zum anderen - bei aller Animosität zwischen den Siegern und den Besiegten - die teilweise Koinzidenz der Interessen beider Akteure, etwa bei der Drosselung der Besatzungskosten oder - insbesondere bei den US-Okkupanten - bei der Dezentralisierungspolitik, was zunehmend zu einem kooperativen Klima führte. Dieses wiederum war die Voraussetzung dafür, daß die Finanzkontrolleure die massiven Angriffe auf ihre Autonomie, speziell die Vereinnahmungsversuche seitens der Finanzministerien, so erfolgreich abwehren konnten, was ohne die Unterstützung der anglo-amerikanischen Bündnispartner kaum möglich gewesen wäre.

Endresultat dieser von beiden Seiten getragenen Ordnungspolitik war, daß im Bereich der öffentlichen Finanzkontrolle im wesentlichen die Strukturen wiederhergestellt wurden, wie sie in der Weimarer Republik und im NS-Staat bis zur "Verreichlichung" der Länder 1936/37 bestanden hatten; d.h. die Rechnungshöfe konnten ihre rechtliche, institutionell-organisatorische, funktionelle und personelle Kontinuität wahren. Jedoch wurde die Stellung des BRH im Vergleich zum Reichsrechnungshof insofern etwas aufgewertet, als die Zusammenarbeit zwischen ihm und den Landesrechnungshöfen durch die Institution einer periodisch tagenden Arbeitsgemeinschaft der Rechnungshöfe enger verzahnt wurde. Dies ging aber den stärker unitarisch orientierten Finanzkontrolleuren mit ihrem Vorkämpfer Haaser nicht weit genug, die deshalb - wie im folgenden Beitrag dargestellt wird - mit allen Tricks versuchten, die Kompetenzen des Bundesrechnungshofes zu Lasten der Landesrechnungshöfe auszudehnen, um u.a. eine einheitliche Kontrolle der Bundesmittel auch in den Länderverwaltungen zu gewährleisten.

Franz-O. Gilles

Unitarismus versus Föderalismus: Die Gestaltung der öffentlichen Finanzkontrolle in der Vor- und Gründungsphase der Bundesrepublik

Prolog

In diesem Beitrag wird der Aufbau der öffentlichen Finanzkontrolle und ihrer Institutionen in den Jahren nach Beendigung des Zweiten Weltkrieges bis etwa 1950 behandelt, wobei im Mittelpunkt die Bemühungen um die Gestaltung (oder vielleicht auch Nichtgestaltung) der Rechnungsprüfung im Vereinigten Wirtschaftsgebiet, der sogenannten Bizone, stehen. Dieses Geschehen dürfte insbesondere vor dem Hintergrund von Interesse sein, daß die Finanzkontrolleure während dieses Zeitabschnitts erheblich mehr Einfluß auf die Verwaltung, ihren Aufbau, ihre Struktur, ja zum Teil sogar auf ihre Aufgabenstellung ausgeübt haben (zumindest aber ausgeübt haben wollen!), als in den Jahren und Jahrzehnten danach. Besonders deutlich wurde diese Einflußnahme bei den damals aufsehenerregenden Reorganisationsmaßnahmen in der bizonalen Verwaltung[1] sowie im Zusammenhang mit dem Aufbau der neuen Bundesverwaltung, wo sie z. B. bei den Beratungen im Organisationsausschuß der Ministerpräsidentenkonferenz der westdeutschen Länder oder im Parlamentarischen Rat als die Verwaltungsexperten per se auftraten und ihre Konzepte durchzusetzen suchten[2].

Wenn man nun nach dem Aufbau und der Gestaltung des eigenen Apparates und der eigenen Aufgabenstellung der Rechnungshöfe fragt und hierbei zunächst einmal die jeweiligen Eigendarstellungen zu Rate zieht, so ergibt sich im großen und ganzen folgendes Bild: nämlich das einer um das Wohl des Landes besorgten harmonischen Gemeinschaft, die in den Wirren der Nachkriegszeit mit ganzer Kraft für die Bewahrung bzw. Wiederherstellung der Rechtseinheit auf dem Sektor des Verwaltungs- und Haushaltsrechts eintrat und darauf bedacht war, in einer gemeinsamen großen Anstrengung den Weg zu einer sparsamen und effektiven Verwaltung zu weisen.

Nun soll diese lautere Absicht und ein entsprechendes Handeln der Akteure hier keineswegs in Abrede gestellt werden. Allerdings zeigt sich bei genauerem Hinsehen, daß von Harmonie nur selten die Rede sein konnte und daß der Gleichklang der Interessen allzu oft von Mißtönen unterbrochen wurde. Vor allem wenn es galt, Kompetenzen voneinander zu ergattern bzw. solche Versuche abzuwehren, spielte - zumindest zeitweise - jeder seine eigene Geige. Im Zentrum dieses Geschehens stand als zweifellos einflußreichster Vertreter der Kontrollzunft in den ersten Nachkriegsjahren der Leiter der Rechnungsprüfungsbehörde der britischen Zone, Franz Haaser. Als Verfechter einer eher zentralistisch gestalteten Finanzkontrolle konnte er in den ersten Jahren zwar beachtliche Erfolge bei der Umsetzung seines Konzepts erzielen, am Schluß stand er jedoch fast allein gegen ein Heer von Föderalisten und vermochte langfristig nur verhältnismäßig wenig von seinen Vorstellungen durchzusetzen.

1 Vgl. hierzu den Beitrag von R. Weinert zur Prüfung der Verwaltung für Wirtschaft des VWG in diesem Band
2 Vgl. hierzu den Beitrag von G. Otto in diesem Band

I. Die Vorphase des bizonalen Rechnungsprüfungswesens: Konflikte und Kompromisse

1. Vom Interzonenausschuß zur Zweizonenverwaltung

Im November 1945 und während der folgenden Monate bis zum Frühsommer 1946 hatten sich im württembergischen Bad Boll mehrfach deutsche Experten aus den drei westlichen Besatzungszonen getroffen, um eine länder- bzw. zonenübergreifende Vereinheitlichung des Steuer- und Finanzgebarens im besetzten Nachkriegsdeutschland in die Wege zu leiten, das entsprechend den Prämissen der Besatzungsmächte in den einzelnen Zonen völlig unterschiedlich organisiert war bzw. gehandhabt wurde. In der amerikanischen Zone lag die Finanzhoheit bei den Ländern, die notwendige Abstimmung erfolgte im zuständigen Ausschuß des Länderrates, eines Koordinierungsgremiums der Ministerpräsidenten der Länder zur Wahrung der administrativen Einheit innerhalb des Besatzungsgebietes. In der französischen Zone war die Finanzhoheit ebenfalls Ländersache, wobei zonenweite Koordinationsgremien, wie z. B. ein "Beratender Finanzausschuß", kaum über einen diesbezüglichen Anspruch hinauskamen. In der britischen Zone lagen die entsprechenden Zuständigkeiten bei diversen zentralen Zoneneinrichtungen, wozu auch eine aus der ehemaligen Hamburger Außenabteilung des Reichsrechnungshofs hervorgegangene Finanzkontrollbehörde gehörte[3].

Die in Bad Boll erörterten Vereinheitlichungsbestrebungen waren von den westlichen Besatzungsmächten zu Beginn alles andere als unterstützt worden. Dies änderte sich jedoch fast schlagartig im Vorfeld des (wirtschaftlichen) Zusammenschlusses der britischen und amerikanischen Zone zum Vereinigten Wirtschaftsgebiet (VWG). Schon im Sommer 1946 regte die amerikanische Militärregierung die Schaffung eines für Finanzfragen zuständigen Interzonenausschusses an, um eine Koordinierung des Finanzwesens herbeizuführen und lud hierzu für den 19. und 20. August Vertreter aus der amerikanischen und britischen Zone nach Stuttgart ein.

Der dort ausgearbeitete Entwurf wurde umgehend an die entsprechenden deutschen Stellen weitergeleitet, und nach nur zehn Tagen, am 30. August 1946, war man sich deutscherseits über Art, Umfang und Aufgabenstellung der neuen Koordinationsstelle einig geworden. Unter anderem sollte sie sich mit Grundsatzfragen des Haushalts-, Kassen- und Rechnungswesens befassen. Die zuständigen Militärbehörden verlangten hinsichtlich dieses Aufgabenkomplexes lediglich insofern eine Änderung, als sie die Zuständigkeit des zu schaffenden Gremiums nicht nur auf Grundsätzliches beschränkt wissen wollten. Im Kontext der Errichtung der Zweizonenverwaltungen am Beginn der ersten VWG-Phase wurde dann am 13. September 1946 ein vorläufiges Abkommen über die Bildung eines Deutschen Finanzrates unterzeichnet, der sich knapp zwei Wochen

3 Bemerkenswertswert ist, daß diese Einrichtung - sieht man einmal von den Reichsbankleitstellen in der britischen und der französischen Zone sowie dem Zonenamt des Reichsaufsichtsamtes für das Versicherungswesen in der britischen Zone ab - als einzige zonale Behörde ihre frühere Bezeichnung beibehielt: "Rechnungshof des Deutschen Reichs (Britische Zone)" und damit auch einen entsprechenden Anspruch aufrechterhielt, wovon noch die Rede sein wird (vgl. hierzu Anm. 59 f.).

später auf seiner ersten Sitzung am 25. und 26. September 1946 in Frankfurt am Main konstituierte[4].

Als weitere bizonale Behörden wurden bis Ende 1946 vier "Verwaltungsräte" eingerichtet und zwar für die Bereiche Wirtschaft, Post, Verkehr sowie Ernährung und Landwirtschaft. Diese insgesamt fünf Verwaltungen wurden auf fünf Städte innerhalb der Bizone verteilt. Auf alliierter Seite entsprachen diesen Behörden Zweizonen-Kontrollgruppen (Bipartite Control Groups), die einem in Berlin residierenden Zweizonenamt (Bipartite Board) sowie in sogenannten "Bipartite Panels" agierenden Fachbeamten unterstanden.

Im Frühjahr 1947 verlegte man die fünf Bizonen-Verwaltungen nach Frankfurt am Main und ergänzte sie durch eine gesetzgebende Körperschaft, die den Namen "Wirtschaftsrat" (WR) erhielt, sowie, als Ländervertretung und gleichzeitiges Koordinierungsgreminum für die Verwaltungen, einen "Exekutivrat" (ER). Gleichzeitig wurde die alliierte Zweizonenadministration auf ein ebenfalls in Frankfurt angesiedeltes Kontrollamt (Bipartite Control Office (BICO)) reduziert.

Aufgrund des Anfang 1948 von den anglo-amerikanischen Besatzungsmächten erlassenen "Frankfurter Statuts" kam es im Februar/März desselben Jahres dann nochmals zu einer Umgestaltung der bizonalen Organe. Neben dem sich neukonstituierenden Wirtschaftsrat wurde als Ersatz für den Exekutivrat ein "Länderrat" (LR) geschaffen mit vornehmlich legislativem Charakter. Die administrativen Koordinationsbefugnisse des vormaligen Exekutivrats gingen auf einen "Verwaltungsrat" über, der sich aus einem Oberdirektor als Vorsitzenden und den Direktoren der einzelnen Zweizonenverwaltungen zusammensetzte. Im Sommer 1948 wurde als sechste VWG-Behörde eine Arbeitsverwaltung errichtet. Und schließlich ergänzte man die oberste bizonale Administration noch durch mehrere Ämter für die Bereiche Recht, Statistik, Personalwesen, Flüchtlingswesen sowie Währungsfragen. Zu Anfang des Jahres 1949 kam dann noch ein Rechnungshof hinzu, dessen Vorgeschichte und - nach seiner mühevollen Errichtung - nur kurzlebige Existenz im folgenden näher beleuchtet wird.

2. *Kompetenzgerangel um die bizonale Rechnungsprüfung: Erste Divergenzen*

Entsprechend der Zuständigkeit des ersten bizonalen Finanzorgans in Fragen des Haushalts-, Kassen- und Rechnungswesens behandelte dessen Unterausschuß für Haushaltsfragen auf seiner vierten Sitzung am 18. Februar 1947 die Organisation der Rechnungsprüfung für den bizonalen Bereich und hierbei insbesondere die Errichtung eines entsprechenden Rechnungshofes. Als Sachverständige (und, wie sich erweisen sollte, potentielle Gegenspieler) waren hierzu die Präsidenten des Rechnungshofs der britischen Zone (ZRH), Franz Haaser, und des Obersten Bayerischen Rechnungshofes (ORH), Fritz Cammerer, geladen.

4 Vgl. Chronologische Übersicht über die Entwicklung des Deutschen Finanzrates; sowie Niederschrift über die Unterzeichnung des "Vorläufigen Abkommens über die Bildung eines deutschen Finanzrates" am Freitag, den 13. September 1946 in Stuttgart, Villa Reitzenstein (BA/Z1/253); darüber hinaus siehe Pünder 1966, S.79 ff.; sowie Schweigert 1970, S.89 f., 93 ff.

Der für die Sitzung ausgearbeitete Verordnungsentwurf, dessen Verfasser zwar nicht genannt wird, der aber mit ziemlicher Sicherheit aus Haasers Feder stammte, sah unter Hinweis auf ein allseits als notwendig erachtetes einheitliches Haushalts-, Kassen- und Rechnungswesen auch eine einheitliche bizonale Rechnungsprüfung vor, die einem Zweizonenrechnungshof obliegen sollte. Jedoch sollten dessen Aufgaben bis zu einer anderweitigen Regelung vom Rechnungshof der britischen Zone und dessen Präsidenten wahrgenommen werden. Die in der amerikanischen Zone gebildeten Landesrechnungshöfe sollten an der Rechnungsprüfung durch Übertragung von noch näher zu spezifizierenden Aufgaben beteiligt werden, und, um den Präsidenten des Bayerischen Obersten Rechnungshofs nicht allzusehr zu enttäuschen, war - sozusagen als Trostpflaster - für diesen der Posten eines Vizepräsidenten vorgesehen. Darüber hinaus sollten die Präsidenten der Landesrechnungshöfe ständige stimmberechtigte Mitglieder eines unter der Bezeichnung "Großer Senat" einzurichtenden obersten Entscheidungsgremiums sein. Trotz der letztgenannten Zugeständnisse an die Prüfbehörden der Länder der amerikanischen Zone löste dieser Vorschlag deren entschiedenen Widerspruch aus.

Daraufhin wurden zwei Gegenentwürfe zur Debatte gestellt. Unter Betonung des sogenannten "zonalen Prinzips" plädierten die Vertreter Bayerns dafür, daß der Rechnungshof in Hamburg für die britische Zone zuständig sein solle, die Münchener Prüfbehörde hingegen für die amerikanische Zone; die Mitwirkung des württembergisch-badischen und des hessischen Rechnungshofes sollte einer eigenen zonalen Regelung vorbehalten bleiben. Württemberg-Baden und Hessen verfochten hingegen das sogenannte "Länderprinzip", wonach jeweils der Rechnungshof des Landes zuständig sein solle, in dem die zu prüfende bizonale Einrichtung ihren Sitz habe[5].

Keiner der Vorschläge bekam eine Mehrheit, so daß man sich schließlich als Kompromißlösung darauf einigte, bis zu einer anderweitigen Regelung die bizonale Rechnungsprüfung gemeinsam durch die Landesrechnungshöfe der amerikanischen Zone und den Rechnungshof der britischen Zone durchführen zu lassen, wobei die Federführung bei der Hamburger Prüfbehörde liegen sollte. Zur Wahrung der Einheitlichkeit und zur Entscheidung grundsätzlicher und besonders wichtiger Fragen wurde ein beim ZRH einzurichtender Großer Senat vorgesehen, dem die Präsidenten der Rechnungshöfe oder deren Vertreter sowie das sachbearbeitende Mitglied des mit der jeweiligen Angelegenheit befaßten Rechnungshofes angehören sollten. Die übrigen Details sollten durch eine Geschäftsordnung geregelt werden[6].

Am 4. März 1947 folgte das mittlerweile in Gemeinsamer Deutscher Finanzrat (GDF) umbenannte bizonale Finanzorgan auf seiner siebten Sitzung durch Erlaß einer entsprechenden Anordnung der in seinem Unterausschuß erreichten Kompromißlösung[7]. Ergänzt wurde diese durch die Empfehlung des GDF, bei der Prüfungszuständigkeit der einzelnen Rechnungshöfe die räumliche Verteilung der bizonalen Ämter zu berücksichtigen. So sollte der Zonenrechnungshof für die Wirtschafts- und die Verkehrsverwaltung zuständig sein, der bayerische Rechnungshof für die Postverwaltung,

5 Vgl. GDF-Bericht über die 4. Sitzung des Unterausschusses für Haushaltsfragen am 18. 2. 1947 in Frankfurt (Main) (BA/Z28/8); sowie Anordnung über das Haushalts-, Kassen- und Rechnungswesen bei den gemeinsamen deutschen Verwaltungseinrichtungen in der amerikanischen und britischen Zone (Entwurf) (BA/Z1/348)

6 Vgl. Anm.5 (BA/Z28/8)

7 Vgl. Anordnung über das Haushalts-, Kassen- und Rechnungswesen bei den gemeinsamen deutschen Verwaltungseinrichtungen in der amerikanischen und britischen Zone (Anlage I zur Tagesordnung für die 7. Sitzung des Finanzrates (BA/Z1/254)

der württembergisch-badische Rechnungshof für die Verwaltung für Ernährung und Landwirtschaft und der hessische Rechnungshof für den Gemeinsamen Deutschen Finanzrat selbst[8]. Damit waren deutscherseits die formalen Voraussetzungen für eine bizonale Rechnungsprüfung gegeben. Deren Umsetzung und Realisierung sollte jedoch noch geraume Zeit auf sich warten lassen.

3. *Die Wiederbelebung der öffentlichen Finanzkontrolle nach dem Zusammenbruch: Außenstellen werden aktiv*

Der in den Beratungen zur ersten bizonalen Finanzkontroll-Regelung aufscheinende Konflikt um die 'richtige' Organisationsform bzw. um die Verteilung von Zuständigkeiten warf seine Schatten schon wenige Monate nach Kriegsende voraus und hatte seine tiefere Ursache in der unter der NS-Herrschaft 1937 erfolgten Zentralisierung bzw. "Verreichlichung" der Finanzkontrolle in Deutschland. Damals waren die bestehenden länderspezifischen Prüfbehörden (von Preußen abgesehen, dessen Oberrechnungskammer ohnehin weitgehend mit dem Rechnungshof des Deutschen Reichs (RRH) verschmolzen war) abgeschafft bzw. in Außenabteilungen des Reichsrechnungshofs umgewandelt worden - so die Rechnungshöfe für Baden, Bayern und Sachsen.

Nach dem Zusammenbruch standen sich im Zuge der Wieder- bzw. Neuerrichtung der Finanzkontrollbehörden schon bald die Vertreter einer zentralen und einer dezentralen Lösung gegenüber. Als der hartnäckigste Vertreter einer zentral organisierten Finanzkontrolle darf wohl der Direktor der Hamburger Außenabteilung des RRH, Franz Haaser, gelten. Haaser, Jahrgang 1886, trat nach dem Ende des Ersten Weltkrieges 1919 in die Reichsschatzverwaltung beim Landesfinanzamt Kassel ein und wurde von dort 1920 zum Reichsschatzministerium abgeordnet. 1923 wechselte er ins Reichsinnenministerium und 1930 zum Reichsrechnungshof, wo er 1937 zum Direktor und Leiter der Außenabteilung Hamburg befördert wurde[9]. Während des Krieges war er wie viele seiner Kollegen in der Wehrmachtsverwaltung tätig[10]. Insoweit kann seine berufliche Karriere, die bis dahin auf den ersten Blick bar aller politischen Implikationen abgelaufen war, als durchaus typisch für Bedienstete des Rechnungshofes gelten. In dieses Bild des scheinbar unpolitischen Fachbeamten paßt denn auch der Auftrag der britischen Besatzungsmacht vom 21. Juli 1945 an Haaser, die Hamburger Außenstelle des Rechnungshofs wieder zu eröffnen bzw. die Prüfgeschäfte wiederaufzunehmen[11].

Schon am darauffolgenden Tag arbeitete Haaser im Auftrag des britischen Kontrollrates für die Potsdamer Konferenz "Vorschläge zur Organisation und Arbeit des

---

8 Vgl. Wörtliche Berichte (WB) und Drucksachen (DS) des Wirtschaftsrates des Vereinigten Wirtschaftsgebietes, Bd. 4, 1977 (DS Nr. 102)

9 Vgl. Pfuhlstein 1964, S. 114

10 Vgl. Interview mit Egmont Hasper (RH-Direktor a.D.) am 17. September 1986 (ARI/FK/I/17091986)

11 Vgl. Bericht des Rechnungshofs des Deutschen Reichs (Britische Zone) über die Ergebnisse der Prüfung der Haushalts- und Wirtschaftsführung der öffentlichen Verwaltung in der britischen Zone im Rechnungsjahr 1945 (ARI/FK/7.1/1/15041948), S. 6; Haaser nimmt dort im Zusammenhang mit der Wiedereröffnung seiner RRH-Dienststelle Bezug auf einen "Erlaß an die Reichs- und Länderbehörden" vom 21. Juli 1945, Az.: H-G 205/45; vgl. hierzu auch Schreiben des Rechnungshofs des Deutschen Reichs/Preußische Oberrechnungkammer (H-G 1130 - 206/45) vom 21. Juli 1945 an die Oberpräsidenten, die Regierungspräsidenten und die Landesforstmeister der preußischen Provinzen im britischen Besatzungsgebiet (BA/B112/13).

Rechnungshofs" aus.[12] Darin begründete er die Notwendigkeit einer Prüfungstätigkeit mit der damaligen finanziellen und wirtschaftlichen Lage, vor allem aber mit dem zwar absehbaren, jedoch noch nicht übersehbaren administrativen Aufwand im Zusammenhang mit den Besatzungskosten und der Wiedergutmachung. Dies erfordere eine äußerst sparsame und effiziente Verwaltungsführung und Mittelverwendung sowie die Erschließung und Ausschöpfung "aller nur irgend möglichen Einnahmequellen". Nachdem er dergestalt die Notwendigkeit der Rechnungsprüfung mit den Interessen der Siegermächte verknüpft hatte, unterbreitete er zwei Vorschläge zur Neuorganisation der öffentlichen Finanzkontrolle in Deutschland.

In einem als "Plan A" gekennzeichneten Vorschlag beschäftigte sich Haaser mit der "Ausdehnung ... der Prüfungstätigkeit des Rechnungshofs im gesamten Gebiet Deutschlands" und empfahl hierzu - in Anlehnung an die Organisation des Reichsrechnungshofs ab 1937 - die Einrichtung einer Rechnungshof-Zentrale am Sitz des alliierten Kontrollrats oder der obersten deutschen Finanzbehörden sowie von drei Außenabteilungen, jeweils eine für die britische, die russische und die amerikanisch-französische Zone (für den letztgenannten Gebietsteil gegebenenfalls auch zwei getrennte). Diese generelle Empfehlung erweiterte er um entsprechende Stellenpläne sowie ein breitgefächertes Tätigkeitsspektrum, das in Einzelfällen, so z. B. im Hinblick auf die Prüfung der Gemeinden, sogar über die Kompetenzen des RRH hinausging[13].

Als Alternative zu Plan A schlug Haaser in einem "Plan B" die vorläufige Beschränkung der Zuständigkeit des Rechnungshofs auf das britisch besetzte Gebiet vor. Hierzu präsentierte er ebenfalls einen detaillierten Organisations- und Stellenplan und ergänzte diesen durch eine Auflistung der seiner Meinung nach erforderlichen rechtlichen, personellen und organisatorischen Maßnahmen - vom Erlaß entsprechender Ermächtigungen (u.a. zur Kontaktaufnahme mit den anderen ehemaligen Außenabteilungen des RRH), über die Entlassung des notwendigen Prüfpersonals aus der Kriegsgefangenschaft und die Gewährung völliger Bewegungsfreiheit innerhalb der britischen Zone zu dienstlichen Zwecken bis hin zur Bereitstellung der notwendigen Infrastruktur[14].

Die auf Gesamtdeutschland bezogene "Große Lösung"[15], also die Variante A, kam aufgrund der politischen Entwicklung nicht zum Zuge, die zonale Perspektive erwies sich zumindest kurz- bis mittelfristig als realistischer. Dies heißt aber nicht, daß Haaser seine weitergehenden zentralistischen Vorstellungen beiseite gelegt hätte. Vielmehr deutet vieles darauf hin, daß er sie beharrlich weiterverfolgte, wenn auch - in durchaus nüchterner Einschätzung der politischen Verhältnisse - nicht mehr auf ganz Deutschland bezogen. Belegt wird dies z. B. durch eine offensichtlich gezielte Weiterverbreitung seiner Organisationsvorschläge in den anderen westlichen Besatzungszonen. So berief sich z. B. im November 1945 der damalige Leiter der gerade im Aufbau befindlichen Rechnungskammer in Speyer und spätere erste rheinland-pfälzische RH-Präsident, Heinz

12 Vgl. hierzu Vermerk des ORH-Präsidenten Cammerer über einen Besuch Haasers in München (ARI/FK/8.2/4/30081946), in dem er sich hinsichtlich dieses Sachverhalts auf Äußerungen Haasers bezieht.

13 Haaser knüpfte damit (ob nun beabsichtigt oder nicht) an Vorstellungen des letzten RRH-Präsidenten Heinrich Müller an, dem eine Art Superbehörde unter der Bezeichnung "Reichskontrollhof" vorschwebte (vgl. Dommach 1988, S. 80).

14 Vgl. Rechnungshof des Deutschen Reichs, Rechnungshofdirektor Haaser: "Vorschläge zur Organisation und Arbeit des Rechnungshofs" vom 22. Juli 1945 (ARI/FK/7.1/3/ 22071945)

15 Vgl. Wittrock 1986, S. 330 f.

Maria Oeftering, bei seinem Versuch, auch für das französische Besatzungsgebiet eine zonenweite Finanzkontrollbehörde zu etablieren, auf die Haasersche Ausarbeitung[16].

Bei den Bemühungen zur Re-Institutionalisierung des Reichsrechnungshofs betraten im Sommer und Herbst des Jahres 1945 vorübergehend noch andere Akteure die Bühne. Bei der ehemaligen RRH-Zentrale in Potsdam hatten sich nach Kriegsende wieder zahlreiche Bedienstete des Rechnungshofs eingefunden und versucht, eine Wiederbelebung ihrer Behörde zu erreichen. Zunächst waren sie von der sowjetischen Besatzungsmacht hingehalten bzw. ignoriert und überwiegend mit der Beseitigung von Trümmern beschäftigt worden. Nachdem jedoch, sozusagen als Ausfluß der Potsdamer Konferenz, Anfang August 1945 die Bildung neuer Zentralverwaltungen für ganz Deutschland bevorzustehen schien, bemühten sich die Potsdamer Prüfer, die von dem Vorschlag des Hamburger RH-Direktors Haaser vom Juli anscheinend keine Kenntnis hatten, den Siegermächten die Wiederbelebung des Rechnungshofs in Potsdam einschließlich seiner Außenstellen schmackhaft zu machen und präsentierten dem Kontrollrat außer einer entsprechenden Eingabe Ende August auch eine Sammlung von Korruptionsfällen, um die Notwendigkeit einer Finanzkontrollbehörde zu dokumentieren. Nachdem man sich beim Kontrollrat daraufhin zu mehreren Besprechungen bereitgefunden hatte, versuchte der inzwischen zum provisorischen Leiter des 'Rumpf-Rechnungshofs' aufgestiegene Ministerialrat Rudolf Fischer, Fakten zu schaffen: Er schrieb am 21. September 1945 an die ehemaligen Außenabteilungen in Hamburg, München und Karlsruhe und verlangte Aufklärung darüber, "seit wann und unter welcher Firma" die jeweiligen Dienststellen ihre Arbeit wieder aufgenommen hätten und wer sie hierzu ermächtigt habe sowie über Art und Umfang der Tätigkeit der Dienststelle, deren Leitung und ihrer personellen Zusammensetzung, letzteres vor allem im Hinblick auf ehemalige Parteigenossen, und schließlich über die Bezahlung der "Gefolgschaftsmitglieder"[17].

In diese Aktivitäten platzte die Bildung von Zentralverwaltungen für die sowjetische Zone. Seitens der neuen "Zentralen Finanzverwaltung" erwog man zwar die Errichtung eines zonalen Rechnungshofes, jedoch nur als eine in diese Behörde zu integrierende Prüfungsabteilung. Die Potsdamer Kontrolleure im Wartestand konnten sich hierfür jedoch nicht erwärmen und hielten dem ihre hergebrachten Konzepte einer unabhängigen Kontrollbehörde entgegen. Allerdings vermochten sie sich mit ihren Vorstellungen nicht durchzusetzen und mußten letztlich froh sein, als ihnen die Übernahme von etwa zehn Beamten unter der Leitung Fischers als "Beratungszelle" innerhalb der Zentralen Finanzverwaltung zugestanden wurde. Dieser versuchte daraufhin Anfang Oktober 1945 die voraussichtlich überzähligen Bediensteten, in Sonderheit die durch ihre NS-Vergan-

16 Vgl. Schreiben des Leiters der Rechnungskammer beim Oberregierungspräsidium Pfalz-Hessen, Heinz-Maria Oeftering, an das Oberregierungspräsidium Pfalz-Hessen, Abteilung Finanzen und Forstwesen vom 20. November 1945 (ARI/FK/8.9.1/4/20111945)

17 Vgl. Schreiben des Rechnungshofs in Potsdam an den Rechnungshof des Deutschen Reichs a) in München, b) in Hamburg, c) in Adersbach, Kreis Sinsheim (Baden) vom 21. September 1945 (ARI/FK/6.1/4/21091945); die das Geschehen in Potsdam betreffende Darstellung stützt sich im wesentlichen auf ein am 17. 12. 1945 verfaßtes Protokoll über eine Dienstreise des damaligen Leiters des Sächsischen Landesrechnungshofs, Leo Krokisius, nach Potsdam am 1. Oktober 1945 (ARI/FK/6.2.4/4/17121945) sowie ergänzend auf die Erinnerungen von Werner Friedrich über das Ende des Rechnungshofes in Potsdam (BA/Kl.Erw. 400).

genheit Belasteten, in Hamburg und München, sozusagen in Wartepositionen, unterzubringen[18].

Die Aktivitäten der Potsdamer Kontrolleure blieben letztlich Episode und stießen auch bei den übrigen Prüfungseinrichtungen nicht nur auf Zustimmung. Vor allem der bayerische RH-Chef, Fritz Cammerer, argwöhnte - wohl nicht ganz zu Unrecht -, daß damit eine Wiederbelebung der alten zentralistisch ausgerichteten Finanzkontrolle beabsichtigt sei, und dies lehnte er rundweg ab[19]. Cammerer, Jahrgang 1882, war wie Franz Haaser ein altgedienter Rechnungshofbeamter. Anfang der dreißiger Jahre war er in den Bayerischen Obersten Rechnungshof eingetreten und 1937 bei dessen Umwandlung in die Außenabteilung München des Reichsrechnungshofs in die Reichsbehörde übernommen worden. Zu Beginn des Zweiten Weltkrieges hatte er als dienstältestes Mitglied für zwei Jahre die kommissarische Leitung der Außenstelle übernommen[20], eine Aufgabe, die ihm wenige Monate vor Kriegsende erneut übertragen worden war. Unter seiner Führung hatte die Behörde ihre Prüfungsgeschäfte auch während des Zusammenbruchs fast ohne Unterbrechung weitergeführt; lediglich in der ersten Maihälfte des Jahres 1945 war die Arbeit vorübergehend eingestellt worden. Schon wenige Wochen später, im Juni, war er dann durch den neuen bayerischen Ministerpräsidenten zum "Präsidenten des Rechnungshofs in Bayern" ernannt worden[21]. Von daher ist es durchaus verständlich, daß Cammerer den Ambitionen aus der ehemaligen RRH-Zentrale mehr als nur reserviert gegenüberstand; allerdings nahm er die Briefe aus Potsdam als Anregung, nun selbst mit den schon bestehenden bzw. sich neu etablierenden Kontrollbehörden in den anderen Teilen des besetzten Deutschland Kontakte zu knüpfen zur gegenseitigen Unterstützung beim Neuaufbau, insbesondere aber, um durch wechselseitigen Austausch dem noch überall vorherrschenden Mangel vor allem in infrastruktureller und personeller Hinsicht soweit wie möglich abzuhelfen[22].

Inwieweit hierbei in München eventuell die Intention mitspielte, für die amerikanische Zone ebenfalls eine zentrale Finanzkontrolle unter Führung des bayerischen Rechnungshofs zu etablieren, muß, ungeachtet des diesbezüglichen - eingangs schon erwähnten - Vorstoßes vom Frühjahr 1947[23], an dieser Stelle offenbleiben. Jedoch waren solche Gerüchte schon im Herbst 1945 im Umlauf, wie ein entsprechender Hinweis in dem

18 Vgl. Schreiben des RH in Potsdam an den RRH in Hamburg und in München vom 5. Oktober 1945 (ARI/FK/6.1/4/05101945).

19 Vgl. Schreiben des Präsidenten des Rechnungshofs in Bayern an den Präsidenten des Landesrechnungshofs Sachsen vom 23. Januar 1946 (ARI/FK/8.2/4/23011946); sowie Auszug aus einem Schreiben Wilhelm Nehmeyers (Darmstadt-Arheilgen) an ORH-Präsident Cammerer vom 14. Februar 1946 (ARI/FK/8.2/4/14021946).

20 Vgl. Liste der Beamten des Reichsrechnungshofs und der Preußischen Oberrechnungskammer, Stand 10. November 1940 mit handschriftlichen Nachträgen bis zum März 1945 (ARI/FK/2/3/10111940)

21 Vgl. Pirker 1987, S. 46 f.

22 Vgl. u.a. Schreiben des RH in Bayern an den RRH in Karlsruhe vom 29. Oktober 1945 (ARI/FK/8.2/4/29101945), des RRH in Karlsruhe an den RH in Bayern vom 9. November 1945 (ARI/FK/8.1.2/4/09111945), des RRH in Hamburg an den RH in Bayern vom 19. November 1945 (ARI/FK/7.1/4/19111945), des RH in Bayern an den RH in Hamburg vom 6. Dezember 1945 (ARI/FK/8.2/4/06121945), des LRH Sachsen an den RH in Bayern vom 17. Dezember 1945 (ARI/FK/6.2.4/4/17121945), des RH in Bayern an den 1) Staatsminister der Finanzen für Baden-Württemberg, 2) Staatsminister der Finanzen für Groß-Hessen vom 17. Januar 1946 (ARI/FK/8.2/4/17011946), des LRH Sachsen an den RH in Bayern vom 15. Februar 1946(ARI/FK/6.2.4/4/15021946), des LRH Sachsen an den RH in Bayern vom 25. April 1946 (ARI/FK/6.2.4/4/25041946), des RH in Bayern an den RH des Landes Groß-Hessen vom 19. Juni 1946 (ARI/FK/8.2/4/19061946), des Rechnungsprüfungsamtes bei der Staatskanzlei des Landes Thüringen an den LRH München vom 17. Dezember 1946 (ARI/FK/6.2.5/4/17121946)

23 Vgl. Anm. 5

schon genannten Schreiben Oefterings vom November 1945 belegt, in dem davon die Rede ist, daß "Bestrebungen im Gange" seien, "die Zuständigkeit des Rechnungshofs für Bayern in irgendeiner Form auf die gesamte amerikanische Zone auszudehnen"[24].

In Hamburg war es Franz Haaser in der Zwischenzeit gelungen, die Verwirklichung des Planes B, also die Etablierung einer zonalen Rechnungsprüfung für die britische Zone, voranzutreiben. Zwar wurde eine entsprechende Verordnung der britischen Militärregierung erst am 1. Dezember 1946 erlassen, eine erste Zustimmung der Besatzungsmacht hatte er jedoch - wie erwähnt - schon im Juli 1945 unmittelbar nach oder sogar im Zusammenhang mit der Erteilung des Auftrags zur Ausarbeitung einer Expertise zur Organisation und Gestaltung einer deutschen Finanzkontrolle für die Kontrollkommission erhalten. Förmlich abgesichert wurde dies dann durch eine Anordnung vom 29. August 1945 und weitere Verfügungen vom Februar und August 1946[25].

Ende Juli/Anfang August 1945 konnte Haaser praktisch aus dem Stand mit zwei Dutzend Prüfungsbeamten die Arbeit aufnehmen, und bis Ende März 1946 war die Zahl der in Hamburg tätigen Prüfungskräfte schon auf über siebzig gestiegen[26]. Dagegen mußte sich in München sein Kollege Cammerer bis weit in den Herbst des Jahres 1946 hinein mit maximal zehn Beamten begnügen[27], während die Prüfungsbehörden in Karlsruhe bzw. Stuttgart für Württemberg-Baden und in Darmstadt für Groß-Hessen erst noch im Entstehen begriffen waren[28]. Schon dies allein spiegelt die Diskrepanz wider zwischen den Rechnungshöfen der amerikanischen Zone, die ihrer Arbeit während dieser Zeit nur unter großen Schwierigkeiten nachkommen konnten oder im wesentlichen noch mit sich selbst, d.h. mit ihrem Aufbau, beschäftigt waren, und dem zonalen Rechnungshof in Hamburg, der auf dem besten Weg zu einer voll funktionsfähigen Kontrollbehörde war oder dieses Stadium sogar schon erreicht hatte, womit keineswegs die infrastrukturellen und sonstigen Schwierigkeiten, die im Nachkriegsdeutschland allenthalben zu überwinden waren, für die Hamburger Behörde verniedlicht werden sollen. Allerdings hatte Haaser wohl insofern einen Vorteil, als er von der britischen Besatzungsmacht aktive Unterstützung beim Aufbau seiner Behörde erhielt. Dieser Vorteil dürfte sich in den folgenden Jahren noch dadurch verstärkt haben, daß er über einen im wahrsten Sinne kurzen Draht zu den Militärbehörden verfügte, denn ab Herbst 1947 waren der Zonenrechnungshof und die für ihn zuständige britische Dienststelle, das Amt für Rechnungsprüfungen der Finanzabteilung der Kontrollkommission für

---

24 Vgl. Anm. 16

25 Vgl. hierzu den vorhergehenden Beitrag von Weinert in diesem Band

26 Vgl. Bericht des ZRH zum Rechnungsjahr 1945, S. 6 (vgl. Anm. 11); in dem Vermerk des ORH-Präsidenten Cammerer vom 30. August 1946 (vgl. Anm. 12) ist allerdings von einem Bestand von 41 Prüfungsbeamten die Rede, der auf 98 erhöht werden solle, und in Potsdam erzählte man sich im Herbst 1945 schon wahre Wunderdinge über die Personalstärke in Hamburg - in dem Brief Fischers vom 5. Oktober 1945 (vgl. Anm. 18) ist von 175 Beamten die Rede, die in Hamburg untergekommen sein sollten.

27 Vgl. Bericht des Bayerischen Obersten Rechnungshofs über die Durchführung der Rechnungsprüfung für die Rechnungsjahre 1943 und 1944 (ARI/FK/8.2/1/11101948), S. 2 f.

28 Vgl. Lonhard 1987, S. 70 ff., wonach dem Karlsruher RH-Präsidenten Karl Hofmeister in diesen Monaten nicht mehr als eine Handvoll Mitarbeiter zur Verfügung stand; sowie die Ansprache des ersten hessischen RH-Präsidenten Wilhelm Boll anläßlich des zehnjährigen Bestehens des Rechnungshofs des Landes Hessen vom 3. November 1956 (ARI/FK/8.6/4/03111956), wonach man in Darmstadt erst Ende 1946 einen Bestand von 18 Prüfungsbeamten erreicht hatte. Bedingt, zumindest aber verstärkt, wurde diese Misere durch die ständige Dezimierung des Personalbestandes aufgrund wiederholter Entnazifizierungsverfahren - eine in der amerikanischen Zone damals durchaus gängige Praxis.

Deutschland (Audit Branch, Finance Division, CCG(BE)), in demselben Gebäude untergebracht[29].

Als durch Haasers Bemühungen und die hierfür günstigen Verhältnisse im britischen Besatzungsgebiet Fakten geschaffen waren, die eine Vormachtstellung des Hamburger Rechnungshofs für die sich abzeichnende Vereinigung der britischen und amerikanischen Zone wahrscheinlich machte, ergriff der ZRH-Chef im August 1946 wieder die Initiative und unternahm eine Rundreise durch die amerikanische Zone, um mit den dortigen Rechnungsprüfungsbehörden Kontakt vor Ort aufzunehmen. Nach seiner Darstellung fand er bei seinen Gesprächspartnern ein offenes Ohr und grundsätzliche Zustimmung für sein Anliegen einer engeren Zusammenarbeit, um vor allem die Einheitlichkeit der Finanzkontrolle soweit irgend möglich zu wahren. Zunächst einmal bezog sich dieses eher allgemeine Bestreben auf die Erhaltung einer gemeinsamen rechtlichen Basis, die in Form der Reichshaushaltsordnung (RHO) ja auch vorlag[30]. Darüber hinaus veranlaßten jedoch (nach Überwindung der ersten organisatorischen und personellen Probleme beim Wieder- bzw. Neuaufbau) ganz konkrete Schwierigkeiten in der Prüfungspraxis die Finanzkontrolleure, eine engere Kooperation anzustreben - vor allem hinsichtlich der Besatzungskosten wurde dies als dringlich angesehen[31].

Dieses Streben nach Einheitlichkeit wurde zwar in allen drei westlichen Besatzungszonen unisono betont, ohne daß deshalb überall neue zentrale Prüfbehörden angestrebt worden wären - dies war zunächst kein vorherrschendes Thema, und auch Haaser scheint diesen Komplex im Sommer 1946 nicht sonderlich forciert zu haben. Dennoch schimmert durch den eher zurückhaltenden Duktus der Ergebnisniederschrift über seine Rundreise mehrfach seine Zielsetzung einer zentralistisch organisierten Finanzkontrolle hindurch, die er auch zu dem damaligen Zeitpunkt mit Sicherheit nicht aufgegeben haben dürfte. Allerdings hielt er es wohl für wenig opportun, seine Bestrebungen eventuell dadurch zu gefährden, daß er ihre Verwirklichung zu schnell vorantrieb. Vielmehr dürfte er es als sinnvoller angesehen haben, sie über den im Entstehen begriffenen Interzonenausschuß für Finanzwesen weiter zu verfolgen. Bei seinem Aufenthalt in Stuttgart nahm er denn auch die Gelegenheit wahr, mit dem Präsidenten der Leitstelle der Finanzverwaltung für die britische Zone, Wilhelm Kruft, der wegen der Beratungen zur Bildung dieses Interzonenausschusses in der schwäbischen Metropole weilte, Kontakt aufzunehmen, um sich über die Verhandlungen zur Errichtung und zum Aufgabengebiet des Ausschusses zu unterrichten. Vor allem interessierte ihn in diesem Zusammenhang, inwieweit die künftige Organisation einer interzonalen Rechnungsprüfung erörtert worden war. Nachdem er von Kruft erfahren hatte, daß man in den bisherigen Beratungen darüber überhaupt nicht gesprochen habe, vereinbarte er mit ihm, diese Frage "auch bei den weiteren Verhandlungen nicht mehr zu berühren, oder falls sie von dritter Seite vorgebracht würde, ihre Erörterung auf einen späteren Zeitpunkt zurückzustellen." Außerdem gelang es ihm, zu dem badischen Landespräsidenten Köhler vorzudringen, bei dem er hinsichtlich der Frage einer "übergeordneten Prüfungstätigkeit" volles Verständnis gefunden haben will. Im übrigen vermied er es, auf

---

29 Vgl. Der Präsident des Rechnungshofs des Deutschen Reichs (Britische Zone) - Hausnachrichten Nr. 10/1947 (ARI/FK/7.1/3/30101947)

30 Vgl. Interview mit Heinz-Maria Oeftering (ehem. Präsident des RH Rheinland-Pfalz sowie des BRH) am 12. Juli 1987 (ARI/FK/I/12071987)

31 Vgl. Niederschrift Haaser über die Ergebnisse der Dienstreise in die amerikanische Zone vom 19. bis 29. 8. 1946 vom 2. 9. 1946 (BA/B112/20); sowie ergänzend Anm. 12

seiner Erkundungstour die "Frage einer einheitlichen Oberleitung" der Rechnungsprüfung näher zu "berühren"[32].

Allerdings ließ Haaser seine Gesprächspartner in den anderen Rechnungshöfen dadurch, daß er seinen "Organisationsvorschlag" vom Juli 1945 herumreichte, über seine grundsätzliche Auffassung hinsichtlich der Gestaltung der Rechnungsprüfung nicht im Unklaren. Und vor allem in München dürften die Befürchtungen vor einer neuen Rechnungshofzentrale und einer Degradierung der eigenen Behörde zu einer bloßen Außenstelle aufs neue geweckt worden sein, nur daß solche Tendenzen diesmal nicht von Potsdam, sondern von Hamburg ausgingen. Jedenfalls versuchte Cammerer unmittelbar nach Haasers Besuch, solchen Bestrebungen einen Riegel vorzuschieben, indem er seinem Präsidenten-Kollegen in Karlsruhe einen fortlaufenden Erfahrungsaustausch und regelmäßige mündliche Aussprachen "innerhalb der US-Zone" vorschlug[33].

II. Die bizonale Rechnungsprüfung: Bündnisse und Blockaden

1. Kontroversen um Funktion und Organisation der Finanzkontrolle

Im Februar 1947 kam es schließlich im Zusammenhang mit der anstehenden Regelung einer bizonalen Rechnungsprüfung zu dem eingangs geschilderten Zusammenprall beim Gemeinsamen Deutschen Finanzrat zwischen den entgegengesetzten Auffassungen Haasers auf der einen und Cammerers und der übrigen RH-Präsidenten auf der anderen Seite sowie zu der anschließenden Kompromißlösung, die dem ZRH in Fragen der bizonalen Rechnungsprüfung zwar insofern eine herausragende Position zuwies, als sie ihm die Federführung bei der bizonalen Rechnungsprüfung übertrug, aber die von dem Hamburger Präsidenten zweifellos beabsichtigte faktische Etablierung seiner Behörde als Rechnungshof des VWG jedoch zunächst verhinderte. Die Frage, wer bei der bizonalen Rechnungsprüfung das Sagen haben sollte, war damit aber nicht generell vom Tisch, sondern bestenfalls auf eine andere Ebene, nämlich die der Geschäftsordnung, verschoben und blockierte nun dort den Beginn der Prüfungsarbeit, weil man sich auch hier über Monate hinweg nicht über deren Modalitäten einigen konnte[34].

Für Haaser bedeutete die beim GDF erzielte Kompromißregelung zweifellos eine empfindliche Niederlage, insbesondere wenn man berücksichtigt, daß die Zentralämter der britischen Zone ja in erheblichem Umfang in den Aufbau der bizonalen Behörden involviert waren und eine ähnliche Rolle des ZRH naheliegend gewesen wäre. Von daher ist es nicht überraschend, daß der ZRH-Präsident nach Bündnispartnern vor allem im Dunstkreis der Finanzverwaltungen zur Unterstüzung seiner Ziele Ausschau hielt. Als ein solcher Bündnispartner bot sich das ebenfalls in Hamburg ansässige Zentral-Haushalts-Amt für die Britische Zone (ZHA) bzw. dessen Präsident Josef Mayer an. Mayer, Jahrgang 1887, war nach dem Ersten Weltkrieg ins Reichsinnenministerium eingetreten, wechselte 1923 in das Reichsministerium für die besetzten rheinischen Gebiete

32 Vgl. ebd.
33 Vgl. Schreiben des ORH an den RHWB vom 29. August 1946 (ARI/FK/8.2/4/29081946)
34 Vgl. Schreiben des RH des Landes Hessen vom 13. Juni 1947 (ARI/FK/8.6/4/13061947); sowie Auszug aus einem Schreiben Wilhelm Nehmeyers (Speyer) an ORH-Präsident Cammerer vom 6. Mai 1947 (ARI/FK/8.2/4/06051947)

und 1930 in das Reichsfinanzministerium, wo er als Generalreferent für den Reichshaushalt zu einer der zentralen Figuren wurde. Im Herbst 1945 wurde er der erste Leiter der Haushaltsabteilung der Deutschen Zentralfinanzverwaltung für die Sowjetische Besatzungszone, bevor er 1946 in die britische Zone überwechselte[35]. Mayer scheint einer Kooperation mit Haaser und dem Zonenrechnungshof durchaus positiv gegenüber gestanden zu haben, und so kam es am 26. März 1947 zu einer Vereinbarung zwischen beiden Institutionen, wonach eine "möglichst enge" Zusammenarbeit zur Sicherstellung einer "wirtschaftlichen und sparsamen Verwaltung der Haushaltsmittel" gepflegt werden sollte. Die Ernsthaftigkeit dieses Beschlusses wurde dadurch dokumentiert, daß man jeweils eine Verbindungsperson benannte, die in den beiden Behörden für eine wechselseitige Abstimmung im Sinne der Vereinbarung vom 23. März sorgen und die Unterrichtung der Behördenchefs gewährleisten sollte[36]. Man darf jedoch annehmen, daß Haaser diese Kontaktaufnahme später bedauert haben wird.

Die Anordnung des Gemeinsamen Deutschen Finanzrates vom 4. März 1947 bedurfte der Genehmigung durch die Militärregierungen, die allerdings auf sich warten ließ. Doch scheint dies den zerstrittenen Finanzkontrolleuren nicht ungelegen gekommen zu sein, bot sich ihnen hier doch eine günstige Gelegenheit, das im wesentlichen durch die interne Zwietracht bedingte Hinauszögern der Rechnungsprüfung in der Bizone mit dem Hinweis auf diesen formalen Mangel zu kaschieren. Der GDF sah sich daher Mitte Juli veranlaßt, die Aufnahme der Rechnungsprüfungsarbeit anzuordnen, auch wenn die formelle Genehmigung der Militärregierungen noch nicht vorliege[37], zumal erst wenige Tage zuvor eine Anordnung der Besatzungsmächte ergangen war, daß auch die Hauptverwaltungen der Post, der Eisenbahn und die der übrigen Verkehrswege der Kontrolle durch die Rechnungshöfe unterliegen müßten[38].

Am 22. Juli 1947 kam das Thema Rechnungsprüfung dann erstmals in der gesetzgebenden Körperschaft des Vereinigten Wirtschaftsgebietes zur Sprache. Auf der zweiten Vollversammlung des Wirtschaftsrates betonte als Vertreter des Finanzausschusses der Abgeordnete Blücher die Notwendigkeit, den Verwaltungsaufwand der neuen bizonalen Gremien zu begrenzen und, sozusagen als vertrauensbildende Maßnahme, eine "übersichtliche, Mehrarbeit und Durcheinanderarbeit vermeidende Verwaltung" zu schaffen, womit er vor allem auf die Wirtschaftsbehörde anspielte, die später als 'Wasserkopf von Hoechst' ein Synomym für eine ineffiziente aufgebauschte Verwaltung werden sollte. Unterstützung versprach Blücher sich dabei von dem "wiedererstandenen Rechnungshof" und seinen "erfahrenen Stellen"[39], womit konkret der Zonenrechnungshof in Hamburg und dessen Präsident gemeint war. Am nächsten Tag, als das "Gesetz über den vorläufigen Aufbau der Wirtschaftsverwaltung des Vereinigten Wirtschaftsgebietes (amerikanisches und britisches Besatzungsgebiet in Deutschland)", das sogenannte Überleitungsgesetz, auf der Tagesordnung stand, bezeichnete der Abgeordnete Zinn die Kompromißregelung vom Februar/März 1947, bei der er die Prüfungskompetenz allerdings weitgehend beim ZRH verankert sah, die von den Rechnungshöfen der amerika-

35 Vgl. Pfuhlstein 1964, S. 114
36 Vgl. ZRH-Hausnachrichten Nr. 6/1947 (ARI/FK/7.1/3/30061947)
37 Vgl. Bericht über die 11. Sitzung des GDF am 18. Juli 1947 in Frankfurt am Main (BA/Z1/255)
38 Vgl. ebd. (Hinweis auf ein Schreiben der Bipartite Finance Control Group vom 5. Juli 1947)
39 Vgl. WB und DS, Bd. 2, 1977 (2. Vollversammlung des Zweizonen-Wirtschaftsrates vom 22.7.1947, S. 7)

nischen Zone lediglich ergänzt werde, als ein Provisorium, das "zweckmäßiger Weise ... durch einen Rechnungshof des Wirtschaftsrates" abgelöst werden müsse. Allerdings schien ihm dies eine nicht sonderlich dringliche "Zukunftsangelegenheit" zu sein[40]. Dementsprechend postulierte das am 9. August erlassene Überleitungsgesetz in seinem § 3, daß die "Überwachung der gesamten Haushaltsführung der Verwaltungen und der ihnen unterstellten Sonderverwaltungen des vereinigten Wirtschaftsgebietes" einem Rechnungshof obliege; die Einzelheiten seien durch ein Gesetz zu regeln[41]. Diese relativ vage Formulierung ließ für Franz Haaser und seine Behörde alle Möglichkeiten offen, war damit doch keineswegs ausgeschlossen, daß der Zonenrechnungshof als bizonale Prüfungsbehörde installiert werden würde.

In der Zwischenzeit war der hessische Rechnungshof-Präsident, Wilhelm Boll, in Sachen bizonale Rechnungsprüfung aktiv geworden und hatte Mitte Juni 1947 im Zusammenhang mit der auf der Stelle tretenden Geschäftsordnungsdebatte einen im August des Vorjahres Haaser gegenüber geäußerten Vorschlag erneuert, nämlich die damals allseits begrüßte und als notwendig erachtete Zusammenarbeit von der Ebene der Lippenbekenntnisse wegzubringen und in Form einer Arbeitsgemeinschaft zu institutionalisieren. Er wandte sich mit diesem Vorschlag, den er durch einen auf einem solchen Treffen zu behandelnden Neun-Punkte-Katalog zur Organisation der Rechnungshöfe, zu Gesetzesregelungen und zu Personalfragen ergänzte und später auf 24 Punkte bzw. Fragen erweiterte, nicht nur an Haaser, sondern offensichtlich auch an seine Kollegen in Karlsruhe bzw. Stuttgart und München[42]. Außerdem scheint er den bayerischen RH-Präsidenten um die organisatorische Ausrichtung eines solchen Treffens gebeten zu haben. Jedenfalls lud Cammerer "zwecks Besprechung und Meinungsaustausch über gemeinsame Fragen" zu einer Zusammenkunft nach Klingenberg am Main ein und schlug hierfür den Zeitraum vom 8. bis 10. September 1947 vor[43].

Das Treffen fand am 8. und 9. September unter dem Vorsitz Cammerers in kleinem Kreis statt - die vier Rechnungshofpräsidenten kamen nur mit einem, höchstens zwei Begleitern, wobei zu berücksichtigen ist, daß es im Spätsommer 1947 immer noch nicht ganz einfach war, Hotelunterkünfte zu beschaffen.

Zu Beginn verständigten sich die drei süddeutschen Behördenchefs in Abwesenheit ihres norddeutschen Kollegen darauf, daß die Selbständigkeit ihrer Behörden durch diese Zusammenkunft unberührt bleiben müsse und etwaig gefaßte Beschlüsse für die einzelnen Rechnungshöfe nicht bindend seien. Anscheinend hatten die im Februar gemachten Erfahrungen, als Haaser in ihren Augen versucht hatte, ihre Behörden zu Außenstellen des Zonenrechnungshofs herabzustufen, noch immer Spuren hinterlassen. Der ZRH-Präsident versuchte dann auch, die anderen Präsidenten auf seine Position zu verpflichten, und den Hebel hierzu setzte er bei der im Mittelpunkt der Besprechung stehenden "Wahrung der Einheitlichkeit des Haushaltsrechts" an. In dem von ihm gehaltenen Hauptreferat verknüpfte er die Wahrung dieser Rechtseinheit mit der Notwendigkeit einer einheitlichen Prüfungspraxis und eines gemeinsamen Auftretens nach au-

40 Vgl. WB und DS, Bd. 2 1977 (2. Vollversammlung des Zweizonen-Wirtschaftsrates vom 23.7.1947, S. 18 f.)
41 Vgl. WB und DS, Bd. 4, 1977 (DS Nr. 3 vom 20. August 1947)
42 Vgl. Schreiben des hessischen RH-Präsidenten Boll an den Präsidenten des ZRH vom 13. Juni 1947 (ARI/FK/8.6/4/13061947); sowie Schreiben Bolls an die Präsidenten des ORH, des ZRH und RHWB vom 18. August 1947 (ARI/FK/8.6/4/18081947)
43 Vgl. Schreiben des ORH-Präsidenten Cammerer an die RH-Präsidenten in Darmstadt, Hamburg und Stuttgart vom 7. August 1947 (ARI/FK/8.2/4/07081947)

ßen, was nur durch ein Gremium, in dem gemeinsame Entschließungen gefaßt würden, gewährleistet werden könne, und dieses Gremium sei nun mal der (von ihm vorgeschlagene) Große Senat. Er sah hierin ebenso wie in der Unabhängigkeit der Rechnungshöfe und ihrer umfassenden Zuständigkeit für alle Verwaltungsebenen "Existenzfragen" seiner gesamten Zunft.

Als ersten Schritt zur Bewältigung der vor den Rechnungshöfen liegenden Aufgaben unterbreitete er einen Entwurf für eine Geschäftsordnung des Großen Senats, die völlig unabhängig von den vorausgegangenen Veränderungen in der bizonalen Administration schnellstmöglich in Kraft gesetzt werden solle. Des weiteren empfahl er zur Hebung der Leistungsfähigkeit der einzelnen Rechnungshöfe das "Ausleihen von Spitzenkräften" (über die in ausreichendem Maße nur seine Behörde verfügte), den gegenseitigen Erfahrungsaustausch, um die Vergleichsmöglichkeiten, insbesondere bei den kleinen Schwesterbehörden (und das waren nun mal die süddeutschen Rechnungshöfe), zu verbessern, die "gemeinsame Ausführung von Untersuchungen und Prüfungen" oder die Übernahme bestimmter Prüfungen durch eine größere Finanzkontrollbehörde für eine kleinere (und einen großen Rechnungshof gab es eben nur in Hamburg) und schließlich die "Anforderung von Gutachten bei einem Rechnungshof, der eine dem früheren Reichssparkommissar[44] ähnliche Organisation aufgezogen hat und über das erforderliche Material verfügt" (und so etwas gab es ebenfalls nur in seiner Prüfbehörde). Zur Beruhigung seiner Kollegen versicherte er anschließend, die von ihm unterbreiteten "Vorschläge" seien nichts weiter als "Erwägungen", die beim Aufbau der ZRH-Zweigstellen in den Ländern der britischen Zone akut geworden seien. Es handele sich dabei auch "nicht um irgendwelche Zentralisierungstendenzen" und "auch nicht um ein Streben nach einer gewissen Gleichförmigkeit", verbiete sich doch bei der Verschiedenartigkeit der Länder von vornherein jede "öde Gleichmacherei"[45]. Doch weder glühende Appelle noch Beschwichtigungen vermochten die Zurückhaltung bei seinen Kollegen zu überwinden. Zwar nahmen sie von den im "Rechnungshof Hamburg ... gepflegten Gedankengängen" mit Interesse Kenntnis, wollten dann aber doch lieber zur Tagesordnung zurückkehren[46].

Das brisante Thema der bizonalen Rechnungsprüfung wurde abschließend nur kurz behandelt. Dabei rührte man wohlweislich nicht an der im März vom Gemeinsamen Deutschen Finanzrat empfohlenen Aufgabenverteilung und stellte lediglich Überlegungen dergestalt an, welchem Prüfungsgebiet die jeweiligen Aufgaben im einzelnen zuzuordnen seien. Lediglich das Thema Post wurde etwas ausführlicher erörtert, aber auch nur deshalb, weil man dort Überlegungen in Richtung einer eigenen Kontrollbehörde angestellt hatte, was in den Augen aller Anwesenden natürlich grober Unfug war, der auf keinen Fall hingenommen werden könne[47].

---

44 1922 war der damalige RRH-Präsident Friedrich E.M. Saemisch zum Reichssparkommissar (RSK) ernannt worden, eine Funktion, in der er während der folgenden Jahre in großem Umfang Einsparungen innerhalb der Verwaltung durchsetzte und für alle administrativen Ebenen zahlreiche Gutachten fertigen ließ, die erheblich zu dem späteren Ansehen Saemischs als eines herausragenden Verwaltungsexperten beitrugen (vgl. hierzu u.a. Gilles 1987, S. 27 ff.)

45 Vgl. Niederschrift über die Besprechung der Präsidenten der Rechnungshöfe der amerikanisch-britischen Besatzungszone am 8. und 9. September 1947 im Hotel Fränkischer Hof in Klingenberg a/M (ARI/FK/10/1/09091947), S. 72 ff.)

46 Vgl. ebd., S. 8

47 Vgl. ebd. S. 22 f.

Nach eineinhalb Tagen ging man voller Freude über die offene Aussprache und den schönen Verlauf der Tagung auseinander. Es schien, als läge ein Hauch von Harmonie über den Teilnehmern. Doch wenn es diesen Hauch denn wirklich gegeben haben sollte, dürfte er sich schon nach kurzer Zeit wieder verflüchtigt haben.

2. Der schwierige Weg zu einem bizonalen Rechnungsprüfungsgesetz

Der Wirtschaftsrat, die bizonale Gesetzgebungskörperschaft, schien die Frage der Rechnungsprüfung für das Vereinigte Wirtschaftsgebiet nicht im Unverbindlichen und damit den Rechnungshöfen allein überlassen zu wollen. Wider Erwarten war der Gesetzgebungsauftrag des Überleitungsgesetzes zügig vorangetrieben worden. Die Finanzverwaltung hatte man gebeten, einen entsprechenden Entwurf auszuarbeiten, und diese hatte der Einfachheit halber im wesentlichen die Kompromißregelung vom Februar 1947 übernommen. Unterschiede ergaben sich nur insofern, als der als Clearing- und Schiedsstelle beim ZRH vorgesehene Große Senat in Frankfurt zusammentreten und die Prüfungszuständigkeit aufgrund der zwischenzeitlich erfolgten Verlegung der bizonalen Verwaltungen in den Frankfurter Raum überdacht werden sollte. Eine weitere Änderung ging auf den als Koordinierungsstelle für die VWG-Behörden errichteten Exekutivrat des Vereinigten Wirtschaftsgebietes zurück, der auf seiner 65. Sitzung am 29. Oktober 1947 seine Zustimmung zu dem Gesetzentwurf davon abhängig gemacht hatte, daß er selbst "nach Anhörung des Großen Senats die Verteilung der Prüfungsaufgaben auf die einzelnen Rechnungsprüfungsbehörden" bestimmen könne[48]. Die ansonsten unveränderte Beibehaltung der Kompromißregelung wurde im wesentlichen damit begründet, daß die Errichtung eines selbständigen Rechnungshofes wegen der noch laufenden "Denazifizierung" und des noch ungeklärten "bizonalen Beamtenstatus" auf Schwierigkeiten stoßen würde. Am 18. November wurde der Entwurf vom Finanzausschuß des Wirtschaftsrates für gut befunden, und drei Tage später, am 21. November, stimmte auch das bizonale Parlament dem Gesetz zu[49].

Die sich damit abzeichnende Entwicklung entsprach jedoch keineswegs den Vorstellungen des ZRH-Präsidenten Haaser, und so versuchte er in Form einer Eingabe an die Militärregierung die Notbremse zu ziehen. Am 8. Dezember unterbreitete er seine Sicht der Dinge der zuständigen Dienststelle der alliierten Kontrollkommission. Zunächst erhob er "erhebliche Bedenken" gegen die Prüfung der bizonalen Einrichtungen durch verschiedene Kontrollbehörden. Zum einen seien die Landesrechnungshöfe aus der amerikanischen Zone aufgrund ihres Personalmangels kaum arbeitsfähig und in vielen Spezialfragen fehle den dort Beschäftigten die fachliche Kompetenz. Zum anderen bestehe die Gefahr uneinheitlicher Prüfungskriterien und einer fehlenden Gesamtübersicht, die sich zwangsläufig in den Prüfungsberichten niederschlagen und damit auch die Arbeit der bizonalen Organe, insbesondere des Wirtschaftsrats, des Exekutivrats und der Finanzverwaltung beeinträchtigen würde. Ein nur auf Antrag tätig werdender Großer Senat werde weder diese Mängel beseitigen noch eine einheitliche Prüfungsbehörde ersetzen können. Im übrigen bedürften die bizonalen Gremien wegen der schwie-

48 Vgl. AVBRD, Bd. 3, S. 725

49 Vgl. WB und DS, Bd. 4, 1977 (DS Nr. 102); WB und DS, Bd. 2, 1977 (8. Vollversammlung des Wirtschaftsrates am 21.11.1947, S. 226); Gilles 1986, S. 83

rigen Finanzlage Deutschlands und des notwendigen administrativen Neuaufbaus eines fachkundigen Beraters in der Tradition des früheren Reichssparkommissars, wozu die kleineren Rechnungshöfe nicht in der Lage seien. Und schließlich bezweifelte er noch, unbeschadet der in allen Ländern mehr oder weniger gleichlautenden Bestimmungen, deren Unabhängigkeit, da sie sich "gewissen Einflüssen auf ... Landesebene nicht völlig entziehen" könnten[50].

Zur Lösung dieser Probleme reaktivierte Haaser den schon vor dem Gemeinsamen Deutschen Finanzrat im Februar unterbreiteten Vorschlag, die bizonale Rechnungsprüfung seiner Behörde zu übertragen, die dann ihrerseits die Landesrechnungshöfe bei der Durchführung beteiligen könne. Als Gründe führte er vor allem Kontinuitätsgesichtspunkte an sowie die jahrelange Erfahrung und die fachliche Kompetenz seiner Prüfer, bei deren Auswahl auch die landsmannschaftliche Zugehörigkeit keine Rolle gespielt habe. Außerdem sei die Beauftragung des Zonenrechnungshofs einer neu zu schaffenden Obersten Prüfungsbehörde auch deshalb vorzuziehen, weil die vom Wirtschaftsrat aufgestellten politischen Kriterien für leitende Beamte mit den notwendigen fachlichen Anforderungen kurzfristig nicht in Einklang zu bringen seien[51].

Auch wenn Haasers Darlegungen den Besatzungsoffizieren im einzelnen eingeleuchtet haben mögen, so war seiner Eingabe dennoch kein Erfolg beschieden. Am 20. Januar 1948 stimmte die Militärregierung ebenfalls dem neuen Rechnungsprüfungsgesetz zu.

Wie schon im Anschluß an die Anordnung des GDF vom 4. März 1947 unterblieb auch diesmal die praktische Umsetzung des Gesetzes. Nach mehreren vergeblichen Versuchen einer schriftlichen Abstimmung zwischen den Rechnungshöfen in puncto Geschäftsordnung[52] traf man sich am 23. März in Bad Homburg zu einer ersten Sitzung des Großen Senats, auf der nach längerer Diskussion schließlich zwei Geschäftsordnungsentwürfe ausgearbeitet wurden[53]. Diesem Treffen folgten bis zum 13. Juli noch weitere Zusammenkünfte jeweils in der Taunusstadt. Doch auch hierbei konnten sich die in der vorgesehenen Konstellation nur widerwillig verbundenen Akteure der bizonalen Finanzkontrolle über mehrere Wochen weder über die Geschäftsordnung noch über die Aufteilung der Prüfungskomplexe einigen. Zwar war dem Hamburger Rechnungshof durch das Gesetz wiederum die Federführung in diesen Fragen eingeräumt worden, allerdings stritt man sich zunächst darum, ob der Vorsitz ständig bei dem ZRH-Präsidenten liegen oder turnusmäßig wechseln solle[54].

Am 1. Juni 1948 fand man dann endlich zu einer Einigung, wobei man wiederum auf die Empfehlung des GDF vom März 1947 rekurrierte. Das Problem einer Beteiligung der Außenstellen des zonalen Rechnungshofs in den Ländern der britischen Zone, soweit sie zwischenzeitlich in selbständige Landesrechnungshöfe umgewandelt worden waren, löste man dadurch, daß diese Prüfungsbehörden nur zur "Amtshilfe" herangezogen werden sollten und dies auch nur dann, wenn geeignete Kräfte vorhanden seien. Die

---

50 Vgl. Schreiben des ZRH an die Kontrollkommission für Deutschland - Britischer Sektor - Finanzabteilung - Amt für Rechnungsprüfung vom 8. 12. 1947 (ARI/FK/7.1/4/08121947)

51 Vgl. ebd.

52 Vgl. u.a. Schreiben des ZRH an den ORH, RHWB und RH des Landes Hessen vom 9. Februar 1948 (ARI/FK/7.1/4/09021948); des RH des Landes Hessen an den ZRH, ORH und RHWB vom 18. Februar 1948 (ARI/FK/8.6/4/18021948); des ORH an den ZRH vom 25. Februar 1948 (ARI/FK/8.2/4/25021948)

53 Vgl. Niederschrift über die Sitzung vom 23. März 1948 in Bad Homburg v.d.H. zur Feststellung der Geschäftsordnung für den Großen Senat (ARI/FK/7.1/3/30031948)

54 Vgl. Dommach 1988, S. 150

Verteilung der Prüfungsaufgaben war wie folgt vorgesehen: Der Zonenrechnungshof war für die Wirtschaftsverwaltung, die Verkehrsverwaltung, die Hauptverwaltungen Seeverkehr, Binnenschiffahrt, Straßen und Eisenbahn sowie die Administration des Wirtschaftsrates zuständig; der Bayerische Oberste Rechnungshof sollte die Postverwaltung (und zwar sowohl das Direktorium als auch den Postbetrieb) sowie das Amt des Verwaltungsrates prüfen; für den Hessischen Rechnungshof waren die Finanzverwaltung, (einschließlich der allgemeinen Finanzverwaltung), das Personalamt und das Statistische Amt sowie der Komplex Besatzungskosten vorgesehen; der Rechnungshof Württemberg-Baden sollte die Verwaltung für Ernährung, Landwirtschaft und Forsten und die Administration des Exekutiv- bzw. Länderrats kontrollieren; und schließlich sollte der ZRH noch die Hauptrechnung sowie die Haushaltsrechnung überprüfen[55]. Doch auch dieser Einigung folgten keine Taten, denn nun legte sich die Militärregierung quer und verweigerte der Geschäftsordnung ihre Zustimmung[56].

Das Nichtzustandekommen einer Finanzkontrolle für die Bizone, aber auch die drohende Schließung des ZRH (durch die Schaffung der bizonalen Behörden waren deren 'Quasi-Vorläufer', die Zentralämter, in der britischen Zone überflüssig geworden) dürften für Haaser im Frühjahr 1948 Anlaß genug gewesen sein, sein Ziel einer zentral organisierten Rechnungsprüfung weiter voranzutreiben. Und diesmal versuchte er, seine Partner, oder besser: Kontrahenten, aus der amerikanischen Zone endgültig vor vollendete Tatsachen zu stellen.

Zum einen veranlaßte er die bizonale Finanzbehörde, seine Vorstellungen in einen Gesetzentwurf zur Errichtung eines Rechnungshof für das Vereinigte Wirtschaftsgebiet einzubringen. Die Vorlage war von seinem Mitarbeiter Fehse ausgearbeitet worden, der nach dem Krieg ein enger Mitarbeiter von Josef Mayer in der Zentralfinanzverwaltung der Sowjetischen Besatzungszone gewesen war[57]. Die neue Kontrollbehörde sollte danach die Zuständigkeit in allen aus der bizonalen Gesetzgebung resultierenden Angelegenheiten erhalten, auch wenn deren Durchführung den Ländern übertragen sei bzw. übertragen werde. Auf Antrag sollte er auch Prüfungsaufgaben auf Landes- und sogar Gemeindeebene übernehmen können, was eine tendenzielle Kompetenzausweitung bis hinunter auf die Kommunalebene bedeutet hätte[58]. Außerdem sollte er die Landesrechnungshöfe an bizonalen Prüfungsaufgaben beteiligen können. Anstelle des bisherigen Großen Senates war ein Vereinigter Senat vorgesehen, dem alle RH-Präsidenten sowie von der bizonalen Prüfungsbehörde der Vizepräsident, drei Abteilungsdirektoren, zwei Berichterstatter und das für haushaltsrechtliche Fragen zuständige Mitglied angehören und dessen Entscheidungen auch für die Kontrolltätigkeit auf Landesebene verbindlich sein sollten. Schließlich war noch, anknüpfend an die Verhältnisse im Zonenrechnungshof, die Schaffung einer eigenen Gutachtenabteilung vorgesehen[59]. Haaser legte den Entwurf dem alliierten Kontrollamt vor, wo man ihn am 12. Juli 1948 absegnete und gleichzeitig eine beschleunigte Beratung verlangte. Ebenso ließ er sich vom Wirtschaftsrat die Dringlichkeit der Angelegenheit bescheinigen.

---

55 Vgl. Niederschrift über die Sitzung vom 1. Juni 1948 in Bad Homburg v.d.H. zur Feststellung der Geschäftsordnung des Großen Senats für das Vereinigte Wirtschaftsgebiet (ARI/FK/7.1/3/02061948) und (BA/Z4/561)
56 Vgl. Dommach 1988, S. 150
57 Vgl. Dommach 1988, S. 171
58 Vgl. hierzu auch die Organisationsvorschläge Haasers vom 22. Juli 1945 (Anm. 14)
59 Vgl. WB und DS, Bd. 4, 1977 (DS Nr. 439)

Zum anderen versuchte Haaser seine Behörde als zukünftigen zentralen Rechnungshof dadurch abzusichern, daß er sie den bizonalen Organen gegenüber schon jetzt als das zuständige Kontrollorgan vorstellte. Die Rechtsgrundlage hierfür sah er durch Richtlinien des Reichsrechnungshof vom April 1941 sowie ein eigenes Rundschreiben vom Mai 1946 gegeben[60]. Daß in diesem Zusammenhang die offiziell konsequent beibehaltene Bezeichnung der zonalen Prüfungsbehörde: "Rechnungshof des Deutschen Reichs" (die wohl von Anfang an nicht nur als leere Hülse gedacht war, sondern auch ein Programm darstellte) diesen Anspruch unterstrich, ist naheliegend und auch so von seinem Widersacher beim bayerischen ORH verstanden worden[61].

So gerüstet, startete Haaser auf der letzten Sitzung des Großen Senats der bizonalen Rechnungsprüfungsbehörden am 13. Juli 1948 einen Überrumpelungsversuch, indem er seinen Präsidenten-Kollegen den Gesetzentwurf mit Verweis auf die Statements der Militärregierung und des Wirtschaftsrates präsentierte und für den übernächsten Tag im Rahmen der anstehenden Haushaltsbesprechungen bei der Verwaltung für Finanzen zu einer Erörterung zwischen den Rechnungshof- und den Ländervertretern bat.

Mit seinen Vorstellungen stieß er bei den Chefs der süddeutschen Rechnungshöfe auf wenig Gegenliebe und insbesondere die Passagen, die die ureigensten Kompetenzen der Landesrechnungshöfe tangierten, wie die Verbindlichkeit von Entscheidungen des Vereinigten Senates für die Länderprüfung oder die vorgesehene Verteilung der Prüfungsaufgaben durch den zukünftigen bizonalen Rechnungshof, in der sie einen erneuten Anlauf zur Degradierung zu "Außenabteilungen des neuen deutschen Rechnungshofs" sahen, erregten heftigen Widerstand. Auch der Versuch einer unverbindlichen Erörterung des Gesetzentwurfs scheiterte trotz einiger Rückzieher Haasers kläglich. In keinem der strittigen Punkte konnte man sich einigen, und von Seiten der bayerischen Finanzkontrolleure wurde gar ein Gegenentwurf zu dem Gesetzesvorhaben angekündigt.

Einen Tag später, am 14. Juli, wandte sich Cammerer hilfesuchend an den bayerischen Finanzminister Hans Kraus, um zunächst einmal eine Beratung des Gesetzes zu verhindern[62]. Auch wenn sich der bayerische ORH-Präsident und der bayerische Finanzminister nicht sonderlich grün waren und seit einigen Jahren heftige Kontroversen um die Unabhängikeit der bayerischen Finanzkontrollbehörde ausfochten[63], zog man in der anstehenden Frage am gleichen Strang, zumal es bei dem von Haaser lancierten Vorstoß nicht nur um die Vorherrschaft hinsichtlich der bizonalen Rechnungsprüfung ging, sondern auch föderalistische Interessen der Länder, und das hieß zunächst einmal Bayerns, bedroht schienen.

Eine Woche nach Cammerers Hilferuf wandte sich Kraus an seine Kollegen in den anderen bizonalen Ländern und bezog gegen den Entwurf des neuen Rechnungshofgesetzes Stellung. Grundsätzlich sah er darin einen unzulässigen, weil verfrühten Eingriff in die sich im Fluß befindliche staatsrechtliche Gestaltung Deutschlands. Im übrigen versuchte er seine Kollegen am föderalistischen Portepee zu fassen, indem er die ge-

60 Der Erlaß von 1941 war jedoch nur für die damaligen Länder ergangen (vgl. Schreiben des ORH-Präsidenten Cammerer an die Bayerische Staatskanzlei vom 30. Juli 1948 (BayHStA MF 69433)
61 Vgl. Quelle in Anm. 60; sowie Dommach 1987, S. 83 f.
62 Vgl. Schreiben ORH-Präsident an den Bayerischen Staatsminister der Finanzen vom 14. Juli 1948 (BayHStA MF 69433); sowie Dommach 1988, S. 172
63 Vgl. Otto/Weinert 1987, S. 97 ff.; sowie Pirker 1987, S. 47 ff.

plante Regelung als einer "föderalistischen Bundesverfassung wesensfremd" bezeichnete, zumal Länderzuständigkeiten beschränkt würden. Und schließlich erhob er auch Bedenken gegen den Vereinigten Senat, in dem schon allein von der vorgesehenen Zusammensetzung her der neue Rechnungshof dominieren werde und somit die Landesrechnungshöfe in ihrer Unabhängigkeit bedroht seien. Statt dessen schlug er eine "zwanglose Arbeitsgemeinschaft" der Rechnungshöfe vor, die als Gremium mit Empfehlungscharakter im übrigen schon bestehe[64].

Die Finanzminister der anderen Länder mochten Kraus zwar nicht im Regen stehen lassen, vertraten das bayerische Anliegen um Aufschub der Gesetzesberatungen auf der nächsten Fachausschußsitzung des Länderrates am 29. Juli jedoch nur halbherzig und lediglich mit dem Hinweis auf den noch fehlenden Anschluß der französischen Zone an das Vereinigte Wirtschaftsgebiet. So hatte das Argument des Direktors der Verwaltung für Finanzen, Alfred Hartmann, dann auch mehr Gewicht, daß die Angelegenheit wegen des "starken Drucks" der Militärregierung, die verlange, daß noch im August ein bizonaler Rechnungshof zu gründen sei, keinen Aufschub dulde[65].

Etwa zur gleichen Zeit wurde Fritz Cammerer mit neuer Unbill konfrontiert, als er von dem Versuchsballon Haasers erfuhr, den Zonenrechnungshof gegenüber den VWG-Verwaltungen schon vorab als bizonale Finanzkontrollbehörde zu verankern. Und so sah sich der bayerische RH-Präsident genötigt, seinem Hamburger Gegenspieler hinsichtlich dieses Überrumpelungsversuchs ebenfalls Paroli zu bieten, indem er sowohl die Zuständigkeit des Rechnungshofs der britischen Zone bestritt als auch die von Haaser angeführte Rechtsgrundlage als unzutreffend verwarf, und sozusagen als I-Tüpfelchen der Unverfrorenheit, ja sogar als Amtsanmaßung betrachtete er nun auch die Bezeichnung der Hamburger Kontrollbehörde: "Rechnungshof des Deutschen Reichs", was nicht im geringsten der Rechtslage entspreche[66].

Die Entwicklung hin zu einem neuen bizonalen Rechnungshof ganz im Sinne Haasers schritt jedoch weiter voran, und auch die Querschüsse aus Bayern schienen sie nicht aufhalten zu können. Am 4. August 1948 wurde der Gesetzentwurf dem bizonalen Kabinett, dem Verwaltungsrat, vorgelegt[67], und am 9. August wies die alliierte Kontrollbehörde (BICO) in einer Richtlinie erneut auf die Dringlichkeit einer endgültigen bizonalen Rechnungsprüfungsregelung hin. Bei den bisherigen provisorischen Maßnahmen habe man sich im wesentlichen auf den "Britischen Zonalen Rechnungshof" verlassen; da dieser aber zum 30. September endgültig aufgelöst werden solle, sei die baldige Errichtung eines "ständigen und ausreichenden bizonalen Prüfungswesens" erforderlich. Die Dringlichkeit werde darüber hinaus noch dadurch verstärkt, daß infolge der Errichtung der Kreditanstalt für Wiederaufbau, der Lastenausgleichsregelungen, der Währungsreform und der wachsenden Probleme im Zusammenhang mit dem Finanzausgleich der bizonalen Länder die Finanzkontrolle zusätzlich belastet werde. Das vorgeschlagene Gesetz sei deshalb innerhalb kürzester Frist dem Wirtschaftsrat und dem Länderrat zur Verabschiedung vorzulegen[68]. Am nächsten Tag, dem 10. August stimmte

64 Vgl. Schreiben des Bayerischen Staatsministers der Finanzen an seine Kollegen in den übrigen Ländern des VWG sowie an den ORH vom 22.Juli 1948 (BayHStA MF 69433)
65 Vgl. Protokoll der 9. Sitzung des Finanz-Auschusses des LR am 29. Juli 1948 (BA/ZA/552)
66 Vgl. Quelle Anm. 60
67 Vgl. AVBRD Bd. 4, S. 714 Anm. 1
68 Vgl. WB und DS, Bd. 4, 1977 (DS Nr. 441)

der Verwaltungsrat dem Gesetz zu und leitete es an den Wirtschaftsrat weiter[69], wo es am 17. und 19. August behandelt und ohne wesentliche Diskussion auch mit Zustimmung der bayerischen CSU verabschiedet wurde[70].

Als letzte Hoffnung, das Gesetz zu verhindern, verblieb Cammerer und seinen Mitstreitern nur noch die bizonale Ländervertretung. Auf deren Finanzausschußsitzung vom 27. August wurde dem Gesetzentwurf zwar grundsätzlich zugestimmt und dem Länderrat die Billigung empfohlen, allerdings sollten die Passagen, die die Gemeinde- und die Länderhoheit berührten, gestrichen werden - der neue Rechnungshof solle sich auf bizonale Aufgaben beschränken. Die Länderkammer erhob dann drei Tage später, am 1. September 1948, Einspruch gegen das Rechnungshofgesetz. Sie berief sich dabei jedoch weniger auf die Einschränkung von Länderkompetenzen oder die Bedrohung der Unabhängigkeit der Landesrechnungshöfe, wie sie Cammerer und Kraus an die Wand gemalt hatten, sondern griff lediglich die von beiden vorgebrachten Bedenken hinsichtlich der noch nicht abgeschlossenen staatsrechtlichen Entwicklung auf. Im übrigen bemängelte sie, daß von den mit dem vorläufigen Rechnungsprüfungsgesetz vom 27. November 1947 geschaffenen Möglichkeiten kein Gebrauch gemacht worden sei, man also die Tragfähigkeit dieser Lösung noch nicht einmal getestet habe und nun eine neue kostenträchtige Administration schaffen wolle.

Das Veto des Länderates gegen eine zentralistisch organisierte und strukturierte Rechnungsprüfung stellte eine erneute (und sicherlich auch persönliche) Niederlage für den ZRH-Präsidenten dar. Auch wenn er gegen dieses Vorgehen unverdrossen sein sattsam bekanntes Argument ins Feld führte, daß eine effiziente Kontrolle am besten durch eine zentrale Einrichtung gewährleistet werden könne, wobei diese allerdings in ihrer bewährten Form durch die drohende Schließung des Zonenrechnungshofs gefährdet sei[71], so dürfte er damit doch den Zenit seines Einflusses überschritten haben, ungeachtet dessen, daß er in den folgenden Jahren weiterhin seine Vorstellungen zur Gestaltung der öffentlichen Finanzkontrolle durchzusetzen suchte.

Seit dem Herbst 1948 sah er sich jedoch mehr und mehr in die Defensive gedrängt. Zwar konnte er sich fürs erste seine apparative Basis erhalten, indem es ihm gelang, seine Behörde vor der zum 30. September 1948 drohenden Auflösung zu bewahren bzw. deren Vollzug dadurch hinauszuschieben, daß die Militärregierung der vorläufigen Weiterführung des ZRH als Abwicklungsstelle zustimmte. Außerdem hatte er für den 21. bis 23. September zu der zweiten Tagung der Arbeitsgemeinschaft der Rechnungshöfe[72] nach Hamburg sowie ins holsteinische Meldorf eingeladen, wo er seinen süddeutschen Opponenten zu verstehen geben wollte, daß man ihn und seine Prüfbehörde nicht so ohne weiteres abschreiben könne. Zumindest suggerierten die Organisation und der Ablauf der Tagung einen solchen Eindruck. Schon das Zahlenverhältnis der Teilnehmer war bemerkenswert: Die "Rechnungshöfe aus der amerikanischen Zone", wozu erstmals auch das bremische Rechnungsamt gehörte, waren durch insgesamt acht Personen vertreten. Ihnen standen einundzwanzig Personen als Vertreter der "Rechnungshöfe aus

69 Vgl. AVBRD Bd. 4, S. 714 f.
70 Vgl. WB und DS, Bd. 2, 1977 (WB der 20. Vollversammlung des WR am 17. August 1948, S. 768 f.)
71 Vgl. Schreiben des ZRH-Präsidenten an MinRat von Schmiedeberg in Bad Homburg vom 14. September 1948 incl. Anlage (ARI/FK/7.1/4/14091948)
72 Zwar war die Veranstaltung die erste, die als "Tagung der Arbeitsgemeinschaft" bezeichnet wurde, da jedoch die Klingenberger "Besprechung" allgemein als die erste Zusammenkunft dieser Art gilt, soll dies hier auch in der Zählweise zum Ausdruck gebracht werden.

der britischen Zone" gegenüber: vom ZRH in Hamburg Haaser selbst und sein gesamter Führungsstab, insgesamt dreizehn Personen, sowie weitere fünf von den Zweigstellen bzw. ehemaligen Zweigstellen in Düsseldorf, Hildesheim und Schleswig; hinzu kamen noch zwei Vertreter des Rechnungsprüfungsamtes Hamburg und schließlich Josef Mayer, der Leiter des Zentral-Haushalts-Amtes der britischen Zone. Haaser übernahm den Vorsitz der Tagung, wohl fest entschlossen, eventuelle Mäkeleien und Kontroversen schon im Keim zu ersticken.

Als am zweiten Sitzungstag, der nach einer Besichtigungstour an die schleswig-holsteinische Westküste in Meldorf stattfand, sich dann doch Streit ankündigte, wurden Haaser und seine Mannen sofort aktiv. Im Zusammenhang mit der Erörterung der für die Bizone geleisteten Gutachtertätigkeit, die insbesondere wegen des durch die sogenannte "Haaser-Kommission" vorgelegten Gutachtens über die bizonale Wirtschaftsverwaltung Aufsehen erregt hatte[73], kam - wenn auch nur andeutungsweise - das bizonale Rechnungshofgesetz, welches nach dem Veto des Länderrats gerade überarbeitet worden war, zur Sprache. Haaser blockte die drohende Diskussion sofort mit dem Hinweis ab, daß der überarbeitete Gesetzentwurf den Belangen der Länder ausreichend Rechnung trage, man aber auch den VWG-Interessen Verständnis entgegenbringen müsse. Und welche Regelungen auch immer letztendlich Gesetz würden, wichtig sei doch nur die gemeinsame Zusammenarbeit, egal ob diese nun in Form einer Arbeitsgemeinschaft oder in einem Großen Senat erfolge. Der Leiter der Gutachtenabteilung des ZRH, Arthur Fuchs, versuchte anschließend die aufkeimenden Wogen zu glätten, indem er sein Bedauern darüber zum Ausdruck brachte, daß man die Landesrechnungshöfe bei der Erstellung des VfW-Gutachtens nicht zu Rate gezogen habe. Bei den anstehenden Expertisen über die anderen VWG-Verwaltungen sollten sie jedoch zur Mitarbeit herangezogen werden.

Schließlich traten auch noch Vertreter der übrigen Kontrolleinrichtungen aus der britischen Zone insofern an die Seite Haasers, als sie ihre Bereitschaft bekundeten, die Gutachtenabteilung im Bedarfsfalle selbst in Anspruch zu nehmen oder die Notwendigkeit einer überregionalen Gutachtenabteilung betonten. Lediglich der Leiter des designierten niedersächsischen Rechnungshofs, Hermann Härtig, hielt ein wenig auf Distanz und bat darum, man möge doch seine Behörde möglichst frühzeitig unterrichten, wenn eine Verwaltung einen Antrag auf Begutachtung stelle[74].

Dagegen trat Josef Mayer, über dessen Teilnahme an der Tagung hier nur spekuliert werden kann, in der offiziellen Beratung überhaupt nicht in Erscheinung. Die Ereignisse der folgenden Wochen lassen allerdings vermuten, daß der Leiter des ZHA nicht nur als Galionsfigur Haasers mit von der Partie war, sondern durchaus eigene Interessen ver-

---

73 Aufgrund zunehmender Kritik über die als 'Wasserkopf von Hoechst' apostrophierte Wirtschaftsverwaltung im Wirtschaftsrat (vgl. hierzu Anm. 39) war im Frühjahr 1948 von der bizonalen Finanzverwaltung ein Gutachten über die Behörde in Auftrag gegeben worden, das von Beamten des ZRH für eine unter dem Vorsitz von Franz Haaser tagende Kommission erarbeitet worden war und u.a. eine 'Abspeckung' der Verwaltung für Wirtschaft um mehr als fünfzig Prozent vorsah (vgl. Interview mit Herbert Fischer-Menshausen (u.a. Mitglied der Haaser-Kommission) vom 3. Oktober 1986 (ARI/FK/I/ 03101986); Bericht der von der Verwaltung für Finanzen bestimmten Kommission über die Prüfung der Verwaltung für Wirtschaft des Vereinigten Wirtschaftsgebiets; sowie den nachfolgenden Beitrag von Weinert in diesem Band).

74 Vgl. Niederschrift über die Tagung der Arbeitsgemeinschaft der obersten Prüfungsbehörden der britischen und amerikanischen Besatzungszone am 21., 22. und 23. September in Hamburg (Esplanadebau) und Meldorf/Holst. (Holländerei) (ARI/FK/10/1/23091948), S. 7 f.)

folgte. Folgt man dem Hinweis seines ehemaligen Chefs, des Reichsfinanzministers Lutz Graf Schwerin von Krosigk, auf das System von Seilschaften, mit denen sich die Beschäftigten der ehemaligen Reichsbehörden (und also auch des Reichsfinanzministeriums) gegenseitig halfen, in den neuen Bundesbehörden Fuß zu fassen[75], so darf man wohl vermuten, daß es Mayer, der als ehemaliger leitender Mitarbeiter in dieses System fest eingebunden war, nicht an Lobbyisten hinsichtlich seines beruflichen Fortkommens fehlte[76]. Von daher ist es naheliegend, wenn man annimmt, daß er (mit seinen 'guten Beziehungen') auch hinter den Kulissen der Hamburger Tagung Kontakte knüpfen konnte, die durchaus geeignet waren, um ihn in kürzester Zeit zu einem ernsthaften Konkurrenten des ZRH-Präsidenten um die Leitung des zukünftigen deutschen Rechnungshofs werden zu lassen.

Dies wurde erstmals manifest, nachdem sich der Wirtschaftsrat am 27. September dafür ausgesprochen hatte, bei der Verwaltung für Finanzen mit sofortiger Wirkung die Stelle eines Sparbeauftragten einzurichten. Obwohl unmittelbar vorher im Zusammenhang mit der Beratung des Haushalts der Verwaltung für Wirtschaft die Arbeit der Haaser-Kommission ausführlich erörtert und überwiegend positiv bewertet worden war, verhielten sich die Abgeordneten hinsichtlich der Frage, ob der ZRH-Präsident diese Aufgabe übernehmen solle, was u.a. aufgrund früherer als positiv empfundener Regelungen aus der Weimarer Republik[77] durchaus nahegelegen hätte, auffällig zurück. Noch am selben Tag bzw. zwei Tage darauf soll Josef Mayer als die geeignete Persönlichkeit für diese Aufgabe auserkoren worden sein[78]. Und so ist denn vielfach seine Berufung zum bizonalen Sparbeauftragten unmittelbar mit dem vorgenannten Beschluß des Wirtschaftrates in Zusammenhang gebracht worden[79].

Am 30. September 1948 beschäftigte sich der Länderrat im Anschluß an die Beratung des VWG-Etats ebenfalls mit dem Thema Sparbeauftragter. Die Ländervertreter betonten, daß für diese Aufgabe keine eigene Behörde geschaffen werden dürfe, vielmehr solle man auf den Apparat der Finanzverwaltung zurückgreifen. Außerdem verlangten sie die Abstimmung mit einem früheren Beschluß des Wirtschaftsrates, wonach sämtliche VWG-Verwaltungen einer ähnlichen Überprüfung wie die VfW durch die Haaser-Kommission unterzogen werden sollten. Hinsichtlich dieser Prüfungen und der Funktion des Sparbeauftragten dürfe es keine "Doppelgleisigkeit" geben[80]. Als Folge hiervon

75 Vgl. Schwerin von Krosigk 1977, S. 296

76 Vgl. hierzu Interview mit Heinz-Maria Oeftering (ehem. Präsident des RH Rheinland-Pfalz sowie des BRH) am 22. Oktober 1985 (ARI/FK/1/22101985)

77 Vgl. hierzu Anm. 44

78 Vgl. Vogel 1956, S. 108 Anm. 2; Dommach 1987, S. 84 f. Beide Publikationen verweisen als Quelle auf Bundesarchivakten (BA/Z13/295); dort findet sich als eventueller Beleg jedoch lediglich ein Schreiben Mayers an die Direktorialkanzlei des VR des VWG vom 7. Juni 1949, in dem auf den Beschluß Nr. 22/37 des WR vom 27. September 1948 hingewiesen wird, wonach die Prüfungskommission (Haaser-Kommission) bestehen geblieben sei. Mayer schreibt dann weiter, daß Präsident Haaser den Vorsitz der Kommission an ihn, Mayer, abgetreten und das Amt des stellvertretenden Vorsitzenden übernommen habe (vgl. hierzu auch Anm. 78). Ob Mayer nun am 27.9. (vgl. Vogel) oder am 29.9. (vgl. Dommach) oder überhaupt in diesem zeitlichen Umkreis als Sparbeauftragter ausgesucht worden ist, läßt sich hiermit nicht eindeutig beantworten. Vielmehr spricht ein reger Schriftwechsel zwischen der Direktorialkanzlei des VWG und der VfF vom Oktober/November 1948 dafür, daß diese Personalentscheidung noch nicht gefallen war bzw. sich erst ab Mitte November abzeichnete, daß sie positiv für den neuen Rechnungshof(vize)präsidenten ausfallen würde (vgl. u.a. Schreiben der VfF an den VR-Vorsitzenden vom 8. November 1948 sowie der VfF (MinDir Hartmann) an den VR (MinDir Krautwig) vom 9. November 1948 (BA/Z13/295)).

79 Vgl. hierzu Vogel 1956, S. 108 Anm. 2; HdbPIO, S. 204 Anm. 2 (vgl. Hinweis in Anm. 78)

80 Vgl. Bemerkungen des Länderrates des VWG zum Haushalt der Verwaltung des Vereinigten Wirtschaftsgebietes für das Rechnungsjahr 1948 (BA/Z4/553)

scheint Mayer auch den Vorsitz der Prüfungskommission für die VWG-Verwaltungen übernommen zu haben, während Haaser sich mit der Funktion des Stellvertreters begnügen mußte[81]. Offiziell betraut wurde er mit diesen Aufgaben jedoch erst durch einen Beschluß des Verwaltungsrates vom 5. Januar 1949[82].

Wie schon angedeutet, dürfte Josef Mayer spätestens im Frühherbst, wahrscheinlich aber schon im Hochsommer 1948 auch in den Augen des ZRH-Präsidenten vom Mitstreiter und nützlichen Bündnispartner zu einem ernsthaften Rivalen um die Leitung der zukünftigen bizonalen Finanzkontrollbehörde geworden sein. Und wenn beide auch vereinbart hatten, sich gemeinsam um die Spitzenpositionen zu bewerben, was konkret hieß, wenn einer der beiden zum Präsidenten auserkoren würde, werde sich der andere mit der Position des Vizepräsidenten begnügen und umgekehrt, und dies vor dem zuständigen Ausschuß des bizonalen Verwaltungsrates zu vertreten, so verlegte sich Haaser in der zweiten Augusthälfte auf eine Alles-oder-Nichts-Strategie - also entweder den Präsidentenposten oder gar keinen. Hierzu ermuntert haben mag ihn ein Angebot aus Nordrhein-Westfalen für die Präsidentschaft des dortigen zukünftigen Landesrechnungshofs. Allerdings eröffnete Haaser mit dieser Doppelkandidatur Mayer die Möglichkeit, seine 'guten Beziehungen' noch intensiver spielen zu lassen und hierbei auf das zwar "verständliche" (aber eigentlich doch unschickliche) Verhalten des Mitbewerbers hinzuweisen - eine Gelegenheit, die dieser sich nicht entgehen ließ[83]. Vor diesem Hintergrund dürfte die Entscheidung des ZRH-Chefs, seinen Konkurrenten, der seit Auflösung des Zentral-Haushalts-Amtes am 30. September 1948[84] nicht mehr in Amt und Würden war, am 6. Oktober in die Abwicklungsstelle des ZRH aufzunehmen und ihm die Aufgaben eines Vizepräsidenten mit vollem Mitzeichnungsrecht zu übertragen[85], nicht mehr als eine 'taktische Umarmung' gewesen sein, um sich selbst keine Möglichkeit zu verbauen.

Jedoch blieb solchen Versuchen Haasers, die 'Machtfrage' offen zu halten, der Erfolg versagt. Schon eine Woche nach dessen Übertritt in den ZRH, brachte der bizonale Finanzchef Hartmann auf der Verwaltungsratssitzung am 13. Oktober die Frage der Leitung des zukünftigen Rechnungshofs zur Sprache, woraufhin das bizonale Kabinett beschloß, Mayer als Präsidenten vorzusehen - Haaser sollte lediglich sein Stellvertreter werden[86].

---

81 Vgl. Schreiben Mayers an den VR des VWG vom 7. Juni 1949 (BA/Z13/295) (Hinweis in Anm. 78); HdbPIO; S. 204 Anm. 2

82 Vgl. AVBRD, Bd. 5, S. 84. Im September 1949 wurden die Josef Mayer übertragenen Aufgaben aufgrund der alliierten Gesetze Nr. 25 (amerik. Militärregierung) bzw. Nr. 201 (brit. Militärregierung) aufgehoben. Anfang März 1950 erhielt Mayer von der Bundesregierung dann den Auftrag, die Funktion eines Sparbeauftragten bis zur Errichtung des Bundesrechnungshofes erneut wahrzunehmen (vgl. Vogel 1956, S. 108 Anm. 2; Gilles 1986, S. 87). Anfang 1952 wurden nach einer monatelangen heftigen parlamentarischen Diskussion über das Für und Wider eines Sparkommissars vom Bundeskabinett entsprechende Richtlinien erlassen, wobei man sich weitgehend an der den RSK betreffenden Regelung aus dem Jahre 1927 orientierte. Im Juni 1952 wurde dann schließlich Josef Mayer erneut diese Aufgabe übertragen, die seither der jeweilige BRH-Präsident unter der Bezeichnung "Bundesbeauftragter für Wirtschaftlichkeit in der Verwaltung" wahrnimmt (vgl. Pfuhlstein 1975; Gilles 1986, S. 103 ff.).

83 Vgl. Schreiben Schmiedebergs an Mayer vom 24. August 1948; sowie das Antwortschreiben Mayers vom 27. August 1948 (BA/B112/4)

84 Vgl. ZRH(Abwicklungsstelle)-Hausnachrichten Nr. 10/11/1948 (ARI/FK/7.1/3/30111948)

85 Vgl. Schreiben des ZRH-Präsidenten an den Vizepräsidenten, die Direktoren und die Prüfgebiete seiner Behörde vom 6. Oktober 1948 (BA/B112/4); sowie ZRH(Abwicklungsstelle)-Hausnachrichten Nr. 9/1948 (ARI/FK/7.1/3/14101948)

86 Vgl. AVBRD Bd. 4, S, 857

Die durch das Veto der Länderrates notwendig gewordene Überarbeitung des Rechnungshofgesetzes war derweil zügig vorangeschritten und schon am 1. Oktober 1948 stand das Gesetz wieder auf der Tagesordnung des Wirtschaftsrates. Allerdings revidierte die Neufassung kaum eine der Vorschriften, die im Juli vor allem in Bayern Mißfallen erregt hatten. Sowohl die Prüfungskompetenz des geplanten Rechnungshofs hinsichtlich der bizonalen Auftragsverwaltung durch die Länder als auch die vielfach als tendenzielle Herabstufung der Landesprüfungsbehörden zu Außenabteilungen empfundene mögliche Delegierung von Prüfungsaufgaben an die Landesrechnungshöfe als auch die Dominanz des zentralen Rechnungshofs in dem vorgesehenen Vereinigten Senat waren geblieben oder nur geringfügig abgeschwächt worden. Lediglich die Kompetenzausweitung bis hinab zur Gemeindeebene, die Verbindlichkeit von Beschlüssen des Vereinigten Senats für die Prüfung im Bereich der Länder und die Schaffung einer eigenen Gutachtenabteilung waren gestrichen bzw. stillschweigend auf die Ebene der Geschäftsordnung verlagert worden[87].

Dennoch passierte der Entwurf problemlos das bizonale Parlament, vierzehn Tage später stimmte ihm auch der Länderrat zu, und wiederum zwei Wochen danach erteilte die Militärregierung ebenfalls ihren Segen, so daß das Gesetz schließlich am 3. November 1948 in Kraft treten konnte[88]. Eine Woche später, am 10. November, wurde Josef Mayer dann vom Verwaltungsrat des VWG unter partieller Abschwächung seines Beschlusses vom 13. Oktober zum Vizepräsidenten des neuen Rechnungshofs ernannt und "mit der Wahrnehmung" der Leitung "beauftragt". Die Position des Präsidenten blieb unbesetzt[89]. Der Name Franz Haaser wurde in diesem Kontext offiziell nicht mehr erwähnt.

3. *Geschäftsstelle, Abwicklungsstelle, Sonderrechnungshof: Wer ist die bizonale Prüfungsbehörde?*

Am 6. Januar 1949 nahm der neue Rechnungshof, der seinen Sitz in der Nähe des Verwaltungsrates haben sollte, offiziell seine Arbeit auf. Zunächst bestand die bizonale Kontrollbehörde jedoch nur mehr oder weniger auf dem Papier, und es sollte noch einige Zeit dauern, bis ein einigermaßen geregelter Geschäftsbetrieb aufgezogen werden konnte. Ursächlich hierfür war vor allem die in Frankfurt herrschende Raumnot. Versuche, dieses Problem durch eine Anmietung von Räumen in der Umgebung der Mainmetropole zu lösen, führten zu keinem Erfolg, obwohl schon seit dem Juli 1948 diesbezügliche Anstrengungen unternommen worden waren[90].

---

87 Vgl. WB und DS, Bd. 4, 1977 (DS Nr. 621)

88 Vgl. AVBRD, Bd. 4, S. 715 Anm. 4

89 Vgl. AVBRD, Bd. 4, S. 857. Im Zusammenhang mit dem Erscheinen des ersten Bandes des "Budget" von Kurt Heinig wurde zu Beginn des Jahres 1949 der Autor des Werkes und anerkannte Haushaltsexperte der SPD-Reichstagsfraktion in der Weimarer Republik für den formal vakanten Posten des Rechnungshofpräsidenten ins Gespräch gebracht. Allerdings gelang es Mayer, mit dem Hinweis, daß es sich bei Heinig, unbeschadet seiner großen Sachkompetenz, doch um einen "Berufspolitiker" handle, diesen Versuch abzuwehren (vgl. u.a. Schreiben der VfW (MinDir Schalfejew) an MinDir Krautwig (VR) vom 17. Dezember 1948, sowie von Vizepräsident Mayer (RHiVW) an MinDir Krautwig vom 25. Januar 1949 (BA/Z13/295)).

90 Kurzzeitig schien sich sowohl in Friedberg als auch in Aschaffenburg, in Darmstadt und in Bad Homburg die Chance für geeignete Räumlichkeiten aufzutun, allerdings blieben die entsprechenden Verhandlungen erfolglos (vgl. Dommach 1988, S. 172; Schreiben des RHiVW an

Da das Personal des neuen Rechnungshofs im wesentlichen aus dem Zonenrechnungshof rekrutiert werden sollte, ergab sich während eines monatelangen Übergangszeitraumes die paradoxe Situation, daß im Hamburger Esplanadegebäude faktisch zwei Rechnungshöfe untergebracht waren, während am Sitz der bizonalen Prüfbehörde in Frankfurt deren Leiter, Josef Mayer, im Casellahaus, dem Dienstgebäude des VWG-Oberdirektors Hermann Pünder einen Unterschlupf fand, den man dann als erste "Geschäftsstelle" des "Rechnungshofs im Vereinigten Wirtschaftsgebiet (RHiVW)" deklarierte[91]. Erst ab dem Frühjahr 1949 fand man in Frankfurt nach und nach halbwegs geeignete Räumlichkeiten, so daß allmählich mit dem Umzug von der Elbe an den Main begonnen werden konnte, der sich allerdings noch bis in den Herbst hinzog.

Die meisten der in Hamburg tätigen Rechnungshofbeamten mußten sich derweil wie Diener zweier Herren vorkommen. Einerseits galten sie als zum Rechnungshof im Vereinigten Wirtschaftsgebiet abgeordnet, andererseits arbeiteten sie faktisch weiterhin für den Zonenrechnungshof bzw. dessen Abwicklungsstelle bzw. den "Rechnungshof für Sonderaufgaben", wie die Behörde ab dem Frühjahr 1949 offiziell hieß. Präsident Haaser verstärkte diese Unsicherheit noch dadurch, daß er die Prüfungsbeamten monatelang über die Entwicklung auf der Leitungsebene im Unklaren ließ. Erst als das merklich abgekühlte Verhältnis zu Mayer in einen offenen Konflikt zu münden drohte und der Leiter des RHiVW sich massiv über die Kompetenzanmaßung und Politik der Desinformation, die jener sowohl den Bediensteten des Rechnungshofs als auch Dritten gegenüber praktiziere, beschwerte und ultimativ eine Änderung verlangte[92], informierte Haaser die Belegschaft des Rechnungshofs am 31. März 1949 über die Ernennung Mayers zum Sparbeauftragten und zum Chef der bizonalen Prüfbehörde, wobei er die in dem Titel "Vizepräsident" und dem Kürzel "m.d.W.b." (mit der Wahrnehmung beauftragt) dokumentierte Vorläufigkeit der Regelung penibel vermerkte[93].

Die Ursache für den von Haaser geradezu provozierten Konflikt dürfte darin liegen, daß der ZRH-Präsident seine Ambitionen hinsichtlich der Leitung eines sich schon in den Beratungen zum Grundgesetz abzeichnenden zentralen bundesdeutschen Rechnungshofs und damit auch hinsichtlich der Weichenstellung für die künftige Verfaßtheit der öffentlichen Finanzkontrolle in Deutschland durchaus noch nicht aufgegeben hatte. Eine Chance hierzu sah er realistischerweise wohl nur dann, wenn es ihm gelang, einen entsprechenden Apparat in der Hand zu behalten, wobei zu berücksichtigen ist, daß sich - wie schon erwähnt - ab dem Frühjahr 1948 immer mehr das Ende des Zonenrechnungshofs abzeichnete. Zwar hatte es Haaser in Verhandlungen mit den Ländern der britischen Zone und der Militärregierung unter Hinweis auf die ungeklärte

---

den Vorsitzenden des VR des VWG vom 14. Januar und vom 11. Februar 1948 (BA/B112/4); sowie die Ausführungen des Abgeordneten Weinkamm in der 37. Vollversammlung des WR am 25. Mai 1949 (WB und DS, Bd. 3, 1977, S. 1760).

91 Vgl. Darstellung des RH-Direktors Arthur Fuchs vor dem Organisationsausschuß der Ministerpräsidentenkonferenz (Protokoll der dritten Sitzung am 30. Juni 1949 in Schlangenbad (BA/Z12/91)). Immerhin verfügte Mayer damit über ein Privileg, das zuvor nur Haaser besessen und gepflegt hatte, nämlich die räumliche Nähe bzw. den kurzen Draht zur Macht. Im Esplanadehaus in Hamburg war - wie bereits erwähnt - neben dem ZRH eine Dienststelle der alliierten Kontrollkommission untergebracht (vgl. Anm. 29), während die Geschäftsstelle des RHiVW nunmehr mit dem obersten Administrator der Bizone unter einem Dach saß.

92 Vgl. Brief Mayers an Haaser vom 23. März 1949 (BA/B112/4), in dem er eine Klärung der Verhältnisse bis spätestens zum 1. April verlangte.

93 Vgl. ZRH(Abwicklungsstelle)-Hausmitteilung Nr. 3/1949 (ARI/FK/7.1/3/31031949)

Prüfungssituation im VWG immer wieder geschafft, die Auflösung hinauszuzögern, doch im Frühjahr 1949 schienen die Tage des ZRH endgültig gezählt. Allerdings erreichte er nochmals einen Aufschub. In persönlichen Gesprächen mit Vertretern der britischen Besatzungsmacht gelang es ihm, diesen die Zustimmung zur Umwandlung seiner Behörde in eine Gemeinschaftseinrichtung der Länder der britischen Zone abzuringen. Am 30. Mai 1949 erhielt er auch das förmliche Einverständnis der Militärregierung, in der diese die Umbenennung der Abwicklungsstelle in einen "Rechnungshof für Sonderaufgaben" verfügte. Zwar mußte sich diese Einrichtung einerseits mit einem stark vermindertem Aufgabenspektrum begnügen, doch wurden diese Kompetenzen andererseits dem bizonalen Rechnungshof vorenthalten. Wenige Tage später informierte Haaser die Finanzminister der Länder, die VGW-Verwaltungen und die Landesrechnungshöfe über diesen neuen Sachverhalt[94].

Daß diese Entscheidung, mit der auf unbestimmte Zeit neben dem bizonalen Rechnungshof eine weitere zentrale Prüfbehörde geschaffen worden war, bei Josef Mayer nicht unbedingt Begeisterung ausgelöst haben dürfte, liegt auf der Hand. Hinzu kam, daß etwa zur gleichen Zeit eine gutachterliche Stellungnahme Haasers für den Präsidenten des Parlamentarischen Rates, Konrad Adenauer, in der es um den Aufbau der zukünftigen Bundesverwaltung ging und in die Mayer wider Willen hineingezogen worden war, im Zusamenhang mit der Frage des zukünftigen provisorischen Regierungssitzes ein wochenlanges Medienspektakel ausgelöst hatte[95].

III. Die Errichtung des Bundesrechnungshofes: Ein Konflikt schwelt weiter

1. "Weg mit allen Sondereinrichtungen!"

Die unterschiedlichen Auffassungen, die innerhalb der Finanzkontrollbehörden vor allem über Organisations- und Kompetenzfragen bestanden, machten auch vor dem in Schlangenbad tagenden Organisationsausschuß der Ministerpräsidentenkonferenz der westdeutschen Länder, der Vorschläge für die Verwaltungsstruktur und den inneren Aufbau der einzelnen Bundesorgane ausarbeiten sollte, nicht halt, als dort am 30. Juni und 1. Juli 1949 der zukünftige Bundesrechnungshof (BRH) auf der Tagesordnung stand.

Als Vertreter des bizonalen Rechnungshofs trat der RH-Direktor Arthur Fuchs, der erste Leiter der Gutachtenabteilung des ZRH in Hamburg, auf. Er empfahl dem Ausschuß grundsätzlich die Organisationsstruktur des Rechnungshofs im Vereinigten Wirtschaftsgebiet als geeignetes Vorbild für die zukünftige oberste Bundeskontrollbehörde, wobei deren Tätigkeitsspektrum sinnvollerweise noch um das des Rechnungshofs für Sonderaufgaben erweitert werden solle. Er bedauerte in diesem Zusammenhang ausdrücklich die Existenz dieser Institution und betonte, der Ausschuß könne ihnen keinen größeren Gefallen tun, als wenn er beschließe: "Weg mit allen Sondereinrichtungen!" Außerdem setzte er sich dafür ein, daß die Prüfung von Bahn und Post beim Rech-

94 Vgl. Aktenauszug und -exerpt zur "Auflösung des Rechnungshofs (Britische Zone)" (BA/B112/10)

95 Vgl. den Beitrag von Otto in diesem Band; sowie Gilles 1986, S. 139 ff.; ergänzend hierzu Gilles 1990

nungshof verbliebe und daß man nicht zu früheren Regelungen, bei denen diese Einrichtungen von internen Revisionsorganen kontrolliert worden seien, zurückkehren dürfe. Schließlich plädierte er dafür, die Funktion des Sparkommissars analog der Regelung in der Weimarer Zeit beim Rechnungshof anzusiedeln, wo sie am besten bei der ebenfalls beizubehaltenden Gutachtenabteilung untergebracht sei[96].

Das Korreferat zu Fuchs' Vortrag hielt am nächsten Tag der Präsident des rheinland-pfälzischen Rechnungshofs, Heinz-Maria Oeftering, der, als die überragende Persönlichkeit auf dem Gebiet der Finanzkontrolle in der französischen Zone, neben Haaser zu den bedeutendsten Vertretern dieses Metiers im Nachkriegsdeutschland gehörte. Oeftering, von dem man annehmen darf, daß er von den äußeren wie inneren Querelen der Rechnungshöfe in der amerikanischen und britischen Zone relativ unberührt geblieben sein dürfte, schloß sich in seinem Vortrag Fuchs' Empfehlungen insoweit an, als er ebenfalls die Übernahme der Organisationsstruktur des bizonalen Rechnungshofs für den BRH empfahl. Allerdings sprach er sich mit Hinweis auf die durchaus zufriedenstellende Arbeit in den Landesrechnungshöfen, in Sonderheit der des Rechnungshofs in Speyer, für eine Personalreduzierung sowie für eine Abschaffung der Position des Vizepräsidenten und der Gutachtenabteilung aus. Zwar betonte auch er die überragende Bedeutung der Gutachten für die Arbeit der Rechnungshöfe, meinte aber, die entsprechenden Spezialisten sollten in die Prüfungsabteilungen integriert werden[97].

Der Organisationsausschuß der Ministerpräsidentenkonferenz folgte in seinem Vorschlag zur Errichtung des Bundesrechnungshofs den Argumenten beider Referenten. Er empfahl, ganz im Sinne Oefterings und mit Hinweis auf das Beispiel der Rechnungshöfe der Länder, eine vorsichtige Personalreduzierung auf der Ebene des höheren Dienstes bzw. eine Verbesserung des Zahlenverhältnisses von höherem und gehobenem Dienst zugunsten der einfachen Prüfer. In der Frage der Gutachtenabteilung schloß man sich jedoch der Position des RH-Direktors Fuchs an und erhob "keine Bedenken" gegen die Schaffung einer solchen Einrichtung. Außerdem war man wie Fuchs der Auffassung, "daß neben dem Rechnungshof des Bundes und den Rechnungshöfen der Länder gleichartige besondere oberste Rechnungsprüfungseinrichtungen, wie z.B. der Rechnungshof für Sonderaufgaben, nicht bestehen sollten."[98]

Als mit dem 21. September 1949, also nach Inkrafttreten des Besatzungsstatus, die Oberhoheit auch über diesen "wilden" Rechnungshof von den Alliierten auf den Bund übergegangen war, forderten die Finanzreferenten der Länder der britischen Zone auf ihrer Konferenz in Mölln am 18. Oktober die beschleunigte Abwicklung des Rechnungshofs für Sonderaufgaben und kündigten an, nach dem 31. März 1950 keine Mittel mehr für den Rechnungshof bereitzustellen[99].

Anfang Dezember wurde dann auch Josef Mayer in dieser Angelegenheit aktiv. In einem Brief an seinen 'Kollegen' Hans Globke im Bundeskanzleramt[100] sprach er unter

96 Vgl. Protokoll über die dritte Sitzung des Organisationsausschusses beim Büro der Ministerpräsidenten am 30. Juni 1949 in Schlangenbad (BA/Z12/91)
97 Vgl. Protokoll über die Fortsetzung der dritten Sitzung des Organisationsausschusses am 1. Juli 1949
98 Vgl. Empfehlungen des Organisations-Ausschusses der Ministerpräsidenten-Konferenz über den Aufbau der Bundesorgane, S. 93 f.
99 Vgl. Dommach 1988, S. 185
100 Globke war damals nominell Vizepräsident des Landesrechnungshofs Nordrhein-Westfalen, kümmerte sich realiter jedoch mit einigen Mitstreitern, unter ihnen auch Erich Keßler, der nominell (und wohl einige Monate auch realiter) beim ZRH war bzw. gewesen war, schon

anderem den Artikel 130, Absatz 1 des Grundgesetzes an, der die Auflösung von bestimmten Verwaltungsorganen oder Einrichtungen, die der "öffentlichen Verwaltung oder Rechtspflege dienen", vorsah bzw. vorsieht. Dabei wies er darauf hin, daß der Rechnungshof für Sonderaufgaben lediglich aufgrund einer Anordnung der britischen Besatzungsmacht existiere und daß ihm jegliche Legalisierung durch Landesrecht oder durch Staatsverträge zwischen den Ländern fehle. Außerdem bezog er sich auf das Votum der Finanzreferentenkonferenz vom 18. Oktober und forderte eine baldige Auflösung der Konkurrenzbehörde[101].

Als man dann Ende Januar 1950 im Zusammenhang mit der Durchführung der vorgenannten Vorschrift des Artikels 130 an alle bizonalen Behörden herantrat und von diesen Aufstellungen der dort jeweils Beschäftigten verlangte, übersandte Mayer die gewünschten Übersichten mit dem Vermerk, daß man im Hinblick auf die Aufgaben des zukünftigen Bundesrechnungshofes noch wesentlich mehr Personal benötige. Dabei vergaß er auch nicht den Hinweis, daß man einen großen Teil des Personals des Rechnungshofs für Sonderaufgaben übernehmen könne, der zwar einerseits Aufgaben erledige, die auf den Bundesrechnungshof übergehen würden, andererseits aber nicht über den 31. März 1950 hinaus bestehen bleiben solle. Da allerdings bis zu diesem Zeitpunkt kaum die gesetzliche Grundlage für den BRH unter Dach und Fach sein werde, erscheine es notwendig, die Abwicklung des Rechnungshofs für Sonderaufgaben mit dem 1. April auf den RHiVW zu übertragen[102]. So geschah es denn auch!

Im Frühjahr 1950 mußte Franz Haaser seine Träume einer Finanzkontrollbehörde unter seiner Leitung endgültig begraben. Der Rechnungshof für Sonderaufgaben wurde Anfang Juni rückwirkend zum 31. März aufgelöst. Die Aufgaben und Befugnisse gingen auf den bizonalen Rechnungshof über, der zwar selbst zum gleichen Zeitpunkt formell aufgelöst wurde, jedoch "in Wahrnehmung der Aufgaben des Bundesrechnungshofes" weiter agierte. Das Personal des Sonderrechnungshofes und mit ihm Franz Haaser übersiedelte von Hamburg nach Frankfurt.

2. Das Bundesrechnungshofgesetz: Ein zähes, dramatisches Ringen

Der im Spätwinter 1947 manifest gewordene und seither weiter schwelende Streit über das Verhältnis der Rechnungshöfe zueinander, in dem die Landesrechnungshöfe immer wieder ihre Unabhängigkeit durch den Zonenrechnungshof und seine Nachfolger bedroht sahen, eskalierte im Herbst des Jahres 1949 nach Einschätzung eines Insiders zu einem "zähen, zeitweilig dramatisch anmutenden Ringen"[103], als die Schaffung einer gesetzlichen Grundlage für den zukünftigen Bundesrechnungshof auf der Tagesordnung stand.

Auf der im September erstmals innerhalb des französischen Besatzungsgebietes in Bad Dürkheim stattfindenden vierten Tagung der Arbeitsgemeinschaft der Rechnungs-

---

seit Monaten um die Rekrutierung "geeigneten" Personals für die neue Bundesadministration (vgl. hierzu Morsey 1977, S. 209; Wengst 1984, S. 92 ff.; Gilles 1986, S. 147 ff.).

101 Vgl. Schreiben Mayers (als Vizepräsident des RHiVW, nicht als Präsident des RHiVW m.d.W.b. wie bei dienstlichen Schreiben ab Januar 1949 üblich) an Globke vom 5. Dezember 1949 (ARI/FK/9/4/05121949)

101 Vgl. Schreiben des Präsidenten des RHiVW an den Bundesminister für Angelegenheiten des Bundesrates vom 25. Januar 1950 (ARI/FK/9/4/25011950)

103 Reger 1967/68, S. 133

höfe stand im Mittelpunkt der Erörterung das "Verhältnis des künftigen Bundesrechnungshofes zu den Obersten Rechnungsprüfungsbehörden der Länder". Franz Haaser hatte das Hauptreferat hierzu übernommen, einen für ihn, wie er fand, "außerordentlich heiklen Auftrag", zumal er sich auch in keiner Weise legitimiert fühlte, für den zukünftigen Bundesrechnungshof zu sprechen[104].

Bei der Zusammenarbeit von Bundesrechnungshof und Landesrechnungshöfen, so Haaser in seinem Vortrag, sei grundsätzlich von einer Gleichstellung der Organe auszugehen, die Bundesbehörde könne höchstens primus inter pares sein. Anschließend plädierte er dann doch dafür, daß die maßgeblichen Bestimmungen des bizonalen Rechnungshofgesetzes auch in Zukunft weiter gelten sollten, insbesondere die Vorschriften hinsichtlich der Übertragung von Prüfungsaufgaben sowie hinsichtlich des Vereinigten Senats wollte er erhalten wissen. Leider, so klagte er, sei der Vereinigte Senat bis dato noch nicht ein einziges Mal zusammengetreten, obwohl er ein wichtiges Bindeglied zwischen dem Bundesrechnungshof und den Landesrechnungshöfen darstelle, "dessen Tätigkeit wesentlich zu einer einheitlichen Willensbildung auf dem Gebiet des Prüfungswesens beitragen" könne.

Im Zusammenhang mit der Übertragung von Prüfungsaufgaben versicherte Haaser seinen Zuhörern, die Landesprüfungsbehörden sollten dabei mitnichten auf die "Position einer besseren Vorprüfungsstelle herabgedrückt" werden, vielmehr hätten sie "mindestens die gleiche Zuständigkeit wie die früheren Außenabteilungen des Potsdamer Rechnungshofs", die nach Maßgabe der Reichshaushaltsordnung selbständig ihre Entscheidungen getroffen hätten. Die damit verbundene Frage einer eventuellen Mitwirkung des Präsidenten des zentralen Rechnungshofes sei nur von untergeordneter Bedeutung. Die Übertragung von Prüfungsaufgaben sei nur davon abhängig, daß der jeweilige Landesrechnungshof damit einverstanden und zur Erfüllung des Auftrages imstande sei, also über die notwendigen hinreichend qualifizierten Kräfte verfüge. Im übrigen sei für die Beziehungen zwischen den obersten Kontrollbehörden, so Haaser zum Abschluß seines Vortrages, ein unbedingtes Vertrauensverhältnis notwendig, was bedeute, daß überall nach bestem Wissen und Gewissen und unbeeinflußt von irgendwelchen parteipolitischen oder Landesinteressen verfahren werde, wie dies bis 1938, also bis zum Ende der Ära Saemisch[105], der Fall gewesen sei[106].

Daß Haaser mit diesem Referat die Skepsis bei den Vertretern der Landesrechnungshöfe nicht mindern konnte, verwundert kaum. So traten ihm diese denn auch in einer geschlossenen Front entgegen, in die sich die ehemaligen Zweigstellen des ZRH und jetzigen Landesprüfungsbehörden aus dem britischen Besatzungsgebiet ebenfalls einreihten. Der Präsident des Niedersächsischen Landesrechnungshofs, Hermann Härtig, der ja auf der Tagung in Meldorf im Jahr zuvor schon Abstand zu Haaser gewahrt hatte, führte sogar die Ablehnungsfront an und betonte, das Grundgesetz lasse die von Haaser gewünschte weitgehende Übernahme des bizonalen Rechnungsprüfungsgesetzes als Grundlage für den Bundesrechnungshof nicht zu, die Kontrolle der Auftragsverwaltung des Bundes müsse allein bei den Landes-

104 Vgl. Gedächtnisniederschrift über die Tagung der Obersten Rechnungsprüfungsbehörden des Westdeutschen Bundesgebiets vom 19. bis 22. September 1949 in Bad Dürkheim, Anlage 3, S. 1 (ARI/FK/10/1/22091949)
105 F.E.M. Saemisch war bis Mitte 1938 Präsident des RRH (vgl. hierzu auch Anm. 44)
106 Vgl. Anm. 103, passim

rechnungshöfen liegen. Außerdem erhob er grundsätzliche Bedenken gegen eine direkte Zusammenarbeit der obersten Rechnungsprüfungsbehörden, lediglich die Abordnung von Prüfungsbeamten zu einem anderen Rechnungshof hielt er für vertretbar; und dies auch nur dann, wenn dadurch die alleinige Zuständigkeit der prüfenden Behörde nicht tangiert werde. Im übrigen hielt er den BRH für nicht berufen, über die Landesrechnungshöfe ein derartiges Urteil zu fällen, wie es in Haasers Bemerkung, man müsse Gewißheit haben, daß die Landesrechnungshöfe ordentlich arbeiteten, angeklungen sei[107].

Die übrigen Landesrechnungshöfe unterstützten im wesentlichen Härtigs Position, und der Vertreter des hessischen RH-Präsidenten Boll, Ministerialdirigent Becker, forderte Haaser sogar auf, "den nach allgemeiner Auffassung längst von ihm ausgearbeiteten Gesetzentwurf betreffend die Errichtung eines Bundesrechnungshofs ... zur Diskussion auf den Tisch" zu legen, und "falls es die Einigkeit innerhalb des bizonalen Rechnungshofs und des Rechnungshofs für Sonderaufgaben irgendwie zulasse", solle er doch seine Ansprüche bzw. den eventuellen Verzicht auf einzelne seiner Forderungen definitiv präzisieren. Darüber hinaus schlug Becker im Hinblick auf das "richtige Gleichgewicht" zwischen Bundesrechnungshof und Landesrechnungshöfen vor, die Gutachtenabteilung des bizonalen Rechnungshofs bzw. des Rechnungshofs für Sonderaufgaben "in eine Gutachterstelle nicht des Bundesrechnungshofs, sondern des Vereinigten Senats" zu überführen, damit sie allen Rechnungshöfen "gleichermaßen und unmittelbar diene". Dann würde auch die Besorgnis bei den Mitgliedern einzelner Rechnungshöfe vor einem sachlichen Übergewicht des BRH schwinden. Im übrigen sei ja auch vorstellbar, daß es "den Herren des Rechnungshofs für Sonderaufgaben in einem solchen gleichmäßigen Dienst für alle in einer Stelle des Vereinigten Senats sehr wohl sein könne."[108]

Da keine Annäherung der Standpunkte zu erreichen war, einigte man sich schließlich auf die Einrichtung von zwei Kommissionen, die zur Lösung der anstehenden Fragen, insbesondere zur Aufgabenverteilung zwischen Bundesrechnungshof und Landesrechnungshöfen, einen Vorschlag ausarbeiten bzw. eine Regelung für die Prüfung des Rechnungsjahres 1949 vorlegen sollten[109].

Nachdem auf einem weiteren Treffen der RH-Präsidenten Anfang Oktober in Speyer ebenfalls keine Einigung erzielt werden konnte[110], wechselten in den folgenden Wochen diverse Entwürfe zu dem geplanten Bundesrechnungshofgesetz hin und her, wurden mit Gegenentwürfen gekontert, die wiederum Gegenentwürfe hervorriefen usw., bis man Anfang November 1949 auf einer eigens einberufenen Tagung in Frankfurt in den meisten, allerdings weniger prekären Punkten die unterschiedlichen Auffassungen weitgehend angleichen konnte. Zu den gravierenderen Streitfragen, also über den Komplex der gemeinsamen Prüfung und das Thema 'Vereinigter Senat', blieben die Meinungen jedoch geteilt. Da eine weitere Einigung nicht zu erzielen war, arbeitete man schließlich zwei Gesetzentwürfe aus - einen sogenannten "Frankfurter Entwurf" und einen "Entwurf

107 Vgl. Gedächtnisniederschrift über die Tagung der Obersten Rechnungsprüfungsbehörden des Westdeutschen Bundesgebiets vom 19. bis 22. September 1949 in Bad Dürkheim, S. 10 ff. (ARI/FK/10/1/22091949).

108 Vgl. ebd. S. 18 ff.

109 Vgl. ebd. S. 13, 24. f. sowie Anlage 4 und 13

110 Vgl. Bericht über die am 3. Oktober 1949 in Speyer stattgefundene Vollversammlung der Präsidenten der Rechnungshöfe Westdeutschlands (ARI/FK/8.8/4/05101949)

ORL"[111]. Der erstere basierte auf einer bayerischen Vorlage und legte die Position des Rechnungshofs im Vereinigten Wirtschaftsgebiet und des Rechnungshofs für Sonderaufgaben dar, wonach die Herkunft der verausgabten Mittel die Prüfungszuständigkeit regele, also auch für die unterhalb der Bundesebene verwalteten Gelder der Bundesrechnungshof zuständig sei[112]. Der letztere gab den Standpunkt der Landesrechnungshöfe wider, daß nämlich für die Prüfungszuständigkeit die mittelverwaltende und rechnungslegende Behörde ausschlaggebend sei, weshalb die Kontrolle der von den Ländern ausgegebenen Bundesmittel den jeweiligen Landesprüfungsbehörden zustehen müsse. Mitte November kam dann ein weiterer, vom Bundesfinanzminister erstellter Entwurf hinzu, der sich eng an das bizonale Rechnungsprüfungsgesetz anlehnte und die von den Rechnungshöfen zuvor erarbeiteten Vorschläge, also sowohl den Frankfurter- wie den ORL-Entwurf unberücksichtigt ließ[113].

Ende April 1950 wurde die letzte Runde im Streit um die gesetzliche Basis für den Bundesrechnungshof eingeläutet. Die Bundesregierung legte als endgültigen Entwurf des "Gesetzes über Errichtung und Aufgaben des Bundesrechnungshofes" eine Fassung vor, die sich einschließlich der Gesetzesbegründung im wesentlichen an dem Frankfurter Entwurf orientierte. Da die Vorlage im Bundesrat möglichst bald behandelt werden sollte, wandten sich die Präsidenten der Landesrechnungshöfe unverzüglich mit einer Gegenerklärung und diversen an dem ORL-Entwurf orientierten Änderungsvorschlägen an den Finanzausschuß der Länderkammer. Doch die Front bröckelte schon zu Beginn dieser Aktion: Die Kontrolleure aus Bremen und Hamburg fanden an dem Vorgehen keinen Gefallen und verweigerten ihre Unterstützung, die rheinland-pfälzischen Prüfer mochten sich nicht festlegen und enthielten sich der Stimme. Als dann im Verlauf der Beratungen auch noch Berlin, Nordrhein-Westfalen, Schleswig-Holstein, Württemberg-Baden und Württemberg-Hohenzollern die ORL-Fahne einzogen, war dieser letzte Versuch einer stärkeren Abgrenzung zwischen der Finanzkontrolle des Bundes und der Länder gescheitert[114]. Zwar wurden im Bundesrat noch vereinzelt Bedenken laut, die sich vor allem auf ein durch die Weitergeltung der Reichshaushaltsordnung gestütztes Präsidialsystem bei der obersten Bundeskontrollbehörde bezogen, während bei den Landesrechnungshöfen uneingeschränkt das Kollegialprinzip praktiziert werde. Bundesfinanzminister Fritz Schäffer beschwichtigte die Skeptiker jedoch mit dem Hinweis auf den Übergangscharakter der Regelung und die ohnehin notwendige Neugestaltung des Haushaltsrechts[115], die allerdings noch zwanzig Jahre auf sich warten ließ - in einigen, Organisation und Stellung des BRH tangierenden Vorschriften sogar fünfunddreißig Jahre.

Der Bundesrat ließ den Entwurf schließlich mit kleineren Änderungsvorschlägen passieren. Im Spätsommer folgte der Bundestag diesem Beispiel und verabschiedete das Gesetz in der dritten Lesung am 15. September 1950. Während der vorausgehenden Plenarberatungen hatte als einzige Fraktion die Bayernpartei den föderativen Standpunkt verfochten, was allerdings keinerlei Resonanz fand und wohl als eher folkloristi-

111 ORL steht für "Oberste Rechnungsprüfungsbehörden der Länder"
112 Vgl. Vermerk über die am 3. und 4. November 1949 im Rechnungshof im Vereinigten Wirtschaftsgebiet in Frankfurt stattgefundene Besprechung über den Entwurf eines Gesetzes über die Rechnungsprüfung durch den Bundesrechnungshof (ARI/FK/8.8/4/ 08111949)
113 Vgl. Reger 1967/68, S. 133, Gilles 1986, S. 119.
114 Vgl. Reger 1967/68, S. 133 f.
115 Vgl. Niederschrift der BR-Sitzung vom 12. Mai 1950

sche Einlage betrachtet wurde[116]. Am 27. November 1950 wurde der Gesetzentwurf mit den vom Bundesrat gewünschten Änderungen geltendes Recht und trat rückwirkend zum 1. April des gleichen Jahres in Kraft. Damit - so schien es - hatte letztendlich doch noch der vor allem von Franz Haaser unermüdlich verfochtene zentralistische Standpunkt obsiegt. Sowohl die äußerst umstrittene gemeinsame Prüfung als auch der als eine Art oberstes Entscheidungsgremium konzipierte Vereinigte Senat erlangten Gesetzeskraft.

Allerdings bestätigte sich auch hierbei die banale Erkenntnis, daß Papier geduldig ist - selbst dann, wenn Gesetzestexte seine Langmut strapazieren. Der Vereinigte Senat kam über den Versuch, eine Geschäftsordnung zu formulieren, nicht hinaus und entschlief nach einigen Jahren sanft[117]. An seiner Stelle etablierte sich - sozusagen als Sinnbild für die Macht des Faktischen - die Arbeitsgemeinschaft der obersten Rechnungsprüfungsbehörden. Hingegen dauerte der Streit über die gemeinsame Prüfung, insbesondere im Zusammenhang mit der Kontrolle der Finanzämter, noch bis Ende der fünfziger Jahre fort, bis man schließlich zu einer an der sich mittlerweile schon fast zum Gewohnheitsrecht gewordenen Praxis orientierten gütlichen Regelung fand, die im Grunde jedoch - ganz im Sinne des Postulats der Sparsamkeit und Wirtschaftlichkeit - nichts anderes besagte als, daß unfruchtbare Doppelarbeit vermieden werden müsse.

Epilog

Bei der obersten bundesdeutschen Finanzkontrollbehörde selbst waren die Zeit des Übergangs von der bizonalen zur Bundesbehörde und die Jahre danach von einem wahrhaft 'präsidialen Wirrwarr' gekennzeichet. An der Spitze der bizonalen Kontrollinstitution stand Josef Mayer als mit der Wahrnehmung der Geschäfte des Präsidenten beauftragter Vizepräsident, eine Funktion, die er wiederum in "Wahrnehmung der Aufgaben des Bundesrechnungshofs" ausübte. Im September 1950 wurde sein Fast-Namensvetter Erwin Meyer, der ebenso wie Josef Mayer selbst im Zentral-Haushalts-Amt tätig gewesen war[118], mit der "Wahrnehmung der Geschäfte des Vizepräsidenten des Rechnungshofs im Vereinigten Wirtschaftsgebiet" beauftragt. Diese Entscheidung folgte wohl in erster Linie parteipolitischen Erwägungen und dokumentiert die bis heute gängige Praxis, nach der auch in den obersten Finanzkontrollbehörden der Parteienproporz gepflegt wird. Nachdem Josef Mayer, im nationalsozialistischen Sinne politisch unbelastet und CDU-Mitglied, Chef des Rechnungshofs geworden war, stand die Position des Stellvertreters den Sozialdemokraten zu[119]. Franz Haaser, nach 1945 parteillos, allerdings zuvor seit 1937 nominelles Mitglied der NSDAP, hatte dabei keine Chance. Zwar hatte er vom 1. Juni 1950 an die Dienstgeschäfte des Vizepräsidenten der Prüfbehörde ausgeübt[120], mußte sich nun aber mit der Leitung der Abteilung I zufrie-

116 Vgl. BT-Prot 1/86 (1950), S. 3228 ff.
117 Die entsprechende Rechtsvorschrift blieb jedoch noch bis zur Verabschiedung eines neuen Gesetzes über den Bundesrechnunghof im November 1985 formal in Kraft, was vor allem in der rechtswissenschaftlichen Diskussion zu zahlreichen Verwirrungen führte (vgl. Tiemann 1974, S. 269 Anm. 181).
118 Vgl. Besprechungsvermerk ZHA vom 25. März 1947 (BA/Z10/19)
119 Vgl. Anm. 10
120 Vgl. Vorläufiger Geschäftsverteilungsplan des Rechnungshofs im Vereinigten Wirtschaftsgebiet vom 22. Mai 1950 (ARI/FK/9/3/22051950)

dengeben; allerdings blieb er Stellverteter des Präsidenten, dem "bis auf weiteres ... alle Sachen", die der Präsident oder der Vizepräsident abzuzeichnen habe, "vorzulegen" waren[121].

Nach der nominellen Umwandlung des Rechnungshofs im Vereinigten Wirtschaftsgebiet in den Bundesrechnungshof veränderte sich die personelle Konstellation an der Spitze kaum. Obwohl man in der Behörde selbst allgemein erwartet hatte, Franz Haaser werde nun doch noch Präsident oder zumindest Vizepräsident[122], blieb das Gespann Mayer/Meyer auf den Chefsesseln im Frankfurter Casellahaus sowie der Parteienproporz erhalten. Josef Mayer wurde nun auch nominal Präsident, ebenso avancierte Erwin Meyer vom faktischen zum formellen Vizepräsidenten, und Witzbolde kalauerten von dem obersten Kontrollorgan als einem "Bundesmeiereihof". Damit nicht genug, leistete man sich wegen Franz Haaser auch noch einen Titularpräsidenten. Der ehemalige Chef des Rechnungshofs des Deutschen Reichs (Britische Zone) und des Rechnungshofs für Sonderaufgaben, teils Frondeur, teils graue Eminenz im Streit um die Entwicklung bzw. den Aufbau der öffentlichen Finanzkontrolle im westlichen Nachkriegsdeutschland, mußte sich zwar weiterhin mit einem Direktorensessel begnügen, seinen Präsidententitel mochte man jedoch nicht antasten - bis zu seinem Ruhestand firmierte er als "Präsident beim Bundesrechnungshof".

121 Vgl. Schreiben des Präsidenten des RHiVW (in Wahrnehmung der Aufgaben des BRH) an die Angehörigen des Hauses vom 26. September 1950 (BA/B112/3).

122 Vgl. Anm. 10

Rainer Weinert

Wider den Wasserkopf von Hoechst: Die Prüfung der bizonalen Wirtschaftsverwaltung durch Kontrolleure des Rechnungshofes

Die Verwaltung für Finanzen (VfF) des Vereinigten Wirtschaftsgebietes (VWG) setzte bei den Beratungen des Haushalts der Verwaltung für Wirtschaft (VfW) mit den Vertretern der Länder am 18. und 19. März 1948 eine Kommission ein, die die VfW einer grundsätzlichen Überprüfung unterziehen sollte. Den Vorsitz führte Franz Haaser vom bizonalen Rechnungshof. Formaliter war diese Kommission unabhängig und keiner Institution untergeordnet, tatsächlich wurde sie jedoch vom Rechnungshof dominiert. Arbeit und Bericht der Kommission wurden in den Verwaltungen als das Werk der "Kommissare vom Rechnungshof" (so der Oberdirektor des VWG, Hermann Pünder) betrachtet.

Bei dem Bericht handelt es sich um eine der wichtigsten Arbeiten, die der Rechnungshof in der Periode der Vorgeschichte der Bundesrepublik leistete. Er hatte sowohl massive Auswirkungen auf die VfW wie auf das Verhältnis des Rechnungshofs zu den Verwaltungen des VWG und nicht zuletzt auf die Karriere von Franz Haaser.

I. Die Vorgeschichte

Die Nachkriegsepoche in den westlichen Besatzungszonen war in besonderem Maße durch die Auseinandersetzungen um die wirtschaftspolitische Verfaßtheit der künftigen Bundesrepublik Deutschland gekennzeichnet[1]. Zum Protagonisten der marktwirtschaftlichen Idee stieg spätestens mit seiner Ernennung zum Direktor der Verwaltung für Wirtschaft Ludwig Erhard auf. Einer seiner wichtigsten Gegenspieler auf Seiten der SPD war Viktor Agartz, der sich als Verfechter eines sozialistischen "Reichs"-Deutschland verstand, das straff planwirtschaftlich und zentralistisch organisiert sein sollte.

Diese politische Auseinandersetzung war keine akademische Debatte über zwei unterschiedliche Gesellschaftsentwürfe, sondern eine harte politische Konfrontation zu einem Zeitpunkt, als zentrale Weichenstellungen über die künftige wirtschaftspolitische Verfaßtheit der Bundesrepublik vorbereitet wurden. Die Heftigkeit der Auseinandersetzungen kann nicht allein mit den sich ausschließenden wirtschafts- und gesellschaftspolitischen Konzeptionen erklärt werden, sie hängen darüber hinaus unmittelbar mit der Person Viktor Agartz zusammen. Er lehnte den süddeutschen Föderalismus nicht nur "allgemein" ab, sondern er demonstrierte diese Position in seiner Funktion als Leiter des damaligen Verwaltungsamtes für Wirtschaft (VAW) auch massiv gegenüber den Ministerpräsidenten anläßlich deren Reise in die britische Zone:

"Am 25. 1. (1947) empfing vormittags Agartz die Generale Robertson und Keating im Verwaltungsamt für Wirtschaft. Die Ministerpräsidenten wurden hierbei von Agartz nicht begrüßt und nicht erwähnt, obgleich sie anwesend waren. Anschließend wurden die Abteilungsleiter des

1 Auf die mittlerweile sehr zahlreiche Literatur zu diesem Thema kann an dieser Stelle nicht eingegangen werden; hier sei vor allem verwiesen auf Abelshauser 1975; Ambrosius 1977.

VAW den Generalen vorgestellt, was etwa eine Stunde dauerte, während niemand sich um die Ministerpräsidenten kümmerte."[2]

Erich Rossmann, der Generalsekretär des Länderrates der amerikanischen Zone, hatte derartige Probleme schon 1946 vorausgesehen. Am 26. September 1946 hatte er sich persönlich ein Bild über die Arbeit des Zentralamtes für Wirtschaft (ZAW) in Minden verschaffen wollen. Agartz selbst hatte er zwar nicht angetroffen, jedoch auch so den Eindruck gewonnen, "daß in den Mindener Kreisen ein starker zentralistischer Machtwille entwickelt ist, hinter dem sich vielleicht auch persönliche Interessen verbergen. Die Atmosphäre läßt mich das Auftreten großer Schwierigkeiten befürchten."[3]

Agartz rüdes Auftreten gegenüber den Ministerpräsidenten sowie seine Rolle als "Chefideologe" in der SPD machten ihn unter den süddeutschen Ministerpräsidenten und Förderalisten rasch zu einem der bestgehaßten Sozialdemokraten.

Eine Wirtschaftlichkeits- und Organisationsprüfung der Wirtschaftsverwaltung war also unmittelbar mit dieser politischen Kontroverse verknüpft. Wie noch zu zeigen sein wird, standen von Anfang an bei dieser Idee dezidiert wirtschaftspolitische Interessen Pate; auch die Mitglieder der Kommission verstanden ihre Aufgabe nicht so sehr als eine sachneutrale Sparsamkeitsprüfung, sondern als politischen Auftrag.

Die Probleme des Mindener Zentralamtes gehen zurück auf die Politik der britischen Militärregierung, die sich nach Beendigung des Krieges zunächst die Zuständigkeit für die Wirtschaftsgesetzgebung vorbehalten hatte. Beratend stand ihr der am 20. Oktober 1945 errichtete "German Economic Advisory Board" (GEAB) zu Seite. Mit dem Anwachsen der Probleme im Nachkriegsdeutschland schuf die Militärregierung zonale Zentralämter. Dazu gehörte auch das ZAW, dem zwar nach und nach Befugnisse der Rohstoffbewirtschaftung, der Warenverteilung u.a.m. übertragen wurden, demgegenüber die Militärregierung sich jedoch die Regelung von Grundsatzfragen weiter vorbehielt. Im Rahmen der Konstituierung des VWG wurden das ZAW, der Wirtschaftsrat des Stuttgarter Länderrats und das German Economic Advisory Board durch das vorläufige Abkommen über die Bildung einer deutschen Wirtschaftsverwaltung vom September 1946 zum 1. Januar 1947 in den Verwaltungsrat für Wirtschaft übergeleitet. Dieser wählte einen Vorsitzenden, der der Leiter des mit den eigentlichen Exekutivfunktionen beauftragten Verwaltungsamtes für Wirtschaft (VAW) war. Hinsichtlich des "Apparates" des VAW handelte es sich de facto um das alte Mindener Zentralamt, da Agartz keine organisatorischen Änderungen bei der Überleitung vornahm[4]. Das VAW bestand allerdings nur knapp neun Monate bis zum 10. Oktober 1947. Durch das Überleitungsgesetz des Wirtschaftsrates vom 9. August 1947 wurde die Verwaltung für Wirtschaft errichtet, und zwar aufgrund des Abkommens des amerikanischen und britischen Militärgouverneurs über die Neugestaltung der zonalen Wirtschaftsstellen vom 29. Mai 1947[5]. Diese vielen organisatorischen Änderungen und der Einfluß der Militärregierung führten schnell zu der berüchtigten "Überorganisation"

2 AVBRD Bd. 2, S. 142
3 BA NL Rossmann/27, Bl. 37. SPD-Mitglied Roßmann war auch der Meinung, daß die Besetzung der Leitungen der Verwaltungsämter eine politische Entscheidung sei und gerade die Bedeutung des Verwaltungsamtes für Wirtschaft, aber auch für Verkehr, kaum überschätzt werden könnte (vgl. Ambrosius 1977, S.61).
4 Vgl. Ambrosius 1977, S. 46
5 Vgl. u.a. Vogel 1964, S.128

dieser Verwaltung, die in dieser Form auch nicht den Vorstellungen von Viktor Agartz entsprach.

Zunächst war am 24. September 1946 jedoch die Wahl des hessischen Wirtschaftsministers Rudolf Mueller zum Vorsitzenden des Verwaltungsrates für Wirtschaft erfolgt. Diese Wahl löste eine Debatte um die Besetzung der bizonalen Ämter zwischen Nord- und Süddeutschland aus. Den süddeutschen Ministerpräsidenten war klar, daß die Wahl Agartz' eine Entscheidung für eine sozialistisch-planwirtschaftliche Wirtschaftspolitik gewesen wäre und eine gegen den süddeutschen Föderalismus, zumal Agartz aus seiner Haltung keinen Hehl gemacht hatte. Deshalb feierten die süddeutschen Länder und Konrad Adenauer die Wahl Muellers in diese Position wie einen Sieg. Aber schon auf der wenige Wochen später stattfindenden ersten Sitzung des Verwaltungsrates für Wirtschaft sprachen die sozialdemokratischen Wirtschaftsminister Mueller und seinem Stellvertreter das Mißtrauen aus und wählten am selben Tag Viktor Agartz zum Vorsitzenden. Dieser Vorgang belegt, daß die Besetzung dieses Postens nicht eine gewöhnliche personalpolitische Angelegenheit war, sondern daß es sich hierbei um "eine wirtschaftspolitische und allgemeinpolitische Machtfrage"[6] handelte.

Mit dieser Wahl von Agartz wurde der Beginn einer "Wirtschaftsdiktatur der SPD" befürchtet. Die hessische CDU glaubte darin Anzeichen für die Herrschaft einer Partei über den Staat zu erkennen, zunächst in der Wirtschaftspolitik, aber zugleich mit der erkennbaren Absicht, "auch auf staatsrechtlichem Gebiete diese Herrschaft zu erlangen".[7] Die Vorgänge um die Abwahl Muellers und die Wahl Agartz' zum Vorsitzenden des Verwaltungsrates für Wirtschaft nehmen in der Nachkriegsgeschichte insofern einen besonderen Stellenwert ein, als diese Kontroverse die erste bedeutende parteipolitische Auseinandersetzung zwischen CDU und SPD darstellt[8].

Mit dem Umzug der Wirtschaftsverwaltung nach Frankfurt-Hoechst sah die CDU die Chance für eine "Brechung der sozialdemokratischen Diktatur in Minden" gekommen[9] und die "sozialistische Ära" unter Agartz zu beenden. Minden galt den Christdemokraten als Versuch einer "inneren und verborgenen Revolution", eine Art Pilotprojekt, zunächst die Wirtschaftsverwaltung und später die gesamte Staatsverwaltung mit von der Partei abhängigen Sozialisten und Technokraten zu infiltrieren[10]; gleichwohl bescheinigte man dem politischen Gegner, mit Minden "ein Meisterstück politischer Taktik" geliefert zu haben, das "Ausdruck des sozialistischen Willens zur Macht durch Personalpolitik" sei[11].

Diese zentrale politische Kontroverse in der Phase der Vorgeschichte der Bundesrepublik war Hintergrund und Anlaß zugleich, das VAW einer umfassenden Prüfung zu unterziehen. Egal wie die Mitglieder der hierfür eingesetzten "Haaser-Kommission" ihre Aufgabe verstanden haben mögen, in dieser aufgeheizten politischen Atmosphäre

---

6 Ambrosius 1977, S. 66
7 Zit nach Ambrosius 1977, S. 67. Die aufgeheizte politische Atmosphäre verdeutlicht ein Satz Konrad Adenauers, den die Umstände, die zur Wahl Agartz' führten, gar an "Methoden des Dritten Reiches" erinnerten(ebd.)
8 Vgl. Ambrosius 1977, S. 69
9 Zit. nach Ambrosius 1977, S. 75
10 Vgl. ebd.
11 Ebd. Es ist schon bemerkenswert, daß die CDU bei der SPD ein politisches Vorgehen geißelt - "Macht durch Personalpolitik" -, das geradezu ein Charakteristikum Adenauerscher Politik werden sollte.

konnte ein Auftrag zur umfassenden Wirtschaftlichkeits- und Organisationsprüfung der VAW nur ein "politischer Auftrag" sein.

Absichten zu einer Überprüfung dieser Verwaltung lassen sich bis ins Jahr 1947 zurückverfolgen. In diesem Jahr gab es aus dem Gemeinsamen Deutschen Finanzrat (GDF) heraus verschiedene Anläufe, das VAW zur stärkeren Sparsamkeit anzuhalten. Im Vordergrund stand die als zu üppig kritisierte Stellenausstattung des VAW und die bereits erwähnte Überorganisation. Diese Anläufe im Rahmen der Haushaltsberatungen 1947 führten zunächst nicht zu den vom GDF gewünschten Maßnahmen, zumal sich das VAW derartige Einmischungen verbat. Der damalige stellvertretende Direktor des VAW, Bernhard Wolff, teilte am 12. Juli 1947 dem Unterausschuß für Haushaltsfragen lapidar mit, die Entscheidung darüber, welche Aufgaben sein Amt zu erfüllen habe, sei ausschließlich eine Entscheidung des Verwaltungsrates für Wirtschaft, der lediglich die Genehmigung der Militärregierungen einzuholen habe. "Es würde nach hiesigem Erachten die Kompetenz des (Gemeinsamen Deutschen) Finanzrats übersteigen, wollte man aus rein finanziellen Gründen zu Ersparniszwecken den Aufgabenkreis des Verwaltungsamts für Wirtschaft einschränken."[12]

Erst bei der abschließenden Beratung des Haushaltes 1947 des VAW machte der GDF unter dem Vorsitzenden Wilhelm Mattes, der schon in den vorherigen Beratungen die Überorganisation scharf kritisiert hatte[13], wichtige Auflagen und setzte darüber hinaus einen Ausschuß ein, der das Verwaltungsamt überprüfen sollte. In den Ausschuß wurden berufen: Dr. von Bitter, Staatssekretär, Niedersächsisches Finanzministerium, Hannover; Alfred Hartmann, Ministerialdirigent, Bayerisches Finanzministerium, München; Dr. Kitz, Erster Landesrat, Finanzministerium Nordrhein-Westfalen, Düsseldorf und Franz Haaser, Präsident Rechnungshof für die britische Zone[14]. Der Gemeinsame Deutsche Finanzrat war sich einig, "daß sich der Ausschuß für seine Prüfung einen möglichst weiten Rahmen setzen solle"[15], und folgende Fragen vorrangig klären sollte:

"1. Läßt sich ein Teil der Aufgaben der behördlichen Stellen, die nicht Aufgaben der Lenkung und Ausrichtung sind, sondern in der Wahrnehmung von Belangen der privaten Wirtschaft bestehen, durch Umlage auf die Wirtschaft finanzieren? Welche organisatorischen Möglichkeiten bestehen, zwar die Bestimmung der endgültigen Höhe der umzulegenden Kosten bei den behördlichen Stellen zu belassen, aber die Wirtschaft selbst in die Kontrolle der Berechtigung der Höhe der Kosten mit einzuschalten (z.B. durch Erstattung diesbezüglicher Gutachten gegenüber den den Etat verabschiedenden Stellen)?
2. Lassen sich nicht Aufgaben des bizonalen Verwaltungsamts für Wirtschaft auf die Länder-Wirtschaftsministerien übertragen, evtl. auftragsweise oder in Personalunion mit Außenstellen der bizonalen Wirtschaftsverwaltung?
3. Führt das bizonale Verwaltungsamt für Wirtschaft für die britische Zone Aufgaben durch, welche in der amerikanischen Zone den Ländern obliegen?
4. Finden nicht noch immer finanziell sich kostensteigernd auswirkende Überschneidungen auf den Arbeitsgebieten der zahlreichen Stellen statt, die sich auf den verschiedenen Ebenen mit der Wirtschaftsverwaltung befassen?"[16]

Diese Fragen zielten nicht nur darauf ab, zu klären, wie durch organisatorische Maßnahmen eine effizientere Verwaltung zu realisieren sei, es waren vielmehr ordnungs-

12 BA Z 8/105, Bl. 2
13 BA Z 8/105, Bl. 69 ff.
14 Schreiben des GDF vom 20. August 1947, BA Z 8/106, Bl. 6. Die Einsetzung dieses Ausschusses hatte der GDF der VAW schon am 24. Juni 1947 angekündigt, vgl. BA Z 8/106, Bl. 4
15 BA Z 8/106, Bl. 6
16 BA Z 8/106, Bl. 6 f.

politische Fragen, d.h. die Ausrichtung des Verwaltungsamtes sollte insgesamt zugunsten einer föderalistischen und marktwirtschaftlichen Politik verändert werden. Tatsächlich bedeuteten diese "Fragen" eine Kampfansage an die planwirtschaftliche Konzeption von Agartz und den leitenden Repräsentanten dieser Vorstellungen, die nach dem Ausscheiden Agartz' nach wie vor im VAW tätig waren.

Allerdings kam dieser Ausschuß nicht zum Zuge. Die Überleitung des VAW zur VfW unter dem neuen Leiter Johannes Semler[17] war im Fluß und zudem wurde Alfred Hartmann zum Direktor der Verwaltung für Finanzen (VfF) berufen. Franz Haaser berichtete dann auf der ersten Sitzung der Arbeitsgemeinschaft der Rechnungshöfe in Klingenberg am 8. und 9. September 1947 über einen Auftrag der VfF (Hartmann), das VAW durch den Rechnungshof prüfen zu lassen:

"Wir wissen noch nicht, wie die Entwicklung der bizonalen Angelegenheiten verlaufen wird. Ich habe gelegentlich mit Herrn Dr. Hartmann in Frankfurt diese Frage besprochen und von ihm gehört, dass sie augenblicklich noch in der Schwebe ist. Er hat mir nur mitgeteilt, 1., dass das Ersuchen hinsichtlich der Prüfung der Stellenbesetzung bei den einzelnen bizonalen Behörden hinfällig sei und 2., dass auch die Frage der Prüfung des Wirtschaftsamts in Minden durch diese Kommission, bestehend aus den vier Herren, nicht mehr akut sei, weil man den neuen Direktoren Gelegenheit geben will, von sich aus die Sache neu aufzubauen".[18]

Erst als unter Ludwig Erhard die Überorganisation der VfW nicht - wie erwartet - schnell abgebaut werden konnte, wurde bei den Haushaltsberatungen 1948 der Prüfungsauftrag erneuert. Mitglieder der Kommission waren: Dudek, Finanzsenator der Freien und Hansestadt Hamburg; Frank, Ministerialdirigent aus Hannover; Ramdohr, Ministerialdirigent a.D. aus Bremen; Wagenhöfer, Oberregierungsrat aus München; Fischer-Menshausen, Ministerialrat beim Länderrat sowie Haaser vom bizonalen Rechnungshof in Frankfurt, der auch den Vorsitz führte.

Franz Haaser gelang es, diese zweite Kommission stärker an den Rechnungshof anzubinden. Auch die Beamten, die nicht dem Rechnungshof angehörten, agierten faktisch als "Kommissare des Rechnungshofs" und wurden von den Verwaltungen auch so eingeschätzt. Obwohl formal nicht an den Rechnungshof angebunden, erhielt die Kommission in den Verwaltungen schnell den (gefürchteten) Ruf der "Haaser-Kommission".[19]

II. Das Gutachten der Haaser-Kommission

Herbert Fischer-Menshausen, ehemaliger Mitarbeiter des bizonalen Rechnungshofs und Mitglied der "Haaser-Kommission", beschrieb im Jahre 1986 die Gründe für den

---

17 Am 27. August 1947 wurde Semler Leiter des VAW; er war den Intentionen des Ausschußes sehr gewogen (vgl. BA Z 8/106, Bl. 43). Auf einer Besprechung im VAW am 24. September 1947 schlug Semler vor, das eigentliche Ministerium zu entlasten, damit im Amt "eine stärkere Betonung der wirtschaftspolitischen Arbeit" ermöglicht wird. Das "eigentliche Ministerium" sollte sogar nur etwa 500 Bedienstete umfassen. Und: "Bei der Besetzung der Stellen im eigentlichen Ministerium soll eher langsam vorgegangen werden, um vollwertige Kräfte zu gewinnen" (BA Z 8/1946, Bl. 101). Semler konnte diese Pläne nicht mehr umsetzen. Durch seine berühmte "Hühnerfutterrede" wurde er im Januar 1948 vom Zweimächtekontrollbüro seines Amtes als Direktor der VfW enthoben (vgl. hierzu AVBRD Bd. 3, S. 273).

18 ARI/FK/10/1/09091947, S.72

19 Die "Haaser-Kommission" prüfte noch andere bizonale Verwaltungen, von denen vor allem das Gutachten über die Verwaltung für Ernährung, Landwirtschaft und Forsten ebenfalls aus dem Jahre 1948 zu erwähnen ist.

desolaten Zustand der VfW aus der Sicht der Rechnungshof-Beamten. Danach bestand das Problem der VfW darin,

"daß sie sich nicht organisch entwickelt hatte, sondern aus mehreren regional differenzierten Dienststellen unterschiedlicher Provenienz und Qualität zusammengewürfelt wurde, mit subalternen, nichtministeriellen Aufgaben übermäßig belastet war und in einer von Kompetenzgerangel und hektischer Betriebsamkeit gekennzeichneten Atmosphäre sich zum Teil mit ad hoc rekrutiertem, rasch wechselndem, zum Teil fachlich nicht ausgebildetem Personal behelfen mußte. Des weiteren war der ganze Zuschnitt, der gesamte Umfang des Personalbestandes und des Organisationsapparates der Behörde eingestellt auf das noch bestehende System der Zwangsbewirtschaftung und Preiskontrollen, also auf ein System der zentralen Verwaltungswirtschaft, dessen Hinfälligkeit spätestens nach der zu erwartenden Währungsreform eigentlich für jeden Einsichtigen klar erkennbar war, aber von den Verwaltungsangehörigen, betriebsblind in ihre Tätigkeit verliebt, verdrängt oder abgelehnt wurde, obwohl die Intention des Behördenchefs, Ludwig Erhard, hinsichtlich der künftigen Wirtschaftspolitik nach einer Währungsreform außer Zweifel stand. Für die Organisationsprüfung war also diese bevorstehende Umstellung des Wirtschaftssystems der entscheidende Ansatz- und Ausgangspunkt."[20]

Aus dieser Einschätzung geht hervor, daß sich die Mitglieder der "Haaser-Kommission" als 'Pioniere der Marktwirtschaft' verstanden, die mit einer antiquierten Organisation aufräumen wollten. Im Mittelpunkt des Gutachtens standen deshalb eine Revision des organisatorischen Zuschnitts der VfW und die personelle Ausstattung. Wie zu zeigen sein wird, kam dem letztgenannten Aspekt größere Bedeutung zu als der organisatorischen Dimension.

1. Zentrale Kritikpunkte

Das Gutachten über die VFW nimmt in der diesbezüglichen Praxis des RHiVW einen zentralen Stellenwert ein. Dieser resultiert nicht nur daraus, daß der Rechnungshof die gesamte Behörde einer umfassenden und rigorosen Prüfung unterwarf, er erklärt sich auch aus dem Sachverhalt, daß - wie es einleitend in dem Gutachten heißt - die "Willensbildung in der VfW, überhaupt der gesamte Betrieb der Behörde ... in einer kaum vorstellbaren Weise durch Entscheidungen beeinflußt (wird), die im Zusammenhang mit der Änderung des politischen Systems seit dem Zusammenbruch stehen".[21] Hier wird auf die erwähnte politische Grundsatzdiskussion angespielt, ob die zukünftige Bundesrepublik planwirtschaftlich oder marktwirtschaftlich verfaßt sein sollte. Es ist dieser politische Zusammenhang, der dem Gutachten seine spezifische Brisanz verlieh. Wie die vorab skizzierte Vorgeschichte vermuten läßt, sollte mit einer umfassenden Prüfung der VfW nicht nur eine Reorganisation und ein Personalabbau eingeleitet werden, sondern die Reorganisationsvorschläge implizierten bereits die Option für eine marktwirtschaftlich verfaßte Bundesrepublik.

Die dem Gutachten zugrundeliegende "Prüfungs-Philosophie" umriß der Vorsitzende der Kommission auf der ersten Sitzung der Arbeitsgemeinschaft der Rechnungshöfe wie folgt:

"Die in jahrzehntelanger Arbeit mühsam erworbenen einheitlichen Normen, die in einem demokratischen Staat ebenso Geltung haben wie in jeder anderen Staatsform, müssen der Tages-

20 Fischer-Menshausen äußerte dies auf einem zeitgeschichtlichen Symposion an der Freien Universität Berlin (vgl. Gilles/Otto/Weinert 1987, S. 485 f).
21 VfW-Gutachten 1948, S. 4

politik und den widerstreitenden Parteiinteressen entzogen und auf eine höhere Ebene entrückt, in bessere Zeiten hinüber gerettet werden."[22]

Derartige Überzeugungen von Rechnungshof-Beamten durchziehen auch die anderen Gutachten des Finanzkontrollorganes aus dieser Periode[23]. Sie gingen davon aus, daß es quasi zeitlose Rationalitätskriterien für die öffentliche Verwaltung gebe, über deren Gültigkeit der Rechnungshof nicht nur gegenüber der Verwaltung zu achten habe, sondern auch - so ist wohl Haasers Zitat zu verstehen - gegenüber den Begehrlichkeiten der politischen Parteien.

Der desolate organisatorische Zustand der Verwaltung für Wirtschaft ist nach Auffassung der Verfasser dem Einfluß der britischen Militärregierung und deren Entnazifizierungspolitik, vor allem aber dem häufigen Wechsel an der Spitze der Verwaltung zuzuschreiben (Mueller, Agartz, Semler, Erhard).[24] Vielfach wurden Organisationsänderungen vorgenommen, die auf Einzelfälle abgestellt waren, später jedoch, als eine Korrektur angezeigt war, nicht rückgängig gemacht wurden. Mehrfach wurde der Organisationsaufbau geändert, der nicht immer eine Fortentwicklung "zum Bessern" bedeutete.

Die wesentlichen organisatorischen Defizite der VfW bestanden nach Meinung der Kommission:

- im Fehlen klarer Zuständigkeiten und Zuständigkeitsabgrenzungen sowohl zwischen den Abteilungen als auch innerhalb der Hierarchie, mit der Folge, daß sich Leitungskräfte häufig mit unbedeutenden Einzelfallentscheidungen beschäftigen mußten;
- im Fehlen einer straffen Willensbildung von oben nach unten;
- in den Entnazifizierungsbestimmungen der Besatzungsmächte, die es verhinderten, "tüchtige Kräfte" in ausreichendem Maß einzustellen;
- in "nicht immer aufeinander abgestimmten Anforderungen der Besatzungsmächte"[25], die die VfW in ungebührlich hohem Maß beanspruchten;
- im Fehlen eines geschlossenen Selbstverwaltungsapparates;
- im "allgemeinen Fehlen der Wirtschaftsmoral in der vergangenen Epoche", das sich zwangsläufig auch auf die Verhältnisse innerhalb der VfW wie auf die Zusammenarbeit mit der Wirtschaft negativ auswirkte[26].

Die Gestaltungsvorschläge des Gutachtens basierten im wesentlichen darauf, einerseits durch eine klare, sachliche Gliederung des Arbeitsstoffes Zuständigkeitsüberschneidungen zu verhindern und andererseits gleichartige oder verwandte Sachgebiete nur von einer Stelle bearbeiten zu lassen. Zentrale organisatorische Einheit sollte künftig - wie in jedem Ministerium - das Referat sein, wo das Schwergewicht der Sachbearbeitung liegen müsse. Daneben habe der Organisationsplan die Verantwortlichkeiten so zu verteilen, "daß auf die Verwaltung ein psychologischer Zwang zur Leistungssteigerung ausgeübt wird."[27]

---

22 ARI/FK/10.1/08091947, S. 72 f.

23 Z.B. das über die Neuorganisation der Verwaltung Schleswig-Holsteins (vgl. den folgenden Beitrag)

24 Rudolf Mueller war vom 1. November 1946 bis zum 27. Januar 1947 Leiter des VAW, Viktor Agartz vom 18. Januar 1947 bis zum 11. Juli 1947, Johannes Semler vom 27. August 1947 bis zum 27. Januar 1948, Ludwig Erhard vom 6. April 1948 bis zum 20. September 1949 (Angaben nach Vogel 1964, S. 128).

25 VfW-Gutachten 1948, S. 3

26 Vgl. VfW-Gutachten 1948, S. 3

27 VfW-Gutachten 1948, S. 4

Die diesen Gestaltungsvorschlägen übergeordnete Fragestellung des Gutachtens lautete, ob die Verwaltung für Wirtschaft ihre "Aufgabenstellung richtig erkannt (habe und ob) Aufgaben überhaupt wegfallen oder auf andere Träger - Landes- oder Selbstverwaltung, Wirtschaft - übertragen werden können. Dabei ist der Frage, welche Aufgaben überhaupt wegfallen, besondere Aufmerksamkeit gewidmet worden."[28]

Vor allem die Sonderabteilung Wirtschaftsplanung der VfW mußte Federn lassen; von den ursprünglich 7 Referaten dieser Abteilung wurden folgende als entbehrlich betrachtet: Verkehrs- und Arbeitseinsatzplanung, Grundsatzfragen der Bewirtschaftung, Rohstoffeinsatzplanung, Verteilungsplanung für sonstige Rohstoffe sowie Export- und Importplanung. Das Gutachten bemerkt hierzu lapidar: "Für die bisherige Abteilung Sonderaufgaben ist innerhalb einer rationell aufgebauten Organisation kein Raum."[29] Entsprechend der allgemeinen Zielsetzung des Gutachtens wurden die Referate gestrichen, deren planwirtschaftliche Aufgabenstellung augenscheinlich war.

2. *Personalpolitische Vorschläge*

Neben den Reorganisationsvorschlägen war zentraler Ansatzpunkt der Expertise die Personalstruktur und der Personalumfang der VfW; dieser ist sozusagen das "Herzstück" des Gutachtens. Eine Prüfung unter der von Fischer-Menshausen skizzierten Maxime eröffnete die Möglichkeit, Beschäftigte auszuschalten, "die im Gefolge einer Persönlichkeit für einen bestimmten Zweck eingestellt worden waren."[30] Die Kommission spielte hier auf die Praxis an, daß die Direktoren Mitarbeiter aus Parteien oder Gewerkschaften mit in die Behörde brachten, die nach dem Ausscheiden der Leiter dann dort verblieben und begannen, ein Eigenleben zu entwickeln, das sich spätestens unter der Leitung Ludwig Erhards äußerst hemmend auf die Realisierung seiner marktwirtschaftlichen Vorstellungen auswirkte. Allerdings zielte man bei dieser Einschätzung vor allem auf die unter Agartz in das Amt gekommenen Mitarbeiter, die nach wie vor eine zentralistisch-planwirtschaftliche Wirtschaftspolitik favorisierten. Gerade in dieser Agartzschen Personalpolitik lagen für die Verfasser die Gründe, die den Aufbau einer leistungsfähigen Behörde behinderten. Hierzu zählte man den viel zu großzügigen Einsatz von "Spezialisten" sowie die Tatsache, daß sich Mitarbeiter der VfW nur als "Interessenvertreter" externer Verbände oder einzelner Länder betrachteten. Das Ergebnis waren eine desolate Organisation und erhebliche Unregelmäßigkeiten:

> "Es ist nicht Aufgabe einer Rechnungsprüfung, nach Unregelmäßigkeiten zu fahnden, die krimineller Ahndung bedürfen. Sie kann aber Erkenntnisse und Erfahrungen sammeln, ob der Geist der Redlichkeit und Sparsamkeit in der Behörde zu Hause ist oder ob Lässigkeit oder gar korruptiver Sinn die Ordnung der Verwaltung gefährden."[31]

Um den neuen Aufgaben gerecht zu werden, so das Gutachten weiter, müsse sich die Verwaltung für Wirtschaft zu einer klassischen "Ministerialbürokratie" entwickeln. Dementsprechend wurde der geringe Anteil an Berufsbeamten in der Verwaltung kritisiert. Die personalpolitischen Vorschläge versuchten im wesentlichen den hergebrachten

28 VfW-Gutachten 1948, S. 2
29 VfW-Gutachten 1948, S. 5
30 VfW-Gutachten 1948, S. 3
31 VfW-Gutachten 1948, S. 2

Grundsätzen des Berufsbeamtentums Geltung zu verschaffen. In diesem Zusammenhang nahm die Kommission auch eine neue Bewertung der Dienstposten vor, die nach Ansicht der Kommissionsmitglieder notwendig war, weil das Verhältnis höherer, gehobener, mittlerer und einfacher Dienst "unrichtig aufgebaut" war, was zu einer unverhältnismäßigen Ausdehnung des höheren zu Lasten des gehobenen und mittleren Dienstes geführt habe.

Moniert wurde auch, daß die VfW die Grundsätze der Personalwirtschaft (Reichsbesoldungsgesetz, Besoldungsordnung und Tarifordnungen) weitgehend unbeachtet gelassen habe. "Vielfach wurde weder die Besoldungsordnung noch die Tarifordnung als geeignete Grundlage der Besoldung angewandt. Man legte z.B. einen erstrebten Netto-Betrag zugrunde und wählte diejenige Art der Vergütung, die den geforderten Bezügen am nächsten kam."[32] Das Gleiche galt für die Führung des Stellenplanes (gem. §§ 25, 39 und 40 RWB), in der die Einhaltung von Stellenbesetzungslisten und Stellenüberwachungslisten geregelt ist.

"Da die Überwachungslisten fehlen, konnte die zuständige Abteilung nicht mehr feststellen, wer Inhaber einer bestimmten Stelle ist. Als Ausweg hat man die Namen auf die entsprechenden Gruppen verteilt. Der Plan enthält infolgedessen bei den einzelnen Abteilungen usw. Namen von Personen, die dort völlig unbekannt waren und die niemals in dieser Stelle gearbeitet haben. Den Hauptabteilungen, Abteilungen und Referaten wurde das Stellensoll bekanntgegeben. Diese mußten nun ihr Personal auf die Stellen verteilen. Die VfW hat aber wahrscheinlich zu keiner Zeit versucht, ihren Stellenplan mit den tatsächlichen Bedürfnissen in Einklang zu bringen."[33]

So verwundert es nicht, daß es für die Kommission äußerst schwierig war, die genaue Zahl der Beschäftigten zu ermitteln, zumal keine zentrale Stelle in der Lage war anzugeben, wieviele Personen tatsächlich beschäftigt waren. Hinsichtlich dieses desolaten Zustandes der Personalwirtschaft waren nach Meinung der Kommissionsmitglieder zwei Aspekte zu unterscheiden:

1. die starke Stellung der Hauptabteilungen mit ihrem Übergewicht an - nicht-beamteten - "Spezialisten" und "Interessenvertretern" gegenüber der Personalstelle, die offensichtlich keine große Rolle in der VfW spielte und
2. die Versuche der Länder, der Parteien, der Besatzungsmacht und der Wirtschaft, Einfluß auf die Auswahl der Bewerber der VfW zu nehmen.[34]

Die Versuche seitens verschiedener Gruppen, der Parteien und der Besatzungsmacht, Einfluß auf die Politik und das Personal des Wirtschaftsamtes in Minden bzw. der Verwaltung für Wirtschaft in Frankfurt-Höchst zu nehmen, führten zu dem "übersteigerten Spezialistentum" innerhalb der VfW, nämlich der Anstellung einer Vielzahl von Sachverständigen, deren Einsatz jedoch von bestimmten Gruppen außerhalb der Behörde betrieben wurde und in der Regel auf Einzelfälle bezogen war, um als Partei, Gewerkschaft, Wirtschaftszweig oder Land in der für den anlaufenden Wiederaufbau strategisch wichtigen VfW sozusagen einen Fuß in der Tür zu haben. Diese Sachverständigen arbeiteten zum Teil mit Daueraufträgen, teilweise wurden sie von anderen Behörden, Firmen oder Verbänden bezahlt, was von den Gutachtern heftig

32 VfW-Gutachten 1948, S. 9
33 VfW-Gutachten 1948, S. 9
34 Hierzu wird als Beispiel erwähnt, daß "ein Land, um Einfluß auf die Verteilung eines bestimmten Rohstoffes zu erlangen, seit Monaten einen Angestellten bei der VfW abgestellt hat und ihn bezahlt, da bei der VfW keine Planstelle frei ist. Hier wird nun versucht, für ihn eine Planstelle zu schaffen, wobei noch die überhöhten Bezüge des Länderangestellten eine weitere Schwierigkeit bilden." (VfW-Gutachten 1948, S. 7)

kritisiert wurde: "Die Verwendung von Angestellten, die von privaten Arbeitgebern bezahlt werden, entspricht nicht der Stellung der VfW als oberster Wirtschaftsbehörde. Außenstehende können mit Recht Zweifel in die Entscheidungen derartiger Angestellter setzen."[35]

Um diese abenteuerlichen Zustände abzustellen und um die personalpolitischen Voraussetzungen zu schaffen, die an die oberste Wirtschaftsbehörde zu stellen waren, war nach Auffassung der "Haaser-Kommission" die Einstellung von Berufsbeamten erforderlich, da nur diese die erforderliche Unabhängigkeit und Neutralität dieser Verwaltung gewährleisten könnten. Als geeignete Fachkräfte wurden deshalb ehemalige Bedienstete des Reichswirtschaftsministeriums empfohlen, deren ausreichender Einsatz jedoch durch die "Handhabung der Entnazifizierungsbestimmungen in Hessen erschwert" wurde.[36] Die Bedenken gegen die Spezialisten und Interessenvertreter in der VfW verboten de facto "eine Überführung des Personals in die bewilligten Beamtenstellen, wie sie während der Prüfung geplant war"[37]; zumindest mußte sie "mit äußerster Vorsicht" in Angriff genommen werden,

"da ein Großteil der dafür vorgesehenen Personen nicht den an sie gestellten Anforderungen entsprach. Bei einer übereilten Durchführung würden durch die Blockierung der Planstellen auf Jahre hinaus schwerwiegende und kaum mehr abwendbare Nachteile für die Verwaltung entstehen. Erst wenn feststeht, was künftig an ministeriellen Aufgaben bei der VfW bleibt, kann an eine Besetzung der im Gutachten vorgesehenen Beamtenstellen gedacht werden."[38]

Die "Haaser-Kommission" schlug einen Personalabbau von 2.383 Stellen (Soll-Stand im Jahre 1948) auf 795 vor, das bedeutete eine Einsparung von zwei Dritteln der gesamten Stellenzahl (!). Die Zahl von unter 800, auf die die VfW zu reduzieren sei, tauchte schon früher auf. Sie wurde von Agartz' Vorgänger, Rudolf Mueller, in die Diskussion gebracht. Außerdem findet sie sich in einem Vermerk des bayerischen Ministerpräsidenten Ehard anläßlich der Ruhrreise der Ministerpräsidenten im Januar 1947, der sich wiederum auf Mueller bezieht[39]. Diese "Vorgabe", die VfW auf etwa 800 Bedienstete zu reduzieren, kursierte also schon zu einem Zeitpunkt, als die "Haaser-Kommission" noch gar nicht existierte. Ob es sich bei dieser Zahl um eine Art politischer Vorgabe etwa aus der Verwaltung für Finanzen handelte oder ob diese Größenordnung aufgrund anderer Kriterien gewählt wurde, ließ sich durch die Archivarbeit nicht abschließend klären. Es ist jedoch auffällig, daß sich Ludwig Erhard über diese quantitative Personalbeschränkung rasch hinwegsetzte und - wie weiter unten zu zeigen sein wird - dafür gute Gründe geltend machte.

Bei näherer Würdigung der Reorganisationsvorschläge der "Haaser-Kommission" ist es dieser personalpolitische Vorschlag (Hinausdrängen der sog. Spezialisten und Interessenvertreter zugunsten ehemaliger Reichsbeamter), der die Gewähr für die Ausschaltung des ungehemmten Lobbyismus in der VfW bot; die organisatorischen Vorschläge orientierten sich an den Strukturen der "klassischen" Reichsministerien, wobei die Kommission vor allem auf die Erfahrungen aus der Gutachtertätigkeit unter dem

35 VfW-Gutachten 1948, S. 6
36 VfW-Gutachten 1948, S. 7
37 VfW-Gutachten 1948, S. 8
38 VfW-Gutachten 1948, S. 8
39 Vgl. AVBRD Bd. 2, S. 142

Präsidenten des Reichsrechnungshofs Saemisch (aber auch unter dessen Nachfoger Heinrich Müller) zurückgreifen konnte.

Der von der Kommission zutage geförderte Lobbyismus in der VfW sowie das allgemeine organisatorische Tohuwabohu und hierbei vor allem die Tatsache, daß keine Stelle innerhalb der Wirtschaftsbehörde einen Überblick über die Stellenverteilung besaß, muß als Indikator dafür genommen werden, daß es Viktor Agartz nicht gelang, die allgemeinen Befürchtungen, die man mit seiner Person verband, zu entkräften und geeignete organisatorische Verhältnisse in seiner Behörde durchzusetzen. Allerdings gilt dies ebenso für seinen Vorgänger Mueller und für seinen Nachfolger Semler, der jedoch kaum Zeit hatte, seine Vorschläge umzusetzen. Selbst Ludwig Erhard gelang dies erst, nachdem er sich der (ungebetenen) Schützenhilfe von außen, eben jener "Haaser-Kommission", versichert hatte.

3. Auswirkungen des Gutachtens

Bevor an dieser Stelle die Auswirkungen des Gutachtens erörtert werden, sei nochmals daran erinnert, daß sich die Konfliktkonstellation, die zur Einsetzung des ersten Prüfausschusses 1947 führte, erheblich von der im zweiten Halbjahr 1948 unterschied. Als das Gutachten während der Haushaltsberatungen erörtert wurde, war die SPD bereits in die Opposition gedrängt, und mit der Währungsreform waren die Weichen für eine marktwirtschaftliche Ausrichtung der künftigen Bundesrepublik gestellt.

Wie bereits erwähnt, richtete sich die Überprüfung ursprünglich gegen das Mindener ZAW unter Viktor Agartz. Eine wichtige Zäsur - allgemeinpolitisch wie für die hier interessierende Frage der Überprüfung des VAW - war der 24. Juli 1947. An diesem Tag fand die Sitzung des Wirtschaftsrates statt, auf der die von der SPD gestellten Kandidaten für die Verwaltungsämter von der Mehrheit aus CDU/CSU, FDP/LDP und anderen nicht gewählt wurden, woraufhin sich die SPD in die Opposition zurückzog[40]. Die Phase, in welcher die Idee zur Prüfung des Mindener Wirtschaftsamtes geboren wurde, ist also geprägt von der zentralen politisch-ideologischen Konfliktkonstellation der Vorgeschichte der Bundesrepublik, nämlich der marktwirtschaftlichen Politik der bürgerlichen Parteien und der sozialistisch-planwirtschaftlichen Politik der SPD. Die Phase hingegen, in der die Umsetzung der Vorschläge der "Haaser-Kommission" diskutiert wurde, also der Zeitabschnitt nach der Währungsreform, ist geprägt durch die klassische Konfliktkonstellation in Haushaltsfragen, nämlich zwischen einer erstarkenden Exekutive im VWG auf der einen und der Verwaltung für Finanzen und dem Rechnungshof auf der anderen Seite.

Zwar blieb die personelle Ausstattung und die Überorganisation der VfW weiterhin ein Dauerproblem, jedoch sank diese Auseinandersetzung schnell zu einem fachspezifischen Problem der Haushalts- und Finanzpolitiker ab. Diese Entdramatisierung des Konflikts ist auf die erwähnte veränderte Konfliktkonstellation zurückzuführen. Damit war auch die Gefahr gebannt, daß eine straff geführte VfW unter einem machtbewußten Viktor Agartz sozusagen Wirtschaftspolitik auf eigene Faust betreiben konnte.

---

40 Vgl. WB und DS, Bd. 2, 1977, S. 35 ff.; AVBRD Bd. 3, S. 279 f.

Diese Änderung und Entdramatisierung des Konflikts scheint von den Mitgliedern der "Haaser-Kommission" nicht oder zumindest nicht hinreichend berücksichtigt worden zu sein. Anders läßt sich der Frontwechsel von Ludwig Erhard nicht erklären, der zunächst den Absichten dieser Kommission - ebenso wie Semler - sehr aufgeschlossen gegenüberstand, bei der Umsetzung dieser Vorschläge sich jedoch als deren schärfster Gegner entpuppte. Die Kommission konnte ihren Einfluß 1948 insofern erhöhen, als das Gutachten gleichzeitig in die Etatberatungen des Jahres 1948 einfließen sollte, was vom Rechnungshof auch vehement gefordert wurde, enthielt das Gutachten doch in der Anlage N Vorschläge für die Änderung des Entwurfs des Haushaltsplans der VfW für das Rechnungsjahr 1948, die eine erhebliche Reduzierung der Kosten für diese Verwaltung vorsahen.

Hinsichtlich der organisatorischen Veränderungen sah das Gutachten eine Reduzierung der Referate von 93 auf 47 vor sowie der Abteilungen von zehn auf acht. Bei der Neuorganisation der VfW im Herbst 1948 folgte man jedoch nicht in allen Punkten den Vorstellungen der Kommission, auch wenn man bemüht war, den Vorstellungen der Gutachter zur Straffung der Verwaltungsorganisation zu entsprechen. So wies der neue Organisationsplan der VfW für September 1948 sechs Hauptabteilungen, zehn Abteilungen und 54 Referate aus[41]. Doch schon im Mai 1949 betrug die Zahl der Referate wieder über 80. Zwar entfielen durch den wirtschaftspolitischen Kurswechsel die an die Lenkungsämter delegierten Bewirtschaftungsaufgaben, aber aufgrund des Marshall-Plans, der Umgestaltung der Kohle-, Eisen- und Stahlindustrie, der Förderung der Bauwirtschaft und der Angliederung der französischen Zone kamen neue Funktionen hinzu, zu denen noch die Aufgaben traten, die aus dem Joint Export-Import Agency (JEIA) erwuchsen.

Gerade diese neuen Aufgaben und die damit verbundene Belastung innnerhalb der VfW wurden nach Auffassung Ludwig Erhards zu wenig berücksichtigt. Er sah sich deshalb von der "Haaser-Kommission", der Verwaltung für Finanzen und von anderen Politikern zu Unrecht kritisiert, zumal er die Zustände in der VfW nicht zu verantworten hatte. Außerdem mißfiel ihm, daß in der Öffentlichkeit seine zwischenzeitlich ergriffenen Maßnahmen kaum gewürdigt wurden. Einen Anlaß zur Rechtfertigung bot die Rede des württembergisch-badischen Finanzministers Heinrich Köhler am 20. Januar 1949, in der dieser - mit Verweis auf das Gutachten der "Haaser-Kommission" - die Überorganisation der VfW heftig kritisierte. Zwar sprach Köhler in der Vergangenheitsform, dennoch erweckte er den Eindruck, als hätte die derzeitige Leitung der VfW nichts zur Beseitigung der Mißstände unternommen. Erhard verwahrte sich dagegen, indem er seine Maßnahmen in sieben Punkten zusammenfaßte.

Zunächst verwies er auf Äußerungen Haasers, wonach mit den Vorschlägen ein "Idealzustand" angestrebt werden solle; die Erreichung dieses Ziels, so Erhard, hänge jedoch primär davon ab, wann sich die VfW auf rein ministerielle Aufgaben werde beschränken können[42]. Personalpolitisch habe er ebenfalls Konsequenzen gezogen und zwar gebe es für jeden Angehörigen der Verwaltung einen Personalakt mit allen erforderlichen Unterlagen; es werde eine Personalkartei geführt und eine Stellenbesetzungsliste weise genau aus, wer auf welcher Stelle sitze; Einstellungen ohne schriftliche

41 Vgl. Vogel 1964, S. 32
42 Schreiben Erhards vom 1. Februar 1949 (BA Z 13/250)

Bestätigung des Haushalts- und Personalreferates gebe es nicht mehr. Und unter Punkt 5 heißt es: "Von sämtlichen Herren, die mit den im Prüfungsbericht gerügten Mängeln in Verbindung gebracht werden können, befindet sich kein einziger mehr bei der Verwaltung für Wirtschaft."[43]

Erhard nahm für sich in Anspruch, dem Prüfungsbericht "ernste Beachtung" geschenkt zu haben, sämtliche Beanstandungsvermerke seien systematisch erfaßt worden und würden fortlaufend kontrolliert. Gleichwohl lehnte er es ab,

"die in diesem Bericht enthaltenen organisatorischen Vorschläge als ein unfehlbares Dokument anzuerkennen, das wörtlich durchgeführt werden muß oder auch nur durchgeführt werden kann. Namentlich hat die Kommission die durch die Lockerung der Zwangswirtschaft weggefallenen Arbeiten überschätzt und die durch die Übertragung von JEIA-Aufgaben neu hinzugekommenen Aufgaben unterschätzt."[44]

Demgemäß konnten aus der Sicht Ludwig Erhards die organisatorischen Vorschläge der Kommission nicht oder nur begrenzt umgesetzt werden, da die neuen Aufgaben, die die VfW übernehmen mußte, zentralen Annahmen der Kommission über eine Schrumpfung des Aufgabenspektrums der VfW nicht entsprachen. Trotzdem führte das Gutachten verwaltungsintern zu erheblichen Konsequenzen, die ohne es wohl kaum in dieser Form gezogen worden wären[45].

Anders sah das bei den personalpolitisch relevanten Vorstellungen der Kommission aus. Diese wurden von Erhard offenbar geteilt, jedenfalls fehlt jegliche Relativierung dieser Vorschläge. Im Gegenteil, Erhard meldet - wie schon vorab erwähnt - den Vollzug der personalpolitischen Vorschläge - allerdings nicht was die Personalstärke angeht[46].

Obwohl die Intentionen der "Haaser-Kommission" im wesentlichen mit den ordnungspolitischen Vorstellungen Erhards übereinstimmten, führte das ungewöhnliche Auftreten der Rechnungshof-Kontrolleure zu massiven Auseinandersetzungen mit der neuen Leitung der VfW, die in einem empörten Brief manifest wurden, den Erhard am 27. Juli 1948 an seinen Kollegen bei der VfF, Alfred Hartmann, schrieb. Dieser Brief bezog sich auf den Kommissionsbericht, der Erhard zu diesem Zeitpunkt jedoch noch nicht offiziell vorlag[47]. Lediglich sein Vertreter, Dr. Kaufmann, hatte diesen am 26. April auf informellem Wege und lediglich in einfacher Ausfertigung erhalten. Empörung wurde in diesem Zusammenhang vor allem deshalb laut, weil die VfW auf der Basis des 242 Seiten umfassenden Gutachtens innerhalb einer Woche eine Ergänzung zum Haushalt vorlegen sollte, während der Kommission ein Prüfungszeitraum von drei Monaten eingeräumt worden war. Dementsprechend lehnte Kaufmann diese Forderung

---

43 BA Z 13/250
44 BA Z 13/250
45 Zu den Wirkungen der Kommissionsvorschläge sagte Fischer-Menshausen im Jahre 1986, daß "sehr viel mehr realisiert worden ist, als die Behörde für Wirtschaft seinerzeit zugestehen wollte. Das verdanken wir weniger der Einsicht der beteiligten Behörde als vielmehr einer heilsamen Wirkung der dann erfolgten Finanzreform, nämlich der Diktatur der leeren Kasse." zit. nach Gilles/Otto/Weinert 1987, S. 488
46 Gerade die hier von Ludwig Erhard betonte Bedeutung der personalpolitischen Vorschläge belegt unseres Erachtens, daß ein Erfolg oder Mißerfolg des Gutachtens der "Haaser-Kommission" nicht danach bewertet werden kann, wieviele Referate und Abteilungen eingespart wurden. Dies überschätzt W. Vogel (1964, S. 32), wohingegen der personalpolitische Aspekt unterschätzt wird.
47 Pünder, der eine Abschrift des Schreibens an Hartmann erhielt, stimmte mit Erhard hinsichtlich des "Vorgehens(s) der Kommissare des Rechnungshofes" überein (vgl. Pünders Schreiben vom 4. August 1948 (BA Z 13/250)).

am 29. Juli 1948 gegenüber Hartmann ab[48]. Für weiteren Zündstoff und entsprechend harsche Kritik sorgte darüber hinaus die Tatsache, daß zu diesem Zeitpunkt, also Ende Juli 1948, ein von den "Rechnungshof-Kommissaren" ausgearbeiteter Stellenplan für die VfW kursierte, der Erhard zugespielt worden war:

"Nach meiner Auffassung war es die Aufgabe der Kommission, meine Verwaltung in erster Linie in rechnungsmäßiger Hinsicht, dann aber auch nach der organisatorischen Seite hin zu überprüfen, um Verstöße gegen die Haushaltsordnung aufzudecken, organisatorische Mängel festzustellen und Ratschläge für deren Abstellung zu geben. Es wäre dann meine Aufgabe gewesen, hieraus die erforderlichen Schlüsse zu ziehen. Wie ich aber aus dem mir bekannt gewordenen Stellenplan schliessen muß, ging die Prüfungskommission über diese Aufgabenstellung weit hinaus und glaubte nicht nur ein allgemeines Urteil über den künftigen Umfang meiner Verwaltung abgeben, sondern auch eine ins Einzelne gehende Aufteilung der Stellen vornehmen und einen Gesamtorganisationsplan aufstellen zu sollen. Wenn schon die Kommission glaubt, dies tun zu sollen, dann hätte ich erwarten dürfen, dass sie mir ihren Gesamtplan mitteilt und mir vor der Drucklegung und vor der Übergabe an den Wirtschaftsrat und die Öffentlichkeit Gelegenheit zu einer Stellungnahme gibt.
Ich stelle demgegenüber fest, dass die Kommission während dieser drei Monate sich nie über meine Absicht zu unterrichten suchte, geschweige denn meinen Rat erbat. Sie ging sogar so weit, in meinem engsten Arbeitsbereich wesentliche Änderungen vorzuschlagen, ohne der selbstverständlichen Loyalitätspflicht, mich wenigstens in diesem Punkt zu hören, nachzukommen. Aus meiner eigenen Erfahrung und den Wahrnehmungen meiner führenden Mitarbeiter, die auf den materiellen Inhalt der Untersuchung ebenfalls nie Einfluss nehmen konnten, muss ich schliessen, dass die Kommission mich bewußt umgehen und durch Vorlage ihres Plans an den Wirtschaftsrat und die Öffentlichkeit gewissermassen vollendete Tatsachen schaffen will, bevor ich selbst Stellung dazu nehmen konnte. Vieles, was ich bis jetzt über die Tätigkeit dieser Kommission innerhalb meiner Verwaltung hörte, ist mich in der Annahme zu bestärken geeignet, dass die Prüfungskommission des Rechnungshofes bereits mit einer vorgefassten Meinung und einem fertigen Urteil an ihre Aufgabe herangegangen ist und deshalb durch das oben skizzierte Verhalten unbequeme Einwände vermeiden wollte. Aus grundsätzlichen Erwägungen aber muss ich allein deshalb gegen den Stellenplan der Kommission protestieren, weil mir vor seiner Drucklegung keine Gelegenheit der Stellungnahme eingeräumt wurde."[49]

Im Folgenden kritisiert der VfW-Direktor den Vergleich der Verwaltung für Wirtschaft mit dem Reichswirtschaftsministerium, da die VfW u. a. Aufgaben wahrnehme, die früher das Auswärtige Amt bearbeitete. Erhard bezweifelte die Kompetenz der Rechnungshof-Prüfer, die Belastung beurteilen zu können, die die beabsichtigte Neuordnung des gesamten Wirtschaftsrechts für die VfW zwangsläufig mit sich brächte.

"Es bedeutet geradezu eine Unmöglichkeit, wenn die Prüfungskommission des Rechnungshofes durch einen Stellenplan, wie er mir vorliegt, zwangsläufig den Bereich der materiellen Arbeit meines Amtes begrenzt, ohne von Art und Umfang dieser Aufgabe mangels jeglichen Einblickes und mangels jeglicher Unterrichtung zureichende Kenntnis zu halten. Das von der Kommission geübte Verfahren würde in der Konsequenz bedeuten, dass nicht ich, sondern der Leiter der Prüfungskommission die Wirtschaftspolitik des Vereinigten Wirtschaftsgebietes zu verantworten, ja darüber hinaus sogar zu bestimmen hat."[50]

Die Kritik Erhards zielte also darauf ab, daß der Rechnungshof im Gewande einer Wirtschaftlichkeits- und Organisationsprüfung Politik betreibe, eine Aufgabe, die schließlich nur dem Direktor der VfW zustehe. Hierin dürfte auch der tiefere Grund für seine harschen Äußerungen liegen: Er mußte befürchten, daß ihm ohne ein energisches Auftreten gegenüber der Kommission die geplanten Reorganisationsmaßnahmen in der VfW aus dem Ruder laufen würden.

---

48 Vgl. BA Z 13/250
49 BA Z 13/250
50 BA Z 13/250

Davon abgesehen überraschte das Verhalten der "Kommissare vom Rechnungshof" in zweifacher Hinsicht:

1. Sachlich zog die "Haaser-Kommission" aus der Überprüfung der VfW organisatorische und personelle Konsequenzen, die in der Tat Aufgabe des Direktors der VfW gewesen wären. Die Kommission war sich offenbar ihrer Sache und der politischen Rückendeckung aus der VfF sicher und glaubte deshalb, diese Vorstellungen bei den Haushaltsberatungen durchsetzen zu können.
2. Beamte der Rechnungshöfe haben in ihren Prüfungen immer auf die Einhaltung der formal ausgewiesenen Verfahren zu achten, gerade deshalb fällt bei der "Haaser-Kommission" der Verstoß hiergegen ins Auge. Obwohl sich die Kommission der weitreichenden Konsequenzen des Gutachtens für die neue Leitung des VfW bewußt gewesen sein mußte, sah man davon ab, sich mit Erhard oder dessen engsten Mitarbeitern ins Benehmen zu setzen. Das Lancieren eines Stellenplanes für die VfW zu einem Zeitpunkt, als der Bericht Erhard noch nicht einmal vorlag, mußte von der Leitung der VfW - aber auch von anderen Verwaltungen - als Affront verstanden werden.

Der damit manifest gewordene Konflikt eskalierte weiter, bis die Verwaltungen des VWG zurückschlugen. Auf der 39. Direktorialssitzung am 1. Dezember 1948 protestierte der stellvertretende Direktor der VfW, Dr. Kaufmann, gegen dieses Auftreten der "Haaser-Kommission", die VfW "könne sich eine Behandlung wie anläßlich der letzten Haushaltsvorbesprechungen nicht bieten lassen."[51] Auf der 41. Direktorialssitzung am 15. Dezember 1948 wurden schließlich "von allen Verwaltungen mit Ausnahme der Verwaltung für Finanzen lebhafte Klagen über das Auftreten der Kommission Haaser-Wagenhöfer-Fischer-Menshausen vorgebracht."[52] Diese vehementen Klagen bezogen sich darauf, daß der Rechnungshof bereits im Stadium der Haushaltsaufstellung beteiligt würde. Gegen die Einwände der VfF setzten sich die anderen Verwaltungen mit ihrer Kritik durch und erreichten, daß die Vertreter des Rechnungshofs und der Länder bei den Vorbereitungen für die Etataufstellung nicht mehr hinzugezogen werden sollten[53].

III. Die Gutachtertätigkeit der Finanzkontrolleure im Spannungsfeld zwischen tradierter Verwaltungskontrolle und aktueller Verwaltungspolitik

Das Verhalten der "Haaser-Kommission" war von einem elitären Selbstverständnis geprägt, das die deutschen Rechnungshöfe von jeher auszeichnet. Dieses verselbständigte sich in der "Haaser-Kommission" zu der merkwürdigen Hybris, Politik in einem sehr weitreichenden Sinne betreiben zu können (und zu wollen). Es ist diese Hybris der Rechnungshof-Beamten, die den besonderen historischen Stellenwert dieses Gutachtens ausmacht. Die Ursachen dieser Überheblichkeit liegen in der spezifischen Konstellation, die die Rechnungshöfe nach 1945 hinsichtlich ihrer Arbeit vorfanden und die hier noch einmal resümiert werden sollen:

---

51 AVBRD Bd. 4, S. 987. Worauf Kaufmann hier genau anspielt, konnte nicht ermittelt werden. Wahrscheinlich bezieht es sich auf das Verhalten von Vertretern des Rechnungshofs bei der Etataufstellung, bei der versucht wurde, Vorschläge des Rechnungshofs als bindend für die VfW durchzusetzen.
52 AVBRD Bd. 4, S. 1022
53 Ebd.

- Institutionell gehörten die Rechnungshöfe zu den ersten Behörden, die ihre Arbeit nach 1945 wieder aufnahmen; sie hatten damit einen wichtigen zeitlichen Vorlauf, der dem RHiVW bei der Prüfung der VfW zugute kam.
- Rechtlich konnten die Rechnungshof-Beamten auf ihr altes Instrumentarium (RHO, RWB, RKO etc.) zurückgreifen.
- Funktionell stellten die Gutachten der VfW (aber auch der VfELF) keinen Bruch mit der Gutachten- und der Beratungspraxis dar, die der Reichsrechnungshof bis in den Krieg hinein für die deutschen Verwaltungen erbrachte.
- Personell bestand die "Haaser-Kommission", soweit es sich um Beamte des Rechnungshofs handelte, aus "alten Füchsen", die ihre Meriten unter dem Präsidenten des Reichsrechnungshofs Saemisch erworben hatten - allen voran Franz Haaser und Arthur Fuchs.
- Politisch hatte die "Haaser-Kommission" massive Unterstützung aus der Verwaltung für Finanzen unter Alfred Hartmann. Das provokante Auftreten der Kommission ist ohne die politische Rückendeckung durch die VfF nicht denkbar.

Diese Konstellation verführte Haaser und Fuchs offenbar zu einer folgenschweren Fehleinschätzung hinsichtlich der Rolle des Rechnungshofs in der künftigen Bundesrepublik, insbesondere des Einflusses, den der Rechnungshof auf die Politik der VWG-Verwaltungen und späteren Bundesministerien haben sollte. In der Gewißheit, die Prüfung der VfW politisch auf einer Woge breiter Zustimmung in den Verwaltungen, den bürgerlichen Parteien und der Mehrheit der Beamten durchzuführen, maßte sich die "Haaser-Kommission" Exekutivfunktionen an, die nicht nur den Widerstand Ludwig Erhards provozierten, sondern - bis auf die VfF - aller Verwaltungen der Bizone. All diese Aspekte sind wichtige Bestandteile der Konstellation, die das Verhalten der "Haaser-Kommission" bei der Prüfung der VfW erklären.

Ein weiterer wichtiger Aspekt ist unserer Meinung nach bei den Beamten des Rechnungshofs selbst zu suchen und deren Erfahrungen während der ersten Nachkriegsjahre. Die Rechnungshöfe gehörten nicht nur zu den ersten Behörden, die ihre Arbeit wieder aufnahmen, sie konnten auch die ersten Konflikte mit den neuen Verwaltungen für sich entscheiden. Einer der wichtigsten ist der Kampf um die Autonomie der Länderrechnungshöfe (bzw. deren Vorläufer) mit den Länderfinanzministern. Die zum Teil heftig geführten Auseinandersetzungen in Bayern, Hessen, Bremen und Hamburg, in der Regel mit Unterstützung der Alliierten, stärkten offenbar das "institutionelle Bewußtsein" der Rechnungshöfe gegenüber der im Aufbau befindlichen Exekutive. Es schien die "Stunde der Rechnungshöfe" geschlagen zu haben. Diese Gunst der Stunde wollten Franz Haaser und Arthur Fuchs auch bei der Prüfung der Verwaltung für Wirtschaft für sich nutzen. Sie nahmen politisch gewichtigen Einfluß, ohne einen entsprechenden Erfahrungshintergrund, sie agierten letztlich immer als unpolitische Rechnungshof-Beamte. Diese paradoxe Situation erklärt sich aus dem Werdegang von Haaser und Fuchs. Beide gehörten zur alten Garde der unter Saemisch tätigen preußischen Rechnungshof-Beamten. D.h. sie waren keine beschränkten "Fliegenbeinzähler", sondern beherrschten souverän das Instrumentarium einer modernen Wirtschaftlichkeits- und Organisationsprüfung. Aber gerade deshalb stand im Mittelpunkt ihres Denkens und Handelns "die Institution" und nicht ein politisches Programm wie bei Ludwig Erhard. Und sie wußten auch, daß es politischer Umbrüche bedarf, um den Neuaufbau von Behörden, um "Verwaltungsvereinfachungen" nicht nur initiieren, sondern auch politisch umsetzen zu können[54]. Diese Voraussetzungen waren in der Phase der Vorgeschichte der Bundesrepublik gegeben. Der Rechnungshof war deshalb bestrebt, Umfang und Struktur der Verwaltungen möglichst zu beschneiden. Hieran entzündete sich der Konflikt zwischen der "Haaser-Kommission" und Ludwig Erhard. Dem neuen Direktor der VfW ging es in erster Linie nicht um die Neuordnung der Verwaltung für Wirtschaft, sondern um die marktwirtschaftliche Ausrichtung der künftigen Bundesrepublik. Sollten seine ordnungs- und wirtschaftspolitischen Vorstellungen das erforderliche politische Gewicht erhalten, dann durfte beim Zuschnitt der VfW bzw. dem späteren BMWi eben nicht geknausert werden. So kamen die "Haaser-Kommission" und die Leitung der VfW trotz ähnlicher politischer Vorstellungen zu völlig unterschiedlichen Ergebnissen hinsichtlich der Struktur und der Größe dieser Verwaltung. Die "Haaser-Kommission" machte faktisch einen "politischen Vorschlag", und zwar sowohl hinsichtlich der Personalpolitik wie des Organisationsplanes, und begründete diese politische Empfehlung mit den unpolitischen Kriterien der Sparsamkeit und Wirtschaftlichkeit. Oder anders ausgedrückt: Haaser und Fuchs agierten für Rechnungshof-Beamte zu politisch, für Politiker zu unpolitisch.

Sie fielen damit in eine Grauzone der Politik , aus der heraus die Ergebnisse und Wirkungen ihrer Handlungen für die Leitungen der Verwaltungen nicht mehr kalkulierbar waren. Nun waren derartige Grauzonen den deutschen Rechnungshöfen als Aktionsfeld nicht unbekannt. Gerade mit der seit den 20er Jahren zunehmenden Bedeutung aktueller Beratung und Begutachtung der Verwaltungen durch die Rechnungshöfe erschlossen sich diesen neue Handlungsfelder[55]. Das Besondere in der Nachkriegszeit in den Westzonen war in dem sehr weitreichenden Einfluß dieser Institutionen zu sehen, der sowohl auf die massive Unterstützung durch die Alliierten bauen konnte als auch auf eine noch im Aufbau befindliche also 'schwache' Exekutive. Der weitreichende Einfluß der Rechnungshöfe nach dem Zusammenbruch konnte sich also nur unter den spezifischen Bedingungen der ersten Phase alliierter Besatzungsherrschaft entfalten.

Die hier dargestellten Auseinandersetzungen um die Prüfung der Verwaltung für Wirtschaft sind Ausdruck einer neuen Phase alliierter Besatzungspolitik. Die unmittelbaren Eingriffe der Alliierten in die Politik der westlichen Zonen nahmen ab, und als eine Folge dieser Entwicklung wurde auch der Einfluß des Rechnungshofs zurückgedrängt. Im Vergleich zum Einfluß des Rechnungshofs des Deutschen Reichs (britische Zone) in den Jahren 1945 und 1946 ist der Ausgang dieser Prüfung eindeutig eine Niederlage des Rechnungshofs und, wenn man so will, der Beginn einer "Normalisierung" des Verhältnisses zwischen Verwaltungen und Rechnungshof. Diese Normalisierung

54 Dieser Aspekt wird verschiedentlich hervorgehoben, so z.B. einleitend in dem Gutachten des Bundesrechnungshofes über die Organisation der Landesregierung und Landesverwaltung Schleswig-Holstein: "Wirklich durchschlagende und umwälzende Änderungen sind eigentlich immer nur in Notzeiten oder unter dem Zwange äußerer Einwirkungen zu erreichen gewesen, wenn sonst gewichtig erscheinende Bedenken leichter zurückgestellt und auf einmal Kräfte lebendig werden, die in der Lage sind, auch über die Erreichung eines Notziels hinaus nicht nur die Anpassung der öffentlichen Verwaltung an die inzwischen fortgeschrittene Entwicklung durchzusetzen, sondern darüber hinaus wirklich neue Wege zu gehen." (BRH-Gutachten zur Neuordnung der Landesregierung und Landesverwaltung in Schleswig-Holstein (ARI/FK/ 11.2/00011951), S. 11); vgl hierzu auch den folgenden Beitrag.

55 Theo Pirker beschreibt dieses Phänomen mit dem Begriff der "Diskretion der Politik" (vgl. Pirker 1989).

hatte eineinhalb Jahre später auch Auswirkungen auf der Finanzebene, als eben nicht der für viele bizonale Bürokraten zum roten Tuch gewordene Franz Haaser zum Chef des neuen VWG-Rechnungshofs bzw. des späteren Bundesrechnungshofs berufen wurde, sondern Josef Mayer, ehedem hoher Beamter im Reichsfinanzministerium[56].

56 Vgl.hierzu die vorhergehenden Beiträge von Weinert und Gilles.

Rainer Weinert

In der Kontinuität des Reichssparkommissars: Das Rechnungshof-Gutachten zur Neuordnung der Landesregierung und Landesverwaltung in Schleswig-Holstein

I. Die politischen Rahmenbedingungen in Schleswig-Holstein nach dem Zusammenbruch des NS-Regimes

Schleswig-Holstein war zum Ende des Zweiten Weltkriegs von Kriegshandlungen weitgehend verschont geblieben. Bereits am 5. Mai 1945 hatte Generaladmiral von Friedeburg im Auftrag von Dönitz eine Waffenruhe mit Feldmarschall Montgomery für Holland, Friesland, Schleswig-Holstein und Dänemark vereinbart[1]. Vor diesem Hintergrund ballten sich in Schleswig-Holstein schließlich eine Vielzahl von Kriegsfolgeproblemen, von denen der massive Zustrom von Flüchtlingen, Vertriebenen und Evakuierten das gewichtigste war. Allein von Februar bis Juni 1945 stieg die Bevölkerungszahl in Schleswig-Holstein um etwa 800 000 auf 2,4 Millionen Einwohner[2]. Diese Verschiebung in der Bevölkerungsstruktur stellte die ersten von der Besatzungsmacht ernannten Landes- bzw. Provinzregierungen vor große Probleme und beeinflußte die politische Entwicklung dieses Landes maßgeblich[3].

In dieser Situation fiel der obersten Verwaltung in Schleswig-Holstein eine zentrale Rolle zu, für die vor allem zwei Merkmale entscheidend gewesen waren: Einerseits ist für die gesamte britische Besatzungszone ein "riesiges (politisches) Machtvakuum"[4] zu beobachten - so auch für Schleswig-Holstein -, in das die unterschiedlichsten Interessengruppen hineinstießen. Andererseits blieb bei Kriegsende in der nördlichsten deutschen Provinz die "wohlfunktionierende" Provinzialverwaltung erhalten[5], in die die Militärregierung unter Brigadier Gail P. Henderson - trotz ihres tiefen Ressentiments gegenüber den deutschen Beamten "of old Prussian state" - weder strukturell noch personell groß eingriff[6]; letzteres ist u.a. auch auf ihre sehr verhaltene Entnazifizierung zurückzuführen. Vielmehr zeigte sie großes Interesse an einer effizienten deutschen Administration und stand daher den Effektivierungsvorschlägen seitens der Okkupierten aufgeschlossen gegenüber. Diese Konstellation eröffnete somit den deutschen Akteuren einen großen Handlungsspielraum bei der Neugestaltung der administrativen Strukturen dieser Re-

1 Vgl. Jürgensen 1969, S. 10
2 Vgl. Jürgensen 1969, S. 17
3 So erlaubten die Briten auf Kreisebene schon im September 1945 die Bildung politischer Parteien, am 15. September 1946 fanden die ersten Gemeindewahlen statt, am 13. Oktober 1946 Kreiswahlen. Der erste Landtag wurde im Februar 1946 von der britischen Militärregierung ernannt, der zweite im November desselben Jahres unter Berücksichtigung der Ergebnisse der Gemeinde- und Kreiswahlen. Die erste Landtagswahl erfolgte am 20. April 1947, bei der die SPD 43,8 % der Stimmen erhielt und unter Hermann Lüdemann eine Alleinregierung bildete. Diese währte allerdings nur bis 1949, da die SPD bei den ersten Wahlen zum Deutschen Bundestag auf 29,6 % absackte; ein Ergebnis, das wesentlich vom Wahlverhalten der Flüchtlinge in Schleswig-Holstein beeinflußt worden war (vgl. hierzu Schäfer 1987, S. 11 ff.).
4 Thies 1979, S. 30
5 Vgl. Jürgensen 1969, S. 15
6 Vgl. Interview mit Hans-Georg Wormit am 3. Juni 1987 (ARI/FK/I/03061987). Wormit war Beamter im Amt für Inneres und "erster Sekretär" beim Schleswig-Holsteinischen Landtag und wurde 1946 vom Oberpräsidenten Theodor Steltzer beauftragt, am Neuaufbau der Landesverwaltung mitzuwirken (vgl. Wormit 1987, S. 203 ff.).

gion, der auch genutzt wurde[7], zumal die alte Provinzialstruktur Schleswig-Holsteins den neuen Gegebenheiten alles andere als adäquat war: Das Oberpräsidium, also die provinziale preußische Aufsichtsbehörde, residierte in Kiel; der Regierungspräsident als administrative Zentrale hatte seinen Sitz in Schleswig; ergänzt wurde diese Verwaltungsstruktur noch durch den Provinzialverband als Träger der kommunalen Selbstverwaltung, dem ein Landeshauptmann vorstand. Der Zeitzeuge Hans-Georg Wormit führte 1987 hierzu aus:

"Diese drei Stellen nebeneinander waren natürlich in dieser Situation eine Katastrophe, denn irgendwie mußte man ja zusammenpassen. Und da war es damals unser Ziel, und ich habe da selbst noch die Vorschläge ausgearbeitet, die dann der damalige Oberpräsident (Otto) Hoevermann der britischen Militärregierung übermittelte, diese drei Stellen zusammenzufassen zu einer. Das war ja auch logisch, denn diese Stellen hatten ihren Sinn, als es das große Preußen noch gab und Preußen - sozusagen - Vertrauensstellen auf der unteren Ebene brauchte. Jetzt kam es ja darauf an, eine irgendwie effektive, rasch und zuverlässig arbeitende Gesamtverwaltung zu bilden. Und so liefen diese Vorschläge darauf hinaus, den Oberpräsidenten in Kiel, den Regierungspräsidenten in Schleswig und diesen Landeskommunalverband zusammenzufassen, sozusagen in eine Art künftiger Landesregierung. Diese Vorschläge hat der Oberpräsident damals dem britischen Gouverneur, Brigadier Henderson, übermittelt, und die wurden dann auch im wesentlichen akzeptiert. Und so ist schon im Herbst 1945 bzw. zum Beginn des folgenden Winters die schleswig-holsteinische Verwaltung in der Spitze zusammengefaßt worden."[8]

Diese Regelung entsprach in gewisser Weise sogar dem Gesetz über die Erweiterung der Befugnisse des Oberpräsidenten vom 15. Dezember 1933 und der II. Durchführungsverordnung zum Neuaufbaugesetz vom 27. November 1934, worin eine Zusammenfassung der Leitung der staatlichen Aufsichtsverwaltung und der provinziellen Selbstverwaltung beim Oberpräsidenten vorgesehen war. Am 1. Dezember 1945 ordnete die britische Militärregierung an,

"daß die Behörden des Oberpräsidenten und des Regierungspräsidenten unter der Leitung des Oberpräsidenten zu einer Provinzialverwaltung vereinigt wurden, die sich in 6 Hauptabteilungen gliederte (Allgemeine Abteilung, Finanzen, Ernährung, Landwirtschaft und Forsten, Schulen ohne Universitäten, Wasserstraßen und Häfen). Schon am 3. Dezember 1945 wurde eine Umorganisation vorgenommen; es wurde eine Präsidialabteilung geschaffen, die Hauptabteilungen wurden in Ämter umgewandelt."[9]

Somit verordnete die Militärregierung bereits im ersten Stadium ihrer Besatzungsherrschaft auf der Basis von Empfehlungen und Planvorstellungen der Okkupierten die von diesen so herbeigesehnte verwaltungsrechtliche Kontinuität. Hierbei tat sich insbesondere das Amt für Inneres hervor, das in seiner späteren Form als Innenministerium auch als heimlicher Hauptakteur der grundlegenden Neuordnung der Landesregierung und -verwaltung zu bezeichnen ist, benutzte es doch in der Öffentlichkeit mehr oder weniger den Rechnungshof des Deutschen Reiches (britische Zone) in Hamburg, um seine Organisationsinteressen durchsetzen zu können.

7 Dies ergab sich nicht zuletzt aus der deutschlandpolitischen Diskussion in England 1946, in der die Kosten des britischen Verwaltungsapparates in Deutschland eine zentrale Rolle spielten (vgl. Thies 1979).
8 Wormit (ARI/FK/I/03061987), S. 12 f.
9 BRH-Gutachten 1950, S. 9

II. Auftrag, Intention und Folgen des Gutachtens

1. Die Vorgeschichte

Der Landtag von Schleswig-Holstein nahm auf der Sitzung am 26. November 1947 einen Antrag der SPD-Fraktion an, "die gegenwärtige Verwaltungsorganisation mit dem Ziel durchgreifender Vereinfachungen und Einsparungen zu überprüfen"[10]. Allerdings wurde erst im März 1949 hierzu eine interfraktionelle Regierungskommission gebildet, in die die SPD drei, die CDU zwei und der SSW einen Vertreter entsandten[11]. Das Sekretariat dieser Kommission führte ein Referent aus dem Innenministerium, Regierungsrat Groß. Dieser weilte Anfang Juni 1949 in Hamburg beim Rechnungshof für die britische Zone und führte dort ein längeres Gespräch mit dem Leiter der Gutachtenabteilung, Arthur Fuchs, in dem er ihn über die Absicht der Landesregierung hinsichtlich der umfangreichen Vereinfachungsmaßnahmen unterrichtete. Auf sein Befragen erklärte sich Fuchs bereit, einen Auftrag der Landesregierung zur Erstellung eines Organisationsgutachtens auszuführen. Einem entsprechenden Vermerk Groß' mit der Empfehlung, den Rechnungshof zu diesen Arbeiten hinzuzuziehen, stimmte das Kabinett am 21. Juni 1949 zu[12].

Regierungsrat Groß gehörte zu einem Kreis konservativer Beamter, dem auch der damalige Regierungsdirektor Hans-Georg Wormit aus dem Innenministerium angehörte, der u.a. die Aufgaben als Organisationsreferent des Ministerpräsidenten wahrnahm[13]. Diese Beamten beobachteten die politische Entwicklung in Schleswig-Holstein mit einiger Skepsis, die insbesondere den zunehmenden parteipolitischen Einfluß auf die staatliche Verwaltung betraf. Im Innenministerium sah man die einzig wirksame Lösung dieses Problems darin, durch eine grundlegende Verwaltungsreform der zunehmenden Aufblähung der Staatsbürokratie entgegenzuwirken bzw. ihr wenigstens enge Grenzen zu setzen[14]. Diese Aufgabe wollten die Beamten aus dem Innenministerium nicht allein der interfraktionellen Kommission überlassen, die sich ja ausschließlich aus Repräsentanten der Parteien zusammensetzte. Da sich bis 1949 der hohe Kompetenz- wie Aktivitätsgrad des Hamburger ZRH sowie die gleichgerichteten Intentionen seiner Gutachten über die Verwaltungen im VWG wohl bis in die Provinz herumgesprochen haben dürften, lag es nahe, bei diesem politisch hochbrisanten Reformvorhaben sich dieser überparteilichen Kontrollinstitution zu bedienen, was einer der Initiatoren der Aktion expressis verbis auch bestätigt: "Also, diese Geschichte mit dem Gutachten (des Rechnungshofs, d.Verf.), ich muß es wirklich bekennen, haben wir in der Verwaltung des Innenministeriums ausgeknobelt..."[15].

10 Schreiben des Präsidenten des Landtags vom 28. Nov. 1947 (ARI/FK/11.4/28111947)
11 Vgl. Schreiben des Min. des Innern vom 17. März 1949 (ARI/FK/11.4/17031949)
12 Vgl. ARI/FK/11.4
13 In einer Übersicht über die innere Verwaltung in der britischen und amerikanischen Besatzungszone vom 15.11.1946 firmiert der damalige Regierungsdirektor Wormit als Vertreter des Landesdirektors Dr. Lauritzen (vgl. ARI/FK/7.1.5/15111946).
14 Diese Fragen hatte Wormit bereits 1947 mit dem Präsidenten des Hamburger Rechungshofs, Franz Haaser, besprochen, als dieser Kiel besuchte (vgl. Wormit (ARI/FK/03061987)).
15 Wormit (ARI/FK/03061987)

Daß bei diesem "bestellten Befehl" zwischen den beteiligten Akteuren keinerlei Meinungsverschiedenheiten über die grundsätzliche Stoßrichtung bestanden haben dürften, versteht sich wohl von selbst.

Mit der Einschaltung der Gutachtenabteilung des ZRH unter der Leitung des Saemisch-Schülers Arthur Fuchs war fast zwangsläufig ein Gewichtsverlust der interfraktionellen Regierungskommission verbunden: Zwar tagte sie von März bis August 1949 noch mehrere Male unter Einbeziehung der Landtagsausschüsse für Inneres und für Finanzen, aber die eigentliche Reformarbeit wurde eindeutig durch den Rechnungshof dominiert, was dieser in seinen am 21. Februar 1950 vorgelegten "Vorläufigen Vorschlägen zur Neuordnung der Landesregierung und Landesverwaltung Schleswig-Holsteins"[16] auch unumwunden zugab. Dort ist zu lesen, daß das Gutachten zunächst als Ergänzung der Arbeit der Regierungskommission gedacht war; im Laufe der örtlichen Prüfungen von September bis Dezember 1949 hätte der Auftrag jedoch im Sinne einer "vollständige(n) Organisationsprüfung der Landesregierung und Landesverwaltung" erweitert werden müssen, und zwar "unabhängig von der Arbeit der Regierungskommission". Dies kam einer "Entmachtung" der Regierungskommission gleich, denn die Initiative lag von diesem Zeitpunkt an nicht mehr bei den Parteien, sondern bei den Verwaltungsexperten aus dem Rechnungshof und denen aus dem Innenministerium. Dieses - überspitzt formuliert - Komplott der administrativen Expertokratie sollte man jedoch nicht vordergründig und eindimensional auf deren antidemokratische Grundeinstellung zurückführen, auch wenn eine solche bei vielen latent vorhanden gewesen sein mag; vielmehr dürfte es eher aus ihrer der preußischen Tradition des Berufsbeamtentums entstammenden staatsideologischen Überzeugung heraus geschmiedet worden sein, die an Wahlperioden und Klientelinteressen orientierte Parteipolitik von der rein sach- und leistungsbezogenen Exekutivverwaltung zum Wohle der Nation und/oder Region säuberlich trennen zu können, eine Haltung, die auch heute noch bei einem Großteil der Rechnungsprüfer anzutreffen ist[17].

Bevor auf den Inhalt und die Wirkung dieses in vielerlei Hinsicht wegweisenden Gutachtens näher eingegangen wird, soll noch kurz die Frage gestreift werden, warum dieser Auftrag nicht der landeseigenen Rechnungskammer (LRK) übertragen wurde. Das lag zum einen gewiß daran, daß man diesem politisch so brisanten Reformvorhaben wohl eine exterritoriale und auf diesem Sektor renommierte Institution einschalten wollte. Hier bot sich die Gutachtenabteilung des Hamburger Rechnungshofes geradezu an. Zum anderen lag es aber auch daran, daß die LRK zunächst als Zweigstelle des ZRH errichtet worden war, die hinsichtlich ihrer Kompetenzen und ihrer Personalwirtschaft von der Zentrale an einem sehr kurzen Zügel gehalten worden war, mit der Folge, daß sich ihr quantitativer wie qualitativer Personalaufbau äußerst zeitraubend gestaltete. Nichtsdestoweniger war die LRK an einer aktiven Beteiligung interessiert, wie aus ihrer Denkschrift zum Rechnungsjahr 1948 hervorgeht:

"Dieser (der BRH) hat ab September 1949 (unter Beteiligung von 9 höheren Beamten und 6 Prüfungsbeamten) eine umfassende Organisationsprüfung der Landesregierung Schleswig-Holstein

16 Die endgültige Fassung des Gutachtens veröffentlichte der BRH erst nach seiner Errichtung im Januar 1951, wobei die schleswig-holsteinische Landesregierung die Drucklegung veranlaßte (vgl. Denkschrift und Bemerkungen der Landesrechnungskammer Schleswig-Holstein zum Rechnungsjahr 1948, S. 4 (ARI/FK/8.11.1)).

17 An dieser Stelle kann auf dieses interessante Phänomen nicht näher eingegangen werden, jedoch sind einige ergänzende Bemerkungen in dem nachfolgenden Beitrag von Otto enthalten.

durchgeführt. Die LRK hat sich für eine Mitarbeit zur Verfügung gestellt; sie ist an der Aufstellung der Berichte nicht beteiligt worden."[18]

Die hier implizit kritisierte Ablehnung ihres Kooperationsangebotes belastete naturgemäß ihr Verhältnis zum BRH nicht unerheblich[19]. Denn dies bedeutete doch ganz eindeutig, daß die Experten aus dem ZRH/BRH die "Rosinen" jedweder Gutachtentätigkeit, die Organisationsprüfung einer gesamten Landesregierung und -verwaltung, für sich beanspruchten und der LRK nur die bescheidenen Alltagsaufgaben überließen[20].

2. *Inhalt und Wirkung*

Der Rechnungshof verstand sein Gutachten nicht als Vorschlag zur Verbesserung verwaltungstechnischer Probleme, auch nicht als "Spargutachten", da mit einer derartigen Stoßrichtung die organisatorische Neuordnung Schleswig-Holsteins nicht zu lösen sei. Es wurde daher nicht nur die gesamte Verwaltungsstruktur des Landes behandelt, sondern die Expertise würdigte "Schleswig-Holstein als Glied der Deutschen Bundesrepublik. Die bei dieser Prüfung gewonnenen Erkenntnisse sollen auch der grundsätzlichen Klärung des Verhältnisses zwischen Bund und Ländern" dienen, so der Präsident des bizonalen Rechnungshofs in der vorläufigen Fassung des Gutachtens[21]. Hiernach wurden also bewußt grundsätzliche Überlegungen angestellt, die über den Auftrag der Landesregierung weit hinausreichten.

Methodisch war das Gutachten induktiv angelegt, d.h. der Rechnungshof hat die Situation in Schleswig-Holstein genau observiert, "die Landesregierung fortlaufend auf alsbald zu beseitigende Mängel (hingewiesen)" und daraus die "großen Reformziele" abgeleitet[22]. Seine Empfehlungen erteilte der RH vor allem aus einer "vergleichenden Kenntnis des Verwaltungslebens in Bund und Ländern"[23]. So wurden u.a. häufig Parallelen zu anderen Ländern der Bundesrepublik gezogen, wo sie nach Ansicht des Rechnungshofs angebracht waren, allerdings wurden auch Ausnahmen eingeräumt, insbesondere der Verzicht auf eine "Mittelinstanz" in der allgemeinen und inneren Verwaltung.

Durch ihre komparatistische Vorgehensweise leisteten die Finanzkontrolleure mit ihren Beratungs- und Gutachtenaktivitäten nach 1945 einen wichtigen Beitrag dafür, daß die Verwaltungsstrukturen in den westlichen Zonen resp. Ländern nicht allzusehr auseinander drifteten. Mit ihrer ausgeprägten Orientierung auf die "Einheitlichkeit der Verwaltung" betraten sie jedoch kein Neuland, sondern schrieben die diesbezügliche,

18 Vgl. Denkschrift und Bemerkungen der Landesrechnungskammer Schleswig-Holstein zum Rechnungsjahr 1948, S. 4 (ARI/FK/8.11.1)

19 Die Zusammenarbeit der LRK mit dem BRH scheint sich erst allmählich wieder verbessert zu haben (vgl. Denkschrift und Bemerkungen der LRK Schleswig-Holstein für das Rechnungsjahr 1950 aus dem Jahre 1952, S. 14 ff., zur Geschichte der LRK und dem späteren Landesrechnungshof von Schleswig-Holstein allgemein vgl. Böning 1979, S. 210 ff.).

20 Für die hier interessierende Fragestellung sind deshalb die ersten Denkschriften und Bemerkungen der LRK nach dem Kriege unergiebig. Dies änderte sich Anfang der 50er Jahre, als unter dem neuen Leiter Karl Marbach die LRK umfassende Organisationsprüfungen der einzelnen Landesministerien in eigener Regie durchführte. Diese Akten befinden sich im Landesarchiv Schleswig 605/346 - 605/352.

21 ARI/FK/11.4; vgl. auch die Kurzbesprechung des Gutachtens durch Arnold Köttgen 1951, S. 546 ff.

22 Vgl. BRH-Gutachten 1950, S. 8

23 Ebd.

von Saemisch geprägte Tradition einfach fort[24]. So waren nach Meinung der RH-Experten die Verwaltungsprobleme in Schleswig-Holstein nicht etwa der besonderen Situation nach dem Kriege geschuldet, sondern "zeitlos":

"Z. T. handelt es sich um Probleme, die so alt sind, wie die Verwaltung selbst, z. T. erscheinen alte Probleme in neuem Gewande und nur in erstaunlich geringem Umfange tauchen neue Probleme im Zusammenhange mit der staatsrechtlichen Neuordnung in Deutschland auf, ein Zeichen, daß einem Wort Otto Mayers (in abgewandelter Form): Verfassung vergeht, Verwaltung besteht, auch heute unverminderte Bedeutung zukommt".[25]

Diese Problemsicht charakterisiert die grundsätzliche Haltung der Rechnungsprüfer sehr gut, auch und gerade bei der Beurteilung staats- und gesellschaftspolitischer Umwälzungsprozesse, und sie ist heute noch fester Bestandteil ihres institutionellen Selbstverständnisses[26]. Diese Position besteht im wesentlichen darin, daß sich die Rechnungshöfe aus den (partei-)politischen Auseinandersetzungen heraushalten und sich darauf konzentrieren, die (verfassungs- bzw. staats-)politischen Vorgaben in effiziente Verwaltungsstrukturen umzusetzen. Diese Umsetzung erfolgt nach den Kriterien der Recht- bzw. Ordnungsmäßigkeit, Sparsamkeit und Wirtschaftlichkeit in der Verwaltung, sind also ihrer Meinung nach a priori unpolitisch. In ihrer Einseitigkeit ist diese Auffassung unzutreffend und in hohem Maße ideologisch. Der Zusammenhang von "Verfassung" und "Verwaltung" funktioniert ja nicht im Sinne einer monolateralen Struktur, vielmehr handelt es sich um ein enges Beziehungsgeflecht mit Wirkungen und Wechselwirkungen. In dieses Beziehungsgeflecht sind die Rechnungshöfe in diesem Jahrhundert immer eingebunden gewesen und haben spätestens mit der Einrichtung des Reichssparkommissars im Jahre 1922, also mit der Beratung der Reichsregierung in aktuellen Verwaltungsfragen, massiv politisch Einfluß genommen: Wird doch gerade das Instrument "Gutachten" bei solchen Entscheidungsprozessen eingesetzt, "die rechtlich nicht determiniert sind, (es sich) also um politische oder Ermessensentscheidungen (handelt)"[27].

Diese Möglichkeit wurde vom Reichsrechnungshof in der Endphase der Weimarer Republik durchaus im Sinne einer verfassungsrechtlich unzulässigen Mitverwaltung genutzt[28]. Jedoch wird die Tatsache, daß die Beratungs- und Gutachtentätigkeiten der Finanzkontrolleure nicht nur Serviceleistungen für das System darstellen, sondern ihrerseits politische Akte sind und politische Wirkungen produzieren, von diesen erst in jüngster Zeit widerwillig eingeräumt[29].

---

24 So auch Köttgen, für den mit diesem Gutachten "eine vor Jahrzehnten vom Reichssparkommisar begonnene und später von der Präsidialabteilung des Rechnungshofs des Deutschen Reiches fortgesetzte Übung wieder aufgenommen worden ist." (Köttgen 1951, S. 546)

25 Vgl. BRH-Gutachten 1950, S. 8

26 So widersprach z. B. der Präsident des Rechnungshofs von Baden-Württemberg, Otto Rundel, auf einem zeitgeschichtlichen Symposion zur Geschichte der Institution Rechnungshof Theodor Eschenburg, der meinte, daß die Entwicklung nach 1945 in der französischen Zone durch ein hohes Maß an Zufälligkeiten gerade in der Personalrekrutierung geprägt gewesen sei, indem er ebenfalls auf Otto Mayers Wort "Verfassungsrecht vergeht, Verwaltungsrecht besteht" verwies und dies so interpretierte: "Im Verwaltungsrecht und seinen Regeln finden die langfristig bedeutsamen Notwendigkeiten, Erfahrungen und Erkenntnisse ihren Niederschlag, während das Verfassungsrecht - das sind sozusagen die oberen politischen Wellenschläge, die sich da bemerkbar machen - im Grunde genommen auf die darunterliegende Ebene des Verwaltungsrechts mit ihren wie gesagt auf langfristigen Notwendigkeiten beruhenden Erkenntnissen und Erfahrungen keinen oder einen nur unwesentlichen Einfluß hat" (Gilles/Otto/Weinert 1987, S. 468).

27 Sigg 1983, S. 35

28 So Bracher 1971, S.33; Gilles 1987

29 Vgl. u.a. Wittrock 1982, S. 209 ff.; resümierend Diederich et.al. 1984, S. 485 ff.

Die politisch problematische Dimension des Satzes "Verfassung vergeht, Verwaltung besteht" ist die Konnotation, daß Verfassungen kommen und gehen, also mehr oder weniger kontingent sind, während die Verwaltungen die staatspolitische Kontinuität repräsentieren. Mit dieser Interpretation steht das Gutachten in der Tradition eines Staatsverständnisses, das Bracher als "monokratischen Verwaltungsstaat" bezeichnet[30], dem in der Endphase der Weimarer Republik die meisten konservativen Beamten angehangen hätten. Derartige vordemokratische Orientierungen, wie sie auch im Reichsrechnungshof bis 1945 gepflegt wurden, waren verständlicherweise nach dem Zusammenbruch 1945 immer noch existent, konnten aber - im Gegensatz zur Endphase der Weimarer Republik - im besetzten Nachkriegsdeutschland keine politisch destabilisierenden Wirkungen entfalten. Diese Vorstellungen - das sei hier nochmals betont - beruhen allerdings nicht auf einer dezidiert antidemokratischen Einstellung, sondern im wesentlichen auf der "gouvernementalen Tradition" gerade dieser deutschen Behörde. Somit bot die "Stunde Null" für die Rechnungshof-Beamten die Chance, die tradierten und bewährten verwaltungsrechtlichen und organisatorischen Strukturen beim Neuaufbau der Staatsadministration durchzusetzen, wobei sie die Vertreter der politischen Parteien tendenziell als unkalkulierbare, fachlich unqualifizierte Störenfriede betrachteten.

Welche Probleme der Rechnungshof bzw. seine leitenden Beamten mit den Anfängen der Parteien-Demokratie in der Phase der Vorgeschichte der Bundesrepublik hatten, beleuchtet eine Passage im Gutachten, in der sich der BRH über die "Vielgeschäftigkeit" des Gemeinschaftslebens beklagt, zumal diese Entwicklung mit einem extremen Anspruchsdenken gepaart sei, dem sich die Repäsentanten des Staates ausgesetzt sähen:

"Die öffentliche Verwaltung aller Stufen wird natürlich von dieser Entwicklung (der Vielgeschäftigkeit des Gemeinschaftslebens, d. Verf.) voll erfaßt, wenn sie nicht sogar gelegentlich geneigt gewesen ist, ihr Vorschub zu leisten. Das Hineinströmen so vieler verwaltungsfremder Elemente in die Verwaltung seit 1945, die Ausschaltung leistungsfähiger Kräfte aus politischen Gründen haben auch hier zu einer z. T. beispiellosen Vielgeschäftigkeit geführt, die nicht nur auf eigennützigen Motiven, sondern auf mangelnder Klarheit über die allgemeinen oder im einzelnen zu leistenden Aufgaben und auf dem Vorhandensein zu vieler und unklarer Bestimmungen beruht. Die allgemein festzustellenden Organisationsmängel sind die Folge dieser Unklarheiten. Trotz einer heute schon wieder kaum noch übersehbaren schriftlichen und mündlichen Diskussion in den Parlamenten, in den Regierungen, in der Verwaltung und in der Öffentlichkeit ist die Abgrenzung der Aufgaben der einzelnen Verwaltungsträger und Verwaltungsstufen bisher nur in geringem Umfange befriedigend gelöst."[31]

Zwar ist dem Rechnungshof zuzustimmen, wenn er die Probleme der Landesregierung und -verwaltung - den aufgeblähten Personalkörper, die gravierenden organisatorischen Mängel, die Kompetenzunklarheiten u.v.a.m. -, die z.T. von der nicht immer klaren Haltung der Alliierten verursacht worden waren, entschieden an den Pranger stellte. Das ist schließlich seine legitime und genuine Aufgabe. Aber es ist politisch doch sehr fragwürdig, wenn er dieses Gejammer vor dem Hintergrund des Zusammenbruches des NS-Staates, der Entnazifizierungspolitik der Siegermächte und der parteiengetragenen demokratischen Aufbauphase anstimmt - ein Duktus, der das gesamte Gutachten durchzieht. Das gleiche gilt auch für seine Kritik an den endlosen Diskussionen im Parlament, in der Regierung und in der Öffentlichkeit, die kaum etwas Substantielles zur Lösung

30 Vgl. Bracher 1974, S. 240
31 BRH-Gutachten 1950, S. 12 f.

der akuten Verwaltungsprobleme beitragen würden. Hier kommt wieder die Grundhaltung der Finanzkontrolleure zum Ausdruck, den "Staat" mit seiner administrativen Objektivation zu verwechseln und letzere als entpolitisierte, entscheidungsprogrammierte Maschinerie zu betrachten, womit sie bereits in der ersten demokratischen Periode im Deutschen Reich erhebliche Probleme hatten.

Dieser ihrer traditionell gouvernementalen Orientierung zutiefst widersprechenden Entwicklung im westlichen Nachkriegsdeutschland im allgemeinen und in Schleswig-Holstein im besonderen könne nur durch die Re-Etablierung straffer Verwaltungsstrukturen enge Grenzen gesetzt werden. Die beiden wichtigsten hierfür in dem Gutachten gegebenen Empfehlungen[32] waren folgende:

1. Der Verzicht, eine "Mittelinstanz" der allgemeinen und inneren Verwaltung auf regierungsbezirklicher Ebene zu errichten. Sozusagen als Kompensation hierfür sollten in den Ministerien (d.h. in den Ministerien für Inneres und Volksbildung, für Arbeit, Wirtschaft und Verkehr) ministerielle (Regierungs-)Aufgaben von den Verwaltungsaufgaben getrennt und in einer organisatorischen Einheit zusammengefaßt werden. Diese Verwaltungsabteilungen "nehmen im Generalauftrag des Ministers ohne instanziellen Charakter die Verwaltungsaufgaben des Ministeriums wahr, die in ihrem Charakter teils zentrale, teils - und zwar überwiegend - solche der oberen Verwaltungsstufe sind. Durch diese organisatorische Trennung wird die Gemengelage von Regierungs- und Verwaltungsaufgaben beseitigt, eine klare Geschäftsverteilung erzielt, zugleich aber auch die Einheit in der Geschäftsführung gesichert"[33]. Beide Abteilungen sollte der Landesdirektor des Ministeriums leiten.
2. Die Zahl der Ministerien drastisch zu reduzieren. Neben der Staatskanzlei schlug der Präsident des Bundesrechnungshofes die Errichtung von drei Fachministerien vor, und zwar für Inneres und Volksbildung, für Finanzen und Justiz, für Arbeit, Wirtschaft und Verkehr sowie ein Ministerium für Bundesratsangelegenheiten[34].

Mit dem zweiten Vorschlag konnte sich der Rechnungshof nicht durchsetzen, wohl auch deshalb, weil er gegen die normative Kraft des Faktischen anlief: zur Zeit der Rechnungshof-Prüfungen bestanden bereits sieben Ministerien[35].

Hingegen konnte er sich mit seiner ganz auf die Spezifika dieses nördlichsten Bundeslandes zielenden Forderung, auf eine regierungsbezirkliche Mittelinstanz zu verzichten, voll durchsetzen. Die Kleinheit und die Einräumigkeit des Landes, so die ZRH-Argumentation, verbiete es, zwischen der obersten und der untersten Verwaltungsstufe noch eine Mittelstufe einzuziehen, "zumal der größte Teil der von der "Zentrale" in Kiel zu treffenden Entscheidungen als solche der Mittelstufe anzusehen sind"[36]. Der

32 Forderungen grundsätzlicher Natur, die der Rechnungshof unterbreitete, jedoch nicht in die Verwaltungspraxis Eingang fanden, können hier nicht erörtert werden. Das betrifft vor allem Fragen des Abbaus von Verwaltungsaufgaben (der Rechnungshof fordert eine "rigorose Entflechtung und Entfeinerung des organisatorisch zu weit ausgebildeten Gemeinschaftslebens" (S. 15)) und solche, die nicht im Zusammenhang mit dem Verzicht auf die im Folgenden behandelte Mittelinstanz stehen, sowie die vom Rechnungshof geforderte "richtige" Verteilung der Aufgaben (S. 15), soweit diese den Neuzuschnitt der Ressorts betrafen: hier konnte sich der Rechnungshof ebenfalls nicht durchsetzen.

33 BRH-Gutachten 1950, S. 18

34 Vgl. BRH-Gutachten 1950, S. 17

35 Hinzu traten politisch offenbar nicht unwichtige Proteste von Interessenverbänden, so wehrten sich z. B. die Lehrerverbände gegen die Kopplung von "Inneres und Volksbildung"; ebenso unterrepäsentiert in ihren Belangen fühlten sich die Landwirte (vgl. Wormit in ARI/FK/I/03061987).

36 BRH-Gutachten 1950, S. 15

Rechnungshof betonte immer wieder die "Sonderstellung" Schleswig-Holsteins, denn bereits 1868 seien die zunächst eingerichteten zwei Regierungsbezirke Schleswig und Kiel zu einem Regierungsbezirk zusammengefaßt worden: "damit waren der staatliche Verwaltungsbereich der Provinz, der staatliche Verwaltungsbezirk (Regierungsbezirk) und der Bereich der Gebietskörperschaften (Provinzialverband)" identisch[37].

Die Landesregierung von Schleswig-Holstein beschloß am 10. Oktober 1950, die "Grundgedanken" des BRH-Gutachtens als für die Landesregierung verbindlich zu erklären und beauftragte den Innenminister, auf dieser Basis "konkrete Vorschläge für die innere Organisation der Landesregierung zu unterbreiten"[38]. Von den eben genannten Kernvorschlägen wurde allerdings nur der Verzicht auf eine Mittelinstanz schließlich Realität, der in der Praxis zu einer klaren Trennung der Aufgaben führte und sich wohl deshalb durchsetzen konnte, weil eine solche Verwaltungsstufe noch nicht existiert hatte. Von diesem "Basissatz" gingen auch die Anfang der 50er Jahre von der Landesrechnungskammer durchgeführten umfangreichen Organisationsprüfungen der Landeskanzlei und der anderen Ministerien aus[39].

Mit dieser Empfehlung des Rechnungshofs und der Entscheidung der Landesregierung wurde den Expansionsbestrebungen staatlicher Instanzen ein gewichtiger Riegel vorgeschoben, der in den folgenden Jahren jedoch nicht von allen Landesregierungen akzeptiert wurde. So befaßte sich z. B. der Kieler Landesrechnungshof[40] in seiner Denkschrift für das Rechnungsjahr 1965 ebenfalls sehr grundsätzlich mit dem organisatorischen Aufbau der Landesregierung und -verwaltung. Auffallend ist dabei, daß die Denkschrift vom Aufbau her dem ersten Teil des BRH-Gutachtens von 1950 nicht nur gleicht, sondern ihn ganz offensichtlich kopiert. Es werden wie in den 15 Jahre zuvor gegebenen Empfehlungen die verwaltungsgeschichtlichen Aspekte aufgegriffen, die Struktur der Landesregierung und Landesverwaltung beschrieben, alternative Vorschläge zur Neuorganisation der Landesregierung erörtert (und verworfen) und abschließend die Position des Landesrechnungshofs (LRH) vorgetragen:

"Der LRH ist der Auffassung, daß ein durchgängig dreistufiger Behördenaufbau weder der Größe, noch der Verwaltungskraft des Landes angemessen wäre. Es sollte stattdessen an der grundsätzlich zweistufigen Gliederung festgehalten werden. Der LRH erinnert in diesem Zusammenhang an das Gutachten des Präsidenten des Bundesrechnungshofs über die Organisation der Landesregierung und Landesverwaltung Schleswig-Holstein aus dem Jahre 1950, dessen Stellungnahme zur Frage der Dreistufigkeit trotz der inzwischen eingetretenen Entwicklung unverändert gelten sollte: 'Es würde aller praktischen Vernunft widersprechen, statt konsequenter Vereinfachung der staatlichen Verwaltung und grundsätzlicher Beschränkung auf zwei Verwaltungsstufen eine weitere neu einzurichten."[41]

Hiermit sowie durch die Tatsache, daß diese Zweistufigkeit auch heute noch Gültigkeit hat, wird die Richtigkeit der ursprünglichen Empfehlung des BRH voll bestätigt. Denn mit der Einführung einer dreistufigen Landesverwaltung in Schleswig-Holstein konnte bzw. könnte - damals wie heute - die administrative Effizienz insgesamt nicht gesteigert werden, da sie - damals wie heute - wahrscheinlich personalpolitisch motiviert

37 BRH-Gutachten 1950, S. 9
38 Schreiben der Landesregierung an die Landesminister vom 31. Okt. 1950, LA Schleswig 611/197.
39 Vgl. hierzu die Akten im LA Schleswig 605/346 - 605/353.
40 Die Landesrechnungskammer Schleswig-Holstein wurde 1957 in den Landesrechnungshof Schleswig-Holstein umbenannt und folgte damit der Entwicklung in den anderen Bundesländern (vgl. Böning 1979, S.212; Gilles 1986, S. 69 f.)
41 Denkschrift des LRH Schleswig-Holstein für das Rechnungsjahr 1965, Kiel 1966, S. 13

war bzw. wäre. Somit ergibt sich das Paradoxon, daß Arthur Fuchs und seine Gutachter aus dem ZRH/BRH trotz ihrer nicht unproblematischen Einschätzung der (partei-) politisch-demokratischen Entwicklung in diesem Bundesland gleichwohl eine "richtige" verwaltungsstrukturelle Entscheidung getroffen haben.

Gerhard Otto

Politikberatung oder Politikgestaltung? Die verwaltungsreformerischen Intentionen der Finanzkontrolleure beim Aufbau der obersten Exekutivorgane der Bundesrepublik

Einleitung

Wohl zu keiner Zeit hat die Institution Rechnungshof so im Kreuzfeuer der Pressekritik gestanden wie in der Phase der "Zwischenlegalität und Umorganisation"[1] nach der Verabschiedung des Grundgesetzes im Parlamentarischen Rat (PR) sowie seiner Entscheidung für Bonn als vorläufigen Regierungssitz am 8. bzw. 10. Mai 1949 und der Konstituierung der Bundesrepublik Deutschland im September des gleichen Jahres. Was war geschehen? Ende Mai/Anfang Juni wurden zum ersten Mal in der Öffentlichkeit zwei Gutachten des bizonalen Rechnungshofs (RHiVW, im folgenden z. T. RH) in Ansätzen bekannt, die eine prinzipielle Zweiteilung der Bundesadministration in eine 'Ministerialebene als kleine, aber schlagkräftige politische Führungseinheiten' und in eine 'Ebene der Bundesoberbehörden (BOB) als durchführende Fachverwaltungen' empfahlen, wobei sich die zweite Expertise insofern von der ersten unterschied, als sie die mit dieser Trennung verbundenen Nachteile stärker in den Vordergrund stellte[2]. Diese Stellungnahmen des RHiVW wurden in der Presse wegen ihrer widersprüchlichen Haltung zur Zweiteilung der Bundesverwaltung sofort in den Zusammenhang mit dem "Kampf um Bonn"[3] gebracht, "eines der wenigen 'Verfassungsprobleme' ..., welches die 'öffentliche Meinung' brennend interessierte und an der sie regen Anteil nahm".[4]

Dies um so mehr, als die Gutachten von ihrem Auftraggeber Adenauer wie eine geheime Kommandosache behandelt wurden und die ersten öffentlich lancierten 'Informationen' zur Spekulation und zum Verdacht der Manipulation geradezu einladen mußten. Hinzu kam, daß der Vorsitzende des Verwaltungsrates (VR) im Vereinigten Wirtschaftsgebiet (VWG), Hermann Pünder, in seiner diesbezüglichen Öffentlichkeitsarbeit eine etwas zwielichtige Rolle spielte und trotz seiner Kenntnis der Gutachten entsprechende Informationen nur 'häppchenweise' und tendenziös weitergab, was später für ihn noch ein 'Nachspiel' in Form eines Untersuchungsausschusses des Wirtschaftsrates (WR) hatte, der auf Antrag der SPD-Fraktion am 24. Juni 1949 eingesetzt wurde. Hierbei ging es neben der Frage, ob er Haushaltsmittel des VWG für Bauvorhaben im Frankfurter Raum unzulässigerweise nach Bonn geleitet habe, auch um die, von welchem Zeitpunkt an er von der Abfassung des Gutachtens über die Neugliederung der künftigen Bundesbehörden gewußt habe[5]. Dieser Skandal hat für die Rekonstruktion der Vorgeschichte der Expertisen zwar auf der einen Seite den Vorteil, daß aufgrund der hieraus resultierenden und archivierten Materialien wenigstens etwas

1 Benz 1984, S. 243
2 "Grundsätzliches zum Aufbau der Bundesverwaltung" vom 1. 3. 1949 (ARI/FK/9/2/01031949); "Vorschläge zur Gliederung der Bundesministerien" vom 3. 5. 1949 (ARI/FK/9/2/03051949)
3 Vgl. Dreher 1979
4 Pirker 1977, S. 128 f.
5 Vgl. Wörtliche Berichte und Drucksachen des Wirtschaftsrates des Vereinigten Wirtschaftsgebietes 1947-1949, Bd. 6, DS 1553 (WB-DS)

Licht in das Dunkel der Interaktion zwischen dem RHiVW und dem PR bzw. seines Präsidenten Adenauer fällt. Andererseits ergibt sich hierdurch der Nachteil, daß sie fast ausschließlich als 'Gefälligkeits- bzw. Gegengutachten' in Sachen Bonn-Frankfurt betrachtet wurden und - so unsere These - die (verwaltungs-)politische Zielsetzung der Finanzkontrolleure, mit dem Wieder- bzw. Neuaufbau der Bundesadministration zugleich eine Verwaltungsreform zu verbinden, bislang übersehen worden ist.

Wie wir weiter unten noch ausführen werden, sind zwar in die RHiVW-Stellungnahmen 'parteipolitische wie persönliche' Interessen Adenauers eingeflossen, nur ist bislang die Frage weder gestellt noch beantwortet worden, wer bei diesen im diskreten Raum der Politik abgelaufenen 'Bargaining-Prozessen' wen mit welcher Intention zu instrumentalisieren versucht hat. Um diese Frage einigermaßen befriedigend beantworten zu können, soweit dies bei der lückenhaften Quellenlage überhaupt möglich ist, muß die beratende Tätigkeit der Finanzkontrolleure in der Geburtsstunde des neuen Weststaates insgesamt rekonstruiert werden, die sich in drei Etappen vollzogen hat: Beratung des PR bzw. seiner Fachausschüsse bei speziellen verfassungsrechtlichen Problemen, Erstellung von Gutachten zum organisatorischen und personellen Aufbau der Bundesorgane für den PR-Präsidenten Adenauer sowie intensive Mitarbeit im Organisationsausschuß der Ministerpräsidentenkonferenz (OA-MPK).

I. Die Berater- und Gutachtertätigkeit beim Parlamentarischen Rat

Ausgangspunkt dieser Beratungsaktivitäten ist wieder einmal der Rechnungshof des Deutschen Reiches (britische Zone) (ZRH) unter dem Präsidenten Franz Haaser, genauer die Abteilung IV (Gutachtenabteilung) unter der Leitung von Arthur Fuchs, einem Schüler des ehemaligen renommierten Sparkommissars (RSK) und Präsidenten des Reichsrechnungshofes (RRH) Saemisch, ein Faktum, das ihn nicht nur für seine Gutachtentätigkeit in der unmittelbaren Vorgeschichte der Bundesrepublik qualifizierte, sondern ihn für diese Aufgabe darüber hinaus auch legitimierte.

Wie in dem Beitrag über den Aufbau der bizonalen Finanzkontrolle[6] bereits kurz ausgeführt, erteilte die britische Militärregierung (MR) am 21. Juli 1945 der Hamburger Außenabteilung des RRH die Genehmigung, unter ihrem früheren Leiter Haaser ihre Arbeit fortzusetzen. Bereits im August des gleichen Jahres wurde mit der finanztechnischen Anweisung Nr. 33 der MR ihre Kontrollkompetenz auf die gesamte britische Zone ausgedehnt, eine Aufgabe, die sie nunmehr als Rechnungshof des Deutschen Reiches (britische Zone) wahrnahm, womit schon im Titel die institutionelle Kontinuität zum früheren Obersten Reichskontrollorgan[7] und - läßt man den Klammerzusatz weg - damit implizit auch ihr späterer 'bundesweiter Hegemonieanspruch' in Sachen Öffentlicher Finanzkontrolle zum Ausdruck gebracht wurde[8]. In unserem Zusammenhang braucht auf die weitere Entwicklung des 'Zonenrechnungshofes' als Organ

6 Vgl. den Beitrag v. Gilles in diesem Band
7 Durch die Verfügungen vom 21. 2. und 28. 8. 1946 der britischen MR wurde der Hamburger Außenstelle diese Kontinuität auch formalrechtlich bestätigt, die ihr dieselbe Funktion und Stellung zuschrieben, die vorher der RRH einnommen hatte. Vgl. hierzu vor allem Gilles 1986, S. 678 f.
8 Vgl. Anm. 6

der nachgängigen Rechnungsprüfung nicht weiter eingegangen zu werden, wohl aber als Organ der Verwaltungsrationalisierung und -beratung.

Diese Funktion wurde ebenfalls auf Initiative der britischen MR wieder aufgenommen, die den Zonenrechnungshof (ZRH) im Verlaufe des Jahres 1947 beauftragte, "Prüfungen in den Westsektoren von Berlin durchzuführen und Gutachten über Berliner Behörden zu erstellen."[9] Diesen Auftrag benutzte Haaser dazu, "ohne besondere Absprache mit den Briten eine Gutachtenabteilung nach dem Vorbild des RRH einzurichten."[10] Über den exakten Zeitpunkt ihrer faktischen Errichtung finden sich in der Literatur widersprüchliche Angaben[11], doch dürfte die Datierung Juli 1947 aus der Denkschrift des Bundesrechnungshofes (BRH) für die Jahre 1947-1949[12] zutreffend sein, da am 23. Juni 1947 Arthur Fuchs an den ZRH "einberufen"[13] und ihm am 25. August 1947 die "Prüfungsabteilung IV" unterstellt worden war, wie die Gutachtenabteilung damals wohl in Hinblick auf die MR noch verschämt bezeichnet wurde[14]. Daß unter seiner Leitung stillschweigend nach den Grundsätzen des RSK von 1927 gearbeitet wurde, was bei seiner beruflichen Sozialisation nicht weiter verwunderlich ist, sei hier nur am Rande vermerkt. Immerhin wurde damit in diesem Bereich der Verwaltungskontrolle ebenfalls die Kontinuität gewahrt, die auch die Präsidenten des BRH in ihrer Funktion als Bundesbeauftragte für Wirtschaftlichkeit in der Verwaltung (BWV) fortführten.

Der personelle Aufbau dieses Expertenstabes für eine sparsame, wirtschaftliche und zugleich effektive Verwaltungsorganisation vollzog sich unter Fuchs in atemberaubender Schnelligkeit: Schon Ende September 1947 waren in seiner Abteilung sechs Beamte des höheren und gehobenen Dienstes tätig. Und zum Zeitpunkt, als nach der Gründung des VWG dem ZRH vom Gemeinsamen Deutschen Finanzrat (GDF) Anfang März 1947 die Prüfungskompetenz für die bizonalen Verwaltungen für das Rechnungsjahr 1947 - gemeinsam mit den Landesrechnungshöfen (LRH) der amerikanischen Zone - übertragen wurde, hatte sich der Stellenkegel für Beamte fast verdoppelt.

Zu den Mitarbeitern gehörte seit dem 2. Januar 1948 auch MinRat Erich Keßler, der - wie wir weiter unten noch ausführen werden - seine 'offizielle Beratungsfunktion' beim PR als Vertreter des RH trefflich dahingehend zu nutzen wußte, als 'undercover-agent' der Adenauerschen Personalpolitik und -rekrutierung tätig zu werden[15]. Ein weiterer prominenter Mitarbeiter war seit dem 15. Januar 1948 MinRat Herbert Fischer-Menshausen, der als Mitglied der 'Haaser-Kommission' zur Überprüfung der VWG-Verwaltungen, als Sekretär des Länderrates und als Sachverständiger im Finanzausschuß der MPK im Unterausschuß für Haushalts- und für Finanzausgleichsfragen[16] einen nicht unbedeutenden Beitrag zur 'verwaltungsmäßigen Geburt' der Bundesrepublik Deutschland geleistet hat[17].

9 Dommach 1988, S. 148
10 Ebd.
11 Vgl. Gilles 1986, Anm. 233
12 BRH 1952, S. 96 (ARI/FK 11/1/23021952)
13 ZRH-Hausnachrichten (HN) Nr. 6/1947 (ARI/FK/7.1/3/30061947)
14 Zugleich wurde Fuchs mit Wirkung vom 12. 7. 1947 zum Direktor II ernannt und mit der Wahrnehmung der Geschäfte als Abteilungsleiter für fünf Prüfungsgebiete beauftragt; die förmliche Ernennung erfolgte am 1. 1. 1948. Eine wahrhaft steile Karriere (vgl. HN 1/1948 (ARI/FK/7.1/3/31011948)).
15 Vgl. hierzu u.a. Morsey 1977, S. 208 ff. und Wengst 1984, S. 91 ff
16 BA/Z 12/63
17 Quelle in Anm. 14

Die 'Abteilung Fuchs' war somit personalmäßig bestens für ihre Gutachtentätigkeit im allgemeinen und für die organisatorische Überprüfung des 'Frankfurter Verwaltungsapparates' im speziellen gerüstet, bei deren praktischer Durchführung sie als 'Rollkommando' der Haaser-Kommission und später des Sparbeauftragten der Bizone, Josef Mayer, sich nicht nur Freunde machte[18]. Daß die bizonalen Zentralverwaltungen schließlich fast flächendeckend hinsichtlich ihrer Aufgaben, ihrer Organisationsstruktur und ihres Personalkörpers überprüft wurden, hängt sicherlich damit zusammen, daß diese "Wirtschaftsadministration mit beschränkter Handlungsfähigkeit"[19] personalmäßig "aufgebläht" sowie überbürokratisiert und ihren Koordinationsaufgaben, insbesondere in Hinblick auf die Landesverwaltungen, nur bedingt gewachsen war, dürfte wohl aber auch politisch bedingt gewesen sein. Denn die 'Frankfurter Wasserköpfe' wurden sowohl von den Parteien wie von den Ländern als Auftragsverwaltung der anglo-amerikanischen Besatzungsmächte ohne demokratische Kontrolle bzw. Legitimierung eher argwöhnisch und kritisch beobachtet, obwohl oder - vielleicht besser - weil ihnen hierdurch "eine Führerrolle beim Wiederbeginn des öffentlichen Lebens in Deutschland zu(fiel)", sie "das einzige Element staatlicher Kontinuität im zerfallenen Reich"[20] verkörperten und man zudem befürchtete, daß sie durch die normative Kraft ihrer faktischen Existenz den Aufbau wie die Organisationsstrukturen der Obersten Bundesbehörden in dem sich abzeichnenden Weststaat präjudizieren und präformieren könnten. Von daher ist es nicht weiter verwunderlich, daß - wie Benz bemerkt - " der bizonale Verwaltungsapparat in den Zeiten seiner Existenz selten eine gute Presse (hatte)."[21]

Mit der kritischen Durchleuchtung der bizonalen Exekutivorgane durch die Gutachtenabteilung des RHiVW, in welcher (Vor-und Übergangs-)Form auch immer, wurde die fachliche wie legitimatorische Grundlage für ihren 'General-Experten-Status' sowohl beim PR wie bei den Überleitungsausschüssen der MPK gelegt, insbesondere beim OA, als es daran ging, die Aufgaben, die Kompetenz, die Organisation und die Personalausstattung der Bundesorgane grundsätzlich festzulegen. Hinzu kam, daß der Mitarbeiterstab der Abteilung Fuchs beim ZRH - zumindest stellen- und haushaltsmäßig - fast geschlossen vom RHiVW übernommen wurde, aus Raummangel in Frankfurt seinen Dienstsitz aber zunächst in Hamburg beibehielt, wodurch die personelle und apparative Kontinuität der Arbeit gewahrt werden konnte.

Einen Kontinuitätsbruch hingegen gab es zur allseitigen Überraschung in der Leitung des mit dem Wirtschaftsratsgesetz Nr. 65 am 3. November 1948 gegründeten bizonalen RH: Nicht Franz Haaser wurde berufen, sondern der ehemalige Chef des Zentralen Haushaltsamtes (ZHA), Josef Mayer, der am 10. November 1948 als Vizepräsident dieser Obersten Kontrollbehörde kommissarisch mit der Wahrnehmung der Leitung beauftragt wurde und der sein neues Amt mit der Errichtung einer kleinen Geschäftsstelle in der 'Frankfurter Residenz' des Oberdirektors des VR, Pünder, Anfang Januar 1949 antrat[22]. Haaser verblieb wie das Gros 'seiner' Belegschaft in Hamburg. Daß es in dieser Konstellation der neue Leiter schwer haben würde, seinen Führungsanspruch als Ober-

18 Vgl. den zweiten Beitrag von Weinert in diesem Band
19 Benz 1984, S. 117
20 Girndt 1971, S. 276
21 Benz 1984, S. 118
22 Vgl. hierzu den Beitrag von Gilles in diesem Band, sowie ergänzend Gilles 1986, Dommach 1988

ster Rechnungsprüfer und seit seiner faktischen Ernennung am 5. Januar 1949 als Sparbeauftragter des VWG gegen den alten 'Hasen Haaser' in Sachen Verwaltungskontrolle und -organisation in Hamburg durchzusetzen, war zu erwarten, obwohl er dabei durchaus die räumliche Nähe zum Vorsitzenden des VR als 'Chef' der Verwaltungsexekutive des VWG zu nutzen wußte[23]. Diese Konstellation, der leitende 'Kopf' des bizonalen RH in Frankfurt und ein weiterer leitender 'Kopf mit dem dazugehörenden Körper' in Hamburg sowie die bisherige Dominanz des ZRH im Bereich der zonalen wie bizonalen Finanz- und Verwaltungskontrolle erklärt darüber hinaus, daß bei den Repräsentanten der Parteien und/oder der politischen Gremien bzw. Institutionen, die über die Aufgaben, Funktionen und Institutionen der Öffentlichen Finanzkontrolle damals wie heute eher bescheidene Kenntnisse besaßen bzw. besitzen, bei einschlägigem Beratungsbedarf nach wie vor der RH in Hamburg als die sachadäquate Anlaufstelle galt. Dies um so mehr, wenn bereits vor der faktischen Existenz der neuen bizonalen Kontrollinstitution intensive Kontakte zu ihrer Vorgängerbehörde bestanden hatten, wie dies beim PR bzw. seinem Vorsitzenden der Fall war, da eine erfolgreiche Zusammenarbeit - einmal zustande gekommen - meistens über die daran beteiligten Akteure perpetuiert wird, die sich zum Teil zu längerfristigen 'Seilschaften' zur Absicherung ihrer Karriere zusammenschließen, insbesondere in Zeiten des Umbruchs bzw. des Neu- oder auch Wiederaufbaus.

1. Der verfassungspolitische Aspekt

In seiner Denkschrift für die Jahre 1947-1949 geht der BRH auch kurz auf die Mitarbeit seiner Vorgängerbehörden am Grundgesetz und an der organisatorischen Vorbereitung der Bundesverwaltung ein: "Das Präsidium des PR forderte nach vorheriger Rücksprache mit dem Vorsitzenden der Parteifraktionen den Präsidenten des Rechnungshofes des Deutschen Reiches (britische Zone) auf, sich bei den Vorarbeiten zum Grundgesetz zu allen anfallenden Fragen gutachtlich zu äußern und Sachverständige nach Bonn zu entsenden. Nach Auflösung des Rechnungshofes des Deutschen Reiches (britische Zone) wurde der Präsident des inzwischen errichteten Rechnungshofes im Vereinigten Wirtschaftsgebiet aufgefordert, sich gutachtlich an den Bonner Arbeiten zu beteiligen."[24] Mit dieser lapidaren und harmonisch klingenden Darstellung wird ein

---

23 Erste Anzeichen eines Machtkampfes zwischen Haaser und Mayer lassen sich schon im Frühjahr 1947 erkennen. In der HN vom 30. 6. 1947 gibt der Präsident des ZRH einen gemeinsam mit dem Leiter des ZHA erarbeiteten Richtlinienkatalog vom 26. 3. 1947 für eine engere Zusammenarbeit der beiden Behörden "hiermit auch meinerseits zur Beachtung bekannt", der im ZHA bereits in Kraft gesetzt worden war. Auf wessen Initiative dieser 'Kooperationsvertrag' zustande gekommen ist, bedarf noch der Aufklärung, allerdings spricht der Duktus wie der Inhalt des Textes dafür, daß Haaser hierbei seine Interessen bzw. die seiner Behörde durchsetzen konnte, etwa wenn es heißt, daß durch die enge beiderseitige Zusammenarbeit die Erfahrungen des RH für das Haushaltsamt nutzbar gemacht werden sollten. Weitere Indizien hierfür sind, daß zum einen der Verbindungsbeamte des ZRH ein Direktor war, hingegen der des ZHA ein Oberregierungsrat, und zum andern ein Pflichtenkatalog zwecks Konkretisierung der Kooperation im ZHA bereits verfügt worden war, in dem u.a. festgelegt wurde, daß der RH möglichst schon bei der Erstellung und nicht erst nach der Genehmigung des Haushaltes zu informieren sei, während ein solcher Katalog für das Finanzkontrollorgan nicht vorliegt (vgl. HN Nr. 6/1947 (ARI/FK/7.1/3/30061947)). Vielleicht spielte in diesem Zusammenhang auch die Tatsache eine Rolle, daß Mayer wegen der "inneren Verhältnisse und der Arbeitsorganisation" im Frühsommer 1947 zunehmend auf Kritik seitens der MR stieß (vgl. hierzu Scherpenberg 1984, S. 390 f., hier: S. 391).

24 Vgl. Anm. 12

Vorgang abgehandelt, der so ganz konfliktfrei nicht gewesen sein kann, wie der Unterzeichner dieser Denkschrift, Mayer, inzwischen Präsident des BRH, als Beteiligter an dieser Affäre nur allzu gut wußte. Nun sind die Bemerkungen als Außendarstellung dieser Kontrollinstitution wahrlich nicht der richtige Ort, um die 'schmutzige Wäsche' zwischen ihren Vorgängerbehörden quasi in der Öffentlichkeit zu waschen. Immerhin sind an der Darstellung zwei Punkte auffallend: Zum einen, daß der Präsident der Parteifraktionen zunächst den ZRH, später den RHiVW zur Bonner Mitarbeit eingeladen, und zum zweiten, daß er um die Entsendung von Sachverständigen gebeten habe. Der 'singulare Präsident' kann nur als ganz gewöhnlicher Tippfehler interpretiert werden, oder aber als Freudsche Fehlleistung, entpuppt sich doch dieser ominöse Präsident als der Vorsitzende des PR, Konrad Adenauer.

Das zumindest behauptet Mayer in seiner damaligen Funktion als 'Vizepräsident' (!) des bizonalen RH auf einer Pressekonferenz, die er am 22. Juni 1949 in Frankfurt gemeinsam mit MinRat Krautwig, dem persönlichen Referenten Pünders, im Zusammenhang mit dem bevorstehenden Untersuchungsausschuß des WR gegen den Oberdirektor des VWG gehalten hatte[25]. Hierbei beantwortete er die drängenden Fragen in der Medienöffentlichkeit, wann, von wem und mit welchen Richtlinien der RHiVW die Aufträge für seine Gutachten über die Organisation der zukünftigen Bundesorgane erhalten habe, folgendermaßen:

"Der Präsident dieses Rechnungshofes, Herr Haaser, ist alsbald nach der Errichtung des Parlamentarischen Rates im Herbst, also zu einem Zeitpunkt, als der bizonale Rechnungshof noch gar nicht bestanden hat, von Herrn Dr. Adenauer nach Bonn gebeten worden, der ihm verschiedene Fragen vorgelegt hat, die mit dem künftigen Grundgesetz zu tun hatten. Es hat dann später auf Wunsch von Dr. Adenauer Herr Präsident Haaser in Bonn vor dem Hauptausschuß, der um einige Mitglieder erweitert war, einen Vortrag über die ihm vorgelegten Fragen gehalten. Daraufhin ist er von diesem Gremium gebeten worden, ein Gutachten zu machen über diese speziellen Fragen des Grundgesetzes. Das ist geschehen. Er hat einen weiteren Auftrag bekommen, nach Abschluß dieser Arbeiten ein weiteres Gutachten aufzustellen über die Organisation einer Bundesregierung."[26]

Vergleicht man diese Presseerklärung mit der Kurzdarstellung in der BRH-Denkschrift, können als wichtigste Ungereimtheiten genannt werden: die Frage des Zeitpunktes der Kontaktierung des ZRH, des Initiators (Adenauer persönlich oder in seiner Funktion als Präsident des PR mit oder ohne Zustimmung der Fraktionen bzw. des Plenums), Zeitpunkt und Thema des Haaser-Vortrages und schließlich die Abordnung von RH-Sachverständigen zum PR bzw. die Errichtung einer 'ZRH-Außenstelle Bonn' und deren rechtlicher Status; letztere wird auf der Pressekonferenz von Mayer totgeschwiegen. Eine Klärung dieser Fragen und damit eine abschließende Bewertung der Beratungs- und Gutachtentätigkeit der (bi-)zonalen Rechnungshöfe im Auftrag des PR und/oder seines Vorsitzenden hinsichtlich verfassungsrechtlicher Probleme sowie des organisatorisch-personellen Aufbaus der künftigen Bundesorgane ist angesichts der 'Vernebelungsaktionen' von beiden Institutionen, auf die wir weiter unten eingehen werden, äußerst schwierig und nur auf einer Plausibilitätsebene leistbar. Dennoch soll der Versuch einer Rekonstruktion gewagt werden.

Wann genau der erste Kontakt zwischen dem PR nach seiner Konstituierung am 1. September 1948 und dem ZRH, von wem und in welcher Form, geknüpft wurde, ist

25 BA/NL 5 (Pünder) 279
26 Ebd.

nach unseren Quellenrecherchen nicht mehr eindeutig zu klären. Vielleicht könnten die bis heute verschwundenen Akten des Sekretariats des PR darüber Auskunft geben. Jedoch kann der von Mayer auf seiner Pressekonferenz im Juni genannte 'unbestimmte' Zeitpunkt Herbst 1948 etwas präzisiert werden, da Haaser seinen 'ominösen' Vortrag über die Verwaltung des VWG etwa Mitte Oktober gehalten haben soll[27]. Im Widerspruch hierzu steht allerdings die terminliche Festlegung des Haaser-Referats auf den 14. Februar 1949 durch das Büro des PR in seiner Stellungnahme vom 8. Juli 1949 im Zusammenhang mit dem Untersuchungsausschuß Pünder[28]. Diese zeitliche Angabe ist eindeutig falsch, datieren doch die ersten schriftlichen gutachtlichen Stellungnahmen des ZRH zum Grundgesetz (GG) vom 18. November (zu den Übergangs- und Schlußbestimmungen)[29] bzw. vom 25. November 1948 (zum Finanzwesen)[30], fallen also in den Zeitraum der ersten Lesung des Hauptausschusses des PR vom 11. November bis zum 10. Dezember 1948. Letztere Stellungnahme ist auch insofern interessant, weil aus dem Begleitschreiben eindeutig hervorgeht, daß sie auf Veranlassung Adenauers erstellt worden ist: Hierin empfiehlt er den Herren Vorsitzenden des Haupt- und Redaktionsausschusses, des Ausschusses für Finanzfragen und für die Zuständigkeitsabgrenzung, "die anliegenden Ausarbeitungen zu den Artikeln 35 und 36 (in der endgültigen Fassung Artikel 73 bzw. 74/75) sowie zum Abschnitt XI, Finanzwesen (später Abschnitt X) des Grundgesetzes, die auf meine Veranlassung durch den Rechnungshof des Deutschen Reiches für die britische Zone hergestellt worden sind, ... zur Behandlung in den zuständigen Ausschüssen"[31]. Daß diese Institution seit dem 1. Oktober 1948 nur noch in der Form einer Abwicklungsstelle existierte und der RHiVW inzwischen zumindest formalrechtlich errichtet worden war, war dem Präsidenten wohl entgangen, was allerdings angesichts der immer noch bestehenden Präsenz des ZRH in Hamburg und den Irrungen und Wirrungen bei dem apparativen und personellen Aufbau des künftigen bizonalen Kontrollorgans in Frankfurt seit Anfang 1949 entschuldbar sein dürfte.

Das Gutachten zum Abschnitt Finanzwesen ist sowohl unter inhaltlichen wie unter formalen Gesichtspunkten bemerkenswert. Die Bestimmungen zum Finanzwesen sowie die zur ausschließlichen und vorrangigen Gesetzgebung - letztere wurde auf 'Wunsch' der Besatzungsmächte durch den Begriff 'konkurrierende Gesetzgebung' aus der Weimarer Verfassung ersetzt - waren bis zum Schluß der Verhandlungen innerhalb wie zwischen den einzelnen Fraktionen umstritten und u.a. der Anlaß für das alliierte Memorandum vom 2. März 1949, das zu weiteren zeitraubenden internen und externen Konflikten führte.

Die Stellungnahme des RH bezieht sich auf den vom Finanzausschuß des PR (FA) zur Vorlage an den Hauptausschuß (HA) am 13. Oktober 1948 verabschiedeten Entwurf[32], an dem die abschnittsweise Zusammenfassung aller Vorschriften zur Finanzwirt-

---

27 Werner 1986, PR Bd.3, S. XXXII
28 Diese Stellungnahme ist ohne Kopf und Adressat, allerdings datiert sowie unterschrieben und diente wahrscheinlich als Vorlage für die an diesem Tage stattfindende erste Beweisaufnahme. Hierin wird der Versuch unternommen, die erste Kontaktaufnahme zum ZRH zeitlich möglichst weit nach 'hinten' zu verlegen, auf den Jahreswechsel 1948/49, und sie zu entpersonalisieren, denn sie - so kann man nachlesen - sei nicht auf persönlichen Wunsch Adenauers zustande gekommen, sondern im Einverständnis mit den "führenden Mitgliedern aller Fraktionen des Parlamentarischen Rates" (StBkAH/09.20).
29 Vgl. Parlamentsarchiv (PA)/PR. 11-48 - 292
30 PA/PR/10-48 - 176 II
31 Ebd.
32 Ebd.

schaft und -gesetzgebung harsch kritisiert wird, da hierdurch "ohne Rücksicht auf die systematische Einordnung nebeneinander Aufgaben der Verwaltung und der Gesetzgebung behandelt" würden. Die Empfehlung, letztere in die entsprechenden Artikel über die ausschließliche bzw. konkurrierende Gesetzgebung zu integrieren, diente sodann als willkommener Anlaß - oder war es gar ein 'bestellter Befehl' des PR-Vorsitzenden zur Stärkung der Bundeskompetenz (?) -, diese insgesamt zu begutachten und detaillierte Ergänzungs- und Formulierungsvorschläge zu unterbreiten, die im Gegensatz zum Re-Integrationsvorschlag im großen und ganzen auch bei der endgültigen Fassung der Artikel 35 und 36 (d. h. also der Artikel 73-75) des GG berücksichtigt wurden[33].

Des weiteren ist bemerkenswert, daß die gutachtlichen Äußerungen über die Gesetzgebungskompetenz des Bundes bereits die erst zwei Tage zuvor beschlossene Fassung des Hauptausschusses mit einbeziehen, was nahe legt, daß diese Stellungnahme - zumindest was diesen Teil anbetrifft - vor Ort abgefaßt worden ist, die Hamburger Finanzkontrolleure ihre Zelte - zumindest zeitweilig - in Form einer Geschäftsstelle insgeheim schon zum damaligen Zeitpunkt aufgeschlagen hatten, ein Umstand, den man später peinlich zu vertuschen suchte.

Ein weiterer interessanter Punkt ist die formale Gestaltung der beiden Gutachten aus dem Jahre 1948: Sie sind anscheinend anonym abgefaßt worden, weisen weder einen Briefkopf auf noch eine Unterschrift und sind nur durch das entsprechende Begleitschreiben zu identifizieren. So erfährt man aus dem Begleitbrief zur gutachtlichen Stellungnahme des ZRH vom 18. November 1948 für den Ausschuß für die Organisation des Bundes (OA) von dessen Vorsitzenden Lehr (CDU) zwar den Namen des Verfassers, "Dr. Dr. Fuchs, Direktor beim Rechnungshof in Hamburg", nicht aber den des Auftraggebers, also Adenauers, wie bei der oben behandelten vom 25. November 1948. In diesem "Material für die nächste Sitzung am 24. November 1948"[34] werden die einzelnen Artikel der Übergangs- und Schlußbestimmungen (Abschnitt XI GG) in der vom OA am 27. Oktober 1948 beschlossenen Fassung einer dezidierten, aber sachlichen Kritik aus verwaltungsjuristischer Sicht unterzogen, deren Einzelheiten hier nicht weiter interessieren. Hingegen ist das Sondergutachten des 'General-Experten' Fuchs zum Artikel 143 c (später Artikel 132) GG[35] weniger distanziert ausgefallen, kann es doch als ein engagiertes Plädoyer eines 'Beamten für die unantastbare Beibehaltung des tradierten Beamtenrechts und der ungeschmälerten Besitzstandswahrung des deutschen Berufsbeamtentums' charakterisiert werden. Zwar verweist er einleitend auf die Notwendigkeit, daß dem Bund beim Aufbau seiner Verwaltungen "im weitesten Maße freie Hand gegeben werden" müßte. Gleichzeitig gibt er aber zu bedenken, daß die Zahl der hiervon betroffenen Personen verhältnismäßig gering sei, da "die Verwaltungen des Vereinigten Wirtschaftsgebietes ... bei der beamtenmäßigen Anstellung ihrer Be-

33 Vgl. Anm. 30. Diese Stellungnahme des ZRH wurde u.a. im FA auf seiner sehr kurzen 40-minütigen 18. Sitzung am 1. 12. 1948 ohne Beteiligung von RH-Vertretern vorgelesen und beraten, allerdings nur die Ausführungen zum Finanzwesen, da man sich auf Vorschlag Seebohms für den anderen Teil für inkompetent erklärte und derartige Fragen im "Kompetenzausschuß" behandelt wissen wollte (vgl. PA/PR/F 18,1, sowie PA/PR/12-48 - 387 II), wo sie aber nicht mehr zur Sprache kamen (vgl. PR, Bd. 3, S. 642, Anm. 1 bzw. S. 643. Anm. 2-4).

34 Vgl. PA/PR/11-48 - 292

35 Art. 143 c lautete: Bei der Abwicklung der bizonalen und zonalen Behörden kann die Bundesregierung von den Bestimmungen des Beamtenrechts abweichen. Die Befugnis endet sechs Monate nach dem Inkrafttreten des Grundgesetzes (ebd.).

diensteten ... sehr zurückhaltend verfahren (seien)" und zudem die Regelungen des Beamtenrechts für die Art ihrer Wieder- wie für ihre Nichtverwendung in der Bundesadministration völlig ausreichten. Viel gewichtiger hingegen seien die negativen Effekte dieses Artikels auf die Moral der Beamten, deren Vertrauen nicht so sehr durch die zeitlich befristete Eingriffsmöglichkeit des neuen Dienstherrn erschüttert werde, "als vielmehr dadurch, daß erstmalig verfassungsmäßige Garantien des Beamtenwesens beseitigt würden, die bisher niemals angetastet worden seien".[36] Darüber hinaus handele es sich bei den bizonalen wie zonalen Verwaltungsangehörigen fast durchweg um qualifizierte Fachkräfte, auf die der Bund aus Kontinuitätsgründen gar nicht verzichten könne. Deshalb sei aus personalwirtschaftlichen und -rechtlichen, aber vor allem aus "allgemein staatspolitischen" Gesichtspunkten die Aufnahme dieses Artikels in seiner jetzigen Form nicht nur entbehrlich, sondern müsse sogar als gefährlich bezeichnet werden.

Dieser Artikel ist im PR bzw. in den Fachausschüssen heftig umstritten gewesen, so auch im OA, weshalb wohl dessen Vorsitzender Lehr Fuchs als 'uneigennützigen Streiter in eigener Sache' zur Unterstützung seiner Position bzw. der seiner CDU-Fraktion für die 27. Sitzung am 6. Dezember 1948 einlud. Anläßlich seines persönlichen Auftritts vor diesem Auditorium legitimierte der RH-Direktor erstmals die Beratungstätigkeit seiner Institution, die er bei anderen derartigen Gelegenheiten mit fast denselben Worten stereotyp wiederholte. Zunächst verwies er auf die Tradition und die daraus resultierende Erfahrung der Finanzkontrollorgane hinsichtlich ihrer beratenden und gutachtenden Mitwirkung bei der "Reorganisation allergrößten Stils"[37], insbesondere auf die diesbezügliche Rolle des RSK Saemisch. Bei der Erfüllung dieser Funktion seien zu keiner Zeit parteipolitische und/oder partikularistische Interessen in die Arbeit eingeflossen, sondern hätten stets "staatspolitische Gesichtspunkte" im Vordergrund gestanden; d.h. die apolitische Neutralität und Objektivität der unabhängigen Institution Rechnungshof, die zum Wohle des Staates nur dem Gesetz verpflichtet ist, war ein Hauptargument dieser Rechtfertigungsstrategie. Des weiteren erhalte - so Fuchs weiter - seine Dienststelle - und damit meinte er in erster Linie seine eigene Gutachtenabteilung - eine spezielle Legitimation aus ihren Organisationsuntersuchungen der bizonalen Verwaltungen, und er erwähnte in diesem Zusammenhang das "grün gebundene Gutachten" über die Verwaltung für Wirtschaft (VfW) als Paradigma ihrer kritischen Arbeitsweise bei der Reorganisation der Staatsadministration[38].

Erst nach diesem legitimatorischen Prolog zu seiner 'General-Expertenrolle' in Sachen Verwaltungsorganisation referierte Fuchs ausführlich in beredter Form seine bereits schriftlich niedergelegten Bedenken gegen die Durchlöcherung des beamtenrechtlichen Kodexes und die Beseitigung subjektiver öffentlicher Rechte der Beamten. Hierbei betonte er nochmals, daß in den Frankfurter Verwaltungen[39] neuerdings zwar der eine

---

36 Ebd.
37 PA/PR/0.27
38 Ebd. Dieses Gutachten wurde noch 1971 vom damaligen Präsidenten des BRH, Hopf, in seinem Gutachten als BWV zu einer möglichen Verlagerung von Aufgaben aus den Ministerien auf nachgeordnete Bundesbehörden, das im Auftrag der Projektgruppe Regierungs- und Verwaltungsreform beim BMI erstellt worden war, als "Vorbild für die Organisations- und Wirtschaftlichkeitsprüfungen des Bundesrechnungshofes" gepriesen (BWV-Gutachten 1971, S. 21).
39 S. Anm. 37. In diesem Zusammenhang fügte Fuchs die süffisante Bemerkung ein, daß die bizonalen Organe in Frankfurt der Zustimmung und Stützung seitens der MR sicherer sein

oder andere noch eingestellt bzw. verbeamtet worden sei, was man besser vermieden hätte - sozusagen als Reflexbewegung auf den nicht unbekannt gebliebenen Artikel 143 c in der alten Fassung des OA. Dieser - so sei zu befürchten - könne im übrigen dazu führen, daß die "brauchbaren Tätigen" eine Flucht aus den bizonalen Behörden in die ohnehin schon "qualitätsmäßig" besser besetzten Landesverwaltungen anträten. Daher und aufgrund der relativ kleinen Zahl von Betroffenen sei aus "staatspolitischen und verwaltungspolitischen Bedenken" und aus der "Sorge um das kontinuierliche Funktionieren der Verwaltung" von einem derart schwerwiegenden Eingriff in die hergebrachten Grundsätze des Berufsbeamtentums abzuraten, zumal die Scheidung der 'Valeurs' von den 'Non-Valeurs' auch auf anderem Wege möglich sei, etwa durch Versetzung zu anderen Dienststellen, Frühpensionierung etc[40].

Sodann geriet der RH-Direktor ins Sinnieren über den Aufbau und die Funktion der künftigen Bundesverwaltung, die wahrscheinlich einen wesentlich kleineren Beamtenapparat benötigen werde, der sich ausschließlich auf die eigentlichen Staatsfunktionen konzentrieren müsse: Denn "vielleicht bringt der Bund eine Neukonstruktion, vielleicht kleine Ministerien, größere Bundesoberbehörden". In diesem Kontext kritisierte er die bisherige Arbeit des PR, der zur Entlastung der Öffentlichen Hand "bislang etwas nicht zum Ausdruck gebracht (habe), was uns sehr am Herzen liegt, nämlich ein stärkeres Einschalten der Eigenverwaltung der Wirtschaft, der Selbstbetätigung der verschiedenen Gremien". Hiermit sind bereits die wichtigsten Grundsätze - Abbau der Staatsaufgaben, kleine Ministerien, Verlagerung der nichtministeriellen Arbeiten auf BOB - benannt, die wie ein Leitmotiv alle Gutachten des RH zum organisatorischen Aufbau der künftigen Bundesorgane durchziehen[41].

Trotz seines vehementen Einsatzes für die Belange des Berufsbeamtentums konnte Fuchs auf dieser Sitzung des OA die Pattsituation noch nicht aufbrechen, bei der sich die Vertreter der SPD und der CDU als Anwälte des Pro und Contra die Waage hielten. Erst auf der 30. Sitzung am 13. Februar 1949, für die der RH-Direktor nochmals eine gutachterliche Stellungnahme verfaßt hatte[42], zeichnete sich insofern eine Lösung ab, als man sich darauf einigte, den Artikel in einer entschärften, einen Mißbrauch verhindernden Form beizubehalten, um die fachlich und persönlich ungeeigneten Verwaltungsangehörigen, "die von den Besatzungsbehörden eingesetzt worden sind" (was man aber so nicht hineinschreiben könne und wolle, auch wenn es der tatsächliche Grund sei), "auf sehr milde Art und Weise, die sie weit besser stellt als die Denazifizierten oder andere, wieder aus dem Dienst zu entfernen, ... denn sonst sind wir in der britischen Zone verloren und haben keine Handhabe."[43] So argumentierte der sozialdemokratische Abgeordnete Katz, der im übrigen mit seiner auf die etwas lasche Entnazifizierungspraxis der Briten abzielenden Forderung, auch die politische Eignung der Beamten mit einzubeziehen, nicht durchdrang. Ganz in diesem Sinne ist schließlich der entsprechende Überleitungsartikel 132 GG als ein Instrument zur Gegensteuerung der personalpolitischen Entscheidungen und Intentionen der anglo-amerikanischen Besatzungsmächte ge-

könnten als Bonn, was von den Mitgliedern dieses Ausschusses mit Befriedigung zur Kenntnis genommen wurde (s. Anm. 37).

40 Ebd.

41 Ebd.

42 BA Z5/147

43 PA/PR/0.30

gen die Stimmen der SPD-Fraktion verabschiedet worden, von dem - nach Mangoldt - nur sehr zurückhaltend Gebrauch gemacht worden ist[44].

Diese früh einsetzende und langanhaltende kontroverse Debatte um das Institut des Berufsbeamtentums und um dessen privilegierten Status - vergleichbar demjenigen "Heiliger Kühe"[45] - sowie das hierbei gezeigte Engagement der RH-Vertreter muß im Kontext gesehen werden mit den Reformbestrebungen der Westalliierten mit der Speerspitze USA, das deutsche Berufsbeamtentum "als Träger des (autoritären) politischen Herrschaftsgefüges"[46] durch die Schaffung eines einheitlichen Dienstrechtes für alle im Öffentlichen Dienst Beschäftigten, eine zentrale Auslese, Einführung des Leistungsprinzips und neuer Auswahlverfahren (psychologische Tests) sowie anderes mehr zu zerschlagen. Als Bündnispartner deutscherseits bot sich die Sozialdemokratie an, die eine ähnliche Zielsetzung verfolgte. Als Instrument zur praktischen Durchsetzung ihrer Intentionen diente das Personalamt unter der Leitung des SPD-Genossen Oppler, das nach der zweiten Reorganisation der bizonalen Organe am 23. Juni 1948 errichtet worden war[47]. Dieses in organisationsrechtlicher Hinsicht institutionelle Novum unterstand zwar formal dem Vorsitzenden des VR, war aber faktisch weitgehend unabhängig, mit der Folge, daß der Oberdirektor Pünder 'seinen Personalchef' und dessen Personalpolitik[48] zum Unmut seines Parteifreundes Adenauer nicht in den Griff bekam. Von daher ist es nicht weiter verwunderlich, daß Oppler - sowohl persönlich wie auch sein Amt - in das Kreuzfeuer der Kritik der konservativen (im engen Sinne des Wortes) Parteien, Institutionen und (Interessen-)Verbände geriet, die die staats-, verwaltungs- und beamtenrechtliche Kontinuität gewahrt wissen wollten und keinesfalls gewillt waren, mit dem demokratischen Neubeginn des westdeutschen Staates zugleich eine Verwaltungsreform zu wagen.

Daß in diesen Lobbyistenchor für das deutsche Berufsbeamtentum die Finanzkontrolleure mit in der vordersten Reihe standen, ist aufgrund ihrer institutionellen Tradition und des elitären Selbstbewußtseins der RH-Beamten nur zu verständlich, wenn sie auch, ihrem Nimbus der Objektivität und Neutralität Rechnung tragend, ihre Stimme aus 'übergeordneten staatspolitischen' Motiven erhoben, womit sie mehr schlecht als recht ihre "corruptio mentalis in actu" in bezug auf die Nähe oder gar die Gleichheit (beamten-)politischer Vorstellungen ihres Auftraggebers aus dem PR im Sinne einer Erwartungs-Erwartung kaschierten[49]. Dies wird bei den personalpolitischen Aktivitäten des zweiten Bonner Vertreters des Hamburger RH, MinRat Erich Keßler, besonders deutlich, worauf im Folgenden noch näher eingegangen wird.

Hinsichtlich der Beratungstätigkeit der Finanzkontrolleure aus Hamburg beim PR kann als Zwischenresümee festgehalten werden, daß ihre gutachtlichen Stellungnahmen zu den Abschnitten Finanzwesen und den Übergangs- und Schlußbestimmungen des GG sich im wesentlichen nicht von denen anderer Sachverständiger - etwa aus dem

---

44 Mangoldt 1953, S. 645; vgl. hierzu auch Sörgel 1969, S. 120 ff.
45 Brecht 1949, S. 468, zit. n. Sörgel 1969, S. 120
46 Morsey 1977, S. 202
47 Vgl. hierzu Pünder 1966, S. 169
48 So erfolgte die Auswahl der höheren Beamten für die bizonale Verwaltung unter dem Primat ihrer nationalsozialistischen Nicht-Belastetheit, weshalb z.T. mangels Masse auf Bewerber aus den sogenannten freien Berufen zurückgegriffen werden mußte, was Oppler wiederum den Vorwurf einbrachte, er unterminiere das hergebrachte Beamtenrecht und diskriminiere die nur formal belastete Ministerialbeamtenschaft (vgl. hierzu die Ausführungen bei Morsey 1977 und Wengst 1984).
49 Zum Problem der "corruptio mentalis in actu" der Rechnungsprüfer vgl. Pirker 1989

Umkreis der bizonalen Zentralbehörden - unterschieden, ihnen allerdings weniger der Geruch der Interessengebundenheit anhaftete, galten sie doch als Experten einer unabhängigen, apolitischen und objektiven Institution, was sie durch ihre fachlich versierte Kritik an den 'Frankfurter Verwaltungen' erneut unter Beweis gestellt hatten. Mit ihren verfassungs- und verwaltungsjuristisch elaborierten Gutachten verstärkten sie zusätzlich das im PR und seinen Fachausschüssen vorherrschende Spezialisten- und Perfektionsdenken, das 'Provisorium' in ein staats- und verfassungsjuristisch dauerhaftes Korsett zu zwängen, wobei das Primat ganz eindeutig bei der "Funktionsfähigkeit der Verfassung und ihrer Institutionen" lag[50], zu Lasten der verfassungsrechtlichen Prinzipien. Mit dieser Prioritätensetzung für die Exekutive bzw. den Staatsapparat, reihten sich die RH-Experten in die Schar derer ein, die hinsichtlich der bundesstaatlichen Gesetzgebungskompetenz wie der Etablierung eines Regierungsstabilität und -kontinuität stiftenden 'bürokratischen Verwaltungsstaates'[51] allen föderalistischen Lippenbekenntnissen zum Trotz, die z. T. wohl weniger den eigenen Überzeugungen als vielmehr dem Oktroi der alliierten Westmächte geschuldet sein dürften, eher einen latent unitarischen Standpunkt vertraten und die Länder tendenziell zu "Selbstverwaltungskörperschaften mit einer sehr ausgedehnten Autonomie"[52] degradierten, was wiederum bei den süddeutschen Föderalisten die hellste Empörung hervorrief: "Ganz allgemein ist die Tendenz festzustellen, diesen Katalog (der Vorranggesetzgebung, G.O.) immer noch mehr zu erweitern. Dabei wird von der CDU kampflos jedes Terrain geräumt. Jeder Antrag wird widerspruchslos hingenommen, wenn zu seiner Begründung behauptet wird, daß er auf einer Anregung aus Frankfurt beruhe."[53] Allerdings trifft diese Kritik nicht nur auf die als Zentralisten mißtrauisch beobachteten Sachverständigen aus Frankfurt zu, sondern auch auf die neutralen 'General-Experten' aus Hamburg[54].

Ob deren ausschließlich staatspolitische Orientierung wirklich so ausschließlich war, was insbesondere von dem 'Obergutachter' Fuchs permanent betont wurde, oder ob sie z. T. nicht als 'ideologische Tarnkappe' zur Durchsetzung (partei)politischer und/oder eigener Partikularinteressen herhalten mußte, wie dies bei der engagierten Verteidigung des Berufsbeamtentums bereits anklingt, gilt es im folgenden zu klären.

2. Der personalpolitische Aspekt

Wie weit die oben gestellte Frage nach der 'corruptio mentalis in actu' oder gar die personelle Verzahnung zwischen der 'RH-Außenstelle Bonn' und dem Sekretariat des PR ging, wird u.a. auf der 30. Sitzung des OA vom 13. Januar 1949 deutlich: Anläßlich einer Besprechung der Themenkomplexe 'Dienststrafgewalt' und 'Disziplinargewalt' im Bereich der Obersten Bundesbehörden (OBB) machte der Ausschußvorsitzende Lehr (CDU) auf den Einwand eines Herrn Dr. Kessler aufmerksam, den er als "unser(en)

---

50 Pirker 1977, S. 157
51 Ebd., S. 182 f.
52 Weber 1958, S. 19
53 Leusser vor dem HA des PR am 6. 1. 1949, zit. nach Werner 1986, S. XXXII
54 Im übrigen war Adenauer als Machtpolitiker spätestens seit dem Winter 1948/49 ebenfalls ein Verfechter einer starken Bundesgewalt als Basis für 'seine Kanzlerdemokratie'. Darin dürfte u.a. auch sein Interesse an den RH-Expertisen gelegen haben (vgl. hierzu u.a. Wengst 1984, S. 65 f.).

Mitarbeiter vom Sekretariat"[55] vorstellte, obwohl es sich um niemand anderen handelte als um den MinRat Keßler aus der Gutachtenabteilung des Rechnungshofs des Deutschen Reichs - Abwicklungsstelle -. Die Schlußfolgerung, daß er von Mitgliedern des PR nicht nur als ein externer Sachverständiger unter anderen wahrgenommen wurde, sondern als ein Mitglied des Sekretariats, ist trotz mangelnder eindeutiger Belege zumindest plausibel, und zwar aus mehreren Gründen. Die Tatsache, daß Keßler von Haaser nicht nur zu einer sporadischen bzw. punktuellen Beratungstätigkeit abgeordnet worden war, sondern daß der RH-Präsident ihn höchstwahrscheinlich Beginn/Mitte Januar 1949 kontinuierlich an das PR-Sekretariat 'ausgeliehen' hatte, wird sowohl von seiner Ehefrau[56] wie von dem ehemaligen Sekretariats-Mitarbeiter[57] MinRat a.D. Kurt-Georg Wernicke bestätigt, der ihn in seiner Funktion als Mitarbeiter der Abteilung II, Ausschußdienst und Wissenschaft, in Erinnerung hat[58]. Stellen- wie haushaltsmäßig blieb Keßler bis zu seinem Eintritt in das Innenministerium (BMI) bzw. der Verabschiedung des ersten Bundeshaushaltes im RHiVW verankert, was dem Präsidenten des PR angesichts des von den Ländern knapp bemessenen Etats nur willkommen sein konnte. Dasselbe gilt beispielsweise für Hans Globke, der zwar seit Anfang August 1949 formell als Vizepräsident des LRH von Nordrhein-Westfalen geführt wurde, faktisch aber seine Dienstgeschäfte in Bonn bzw. in Adenauers Interesse zur personalwirtschaftlichen und organisatorischen Vorbereitung der Bundesorgane - übrigens in enger Verbindung mit Keßler - wahrnahm, denn aktenmäßig tritt er bei seiner offiziellen Dienstbehörde nicht in Erscheinung[59].

Als Indiz für den Zeitpunkt seiner 'hauptberuflichen Verlagerung in die Bonner Außenstelle' kann u.a. sein Privatschreiben vom 31. Dezember 1948 an seinen ehemaligen Kollegen aus dem Reichsinnenministerium (RMI) und damaligen Mitarbeiter beim Sekretariat des PR, MinRat Sklode von Perbandt, herangezogen werden, in dem er diesem mitteilte, daß sich für ihn aufgrund einer Besprechung mit dem Adenauer-Intimus Blankenhorn im Laufe des Januar wieder einmal die Notwendigkeit ergeben werde, kurz nach Bonn zu kommen[60]. Auffallend ist, daß Keßler bei seinem wohl doch nicht so kur-

55 S. Anm. 42

56 Persönliche Mitteilung von Frau Keßler vom 24. 10. 1989

57 Das mit einer Anzahl von 80 Mitarbeitern (Benz 1984, S. 244) recht üppig ausgestattete Sekretariat stand unter der Leitung des Sozialdemokraten Kajus Köster und war in drei Abteilungen gegliedert: Allgemeine Verwaltung, Ausschußdienst und Wissenschaft sowie Organisation; letztere unterstand dem ehemaligen stellvertretenden General- und Fraktionssekretär der CSU in Bayern und späteren Bundestagsdirektor Trossmann (vgl. Wengst 1984, S. 211).

58 Persönliche Mitteilung vom 8. 11. 1989. Beide Zeitzeugen, sowohl Frau Keßler als auch Wernicke, können sich leider nicht mehr an den genauen Zeitraum seiner Abordnung erinnern.

59 Es ist in diesem Zusammenhang allerdings doch bemerkenswert, daß Keßler in seinem Gespräch mit Wengst seine Abordnung nach Bonn mit keinem Wort erwähnt hat, entweder hat er sie schlichtweg vergessen, was weniger wahrscheinlich ist, oder er hat sie aufgrund ihres nicht ganz legalen Charakters verdrängt und sich auf seine formalrechtliche Position, sprich stellenmäßige Zugehörigkeit zum zonalen bzw. bizonalen RH, zurückgezogen (vgl. Wengst 1984, S. 92 u. Anm. 52).

60 BA/Z 5/96. Dieser Brief ist noch aus einem anderen Grund interessant, wendet sich doch der Verfasser ganz unverhüllt als Lobbyist für den Verband der Forstsamen- und Forstpflanzenbetriebe mit der Bitte an den "lieben Perbandt", ihn in dem Sinne zu unterstützen, "daß die entsprechenden forstwirtschaftlichen Angelegenheiten in die Gesetzgebungsbefugnisse des Bundes kommen", was dieser auch prompt und mit Erfolg managte, denn der HA stimmte diesem Anliegen schon am 6. 1. 1949 zu. Der Fairneß halber bleibt noch anzumerken, daß dieser Vorschlag - auf wessen Initiative auch immer - bereits in der Stellungnahme des ZRH vom 25. 11. 1948 gemacht worden war. Dies zeigt, daß die angeblich so neutralen Sachwalter einer ordnungsgemäßen, sparsamen und wirtschaftlichen

zen Aufenthalt in Bonn im Rahmen seiner 'Beratungstätigkeit' zu anstehenden verfassungsrechtlichen Fragen im Gegensatz zu seinem Kollegen Fuchs in den entsprechenden Gremien zumindest protokollmäßig kaum in Erscheinung tritt. Dies deutet wohl auf einen anderen, politisch delikateren Auftrag hin, der eine gewisse Zurückhaltung bzw. Diskretion unbedingt erforderte: die Durchführung personalpolitischer und organisatorischer Vorarbeiten für die künftigen Bundesorgane, die Adenauer unter Überschreitung seiner Kompetenz als Präsident des PR ab Winter 1948/49 unter der Hand forcierte, da er davon ausging, "daß die Frankfurter Ressorts nicht einfach den Kern entsprechender künftiger Bundesministerien abgeben könnten"[61] und deshalb personelle Alternativen benötigten. Aus diesem Grunde - so Morsey weiter - stellte auf Adenauers Veranlassung hin ein "kleines, den Unionsparteien nahestehendes Gremium Überlegungen an über Persönlichkeiten, die für eine Verwendung in den kommenden Bundesministerien in Frage kämen."[62] Als Hauptakteur bzw. Graue Eminenz dieses informellen Personalrekrutierungskreises fungierte der aus der Gutachtenabteilung des RH abgeordnete Sachverständige Keßler, der für diese Aufgabe sowohl aufgrund seiner früheren Tätigkeit im RMI als auch aufgrund seiner profunden Kenntnisse der bizonalen Verwaltungsorganisation und der dort betriebenen Personalpolitik bestens geeignet erschien, zumal er mit dem 'Koordinator' dieses Gremiums, Blankenhorn - bekanntermaßen Generalsekretär der CDU in der britischen Zone und persönlicher Referent Adenauers in seiner Funktion als Vorsitzender des PR -, seit ihrer gemeinsamen Zeit beim Zonenbeirat enge Kontakte hielt. Für die Bewältigung dieser Aufgabe reaktivierte er die alte Bekanntschaft zu einer Reihe von früheren Kollegen aus dem RMI, u.a. zu Hans Globke und Hans Ritter von Lex - dieses Trio bildete sozusagen den harten Kern der Gruppe für die personelle und organisatorische 'Erstausstattung' der künftigen Bundesministerien. Ihr personalpolitisches Ziel war - wie sollte es bei ihrer beruflichen Sozialisation und ihrer konservativen Grundeinstellung im Gegensatz zu der Position des bizonalen 'Personalchefs' Oppler und der amerikanischen Besatzungsmacht auch anders sein - die Kontinuität des tradierten deutschen Beamtenrechts und das Institut des Berufsbeamtentums im vollen Umfang zu wahren, wobei sie weniger die nationalsozialistische Vergangenheit ihrer 'Wunschkandidaten' - wohl auch aus eigenem Interesse - in den Vordergrund stellten als vielmehr deren verwaltungsmäßige Qualifikation. Mit dieser Intention fand sich Keßler im Einklang sowohl mit seiner formalen Dienstbehörde wie mit seinem informellen Auftraggeber Adenauer, der allerdings die 'parteipolitische Qualifikation' stärker betont wissen wollte[63].

Die Einzelheiten der personalpolitischen Aktivitäten der 'Gruppe Keßler' brauchen an dieser Stelle nicht näher dargestellt zu werden[64]. Hingegen muß in diesem Zusammenhang kurz die Frage gestreift werden, was den Präsidenten des PR veranlaßt haben mag, zu Beginn des Jahres 1949 mit diesem delikaten und brisanten

---

Verwaltung in dieser Zeit des Umbruchs so neutral nicht waren und sich durchaus in den Dienst sogenannter Partikularinteressen stellten bzw. stellen ließen.

61 Morsey 1977, S. 207

62 Ebd. S. 208.

63 Adenauer hatte bei seiner parteipolitischen und 'antifrankfurtistischen' Personalrekrutierung wenig Skrupel, auch auf nationalsozialistisch belastete, aber fachlich geeignete Kandidaten zurückzugreifen; im Gegenteil, er sah in ihnen - ähnlich wie die französische Besatzungsmacht (vgl. hierzu Otto/Weinert 1987, S. 122 und Gilles/Otto/Weinert 1987, S. 467) - dankbar und treu ergebene Erfüllungsgehilfen seiner Politik (vgl. hierzu u.a. Wengst 1984, S. 143).

64 Vgl. hierzu Morsey 1977, S. 206 ff. und Wengst 1984, S. 89 ff. und 137 ff.

'personalpolitischen Geheimauftrag' ausgerechnet einen Vertreter des bizonalen RH zu betrauen; eine Frage, die sich aufgrund der äußerst lückenhaften Quellenlage wiederum nur auf der Plausibilitätsebene beantworten läßt[65].

3. Der machtpolitische Aspekt

Die von Adenauer initiierten und/oder gedeckten Aktivitäten Keßlers sind als ein Element seiner machtpolitischen Strategie zu betrachten, sich gezielt auf die Phase der Übergangszeit bis zur Konstituierung der Bundesrepublik Deutschland vorzubereiten, zumal zu diesem Zeitpunkt die Verabschiedung des GG als ein kurzfristiges Problem angesehen wurde, das sich jedoch durch das alliierte Memorandum vom 3. Februar 1949 doch als ein etwas längerfristiges erwies. In die gleiche Stoßrichtung zielte der wohl ebenfalls von ihm Anfang 1949 an den 'ZRH' erteilte Auftrag, sich grundsätzlich über die organisatorische Struktur der Bundesministerien zu äußern. Diese illegalen bzw. am Rande der Legalität stehenden Aktionen, die sich in keiner Weise aus dem Verfassungsauftrag des PR ableiten ließen, waren eindeutig gegen die Ministerpräsidenten der Länder gerichtet, deren Beratungsanspruch bei der Ausarbeitung des GG Adenauer erfolgreich zu verhindern wußte[66]. Dies deckt sich auch mit der Tatsache, daß Adenauer bereits im November 1948 in aller Öffentlichkeit Überlegungen anstellte, ob nicht eine zeitliche Existenzverlängerung des PR bis zur ersten Bundestagswahl notwendig sei, um eine parteipolitische Vertretung der drei Westzonen zu gewährleisten[67]. In Wirklichkeit ging es ihm aber darum, dem verfassunggebenden Organ über seinen zeitlichen Auftrag hinaus - und damit seiner eigenen Position - einen dominierenden Einfluß bei den personellen wie organisatorischen 'Überleitungsmaßnahmen' für die künftige Bundesadministration zu sichern, sowie darum, seine inzwischen aufgebauten direkten Kommunikationskanäle zu den Militärgouverneuren weiterhin politisch nutzen zu können[68]. Daß sich der Vorsitzende des PR hierbei der Institution RH bediente, ist engstens mit dem 'illegalen Charakter' dieser Kompetenzüberschreitung verknüpft, der durch den Hinweis auf die unabhängige Stellung der Finanzkontrollorgane kaschiert werden konnte, zumal sie gesetzlich verpflichtet waren, auf Ansuchen der Länder, öffentlich-rechtlicher Körperschaften etc. gutachtliche Stellungnahmen zu erarbeiten. Hierbei konnte einerseits der RH - falls nötig, wie im Falle seiner Organisationsgutachten - ebenfalls auf diesen Gesetzesauftrag hinweisen, den man dem PR, obwohl er keine Körperschaft des öffentlichen Rechts sei, aufgrund seines politischen Ranges nicht verweigern könne[69]. Andererseits konnte das Präsidium des PR seinerseits betonen, daß diese Expertisen von einer autonomen und neutralen Institution erstellt worden seien, die weder (partei-) politischen noch sonstigen Partikularinteressen verpflichtet sei, sondern sich ausschließlich an staatspolitischen und verwaltungsorganisatorischen Sachnotwendigkeiten orientiere. Bei dieser gegenseitigen Legitimation konnte zudem auf die altbewährten

65 Dabei geht es hier nicht so sehr um die Person Keßler, da dessen Rolle trotz seiner fachlichen wie persönlichen Qualifikation und seiner zahlreichen Kontakte zu einflußreichen Kreisen der CDU und ehemaligen Reichsbeamten von jedem anderen, ähnlich qualifizierten RH-Beamten hätte übernommen werden können.
66 Vgl. Wengst 1984, S. 66
67 Vgl. ebd.
68 Vgl. Wengst 1984, S. 66 f.
69 Vgl. Anm. 25

Methoden der Gutachtertätigkeit des RRH bzw. des Sparkommissars verwiesen werden, die sich in den jüngsten Organisationsuntersuchungen der bizonalen Verwaltung erneut bewährt hätten. Insofern kann die Institution RH geradezu als der 'ideale Beratungspartner' für den PR bzw. seines Vorsitzenden bezeichnet werden.

Mit diesen personalpolitischen und organisatorischen 'Geheimaufträgen' an den RH in Hamburg hatte der Machtpolitiker Adenauer schon längst die Weichen gestellt, sich bzw. sein Verfassungsorgan als gewichtigen Gegenpart zu den Ministerpräsidenten der Länder bei den Überleitungsarbeiten für die Bundesexekutive aufzubauen, bevor die FDP-Fraktion am 26. April 1949 ihren Antrag einreichte, "zur beschleunigten Durchführung der mit der Errichtung des westdeutschen Staates verbundenen administrativen Maßnahmen ein vorläufiges Exekutivorgan zu bilden."[70] Ziel dieses Organs sollte es sein, die notwendigen Vorbereitungsarbeiten für die Bundesverwaltung soweit voranzutreiben, daß nach der Bundestagswahl die Handlungsfähigkeit der ersten Bundesregierung gesichert sei. In der Begründung zum Antrag wird u.a. ausgeführt, daß die Beschränkung des PR auf die "bloße Abfassung des Grundgesetzes ein Mangel an politischer Folgerichtigkeit" sei, da die Notwendigkeit bestehe, "gewisse Verwaltungskerne für die einzelnen Ressorts schon vorher bereitzustellen, insbesondere auch die eventuelle Überführung bizonaler und zonaler Verwaltungseinrichtungen in die Bundesadministration vorzuprüfen, ohne allerdings den politischen Entscheidungen des ersten verfassungsmäßigen Bundeskabinetts vorzugreifen".[71] Der alleinige politische Kompetenzanspruch der MPK für diese Vorarbeiten wurde mit dem Argument zurückgewiesen, daß die Ministerpräsidenten hierfür sachlich nicht ausreichend autorisiert seien, und deshalb "die Anfangs- und Übergangsaufgaben ... erfolgreicher von Personen begonnen werden (könnten), die sich in neunmonatiger Tätigkeit in die Vorstellungswelt des Grundgesetzes und seiner zahllosen Beweggründe eingelebt (hätten)".[72]

Die in dem FDP-Antrag, der sich im übrigen wie ein bestellter Befehl des PR-Präsidenten liest, genannte Aufgabenstellung hatte Adenauer mit seinen personalwirtschaftlichen und organisatorischen 'Geheimaufträgen' längst in Angriff genommen und hielt zu diesem Zeitpunkt schon die ersten hieraus resultierenden Ergebnisse in der Hand, die er allerdings unter strengem Verschluß halten mußte, wollte er nicht die zu erwartenden massiven Proteste seitens der Ministerpräsidenten, der Alliierten und der Medienöffentlichkeit angesichts derartiger illegaler Präjudizierungs- bzw. Präformierungsversuche der künftigen Bundesorgane auf sich ziehen. Insofern durchkreuzte das alliierte Memorandum entscheidend sein zeitliches Kalkül, mit den 'Pfunden' der Finanzkontrolleure politisch wuchern zu können.

Allerdings nahmen die Ministerpräsidenten den FDP-Antrag zum Anlaß, ihrerseits eine Gegeninitiative zu starten, in der sie zunächst auf ihrer ausschließlichen Kompetenz für die Überleitungsmaßnahmen bestanden, wozu sie von General Clay ausdrücklich ermuntert wurden[73]. Nachdem die Militärgouverneure sich am 12. Mai 1949 für eine Auflösung des PR nach Beendigung seiner im Artikel 145 formulierten Aufgabe aussprachen und auch dem am 6. Mai 1949 vom Plenum gebilligten Überleitungsausschuß ihre Anerkennung versagten, befürchtete Adenauer bereits das Schlimmste und versuchte

70 StBkAH/09.20
71 Ebd.
72 Ebd.
73 Vgl. Wengst 1984, S. 82; AVBRD Bd. 5, S. 400

mit allen Tricks, wenigstens die Mitarbeit des PR in den Überleitungsausschüssen der MPK durchzusetzen[74]. Hierbei erhielt er durch einen überraschenden Gesinnungswandel der Militärgouverneure unerwartete Schützenhilfe, die sich auf ihrer Konferenz mit Vertretern des PR und der MPK am 12. Mai 1949 anläßlich der Genehmigung des GG dafür aussprachen, daß bei der Durchführung der Überleitungsmaßnahmen, die sie vertrauensvoll in die Hände der 'Landesfürsten' legten, es "zweckmäßig sein könnte ... sich der Mitwirkung von Mitgliedern des Parlamentarischen Rates (zu bedienen), die ihnen zur Beratung und Unterstützung vom Parlamentarischen Rat genannt werden. Auf diese Weise wird eine nutzbringende Zusammenarbeit bei der Durchführung der Aufgabe sichergestellt, wobei aber die Verantwortung bei den Ministerpräsidenten liegt."[75] Nach diesem 'Liebesdienst' der Alliierten konnte sich der PR nach einer kurzen, aber erregten Debatte über dessen Verewigungstendenzen über das Vehikel einer permanenten Kompetenzausweitung relativ leicht die Mitwirkungsrechte bei den Überleitungsarbeiten erkämpfen, wobei vor allem das Argument stach, daß hierbei neben den Interessen der Länder auch die der großen Parteien Berücksichtigung finden müßten, was angesichts des verfassungsrechtlichen Stellenwerts der Parteien ein kaum zu konternder Schachzug war[76]. Schließlich fand man, nachdem der heftige Konflikt über die Neufassung des von den Besatzungsmächten zurückgewiesenen Wahlgesetzes zwischen den beiden Institutionen beigelegt worden war, auf der MPK in Bad Schlangenbad am 14./15. Juni 1949 den endgültigen Kompromiß, an dem Hauptausschuß für die Überleitungsmaßnahmen alle 18 Mitglieder des Überleitungsausschusses des PR sowie 6 Vertreter des Wirtschaftsrates und 4 Delegierte aus der französischen Zone zu beteiligen. Des weiteren wurde beschlossen, neben den bereits bestehenden Fachausschüssen der MPK (Technischer Ausschuß, Juristischer Ausschuß, Organisationausschuß) auf Vorschlag von Höpker-Aschoff zusätzlich noch einen Finanzausschuß einzurichten. Diese Gremien sollten jeweils für den ihnen zugewiesenen Bereich Empfehlungen für den HA ausarbeiten, wobei es den einzelnen Ausschüssen überlassen wurde, externe Sachverständige zu Beratungszwecken hinzuzuziehen. Einigkeit wurde auch darüber erzielt, daß den Ergebnissen der Ausschüsse nur ein empfehlender Charakter zukomme, da man nur "Handreicherdienste für den Bund" tun wolle, wie sich der hessische Ministerpräsident Stock (SPD) ausdrückte[77], und alle personellen Fragen tabu seien, was wiederum Adenauer besonders am Herzen lag, ließ er doch diese Problematik bereits seit längerer Zeit u. a. von Keßler 'erörtern'.

Der technische Ausschuß unter dem Vorsitz des nordrhein-westfälischen Ministerpräsidenten Arnold war für die Raumermittlung und -beschaffung sowie für alle bau-, verkehrs- und kommunikationstechnischen Maßnahmen im Zusammenhang mit der Unterbringung der Bundesorgane in Bonn zuständig. Dominierendes Mitglied war MinDir Wandersleb aus der Düsseldorfer Landeskanzlei und engagierter "Chef des Büros Bonn"[78], der schon auf der konstituierenden Sitzung am 23. Mai 1949 auf die Notwendigkeit einer engen Kooperation mit dem Organisationsausschuß hinwies sowie

74 Vgl. hierzu Wengst 1984, S. 84 ff.
75 AVBRD Bd. 5, S. 425 f.
76 Vgl. hierzu die MPK in Bad Godesberg vom 23/24. 5. 1949, AVBRD Bd. 5, S. 460 ff. sowie zusammenfassend Wengst 1984, S. 81 ff.
77 AVBRD Bd. 5, S. 577 ff., hier: S. 582
78 Vgl. Dreher 1979, S. 61

darauf, daß sämtliche Ministerien geschlossen in der künftigen Bundeshauptstadt untergebracht werden müßten[79].

Der juristische Ausschuß unter dem Staatspräsidenten Müller aus Württemberg-Hohenzollern definierte seine Aufgabe auf seiner konstituierenden Sitzung am 1. Juli 1949 dahingehend, daß er aufgrund des GG oder anderer Gründe für die künftigen Bundesorgane vordringlich erscheinende Gesetze, eine Harmonisierung der bizonalen bzw. zonalen Gesetzgebungswerke im Sinne eines einheitlichen Bundesrechts sowie eine verfassungsrechtliche Überprüfung und - falls erforderlich - Modifikation der bisherigen Besatzungsgesetzgebung vorzubereiten habe[80]. Aufgrund seiner Empfehlungen wurde "durch den nahtlosen Übergang vom bizonalen bzw. zonalen zum Bundesrecht ... ein Höchstmaß an Kontinuität auch auf rechtlichem Gebiet realisiert."[81]

Die Aufgaben des Finanzausschusses unter dem Vorsitz des baden-württembergischen Ministerpräsidenten Maier lagen nach Höpker-Aschoff (FDP) - der dieses Gremium initiiert hatte und in ihm eine Fortführung des entsprechenden Ausschusses im PR unter anderen Vorzeichen sah - schwerpunktmäßig auf der Organisation des BMF und der Finanzverwaltung, der Erstellung eines Bundeshaushaltsplanes und dem vertikalen wie horizontalen Finanzausgleich zwischen dem Bund und/oder den Ländern[82]. Hinsichtlich des ersten Punktes ergab sich eine gewisse Konkurrenz zum OA, die jedoch durch die Mitgliedschaft des bayerischen Vertreters aus dem Finanzministerium, MinDir Ringelmann, und des hessischen Finanzministers Hilpert (stellvertretender Vorsitzender des OA) in beiden Ausschüssen in Grenzen gehalten werden konnte.

Der Organisationsausschuß war nach Meinung aller Beteiligten als der "wahrscheinlich politischste"[83] anzusehen, sollte "er ja nicht nur einen Zuständigkeitskatalog der künftigen Bundesregierung machen ..., sondern ... auch die Zuständigkeiten nach der inneren Zusammengehörigkeit zu gewissen Gruppen zusammenfassen, weil sich aus diesen Gruppen die Sachgebiete und wahrscheinlich auch die Zahl der Ministerien ergeben werden."[84] Ihm fiel also die entscheidende Aufgabe zu, anhand des GG und des Besatzungsstatuts die Zahl und die Kompetenz der Bundesorgane festzulegen sowie entsprechende Organisations- und Stellenbemessungspläne zu erarbeiten. Angesichts der hiermit verbundenen politischen Brisanz übernahm der ständige Vorsitzende der MPK, der hessische Ministerpräsident Stock (SPD), selbst die Schirmherrschaft, delegierte diese Funktion aber weitgehend an den RegPräs a.D. Nischalke als geschäftsführenden Vorsitzenden. Im OA waren je ein Delegierter der Länder vertreten und - sozusagen als 'Dauergäste'- zwei Vertreter aus dem RHiVW, der bereits bekannte Direktor Fuchs als 'Hauptwortführer' und sein Mitarbeiter aus der Gutachtenabteilung, ORR Markull, als 'Zuarbeiter', den Vizepräsident Mayer auf Bitte Adenauers Anfang Mai als Leiter der nunmehr offiziellen RH-Geschäftsstelle nach Bonn abkommandiert hatte. Dort vertraten sie mit Eloquenz und Engagement die diversen Gutachten und Informationsmaterialien, die vom bizonalen RH - in welcher Verfaßtheit auch immer - zum großen Teil bereits im Auftrag des PR-Präsidenten erstellt worden waren. Diese waren neben den schriftlichen und mündlichen Expertisen der Vertreter des VR bzw. der bizonalen

79 AVBRD Bd. 5, S. 456 ff.
80 Vgl. ebd., S. 761 ff.
81 Kreikamp, AVBRD Bd. 5, S. 39
82 Vgl. AVBRD Bd. 5, S. 773 ff.
83 Menzel, AVBRD Bd. 5, S. 581
84 Ebd.

Verwaltungsämter zentrale Bestandteile der Arbeits- und Entscheidungsbasis dieses Gremiums, standen aber bereits zum Zeitpunkt seiner konstituierenden Sitzung am 11. Juni 1949[85] im Kreuzfeuer der Pressekritik, was der Kooperation mit den Finanzkontrolleuren nicht gerade förderlich war.

4. Der verwaltungspolitische und -organisatorische Aspekt

Über die gutachtliche Tätigkeit des RH zum organisatorischen Aufbau der Bundesorgane besteht hinsichtlich des 'Wanns' in der Literatur weitgehende Einigkeit: Anfang des Jahres 1949. Dieser Zeitpunkt scheint auch nach unseren Ausführungen über die Stellungnahmen zu Detailproblemen des GG und den hierbei mündlich geäußerten ersten lauten Überlegungen von Fuchs über den zweistufigen Aufbau der Bundesverwaltung zumindest plausibel zu sein. Schon weniger Klarheit herrscht über den Auftragnehmer des ersten Gutachtens, denn nicht der formal zuständige Vizepräsident Mayer, wie bei Wengst zu lesen, wurde mit diesem 'organisationspolitischen Auftrag' betraut, sondern Haaser als "Präsident vom Rechnungshof der britischen Zone (ehemals Rechnungshof des Deutschen Reichs)".[86] Dies ist aufgrund der 'antifrankfurtistischen Einstellung' des PR-Vorsitzenden und aufgrund der schon seit längerer Zeit praktizierten vertrauensvollen, sachlichen wie personellen, Zusammenarbeit der beiden Institutionen nicht weiter verwunderlich. Des weiteren wird fast einhellig die Meinung vertreten, daß dieser Auftrag von Adenauer mit der Richtlinie erteilt worden sei, ein 'Gefälligkeitsgutachten' für den 'vorläufigen' Regierungssitz Bonn zu erstellen, woran sich der Auftragnehmer in seiner ersten Expertise "Grundsätzliches über den Aufbau der Bundesverwaltung" vom 1. März 1949 auch brav gehalten habe. Diese Interpretation, für die einiges, aber nicht alles spricht, gilt es im folgenden unter dem Aspekt zu hinterfragen, ob die Finanzkontrolleure, insbesondere die Verwaltungsexperten Haaser und Fuchs, diese Konstellation nicht ihrerseits zu nutzen suchten, um ihre Interessen an einer 'Verwaltungsreform' durchzusetzen. Hierzu ist es zunächst notwendig, die wichtigsten 'Aufbaugrundsätze' für die Bundesexekutive aus dem ersten Gutachten darzustellen und sie sodann mit den weiteren gutachtlichen Äußerungen zu diesem Themenkomplex hinsichtlich etwaiger Übereinstimmungen und/oder Widersprüchen zu vergleichen.

4.1. Das März-Gutachten

Die organisatorische Grundprämisse des sogenannten 'Haaser-Gutachtens', dessen Verfasser bis auf den heutigen Tag nicht eindeutig ermittelt werden konnte(n)[87], lautet geradezu militärisch-knapp: "Der Aufbau der Bundesverwaltung wird sich auf zwei Ebenen vollziehen, der der Ministerien und der der Oberbehörden."[88] Allerdings - so wird

85 Die falsche Datierung bei Wengst auf den 13. 6. 1949 dürfte wohl dem 'Tipp- bzw. Druckfehlerteufel' zu verdanken sein.
86 StBkAH/09.20, wie dort in Umkehrung des offiziellen Behördenkopfes zu lesen ist.
87 Es spricht aber vieles für die Autorenschaft von Fuchs.
88 ARI/FK/9/2/01031949; alle folgenden Zitate - wenn nicht anders gekennzeichnet - aus diesem "März-Gutachten".

einschränkend hinzugefügt - müsse eine theoretisch konstruierte Einheitslösung vermieden werden, da sie wirklichkeitsfremd sei. Aus dieser Prämisse werden sodann unter Berücksichtigung der Entwicklung vor 1933 und nach 1945 folgende "Leitgedanken" konkludiert: Erstens bedürfe der Bundesstaat sofort einer voll ausgebildeten Regierungsspitze. Zweitens müsse die Zahl der Ministerien klein gehalten, ihre Personalausstattung knapp bemessen und ihre Tätigkeit auf die "eigentliche Ministerialarbeit (Gesetzgebung, Aufsicht, Planung, Grundsatzfragen)" beschränkt werden. Drittens seien die nicht zur eigentlichen Ministerialarbeit gehörenden Verwaltungsaufgaben konsequent auf eine beschränkte Anzahl zwar weisungsgebundener, aber mit eigenen Entscheidungsbefugnissen ausgestatteten Bundesoberbehörden zu verlagern. Schließlich müsse viertens die Ministerialbürokratie bzw. die öffentlichen Aufgaben durch verstärkte Einbeziehung der mittelbaren Staatsverwaltung (z.B. öffentlich-rechtliche Körperschaften) und Einrichtungen privatrechtlicher Form entlastet bzw. abgebaut werden.

Unter Berücksichtigung dieser Leitgedanken sei neben dem Büro des Bundespräsidenten, der Bundeskanzlei und dem BRH die Zahl der Ministerien auf sieben zu beschränken (und zwar für Inneres, Finanzen, Wirtschaft, Ernährung Landwirtschaft und Forsten, Arbeit, Justiz, Post und Verkehr), deren Aufbau in mehreren Abschnitten vor sich gehen könne. Über die Aufgabenstellung und die Organisationsstruktur (wenige Abteilungen mit großen Referaten und hochqualifiziertem Personal) der einzelnen Ressorts werden nur sehr fragmentarische Angaben gemacht, wobei auch hier vor allem die Möglichkeit einer Verlagerung ihrer Tätigkeit auf BOB im Vordergrund steht. Im übrigen wird ein eigenständiges Flüchtlingsministerium aufgrund organisatorischer Bedenken wegen seines nur ungenügend von anderen Ressorts abgrenzbaren heterogenen Geschäftsbereichs abgelehnt; diese zeitlich begrenzte Aufgabenstellung könne zweckmäßiger von einer dem Bundesministerium für Arbeit (BMA) unterstellten BOB bearbeitet werden. Vorbehalte werden auch gegen das bizonale Personalamt gemacht, dessen Überführung in seiner bisherigen Form und Funktion in die Bundesverwaltung "sehr wesentlich unter politischen Gesichtspunkten zu betrachten sein (wird)", weshalb jedoch die frühere Regelung, die Personalwirtschaft der öffentlichen Hand wieder in die 'federführenden Hände' des Innen- und des Finanzministeriums zu legen, vorzuziehen sei; eine Position, die angesichts der weiter oben angesprochenen beamtenrechtlichen und personalpolitischen Kontroverse zwischen diesen beiden Institutionen nicht weiter verwundert.

Die Verfassungsorgane Bundestag und Bundesrat werden überhaupt nicht erwähnt, das Präsidialbüro und die Bundeskanzlei treten nur im Zusammenhang mit anderen Aufgabenbereichen (Außenministerium und Öffentlichkeitsarbeit) nochmals in Erscheinung. Ersteres sei zwar sachlich notwendig, zur Zeit aber politisch noch nicht durchsetzbar, deshalb müsse eine "Zentralstelle" für den gesamten Verkehr mit den Besatzungsmächten, den ausländischen Vertretern und deutschen Teildiensten im Ausland geschaffen werden, die man neben anderen Möglichkeiten beim Büro des Bundespräsidenten verankern könne, dem ohnehin die völkerrechtliche Vertretung obliege, was sicherlich nicht im Sinne des Auftraggebers war. Letztere sei in einer Presseabteilung bei der Bundeskanzlei zu konzentrieren.

Den Komplex der Obersten Bundesorgane abschließend, wird auf die grundgesetzlich verankerte Arbeitsteilung zwischen Bund und Ländern verwiesen, nach der die Ausführung der Gesetze bis auf wenige Ausnahmen bei den Ländern liege, die sie zum Teil als Auftragsverwaltung wahrnähmen, in dieser Form "mittelbare Bundesverwaltung also staatliche Verwaltung" sei, womit die Finanzkontrolleure implizit ihre Prüfungskompetenz auch für diesen Bereich anmeldeten[89]. Die sich daran anschließenden Ausführungen über die BOB, mit deren Gestaltung "die praktischen Arbeiten für den Aufbau der Bundesverwaltung ... sich in erster Linie zu befassen haben", sind noch summarischer. Es werden lediglich zwei Haupttypen umrissen:

- Die "Spezialbehörde" für einen engen, homogenen Zuständigkeitsbereich mit den Vorteilen eines weitgehenden Ausschlusses der politischen Gewichtsverlagerung, einer Leistungssteigerung durch Spezialisierung und besserer Aufsichtsmöglichkeiten sowie den Nachteilen einer aufwendigeren Organisation und einer Vielzahl von Behörden ("Polykratie").
- Die "Generalbehörde" mit umfassenden und heterogenen Zuständigkeiten mit den Positiva einer sachlichen, räumlichen und personellen Konzentration und einer rationellen Etatwirtschaft, allerdings mit den Negativa eines zu starken Eigenlebens und einer politischen Gewichtsverlagerung ("Doppelministerium").

Bei der Anwendung dieser beiden Behördentypen könne nicht schematisch, sondern müsse differenziert und von Fall zu Fall vorgegangen werden. Insgesamt müsse bei der Aufgabenverlagerung der Gefahr begegnet werden, daß den Oberbehörden ein zu großes politisches Eigenleben zukomme, etwa durch direkte Kommunikation mit der Besatzungsadministration und/oder einer Entkopplung der Ministerien von der Verwaltungspraxis, da aufgrund der bestehenden Raumnot sich eine örtliche Zusammenfassung beider Ebenen nicht immer verwirklichen lasse.

Der Aufbau der Bundesverwaltung sollte nach diesem Gutachten in zwei Abschnitten erfolgen. Zunächst müßte mit der "simultanen und sofortigen" Errichtung der Bundesministerien begonnen werden, in die alle diejenigen Referate der Frankfurter Verwaltungen übergehen müßten, "die sich mit Grundsatzfragen, Aufsicht, Gesetzgebung und Planung beschäftigen", gleichzeitig ein "bestimmter Kreis von Oberbehörden" festgelegt werden[90]. Hieran anschließend wären nach einer weiteren Überprüfung der Ministerialaufgaben hinsichtlich "minderwichtiger Bestandteile" diese auf BOB zu übertragen, die jedoch abschnittsweise errichtet werden könnten, was die "nötige planerische Distanz und die Anpassung an die gegebene Lage" ermögliche.

Als Quintessenz der Grundüberlegungen zum Verwaltungsaufbau des kommenden Bundesstaates wurden dem Gutachten drei schematische Darstellungen beigefügt, die das unterschwellig doch recht ausgeprägte 'einheitsstaatlich-hierarchische Denkmuster' der 'Haaser-Expertise' graphisch deutlich zum Ausdruck bringen[91]. Hiermit korrespondiert des weiteren der oberlehrerhafte, militärisch-knappe Anordnungsduktus der Empfehlungen, der z. T. schon die früheren Stellungnahmen zu Einzelfragen des GG gekennzeichnet und später den Vertretern des RHiVW im OA der MPK den Vorwurf

---

89 Vgl. den Beitrag von Gilles in diesem Band

90 Hierfür wurde in der Anlage E eine nach den sieben künftigen Ministerien systematisch gegliederte Übersicht über bereits vorhandene, zu errichtende und zu erwägende BOB sowie eine Liste der den Reichsministerien unterstellten Reichsbehörden (Stand 1926/27) beigefügt. Weitere Anlagen geben einen Überblick über die Gliederung der bizonalen Verwaltungen und deren Personalbestand an höheren Beamten, der aber nur einen gewissen Anhalt für den zukünftigen Bedarf geben könne, da sie sich derzeit in einer Reorganisationsphase mit dem Ziel der Verkleinerung befänden, an der der RH bekanntermaßen nicht ganz unbeteiligt war. Vgl. den zweiten Beitrag von Weinert in diesem Band.

91 S. Anlage 1 und 2 des März-Gutachtens

eingebracht hat, sie würden sich die Rolle eines "Erbpächters der Organisationsfragen" anmaßen[92]. Diese auch heute noch nicht ganz überwundene 'arrogante Beckmesserei' der RH-Beamten ist zum einen wohl Ausdruck ihres Elitebewußtseins und zum anderen ihres Ohnmachtgefühls, mit der sie ihre formale Sanktionslosigkeit zu kompensieren suchen. In diesem speziellen Fall dürfte sie aber mehr auf den programmatischen Charakter des Gutachtens zurückzuführen sein, den zu erwartenden Widerstand aus Kreisen der Politik wie der Verwaltung gegen die "neuartigen" Aufbaugrundsätze für die Bundesadministration von vornherein mit dem Verordnungsstil des omnipotenten Verwaltungsexperten zu begegnen. Mit diesem Grundsatzcharakter korrespondieren auch die weder sprachlich-stilistisch noch logisch besonders elaborierten Argumentationsketten sowie die relative Verschwommenheit des wenig operationalisierten Konzeptes, das weniger auf konkrete aufbauorganisatorische Gestaltungskriterien für die OBB bzw. der BOB abzielt als vielmehr auf die grundlegende Trennung dieser beiden Ebenen im Sinne einer klaren Scheidung der politischen Ministerial- von der apolitischen Fachverwaltung, wobei letztere durch die Übertragung aller nichtministeriellen Aufgaben eine statusmäßige Aufwertung erfahren sollte.

Nun kann man dieses 'verwaltungspolitische Positionspapier' - wie in der Literatur allgemein üblich und z. T. wohl auch berechtigt - im Kontext der Auseinandersetzungen um den künftigen Regierungssitz zwischen Bonn und Frankfurt sehen[93], man kann es aber auch in den Kontext der verwaltungsreformerischen Bemühungen des ehemaligen Reichssparkommissars Saemisch stellen. Dieser hatte schon Anfang der 30er Jahre den Grundsatz verfochten, daß es nicht so sehr darauf ankomme, welche Aufgaben die Ministerien durch Dezentralisation und Dekonzentration abgeben könnten und wollten. Vorrangig sei zu untersuchen, welche Aufgaben als die "eigentlichen", die wesentlichen Aufgaben der Ministerien "in der Gegenwart und der Zukunft anzusehen sind und wie die Ministerien zur vollen Wahrnehmung dieser Aufgaben freigemacht werden können".[94]

Nach unserer Auffassung steht das 'ZRH-Gutachten' in dieser Tradition, zumal seine programmatischen Ausführungen eindeutig auf der Prämisse der 'horizontalen Dekonzentration' und der 'vertikalen Dezentralisierung' beruhen. Des weiteren hat der bzw. haben die Verfasser - so weiter unsere These - nicht nur die insbesondere in Artikel 87, Abs. 3, Satz 1 des GG verankerte Institution der Bundesoberbehörde als 'gewichtiges' Ventil[95] erkannt, "um die Folgen des reichlich weit durchgeführten Grundsatzes vom Vollzug der Bundesgesetze durch die Länder in gewissem Umfange kompensieren" zu können[96], sondern diese Kompensationsmöglichkeit mit dem Begriff der "Generalbehörde" verfassungsrechtlich überinterpretiert, worauf wir weiter unten noch zurückkommen werden.

Hierin liegt sowohl die Stärke als auch die Schwäche des 'Haaser-Gutachtens' aus der Sicht seines Auftraggebers Adenauer. Auf der einen Seite paßte ihm die dort vollzogene Trennung zwischen einer eng begrenzten politisch-orientierten ministeriellen Füh-

---

92 So der bayerische Vertreter Ringelmann im OA (vgl. BA/Z12/ 93)
93 Vgl. u.a. Pünder 1968, Dreher 1979, Wengst 1984, Gilles 1986
94 BWV-Gutachten 1971, S. 44 f. Bezug genommen wird hierbei auf ein Schreiben des RSK vom 30. 8. 1932 an die Reichsregierung, betr.: Grundriß einer Verwaltungsreform für Reich, Länder und Gemeinden.
95 Köttgen 1954, S. 71
96 v. Mangold 1953, S. 474

rungsebene und einer breit gefächerten sachorienterten Durchführungsebene taktisch ausgezeichnet in sein Konzept, die Wahl Bonns als vorläufigen Regierungssitz trotz der dortigen desolaten infrastrukturellen Situation in räumlich-baulicher wie verkehrs- und kommunikationstechnischer Hinsicht gegen den vehementen Widerstand nicht nur seiner parteipolitischen Gegner und in der Medienöffentlichkeit als Symbol des souveränen Neubeginns des westdeutschen Bundesstaates durchzusetzen[97]. In diesem Sinne stellt die 'Dichotomisierung' der Bundesverwaltung geradezu eine 'Quadratur des Kreises' dar, schien mit ihr - trotz Bonn - doch die von beiden Seiten gewünschte "starke Bundesgewalt" realisiert werden zu können. Jedoch - so ist einschränkend hinzuzufügen - beruhte dieser (zerbrechliche) Konsens auf höchst unterschiedlichen Interessen, den taktisch situativen des Machtpolitikers in Rhöndorf auf der einen und den strategisch-strukturellen der Verwaltungspolitiker aus dem RH auf der anderen Seite. Dieser latente Interessenkonflikt leitet zu der auch in der Literatur hin und wieder kurz angesprochenen Frage über, warum Adenauer dieses Gutachten zur absoluten Verschlußsache erklärt hat.

Eine 'öffentliche Verwertung' dieses Verwaltungs-Konzeptes mit seiner Überdehnung des Begriffs der BOB als zweite Verwaltungsinstanz zu Lasten der Ministerialbürokratie des Bundes wie der Verwaltungen der Länder hätten die ohnehin schon vorhandenen unitarischen Befürchtungen aller aufrechten Föderalisten im Sinne einer verschleierten, parlamentarisch nicht kontrollierten 'Diktatur der Exekutivorgane' weiter verstärkt[98]. Und dies zu einem Zeitpunkt, als die Alliierten in ihrem Memorandum vom 2. März 1949 eben diese Befürchtungen massiv teilten und dem PR entsprechende Änderungsanordnungen übermittelten, die wiederum heftige interne (innerhalb und zwischen den Fraktionen) wie externe (zwischen dem vefassunggebenden Organ und den Besatzungsmächten) Konflikte auslösten.

Diese Intervention der drei westlichen Siegermächte, mit der Adenauer seine Anfang des Jahres 1949 noch gehegte Hoffnung auf eine rasche Verabschiedung des GG endgültig begraben mußte, zwang ihn auch, seine auf dieser Zeitplanung beruhende gezielte Vorbereitung auf den Kampf zwischen dem PR und der MPK um die politische Führungsrolle während der Übergangsphase bis zur Konstituierung der ersten Bundesregierung weiter im Geheimen voranzutreiben, wollte er nicht die angesichts der erzwungenen neuen Verfassungsrunde sowieso schon aufgeheizte Atmosphäre mit der Diskussion über seine angemaßte Kompetenzüberschreitung in der 'Politik- wie der Medienöffentlichkeit' noch weiter aufheizen. Hierin ist wohl der ausschlaggebende Grund zu sehen, daß Adenauer einerseits das März-Gutachten zur absoluten Verschlußsache erklärte, das auch so be- und gehandelt wurde, und andererseits weitere ergänzende und konkretisierende Expertisen und Materialien zum organisatorischen Aufbau der kommenden Bundesorgane beim RH in Hamburg in Auftrag gab[99].

---

97 Über die politischen Motive Adenauers für die Bundeshauptstadt Bonn vgl. u.a. Pirker 1977 und Morsey 1977 sowie Dreher 1979.

98 Vgl. Otto 1977, S. 114

99 In diesem Punkt können wir der Interpretation von Wengst nicht folgen, daß der Dissens um die 'organische Verortung' der Zentralstelle für auswärtige Angelegenheiten - Bundeskanzlei versus Bundespräsidialbüro - möglicherweise Adenauer veranlaßt habe, "sich am 13. April 1949 erneut an den Präsidenten des Rechnungshofs zu wenden und um ein ergänzendes Gutachten zu bitten" (Wengst 1984, S. 98), da sie diese politische Konstellation nicht genügend berücksichtigt und darüber hinaus in den Einzelfakten falsch ist, denn diese Bitte mußte sich der Vizepräsident des RHiVWG Mayer über den Oberdirektor Pünder bei dessen 'Parteifreund' in Bonn erbitten lassen.

4.2. Das Mai-Gutachten

Insgesamt gesehen hält sich das März-Gutachten, was die Zahl und die Art der Ministerien anbetrifft, mit geringfügigen Modifikationen an den Verfassungsentwurf von Herrenchiemsee. Jedoch wurde ein eigenständiges Ressort für auswärtige Angelegenheiten aus politischen Opportunitätsgründen abgelehnt und das Verkehrsministerium sollte um den Bereich der Post erweitert werden, wobei die Eisenbahn- und Postbetriebe als "selbständige Verkehrsanstalten" zu führen seien. Hingegen stellt die Empfehlung, durch die generelle Einfügung von BOB die Bundesverwaltung grundsätzlich zweistufig aufzubauen, eine gravierende Abweichung dar, hatte doch der Herrenchiemseer Konvent auch diesen Behördentyp auf die Zahl acht begrenzt. Diese Zweiteilung mußte nicht nur das Mißtrauen der überzeugten Föderalisten auf deutscher und alliierter Seite wecken, sondern war selbst unter den treu ergebenen Mitstreitern Adenauers nicht unumstritten. So äußerte z.B. der Leiter des "Büros Bonn"[100], Wandersleb, auf der konstituierenden Sitzung des Technischen Ausschusses am 2. Juni 1949 zu diesem Thema, er habe stets den Standpunkt vertreten, "daß die Ministerien in ihrer Gesamtheit am Bundessitz untergebracht werden müßten. Trennung von Regierung und Verwaltung könne nur Trennung der Ministerien von Verwaltungsstellen bedeuten, die nicht in unmittelbarer Verbindung mit den Ministerien zu arbeiten brauchten."[101] In dieser Meinung wurde er von dem Hamburger Vertreter im Ausschuß, Sieveking, unterstützt, der zwar eine (wie vom RH vorgeschlagen) Dekonzentration im Prinzip begrüßen würde, aber sich doch fragen müsse, ob sie eine räumliche Trennung von Regierung und Verwaltung rechtfertige[102].

Angesichts des fragmentarisch-programmatischen Charakters des März-Gutachtens, der schon im Vorfeld umstrittenen Überbetonung der BOB und der neu entflammten Föderalismusdiskussion ist es nicht weiter verwunderlich, daß der Vorsitzende des PR den ZRH beauftragte, die Arbeit fortzusetzen, um (unter Berücksichtigung der geänderten politischen Konstellation) seine Grundsätze zum Aufbau der Bundesverwaltung zu substantiieren bzw. zu konkretisieren. Hierüber muß wohl der Leiter des RHiVW, Vizepräsident Mayer, im Laufe des Monats März 1949 informiert worden sein, der bis dahin laut eigener Aussage[103] über diesen Beratungsservice nichts gewußt haben will, da er dem RH damals nicht angehört habe, was aber nach unseren Unterlagen falsch ist, denn er trat am 6. Oktober 1948 dem ZRH bei und wurde sogleich mit der Wahrnehmung der Funktion des Vizepräsidenten beauftragt[104].

100 S. Anm. 78
101 AVBRD Bd. 5, S. 541
102 Ebd. Anm. 9
103 S. Anm. 25
104 Vgl. ZRH-HN 9/1948 (ARI/FK/7.1.3/14101948) sowie den Beitrag von Gilles in diesem Band. Daß er über die streng geheim gehaltenen gutachtlichen Tätigkeiten 'seiner eigenen Institution' seit Beginn 1949 nicht unterrichtet worden war, könnte zum einen aus der 'räumlichen Spaltung' des RHiVWG in eine 'kleine Frankfurter Führungs- und eine große Hamburger Durchführungsstelle' unter der Leitung seines Karrierekonkurrenten Haaser erklärt werden und zum anderen aus der bereits seit dem Spätherbst 1948 erfolgreichen Zusammenarbeit zwischen dem PR und dem ZRH, die sich auch in personeller Hinsicht tendenziell zu verselbständigen schien. Vielleicht - so könnte man spekulieren - ist hierin ein weiterer Versuch Haasers zu sehen, durch die enge institutionelle Kooperation mit dem PR

Wie dem auch gewesen sein mag, jedenfalls schrieb Mayer am 23. März 1949 anläßlich eines Dienstbesuches bei seiner Hamburger 'Zentrale' seinem Kollegen vom "Rechnungshof des Deutschen Reichs (britische Zone) - Abwicklungsstelle - im Hause" einen bitterbösen Brief[105] zur Klärung der umstrittenen Kompetenzfragen zwischen den beiden konkurrierenden Institutionen um die bizonale Finanzkontrolle, die insbesondere die seiner "Weisungsbefugnis" unterstellten Beamten der Gutachtenabteilung in einen nicht zumutbaren Loyalitätskonflikt bringen würden: "Es geht nicht länger an, daß sie nicht wissen, von wem sie Weisungen entgegenzunehmen haben und zum Schaden ihrer Arbeitsfreude zwischen zwei Weisungen gebenden Stellen hin und her gezerrt werden." Neben dem Streit um die institutionelle Zuständigkeit für die Organisationsprüfungen der Verwaltungen des VWG (die 'Haaser-Kommission' oder der 'Sparbeauftragte' der Bizone, also Mayer) und um den Einsatz 'seiner Beamten' bei Prüfungsaufgaben im Auftrag der Länder ging es eben um diese Beratungsaktivitäten seiner Gutachtenabteilung beim PR. Hierbei gab er grundsätzlich zu bedenken, ob dieses Gremium von den Militärgouverneuren überhaupt legitimiert worden sei, "die Errichtung der Bundesministerien vorzubereiten und zu diesem Zwecke Gutachten zu erheben". Unabhängig von dieser Frage könne er aber nicht tolerieren, daß der RH als bizonales Kontrollorgan ohne Zustimmung des VR oder zumindest seines Vorsitzenden, Pünder, in Bonn beratend tätig sei, weshalb er eine Entscheidung herbeiführen werde. Dennoch scheute Mayer den offenen Konflikt und wagte es nicht, die diesbezüglichen Arbeiten einstellen zu lassen, sondern erteilte die Anweisung, an der Erstellung des zweiten Gutachtens weiter zu arbeiten, dessen Abgabe er allerdings von seiner "ausdrücklichen Zustimmung" abhängig machen würde. Eine Fortführung der informellen Beratungen vor Ort wollte er aber keinesfalls mehr dulden, da es nicht anginge, "daß vor der Zustimmung des VR oder seines Vorsitzenden zum bizonalen Rechnungshof abgeordnete Beamte in Bonn in irgendwelcher Funktion in Erscheinung treten".[106]

Aus diesem Schreiben geht eindeutig hervor, daß dem obersten Finanzkontrolleur der Bizone weniger die Legalitätsproblematik dieser institutionellen Kooperation am Herzen lag als vielmehr die Durchsetzung seines präsidialen Leitungsanspruches gegenüber seinem Kollegen Haaser, dessen Zugangsmonopol zum PR bzw. zu dessen Präsidenten ihm ein Dorn im Auge sein mußte. Deshalb vermied er es auch, jeden Anschein zu erwecken, er wolle die 'Serviceleistungen' des RH für das Verfassungsorgan in irgendeiner Weise unterbinden; im Gegenteil, er wollte - wohl aus eigenen Karrieregründen - hierfür nur die ihm qua Position zustehenden 'Urheberrechte' und die damit verbundenen 'Tantiemen' für sich requirieren. An diesem Ziel orientierte sich auch seine weitere Marschroute. Um eine Entscheidung in dem Streit um das 'präsidiale Beratungsmonopol' herbeizuführen, informierte er den VR-Vorsitzenden mündlich über die Angelegenheit anläßlich einer Besprechung am 29. März 1949. Die hierbei von Mayer vorgetragene Bitte, Pünder möge bei seinem 'Parteifreund' Adenauer in Mayers Sinne schriftlich intervenieren, erfüllte dieser umgehend. Denn er schrieb einen Tag darauf, also am 30. März 1949, nachdem er "gerüchteweise von der gutachtlichen Tä-

doch noch seinen 'Erzrivalen' Mayer bei dem Wettrennen um die Präsidentenschaft des künftigen BRH zu überholen.

105 BA/B/112-4

106 Alle Zitate ebd.

tigkeit des zonalen Rechnungshofes Kenntnis erhalten hatte"[107], an den Präsidenten des PR, es sei zwar keineswegs seine Absicht, "die Erstellung des Gutachtens irgendwie zu erschweren", aber es erscheine ihm erforderlich, "daß nach Auflösung der Abwicklungsstelle und nach der Errichtung des bizonalen Rechnungshofes die Fertigstellung des Gutachtens durch den letzteren unter verantwortungsvoller Einschaltung seines Leiters, des Vizepräsidenten Josef Mayer, erfolgt".[108]

Adenauer reagierte auf diese höfliche Intervention mit seinem Antwortschreiben vom 13. April 1949 an den "Präsidenten" des RHiVW, in dem er mit dem Ausdruck seines Dankes für das März-Gutachten die Bitte verband, "dem Parlamentarischen Rat nunmehr weitere Einzelvorschläge über die Gliederung der Ministerien und sonstiger Bundesbehörden auszuarbeiten, wie sie von Ihnen nach der reichen Erfahrung des Rechnungshofs und des früheren Reichssparkommissars für zweckmäßig gehalten werden."[109] Darüber hinaus regte er an, dem PR zur Beratung aktueller Probleme Sachverständige aus dem RH zur Verfügung zu stellen und eine Geschäftsstelle in Bonn zu errichten, deren infrastrukturelle Kosten selbstverständlich übernommen würden. Diese 'Legalisierung' der faktisch bereits bestehenden Außenstelle des RH ist deswegen bemerkenswert, weil dieser strittige Punkt zwischen Mayer und Haaser in dem Pünder-Brief mit keinem Wort erwähnt worden war, hierüber Adenauer also über andere Kanäle informiert worden sein mußte.

Der sehr höfliche und zurückhaltende Duktus seines Schreibens deutet darauf hin, daß auch der PR-Präsident jedweden Konflikt vermeiden wollte, der die inhaltliche wie personelle Fortführung der Kooperation zwischen beiden Institutionen hätte belasten können. Dieser Bitte, im Prinzip alles beim 'alten' zu belassen, wurde von Vizepräsident Mayer in vollem Umfang insofern entsprochen, als er Anfang Mai mit Zustimmung des Oberdirektors den ORR Markull als offiziellen Leiter der Geschäftsstelle nach Bonn abordnete[110]. Ob er bei der "Überprüfung des Gutachtens seines jetzigen Vizepräsidenten Haaser"[111] - wie Pünder suggeriert - sich inhaltlich groß beteiligte, ist schon aus rein zeitlichen Gründen mehr als zweifelhaft. Viel wahrscheinlicher ist, daß er die Fertigstellung dieser bereits in fortgeschrittenem Stadium befindlichen Expertise vertrauensvoll den bewährten Händen seiner Organisationsfachleute aus Hamburg überließ, insbesondere denen des Generalexperten Fuchs, und sich - wenn überhaupt - nur sporadisch einmischte[112].

U.E. können die "Vorschläge zur Gliederung der Bundesministerien" vom 3. Mai 1949 keineswegs als ein 'Anti-Haaser-Gutachten'[113] charakterisiert werden, wie dies auf-

107 Information 450 des VR vom 21. 6. 1949 (BA/NL5/279); vgl. hierzu auch die recht schönfärberische Darstellung Pünders in seinen Lebenserinnerungen (Pünder 1968, S. 393 ff.).

108 StBkAH 09.20. Der in diesem Schreiben ebenfalls geäußerten Bitte, Adenauer möge ihn doch über Art und Umfang des gewünschten Gutachtens aufklären, entsprach dieser nur insofern, als er seinem Antwortschreiben an Pünder kommentarlos einen Durchschlag seines Briefes an Mayer beilegte, sich aber ansonsten über die früheren wie aktuellen Beratungstätigkeiten des RH ausschwieg.

109 StBkAH 09.20. Der Brief wurde am 16. 4. 1949 abgesandt.

110 Vgl. Mayers Antwortschreiben vom 29. 4. 1949, StBkAH 09.20

111 Pünder 1968, S. 394 f.

112 Hierfür sprechen wiederum seine Ausführungen auf seiner Frankfurter Pressekonferenz im Juni 1949, nach denen er selbst erst Mitte Mai Exemplare des Gutachtens nach Frankfurt bekommen habe, von denen er wegen der politischen Bedeutung dieser Stellungnahme zunächst ein, später zwei bis drei dem Vorsitzenden des VR gegeben habe, um sich nicht dem Vorwurf auszusetzen, er "hätte etwas hinter seinem Rücken getan" (vgl. Anm. 25).

113 S. Anm. 2; alle Zitate - wenn nicht anders vermerkt - aus dem Mai-Gutachten.

grund der Überbewertung der z.T. vorhandenen Widersprüche aus der einseitigen Sicht des 'Kampfes um Bonn' in der kurz darauf einsetzenden Pressekampagne Mai/Juni zumeist dargestellt wurde und in der Literatur auch heute noch so dargestellt wird. Vielmehr stellen sie eine konsequente Weiterentwicklung der Grundsätze vom März dar, die konkretisiert und in einigen Punkten modifiziert werden, wobei die Problematik der Überführung, Auflösung und/oder Abwicklung der bizonalen Verwaltungen stark in den Vordergrund gerückt wird.

In diesem Zusammenhang werden die künftigen Bundesministerien unter Zugrundelegung des vorhandenen Behördenapparates des VWG in drei Gruppen unterteilt:

- neue, "ohne Rückgriff auf bestehende Einrichtungen" zu errichtende Oberste Bundesbehörden (Präsidial-, Bundeskanzlei und das BMI);
- relativ problemlos aus den bestehenden bizonalen Verwaltungsämtern überführbare Ministerien (BMF, BMA und BMJ);
- Problemfälle, die nur mit Schwierigkeiten aus bizonalen 'Ressorts' umgebildet werden können und daher eine Übergangslösung wahrscheinlich machen (BMELF, BMVP und BMWi).

Von der ersten Gruppe, bei der auf keine Vorgängerbehörden im VWG zurückgegriffen werden könne, sondern bestenfalls auf Ansätze wie etwa die Direktorialkanzlei oder das Personalamt, wird nur die Bundeskanzlei etwas ausführlicher behandelt. Diese wird unter dem Gesichtspunkt einer stabilen Regierungsführung und einer künftig vermutlich größeren Bedeutung der Richtlinienkompetenz des Kanzlers als ein schlagkräftiges politisches Koordinierungsorgan konzipiert, dem darüber hinaus - ebenfalls ganz im Sinne Adenauers - die völkerrechtliche Vertretung als Alternativlösung zur Präsidialkanzlei in Form einer "Abteilung für auswärtige Angelegenheiten" zugeordnet werden könnte. Hiermit sollte das Bundeskanzleramt bei zusätzlicher Eingliederung der Zentralstelle für die gesamte Pressearbeit und des Büros des Bundesrats vier Abteilungen erhalten (Gesamtpersonalstärke 120 Kräfte)[114].

Bemerkenswert ist, daß zwischen diesen sehr knappen Ausführungen über die neu zu errichtenden Bundesorgane und denen über die beiden anderen Gruppen der mehr oder weniger problematischen 'Überleitungsministerien' ein kleiner Exkurs über die "grundsätzlichen Schwierigkeiten ..., die sich aus einer räumlichen Trennung von Ministerien und Oberbehörden ergeben", eingeschoben wurde. Insbesondere - so wird darin betont - seien "für diejenigen Ministerien, bei denen eine sofortige Neuorganisation sachlich nicht durchführbar und daher eine Übergangslösung erforderlich ist", wirklich brauchbare Vorschläge ohne vorausgegangene Organisationsprüfungen, etwa nach der Art der vom RH bisher durchgeführten, kaum möglich, womit die Finanzkontrolleure ihren Beratungsanspruch bei den bevorstehenden Überleitungsmaßnahmen sowie für die Konsolidierungsphase der Bundesressorts implizit, aber nichts desto weniger deutlich anmeldeten. Unter Verweis auf die schon im März-Gutachten geäußerten Bedenken wird hervorgehoben, daß eine derartige Trennung zu einem höheren

114 Die Präsidialkanzlei sollte nach dem Gutachten die Aufgabenstellung und die Organisationsstruktur des früheren Büros des Reichspräsidenten aus der Weimarer Zeit übernehmen. Das nach dem GG notwendige BMI sollte neben der Zentralabteilung mit zwei Fachabteilungen für Verfassungs- und Verwaltungsangelegenheiten und für kulturelle Angelegenheiten auskommen, da die innere Verwaltung zum größten Teil Sache der Länder bleiben würde.

Koordinationsaufwand sowohl intern zwischen den Verwaltungsebenen des Bundes als auch extern zwischen den administrativen Apparaten des Bundes und der Länder führen werde, der wiederum nicht nur wegen der Gefahr einer Doppelorganisation übermäßige Kosten entstehen lasse (für Reisen, Informationsaustausch, Ministerialzulagen etc.).

Liest man diese kritischen Anmerkungen aber etwas genauer, so zeigt sich, daß sie weniger auf die grundsätzliche Ausdifferenzierung von Oberbehörden abzielen als vielmehr auf die "räumliche Trennung des Bundessitzes (Bonn, G.O.) vom jetzigen Verwaltungssitz (Frankfurt, G.O.)" und der damit verbundenen Notwendigkeit, als Zwischenstadium Verbindungsstellen einrichten zu müssen, wurde doch expressis verbis die Errichtung von BOB als ein probates Mittel angesehen, letzteres umgehen zu können. Hierfür seien exemplarisch die entsprechenden Ausführungen über das BMF zitiert: "Im übrigen ist, wie bereits früher (im März, G.O.) dargelegt wurde, die Schaffung einer Bundesoberbehörde (Generalfinanzdirektion) zu erwägen. In diesem Falle würde es sich empfehlen, eine Übergangslösung in Gestalt einer Verbindungsstelle nach Möglichkeit zu vermeiden. ... Der beigefügte Vorschlag geht hiervon aus" (womit der aufbauorganisatorische Gliederungsplan des BMF in der Anlage A gemeint war)[115]. Die Unterscheidung der zweiten, relativ problemfreien, von der dritten, relativ problembehafteten Gruppe beruht geradezu auf diesem Kriterium, die bizonalen Vorgängerbehörden durch eine weitgehende horizontale Dekonzentration der Ministerialarbeit auf BOB doch noch problemlos in die entsprechenden Bundesressorts überführen zu können.

Dies galt jedoch nicht für die bizonalen Verwaltungsämter der dritten Gruppe, die im "Falle einer Trennung von Bundessitz und Verwaltung" erst nach einer "durchgreifenden Umorganisation, für die die Bundesregierung zuständig ist, im Sinne einer Aufgliederung in eigentliches Ministerium, Oberbehörde, Auftragsverwaltung und mittelbare Verwaltung" in ihrer endgültigen Ressortgestaltung nach dem Regierungssitz überführt werden könnten, an dem bis zu diesem Zeitpunkt Verbindungsstellen eingerichtet werden müßten. Aus diesem Grund wurde in der bereits erwähnten Anlage A für die drei betroffenen Ministerien nur ein prototypischer Gliederungsentwurf für die Verbindungsstelle beigefügt, die jeweils aus einem Ministerialdirektor und sechs Referaten bestehen sollte[116].

Hinsichtlich der organisatorischen Strukturparameter und der qualifikatorischen Personalausstattung der Exekutivorgane wurden die bekannten Argumente aus dem März-Gutachten im großen und ganzen wiederholt, allerdings wurde betont, daß "der Grundsatz, die Ministerien klein zu halten, ... seine Grenze bei dem Mindestmaß an Organisation fände, das für die eigentlichen Ministerialaufgaben unerläßlich sei", und daß man die Personalbemessung nicht zu gering ansetzen sollte, da sonst eine Überlastung der Referenten drohe, die ihnen die Zeit für die Grundsatzfragen raube - der Kernaufgabe jedweder Ministerialarbeit.

Dasselbe gilt in etwa für die knappen Ausführungen zur zweiten Verwaltungsinstanz, den Oberbehörden. Hierbei wird jedoch im Gegensatz zum Vorgutachten die Meinung

---

115 Als Ausnahme in dieser Gruppe wurde das BMJ genannt, das die bewährte Organisationsstruktur des Zentraljustizamtes beibehalten könne.

116 Beim Zusammenfall von Regierungs- und Verwaltungssitz wurde dementsprechend auch keine Trennung der Ministerial- von BOB-Ebene empfohlen, sondern erst nach einer Übergangszeit, in der die Ausgliederung der nichtministeriellen Aufgaben vorzunehmen sei.

vertreten, daß es eine "Täuschung über die Notwendigkeit heutiger öffentlicher Verwaltung (wäre), wenn man glauben würde, nur mit einer kleinen Anzahl von Oberbehörden auskommen zu können. Eine gewisse Apparatur gehört auch auf diesem Gebiet zur Ausstattung eines modernen Verwaltungsstaates, wie ihn die Befriedigung der Massenbedürfnisse erfordert." Hinzu komme, daß sich bei diesem Behördentyp keine ernsthaften finanziellen Bedenken ergäben, wenn seine Aufgabenstellung und seine Organisation entsprechend gestaltet und überprüft würden. Daß diese Überprüfung in den Kompetenzbereich des künftigen BRH falle, darüber wurde im letzten Punkt des Gutachtens kein Zweifel gelassen, dessen Aufgabenstellung und -umfang wiederum ganz wesentlich von der "Organisation der Bundesverwaltung" abhinge und der mit der "Übertragung der Aufgaben des Sparkommissars ... entsprechend der seitherigen Tradition und der Regelung in den meisten modernen Staaten" der Regierung als eine "objektive Planungsbehörde für Verwaltungsreform und Organisationsfragen" zur Verfügung stünde.

Daß der Gesichtspunkt einer Verwaltungsreform bereits beim anstehenden Aufbau der Bundesverwaltung im Vordergrund stehen sollte, machten die Rechnungsprüfer bei ihrer abschließenden Zusammenfassung der neuartigen Grundlinien ihres Lösungsvorschlags nochmals deutlich. Wie im März-Gutachten wurde auch hier die Zahl der Ministerien auf sieben beschränkt, also das Kabinett klein gehalten zwecks adäquater Erfüllung seiner politischen Aufgaben. Dem letzteren diene auch die Ausgestaltung der Bundeskanzlei als ein "Koordinationsorgan" ohne Ressortaufgaben, wodurch "die politische Verklammerung der Ministerien zu einem Gesamtinstrument der Regierungsführung organisatorisch gesichert (werde)." Des weiteren könnten die einzelnen Ministerien durch eine grundsätzliche Auslagerung der "Verwaltungsarbeit" auf Bundesoberbehörden sich auf ihre "eigentlichen Ministerialaufgaben" konzentrieren, mit dem zweifachen Vorteil, daß sie erstens organisatorisch wie stellenmäßig knapp gegliedert werden könnten, also "der Ausdehnung der Bürokratie in der politischen Führung eine Schranke gezogen" würde, und sie hierdurch zweitens "stärker den Charakter eines politischen Führungsstabes" erhielten bzw. die "politische Funktion" der Minister stärker als früher betont würde.

In dem wesentlich umfangreicheren Materialteil des Mai-Gutachtens enthält die erste Anlage die aufbauorganisatorischen Gliederungsvorschläge für die erste und zweite Gruppe (die neu zu errichtenden bzw. relativ einfach zu überführenden 'Ministerien') einschließlich ihrer Personalbemessung[117], für die dritte problematische Gruppe (BMWi, BMELF und BMVP) hingegen nur einen pauschalen Vorschlag für die voraussichtlich notwendigen Verbindungsstellen in Bonn im Falle der Trennung von Regierungs- und Verwaltungssitz[118]. Des weiteren sind dem Gutachten neben einer Referatsgliederung des Rechtsamtes die Geschäftsverteilungspläne für das Zentral-Justizamt der britischen Zone sowie für die Verwaltung für Finanzen (VfF) und die Verwaltung für Arbeit

117 Präsidial- und Bundeskanzlei inklusive der Zentralstelle für auswärtige Angelegenheiten, BMI, BMF unter Berücksichtigung einer "Generalfinanzdirektion" als BOB, BMA und BMJ.

118 Beim BMI wurde darauf verwiesen, daß die vorgeschlagene abteilungs- und referatsmäßige Aufgliederung auch dann unerläßlich sei, "wenn für die einzelnen Materien eine Eventualzuständigkeit der Länder nach dem alliierten Memorandum vom 2. März 1949 festgelegt werden sollte, da der Bund für eine eventuelle eigene Gesetzgebung die entsprechenden Kräfte bereithalten muß." Dies ist ein weiteres Indiz für die latent 'unitarische Haltung' der RH-Vertreter wie für ihre punktuelle Interessenkoinzidenz mit ihrem 'Auftraggeber' Adenauer.

(VfA) beigelegt, um den Adressaten zum einen einen Begriff über die Schwierigkeiten bei der bevorstehenden Umbildung dieser bizonalen Behörden und zum anderen über die wirkliche Komplexität der Referate zu vermitteln, die in ihren Gliederungen nur stichworthaft benannt seien.

Bei einem oberflächlichen Vergleich der beiden Expertisen sind in der Tat Disparitäten zu konstatieren, die die These einer Pro- bzw. Kontrastellungnahme im Streit um den künftigen Bundessitz zu belegen scheinen. Sie allerdings ausschließlich aus dieser Sicht zu interpretieren, heißt, die ebenfalls vorhandenen grundlegenden Übereinstimmungen hinsichtlich der 'Neu-Gestaltung' der Bundesexekutive - den verwaltungsreformerischen roten Faden - völlig auszublenden. Wie bereits erwähnt, kann als ein Verfechter und Vorreiter dieser ersteren Interpretation der ehemalige Oberdirektor der Bizone, Hermann Pünder, bezeichnet werden, der den kontradiktorischen Charakter dieser beiden Gutachten hinsichtlich der Trennung von Regierungs- und Verwaltungssitz geradezu hypostasiert und ihn zu einem persönlichen Konflikt zwischen Haaser und Mayer hochstilisiert, eine Auslegung, die bis heute in der Literatur dominiert[119].

Bei einer näheren Betrachtung schrumpfen jedoch die widersprüchlichen Aussagen der Finanzkontrolleure gegenüber ihren verwaltungsreformerischen Intentionen zu einer Marginalie, die mehr oder weniger auf der unterschiedlichen Zielsetzung der beiden Gutachten beruht. Denn wie wir weiter vorne gezeigt haben, war mit der März-Stellungnahme die Absicht bzw. die Hoffnung verbunden worden, unter dem übergeordneten Aspekt einer möglichst weitgehenden Eindämmung der Tätigkeiten der Öffentlichen Hand die organisatorischen Grundprinzipien des 'modernen Verwaltungsstaates' programmatisch vorgeben oder - angesichts des apodiktischen Stils - gar vorschreiben zu können[120]. Daß hierbei aus der Sicht der 'Hüter' über eine ordnungsgemäße, wirtschaftliche und zugleich effektive Verwaltung dem 'dualen Aufbau' der Exekutivorgane im Sinne einer eng zu begrenzenden 'politisch-orientierten' ministeriellen Führungsebene und einer breit gefächerten und tief gestuften 'sachorientierten' Durchführungsebene in Form der Oberbehörden absolute Priorität eingeräumt wurde, ist u.a. als ein Versuch zu bewerten, die verwaltungsreformerischen Maximen des RSK Saemisch aus der Weimarer Zeit konsequent umzusetzen. Hingegen spielt die Frage des Regierungs- und Verwaltungsitzes eher eine beiläufige, indirekte Rolle, auch wenn diese Zweiteilung der Bundesadministration, insbesondere die Überbetonung der "Generalbehörde" so interpretiert werden kann und auch so interpretiert worden ist[121].

Im Mai-Gutachten standen hingegen die aus der "Überführung, Auflösung oder Abwicklung" der bizonalen und zonalen Verwaltungsbehörden resultierenden praktischen Probleme und deren Auswirkung auf den Aufbau der Bundesorgane im Vordergrund, die eine andere Sichtweise und damit eine graduelle Modifikation des 'Haaser-Konzeptes' erforderlich machten. Diese 'Korrekturen' (Errichtung von Ministerien mit einer ihren Grundaufgaben angemessenen Ausstattung an Organisation und Personal, Rücknahme der "Generalbehörde" zugunsten der "Spezialbehörde" als Basistyp der zweiten Verwaltungsinstanz des Bundes, schärfere Akzentuierung der Nachteile einer Trennung

119 S. Anm. 91
120 Dieser autoritär-apodiktische Stil wurde später auch in der Presse moniert, so beispielsweise in: Allgemeine Zeitung Mainz v. 23. 6. 1949
121 Hierzu haben vor allem die schon sehr frühen antifrankfurtistischen Andeutungen Adenauers über die Organisation der 'Regierungsspitze' in Bonn und den Verwaltungsunterbau in Frankfurt beigetragen (vgl. u.a. Dreher 1979, S. 58 ff.).

von Regierungs- und Verwaltungssitz, um nur die wichtigsten noch einmal zu benennen) dienten u.E. vorrangig dazu, die Realisierungschance der grundsätzlichen Reformintentionen der Finanzkontrolleure durch eine Anpassung an das (verwaltungs-)politisch Machbare zu erhöhen, können also nicht allein aus dem ihnen ansonsten unterstellten Gesinnungswechsel hinsichtlich des künftigen Bundessitzes erklärt werden.

4.3. Das Juni-Gutachten

Für diese Interpretation spricht auch ein weiteres Grundsatzgutachten vom 2. Juni 1949, das nunmehr von der Geschäftsstelle Bonn des RHiVW verantwortet wurde. Hierin wurden die Leitgedanken der beiden früheren Expertisen bezüglich der "Organisation der Bundesverwaltung" unter Berücksichtigung der "endgültigen Vorschriften des Grundgesetzes" und "gewisser außenpolitischer Entwicklungen" nochmals zusammengefaßt und ergänzt. Das Hauptproblem sah man nunmehr jedoch darin, daß zwar mit der Verabschiedung und Genehmigung der Verfassung ein Bund entstanden sei, der aber noch über keine Organe verfüge und daher die "eigentliche Exekutive ... völlig neu organisiert werden (müsse)".[122]

Ausgangspunkt ist auch hier die alte und ewig neue Kernfrage, wie dem seit 1919 zu beobachtenden "ständigen Anschwellen der Staatstätigkeit" begegnet werden könne. Bei der adäquaten Behandlung dieses allen "modernen Massenstaaten" inhärenten Problems sei man "durch die Diskussion über die Begriffe Zentralisation und Dezentralisation oder Unitarismus und Föderalismus vom Wesentlichen abgelenkt worden."[123] Zwar könne diese Entwicklung nicht rückgängig gemacht werden, aber - so die Argumentation - durch eine entsprechende Ausdünnung der Ministerialaufgaben und eine entsprechende Gestaltung der Bundesadministration könne eine "grundsätzliche" und "durchgreifende Verminderung und Umbildung der staatlichen Tätigkeiten angestrebt werden". Insbesondere müßten aus Sparsamkeitsgründen wie aus staatspolitischen Überlegungen die Anzahl und die Größe der Ministerien klein gehalten werden, dürfe sich die Aufblähung der Ministerialbürokratie der letzten 30 Jahre nicht wiederholen. Hierfür wurde hinsichtlich der Weimarer Republik einerseits der Machtkampf der Reichsministerien (RM) untereinander um "möglichst viele Zuständigkeiten" verantwortlich gemacht, der bei dem vielfach fehlenden Unterbau (BOB!) zwangsläufig zu einer Zentralisierung der Verwaltungsarbeit auf dieser Ebene und der damit verbundenen Personalaufblähung geführt habe, andererseits sah man die Ursache bei den "politischen Parteien", die durch ihre Personalpolitik, sprich Politisierung der OBB bzw. ORB, dieser Tendenz starken Vorschub geleistet hätten. Diese Entwicklung sei

122 Vgl. BA/B112/55. In diesem Gutachten, das vermutlich für die letzte Sitzung des Überleitungsausschusses des PR am 3. 6. 1949 erstellt worden war, wurden hinsichtlich der "übrigen Bundesorgane" (Bundespräsident, Bundestag und Bundesrat) organisatorisch keine besonderen Probleme gesehen; diese haben die Verwaltungsexperten aus dem RH bis auf das 'Exekutivorgan' Bundeskanzlei anscheinend auch nicht weiter interessiert.

123 Ebd. Alle Zitate - wenn nicht anders vermerkt - aus dem Juni-Gutachten. Bei dieser immanenten Kritik an den Föderalismusdebatten wird allerdings das auch von den 'Vätern des Grundgesetzes' übersehene Trilemma zwischen den Polen Rechts-, Sozial- und Industriestaatlichkeit jedweder 'modernen Gesellschaft' zu wenig berücksichtigt, das allein mit verwaltungstechnischen bzw. -organisatorischen Maßnahmen nicht zu lösen ist (vgl. hierzu Pirker 1977, S. 155 ff.).

dann im NS-Staat durch "maßlosen Zentralismus" geradezu auf die Spitze getrieben worden.

Aber auch die bizonalen Verwaltungen fanden unter diesem Aspekt keine Gnade in den Augen der Rechnungsprüfer. Vor allem die aus der "Notlage geborenen Aufgaben der Zwangswirtschaft" und die "staatsrechtlichen Beschränkungen" hätten die "Frankfurter Verwaltungen zu Zentralorganen eigener Art werden (lassen)", die "mindestens in ihrer Gesamtheit mit Ministerien nicht ohne weiteres verglichen werden können". Auch hier hätte die "Zusammenballung leitender Befugnisse mit zahlreichen Einzelentscheidungen" zu einer Vermischung der verschiedenen Exekutivebenen in einem überbürokratisierten Organ geführt. Aus diesem Grunde sei auch eine Organisationsprüfung der bizonalen Verwaltung "unabweisbar" gewesen, die zu grundsätzlichen organisatorischen Umstellungen und entsprechenden Personaleinsparungen geführt habe, zumal durch die Währungsreform und die Wandlung der Wirtschaftspolitik die "personalaufwendige Zwangswirtschaft" im wesentlichen der Vergangenheit angehöre.

Aus dieser 30jährigen 'Negativentwicklung' der Ministerialbürokratie wurde als Fazit die Forderung erhoben, die Zahl der Ressorts klein zu halten und sie durch die Beschränkung auf ihre Kernaufgaben (Gesetzgebung, Grundsatzfragen, Planung, Aufsicht über nachgeordnete Behörden) straff zu organisieren, eine Forderung, die nicht nur vom RH, sondern auch von der Verwaltungswissenschaft wie von erfahrenen Ministerialbeamten seit Jahrzehnten erhoben worden sei. Die Einhaltung der Prinzipien der - wenn wir die Ausführungen richtig interpretieren - 'horizontalen Dekonzentration' und der 'vertikalen Dezentralisation' wäre zudem ein 'staatspolitisches' Erfordernis, weil ein "übergroßer Zentralapparat mit der föderativen Struktur des Grundgesetzes nicht vereinbar wäre und auch der verwaltungsmäßigen Gewichtsverlagerung auf die Länder nicht entspräche".

Trotz dieses föderalistischen Bekenntnisses wird die Frage, wo und wie die Aufgabenfülle der auch in einem Bundesstaat notwendigen Detailentscheidungen bewältigt werden sollen, mit der von den 'föderalistischen Puristen' deutscher- wie alliierterseits argwöhnisch betrachteten Kompensationsmöglichkeit der BOB für fehlende einheitsstaatliche Verwaltungskompetenz beantwortet:

> "Im Großen gesehen, würde also eine Zweiteilung der öffentlichen Aufgaben zwischen Ministerien und Oberbehörden stattfinden, wobei den Ministerien neben der leitenden Funktion insbesondere das Verhandeln mit Bundestag, Bundesrat und den Landesregierungen, den Oberhörden die Ausführung zufallen würde. Die Oberbehörden wären hiernach im Gegensatz zu den mehr politisch arbeitenden kleinen Ministerien die Domänen rein fachlicher Beamtenarbeit."

Hiermit wird ein Hauptanliegen der Finanzkontrolleure deutlich formuliert, nämlich den (partei-)politischen Einfluß auf die Verwaltung zu minimieren, ihn auf die möglichst klein zu haltende Ministerialbürokratie zu beschränken. Allerdings müsse auch dort, so wird warnend hinzugefügt, eine "Politisierung im weithin gebräuchlichen Sinne des Wortes" grundsätzlich vermieden werden. Hingegen sollte - sozusagen als Gegengewicht - in allen anderen Sektoren der Bundesverwaltung wieder das apolitische, am Staatswohl orientierte Fachbeamtentum restauriert werden, das sich mit seiner 'konditional programmierten Arbeitsweise' zudem mit dem den Rechnungsprüfern traditionell zur Verfügung stehenden Instrumentarium auch viel einfacher kontrollieren läßt[124].

---

124 Zu dieser Kontrollproblematik sei verwiesen auf Diederich u.a. 1990.

Ganz in diesem Sinne sollte die organisatorische Zweiteilung der Exekutive durch "funktionelle Maßnahmen" ergänzt werden. So müßte für jedes Ressort regelmäßig eine "sorgfältige Neuverteilung der Aufgaben" durchgeführt werden, mit dem Ziel, alle Detailfragen, aber auch "gewisse, dem Begriffe nach ministerielle Aufgaben" an selbständige BOB zu delegieren, d.h. die Ministerialarbeit bis auf einen politisch nicht weiter reduzierbaren Kern auf "rein fachliche Dienststellen" zu dekonzentrieren. Darüber hinaus müßte eine "funktionelle Verbindung" zwischen den beiden Verwaltungsinstanzen auf personellem Gebiet derart geknüpft werden, daß einerseits Fachbeamte der zweiten Stufe "immer wieder und ganz besonders bei gesetzgeberischen Aufgaben ... in die Ministerien auf Zeit abgeordnet werden ..., die dort gemeinsam mit den Ministerialreferenten die Gesetzesvorlagen durcharbeiten"; d.h., sie also verwaltungsfachlich wie - praktisch zu beraten bzw. sie unter dem Aspekt der finanziellen Auswirkungen der Gesetzesarbeit zu disziplinieren. Andererseits müßten die "an ein aufgeschlossenes politisches Denken und ... an ein Arbeiten an großen Fragen" gewöhnten Ministerialbeamten ebenfalls in regelmäßigem Turnus an nachgeordnete Behörden 'ausgeliehen' werden, um sich mit der alltäglichen Verwaltungspraxis in den Niederungen vertraut zu machen. Auffallend an dieser doppelten Personalrotation, die idealiter durchaus das gegenseitige Verständnis fördern könnte, ist, daß hierbei einseitig die 'Qualifizierung' der Ministerialbeamten im Sinne einer sachadäquaten Entpolitisierung ihrer Arbeit akzentuiert wird, was wiederum auf das tradierte, z.T. noch heute internalisierte, Orientierungsmuster der RH-Beamten hinweist, den Staat per se als eine die Regierung stabilisierende Verwaltung zu betrachten. In diesem Kontext ist es auch nicht weiter verwunderlich, daß die in den beiden anderen Gutachten mal mehr, mal weniger explizit angesprochenen kostenintensiven Dysfunktionen einer zu rigiden Arbeitsteilung zwischen einer 'funktionsentleerten' Führungsebene und einer 'polykratisch auswuchernden' Durchführungsebene, von ihrer föderalistischen Verträglichkeit einmal abgesehen, in dieser Zusammenschau der Aufbauprinzipien für die Bundesexekutive nicht weiter thematisiert werden. Ganz im Gegenteil, es wird betont, daß "alle diese Maßnahmen" nicht nur zu einer "neuartigen",[125] sondern letztendlich auch zu einer "wirksameren und

125 So neuartig ist dieses Verwaltungskonzept wiederum auch nicht, enthält es doch mit Ausnahme der Überbetonung der administrativen Mittelinstanz in Form von BOB im Grunde nichts, was nicht in irgendeiner Weise schon in der relevanten Fachliteratur diskutiert worden wäre (vgl. hierzu u.a. die summarische Skizze über die Verwaltungsreform seit Ausgang des 19. Jahrhunderts, von Unruh 1977). An erster Stelle ist in diesem Zusammenhang die Denkschrift des RRH-Präsidenten Saemisch "Über die Vereinfachung und Verbilligung der Verwaltung im Reich und in den Ländern" vom 4. 12 1924 (ARI/FK/2.2/04121924) zu nennen, die sich streckenweise geradezu wie eine Vorlage zu den verwaltungsreformerischen "Leitideen" der bizonalen Rechnungsprüfer (einschließlich ihrer latenten Kritik am Parlamentarismus wie ihrer manifesten an der parteipolitischen Infiltration der staatlichen Exekutivorgane) liest, ohne daß hierauf Bezug genommen wird. Letzteres ist deshalb bemerkenswert, weil ansonsten keine Gelegenheit ausgelassen wurde, ihre Beratungs- und Gutachtertätigkeit inhaltlich wie formal durch die Berufung auf die diesbezügliche Tradition des RSK zu legitimieren. Über die Gründe dieser noblen Zurückhaltung kann an dieser Stelle nur spekuliert werden. Aber setzt man - was plausibel erscheint - die Kenntnis dieses Papiers voraus, so dürfte wohl die Tatsache eine Rolle gespielt haben, daß die "politische Grenzüberschreitung" der Finanzkontrolleure ebenfalls Tradition hat: Denn Saemisch publizierte sein "Gesamtprogramm" für eine angesichts der damaligen Nachkriegssituation überfällige "organische" Neuordnung der öffentlichen Verwaltung bis hinunter zur Kommunalebene, wobei er das Kernproblem in dem Verhältnis zwischen dem Reich und Preußen, dem Neben- und Gegeneinander "zweier Großregierungen in Berlin" (ebd., S. 50), sah, kurzfristig "im Hinblick auf die Neuwahlen" (ebd., S. 9), um sowohl die Gestaltung der zukünftigen Kabinette wie deren verwaltungsstrukturelle Grundsatzentscheidungen schon vor ihrer Konstituierung in seinem Sinne zu beeinflussen; kurz: er verfaßte eine (wahlkampf-)politische Denkschrift, obwohl er kritisch einräumt, daß dies selbstverständlich nicht seine Aufgabe sei (vgl. ebd., S.

sparsameren" Regierungsweise führen würden, die mit ihrem kleinen Kabinett und ihren kleinen Ministerien den Gesichtspunkten der "politischen Elastizität" und der "politischen Verantwortung vor dem Parlament" voll entspreche. Voraussetzung hierfür sei allerdings, daß an dem "planerischen Grundgedanken" des zweistufigen Verwaltungsaufbaus "besonders vom Kabinett und den zuständigen Ausschüssen des Bundesrates und des Bundestages" festgehalten werde und die Behörden auf beiden Stufen regelmäßig hinsichtlich ihrer organisatorischen Effizienz und aufgabenmäßigen Adäquanz überprüft würden, wie dies der RH seit mehr als einem viertel Jahrhundert tue.

Mit diesem Gutachten zur "Organisation der Bundesverwaltung" verteidigte der RHiVWG nochmals seine verwaltungsreformerische Position dezidiert gegen seine öffentlichen wie nichtöffentlichen Kritiker, betrachtete er sie doch als eine durchaus "diskutable Grundlage" auch für die Arbeit des Organisationsausschusses der Ministerpräsidentenkonferenz, womit wir bei der letzten 'Kampfrunde um die bestmögliche Gestaltung' der Bundesorgane vor der ersten Regierungsbildung angelangt sind.

II. Die Berater- und Gutachtertätigkeit im Organisationsausschuß der Ministerpräsidentenkonferenz

Die Beratungstätigkeit der RH-Experten beim OA der MPK ist von der verwaltungsinternen, vor allem aber von der öffentlichen Kritik an ihren Aufbauprinzipien für die Bundesexekutive nicht unerheblich belastet worden. Deshalb ist es notwendig, hierauf kurz einzugehen, zumal sie in der Presse - wie schon mehrfach angesprochen - zumeist unter dem emotional hoch aufgeladenen Thema Bonn und/oder Frankfurt debattiert wurden[126].

1. Die öffentliche Erschließung der Verschlußgutachten

Wie das März-Gutachten wurde aus prinzipiell gleichen Erwägungen auch die Mai-Expertise von Adenauer bzw. seinem Sekretariat als absolute Verschlußsache behandelt. Allerdings hat Mayer dem Oberdirektor Pünder am 16. Mai 1949 beide Gutachten zukommen lassen. Dieser wiederum leitete die Empfehlungen informell seinen Kollegen vom Verwaltungsrat zu, weil er "im weiten Umfang mit diesen Gutachten nicht übereinstimmte" und er deshalb "auch nur den Anschein" vermeiden wollte, als ob er mit der "Angelegenheit auch nur das Mindeste zu tun gehabt" hätte.[127] Von da an war die Ver-

10), sich aber eine Verwaltungsreform an Haupt und Gliedern nicht auf organisations- und verwaltungstechnische Forderungen beschränken könne, sondern "unvermeidlich" (gesellschafts- bzw. staats-)politische Dimensionen impliziere.

126 So wurde beispielsweise die Frage in der Presse heiß diskutiert, ob Adenauer das 'Mayer-Gutachten' wegen seiner Kritik an der Trennung von Regierungs- und Verwaltungssitz - ein im übrigen höchst aktuelles Thema angesichts der administrativen Verteilungskämpfe nunmehr zwischen Bonn und Berlin, allerdings diesmal ohne einen verwaltungsreformerischen Hintergund - in manipulativer Absicht dem PR bis zur Abstimmung über diesen Punkt vorenthalten habe (vgl. Sammlung der Pressemeldungen zu den RH-Gutachten, ARI/FK/ 9/5/1949 (BA/NL Pfuhlstein)).

127 BA/NL 5/279 (Während Mayer auf seiner diesbezüglichen Pressekonferenz nicht sagen konnte oder wollte, wann die Übergabe genau erfolgt sei (BA/NL 5/279), datiert das Sekretariat des PR diese auf den 10. Mai (StBkAH/09.20) und Pünder unter Berufung auf Mayer gar auf den 3. Mai (Pünder 1968, S. 395)).

schlußsache nicht mehr unter Verschluß zu halten, setzte doch mit kräftiger Unterstützung Pünders die Diskussion in der Presse über die 'Zweistufige Bundesverwaltung' Ende Mai/Anfang Juni 1949 mit Vehemenz ein und begleitete die Arbeit des OA bis in den Juli[128].

So gab der Oberdirektor des VWG bereits am 30. Mai 1949 eine Pressekonferenz zu diesem Thema, auf der er die "Trennung des politisch verantwortlichen Kopfes der Bundesministerien vom Verwaltungsapparat" als "größten Blödsinn" bezeichnete und "allein aus sachlichen Erwägungen ... den Vorschlag für nützlich (halte), am Sitz der Bundesorgane eine (!) ausgegliederte Oberbehörde zu schaffen, die zentral den gesamten Exekutivapparat leite".[129] Des weiteren führte er aus, daß hiervon räumlich-örtlich getrennte Fachverwaltungen aufgebaut werden könnten, die aber nicht den Ländern unterstellt werden dürften. Ansonsten verteidigte er die Frankfurter Verwaltungen gegen den Vorwurf der personellen Überbesetzung und bestritt, daß der VR von der Kommission des PR zur Prüfung der Bewerbungen der Städte (außer Bonn und Frankfurt hatten sich noch Kassel und Stuttgart beworben[130]) für den Bundessitz offiziell kontaktiert worden sei, vielmehr betonte er, daß "gegen Verwaltungsbeamte, die voreilig und ohne Auftrag sich bereits als Wohnungssucher in Bonn und Umgebung nach Unterbringungsmöglichkeiten für Teile der bizonalen Verwaltung umgesehen hätten ... disziplinarisch vorgegangen (werde)".[131]

Mit derartigen Des- bzw. Halbinformationen eskalierte Pünder nicht nur zusätzlich die Diskussion über die Schwierigkeiten der Kombination Frankfurt - Bonn, sondern desavouierte auch das Verwaltungskonzept der Finanzkontrolleure im allgemeinen und die BOB im speziellen, die immer mehr in das Zentrum der Pressekritik rückten. Dabei wurde insbesondere mit Nachdruck beanstandet, daß mit dem zweistufigen Modell in die Verwaltungskompetenz der Länder eingegriffen, das föderalistische Prinzip untergraben und die Exekutive zu Lasten der Legislative unter der Hand gestärkt werde, da mit dem zweitinstanzlichen Behördenunterbau ein der parlamentarischen Kontrolle weitgehend entzogener bürokratisch aufgeblähter Verwaltungsapparat geschaffen werde, der darüber hinaus die Einheit der Bundesverwaltung gefährde. Zu dieser lang anhaltenden und emotional geführten Debatte in der Medienöffentlichkeit hat entscheidend der Verschlußcharakter der Gutachten beigetragen, "die weniger wegen ihres Inhaltes als wegen der Geheimniskrämerei umstritten sind".[132] Dies mußte den - nicht unberechtigten - Verdacht erwecken, daß sowohl die Auftragsvergabe seitens des PR als auch die Auftragsausführung seitens des RH einer legalen Grundlage entbehre, der durch Pünders diesbezügliches öffentliches Aperçu, "in diesen turbulenten Zeiten passieren auch mal Dinge, die nicht ganz korrekt sind"[133], noch weiter geschürt wurde.

Damit wie mit seiner ganzen Informationspolitik hinsichtlich der RH-Gutachten hat Pünder selbst dazu beigetragen, daß er in der öffentlichen Meinung zunehmend in den

---

128 Vgl. Anm. 126

129 Allgemeine Frankfurter Presse vom 31. 5. 1949; vgl. ebd.

130 Vgl. den "streng vertraulichen" Ausschussbericht am 15. 2. 1949 (BA/Z5/3) sowie Gilles 1990

131 S. Anm. 125. Auf spätere Fragen, wo denn die disziplinarischen Maßnahmen hinsichtlich der eigenmächtigen Errichtung der Geschäftsstelle Bonn des RHiVW geblieben seien, mußte der Oberdirektor eine Antwort schuldig bleiben, konnte er doch nicht seine (in-)formelle Zustimmung hierfür preisgeben, ohne sich selbst in Mißkredit zu bringen. Vgl. u. a. Westdeutsche Allgemeine vom 21. 6. 1949: "Kombination Frankfurt - Bonn macht Schwierigkeiten - Neue Oberbehörden sollen Bundesaufbau erleichtern".

132 Frankfurter Rundschau vom 24.6.1949, vgl. Anm. 126

133 Westdeutsche Allgemeine vom 21.6.1949, vgl. Anm. 126

Ruf geriet, unter Verletzung seiner Dienstpflicht Erfüllungsgehilfe der persönlichen Interessen seines Parteifreundes Adenauer zu sein. Als dann noch das Gerücht aufkam, er habe bizonale Haushaltsgelder für Bauvorhaben in Frankfurt illegal nach Bonn geleitet, war wohl der schon genannte Untersuchungsausschuß gegen ihn im WR überfällig. Mit dieser 'Affäre Pünder' wurde die Debatte in der Presse um die 'doppelte Hauptstadt' und - damit zusammenhängend - um die 'Pro- und Kontragutachten' des RH nochmals angeheizt.

Über die Gründe für die doch etwas merkwürdig anmutende Öffentlichkeitsarbeit des VR-Vorsitzenden braucht und kann hier nicht weiter spekuliert werden. Sie jedoch allein auf seinen kontroversen Standpunkt hinsichtlich der Organisation der Bundesorgane und/oder auf seine Verärgerung zurückzuführen, daß nicht sein Sachverstand bzw. der seiner Institution vom PR-Präsidenten eingeholt wurde, wäre allzu simplifizierend, hieße seine prekäre Lage, seine Rollen- und Loyalitätskonflikte zwischen dem Verwaltungs-Chef des VWG, dem Parteipolitiker und dem Karrieremenschen zu verkennen, obwohl sie durchaus nicht zu unterschätzende Motive bei seiner Kritik an dem RH-Konzept gewesen sein dürften, was auch bei seiner brieflichen Stellungnahme vom 3. Juni 1949 an Adenauer durchklingt.

Hierin beklagte er sich bitter darüber, daß seine persönlichen Erfahrungen wie der Erfahrungsschatz des VR in dieser Frage nicht schon längst "offiziell" ausgewertet worden seien und hielt es deshalb für dringend "geboten, daß die drei Ausschüsse (TA, OA und JA) der Ministerpräsidenten ... unseren Verwaltungsrat schleunigst hinzuziehen sollten".[134] Denn - so führt er weiter aus - die "hiesigen sechs Verwaltungen namentlich in ihren leitenden Persönlichkeiten, auch auf dem ministeriellen Verwaltungsgebiet (seien) auf Grund seiner pflichtgemäßen Auffassung weit besser als ihr Ruf".[135] Erst nach dieser 'pflichtgemäßen' Verteidigung seines Verwaltungsapparates geht der Oberdirektor auf die "organisch nicht ganz aufeinander passenden" Expertisen der Finanzkontrolleure ein, die zwar "zweifellos eine wertvolle Arbeit darstellen", was ihn jedoch nicht daran hinderte, sie einer harschen Kritik zu unterziehen.

In seinem 'Gegengutachten' bekannte sich auch Pünder als Verfechter der alten Verwaltungsmaxime, "daß nichts in einer höheren Instanz erledigt werden darf, was schneller, billiger und besser in einer unteren Instanz erledigt werden kann", bezeichnete aber den Grundsatz, "in der Ministerialinstanz etwa nur den Minister mit einem erweiterten Ministerbüro, vielleicht noch mit seinem Staatssekretär und den einen oder anderen Hauptabteilungsleiter einzubetten, dagegen alles andere in die Oberbehörde" als Unfug, da der Schnitt "ganz erheblich tiefer nach der Mitte hin getan werden (müßte)".[136] Das Verwaltungskonzept des RH mit diesem sehr harten und inhaltlich unangemessenen Verdikt zu belegen, kann nur auf einer bewußten Mißinterpretation des 'Haaser-Gutachtens' als 'Gefälligkeitsgutachten' für Bonn zurückgeführt werden, worauf sich sein Zorn auch noch in seinen Lebenserinnerungen konzentriert[137]. Allerdings, so stellt er mit Genugtuung fest, sei ja von dem ganzen Unfug "erfreulicherweise nicht das geringste übrig geblieben. Nur bei Bonn blieb es, und das war wohl auch die Hauptsache".[138] Hin-

134 BA/NL 5/279 u. StBkAH 09.20
135 Ebd.
136 Ebd.
137 Pünder 1968, S. 396 ff.
138 Ebd. S. 399

zu kommt, daß die ebenfalls nicht gerade 'gentlemanlike Kritik' der 'Haaser-Kommission' an der bizonalen Verwaltung und die Art und Weise, wie sie ihre Organisationsüberprüfungen durchgeführt hat, dem 'verantwortlichen' Oberdirektor den Blick bei seinem Urteil etwas getrübt haben dürften[139].

Im einzelnen kritisierte Pünder die mit sieben Ministerien zu gering durchgegliederte Bundesexekutive der obersten Ebene, was aufgrund unzureichend abgrenzbarer Geschäftsbereiche einen übergroßen organisatorisch-personellen Ausbau der einzelnen Ressorts mit entsprechendem Kostenaufwand notwendig mache und zudem die Schaffung von "Ministerien ohne Portefeuille" begünstige, die sich als "ein Krebsschaden des ministeriellen Zentralbetriebes herausgestellt hätten, da solche politischen obersten Dienstbehörden den ganz natürlichen Drang haben, sich alsdann unorganisch die eine oder andere sachliche Zuständigkeit anzugliedern".[140] Aus diesen Gründen plädierte er neben der Bundeskanzlei für neun Ressorts und zwar für Inneres, Außenwirtschaft, Finanzen, Wirtschaft, Ernährung, Verkehr, Post, Arbeit und Justiz[141].

Insbesondere rügte Pünder die Ausführungen der Finanzkontrolleure über die Funktion, Aufgabenstellung und Organisation der Bundeskanzlei, die in diesem Organ die 'Zentralstelle für auswärtige Angelegenheiten' vorläufig verankert wissen wollten. Dies verletze das eherne Prinzip, den Kanzler bzw. dessen Kanzlei unter keinen Umständen mit Ressortarbeit zu belasten, was "sich nach alter Erfahrung noch immer gerächt" habe. Vielmehr müßte ein eigenständiges "Außenwirtschafts-Ministerium" für die wichtigsten Fragen im Zusammenhang mit dem Marshallplan und der Außenhandelsvertretung sowie für "alle zwischenstaatlichen Beziehungen im Verfolg des Besatzungsstatuts, der Demontagen, Restitutionen, Reparationen, Grenzfragen, Europa-Union usw." errichtet werden. Dies ließe sich durch die Ausgliederung der Außenhandelsabteilungen aus der VfW relativ leicht realisieren und würde seiner Einschätzung nach auch von den Besatzungsmächten toleriert werden[142].

Die Bundeskanzlei hingegen müßte, "wenn sie wirklich dem Bundeskanzler eine schlagkräftige Hülfe sein soll, so klein und so straff organisiert werden wie nur möglich", wofür vier erstklassig zu besetzende Hauptreferate unter einem Ministerialdirigenten zur Koordination der Ressortarbeit ausreichend seien. Darüber hinaus müßte hier auch die Öffentlichkeitsarbeit der Regierung konzentriert und beide Abteilungen - wie schon früher - einem Staatssekretär unterstellt werden, womit Pünder, was die Aufgabenstellung und die Organisation dieser Behörde anbetrifft, kaum von der entsprechenden Konzeption des RH abwich. Was allerdings in dem Mai-Gutachten den Zorn des Oberdirektors in besonderem Maße erregen mußte, war die Feststellung, "die Bundeskanzlei

---

139 Vgl. hierzu den zweiten Artikel von Weinert in diesem Band

140 S. Anm. 134

141 Das BMI sollte nach Pünder sowohl statusmäßig (sein Minister sollte automatisch Stellvertreter des Kanzlers sein) als auch aufgabenmäßig aufgewertet werden durch die Übertragung der Flüchtlings- und Wiederaufbaufragen, für die in Übereinstimmung mit den RH-Experten keine Ministerien errichtet werden sollten. Konsens auf beiden Seiten bestand auch über die Auflösung des Personalamtes oder - falls politisch nicht durchsetzbar - seine Eingliederung in das BMI, Dissens hingegen in der Frage eines oder zweier Ressorts für die Bereiche Post und Verkehr, wobei Pünder für die altbewährte Trennung eintrat.

142 Über die sachliche Notwendigkeit eines Außenministeriums waren sich die 'Kontrahenten' einig, nicht hingegen über seine politische Realisierungschance. In dieser Angelegenheit war der Dissens zwischen Pünder mit seiner Ambition auf eben dieses Portefeuille und Adenauer mit seinem Interesse, 'Kanzlerschaft und Auswärtiges' in Personalunion zu übernehmen, viel tiefgreifender (vgl. hierzu u.a. Wengst 1984, S. 102, Anm. 93.).

müsse ohne Rückgriff auf bestehende Einrichtungen völlig neu errichtet werden",[143] worin er nicht zu Unrecht eine Diskreditierung seiner Direktorialkanzlei erblickte. Diese geradezu "leichtfertige Feststellung" belegte seiner Meinung nach nur die Inkompetenz der Verwaltungsexperten aus dem RH, die ihre "Gutachten ... ohne jede Fühlungnahme mit der Frankfurter Behördenorganisation offenbar im stillen Kämmerlein ausgearbeitet" hätten. Denn "was die künftige Bundeskanzlei angeht, so ist in vollem Gegensatz zum Rechnungshof festzustellen, daß der künftige Bundeskanzler geradezu glücklich sein wird, in der heutigen Frankfurter Direktorialkanzlei sofort eine absolut arbeitsfähige Zentralbehörde in der Hand zu haben, die bis in alle Einzelheiten über alle Zuständigkeiten und den Stand aller sachlichen Vorarbeiten laufend aufs genaueste unterrichtet ist".[144] Nur wandte Pünder sich mit seiner RH-Schelte an den falschen Adressaten, denn es war ausgerechnet sein 'Parteifreund' Adenauer, der in der Direktorialkanzlei noch nicht einmal einen behördlichen Ansatz für den Aufbau der Bundeskanzlei sah, sie nach Antritt seiner Kanzlerschaft auflösen ließ und den Oberdirektor auf das politische Abstellgleis stellte[145]. So ist es auch nicht weiter verwunderlich, daß von der abschließend angebotenen Mitarbeit des VR an "all diesen wichtigsten staats- und verwaltungsrechtlichen Fragen der nächsten Zukunft" seitens des "Herrn Briefempfängers kein Gebrauch gemacht worden (ist)",[146] wohl aber von den drei "Ausschüssen echter Sachverständiger" der MPK, wo der Oberdirektor und seine Kollegen - vor allem im OA - sich wiederum mit den Expertenkonkurrenten im Bereich der Verwaltungsorganisation auseinandersetzen mußten[147].

2. *Konflikte, Kompromisse, Koalitionen*

Wie bereits erwähnt, konstituierte sich der Organisationsausschuß der Ministerpräsidentenkonferenz auf seiner 1. Sitzung am 11. Juni 1949 in Wiesbaden unter der Leitung des hessischen Ministerpräsidenten Stock, noch bevor der Streit um den Beteiligungsmodus des PR und des WR an den Überleitungsausschüssen beigelegt war[148]. Trotz dieser Unsicherheit über die endgültige personelle Zusammensetzung wurde die Aufgabenstellung diskutiert und ein vorläufiger Arbeitsplan festgelegt. In dieser Debatte waren sich die Mitglieder einig, daß der OA unter Ausschaltung aller politischen wie personellen Fragen in enger Zusammenarbeit mit den anderen drei

143 S. Anm. 2
144 S. Anm. 134
145 Vgl. hierzu u.a. Benz 1984, S. 246 ff.
146 Pünder 1968, S. 396
147 Ebd. In einem weiteren Brief vom 18. 6. 1949 (StBkAH/09.04) unterrichtete Pünder den "lieben Herrn Adenauer" über den Vortrag seiner Organisationsvorschläge im OA, der dort wie in der Öffentlichkeit starke Beachtung gefunden hätte, und äußerte die Hoffnung, daß "wir beide uns bald über diese und damit zusammenhängende Fragen einmal aussprechen (können)", die jedoch ebenfalls enttäuscht wurde. Die in seinen Lebenserinnerungen durchklingende Verbitterung über die zynische Behandlung, die ihm sein Parteifreund angedeihen ließ, ist um so verständlicher, als ihn dieser seinerzeit unter Berufung auf seine Christenpflicht zur Übernahme dieses "unangenehmen Postens" gedrängt hatte und zwar mit dem Versprechen, er werde als Vorsitzender der CDU der britischen Zone ihn bei seiner Frankfurter Arbeit "soweit irgend möglich unterstützen" (vgl. Pünder 1968, S. 320 ff., zit. S. 322).
148 Bei den nachfolgenden Sitzungen präsidierte meistens der geschäftsführende Vorsitzende Nischalke. Vom PR wurden schließlich die Abgeordneten Menzel für die SPD, von Brentano für die CDU und Heile für die DP in den OA entsandt (Mitgliederverzeichnisse für den OA wie für die anderen Ausschüsse in BA/Z12/59).

Fachausschüssen nur Empfehlungen für die Gestaltung der künftigen Bundesorgane aussprechen könne. Des weiteren bestand Konsens darüber, daß bei ihrer Arbeit die Aufgabenstellung, die Kompetenzen und die Organisationsstruktur der Ministerien im Zentrum zu stehen hätten, wohingegen die Anzahl der Ressorts als 'Politikum' schon auf dieser Sitzung und bis zum Schluß kontrovers debattiert wurde. Für das weitere Procedere wurde u.a. auf Vorschlag von Stock beschlossen, den Oberdirektor des VWG und den Leiter des RHiVW als externe Sachverständige auf der nächsten Sitzung am 17./18. Juni 1949 in Bad Schlangenbad zu hören; darüber hinaus wurden die Referenten für die Organe des Bundestags, des Bundesrats und des Bundeskanzlers bestimmt, die als erste behandelt werden sollten[149]. Der Vorsitzende schloß die Sitzung mit der Warnung, der Presse gegenüber Zurückhaltung zu üben, um die sachliche Ausschußarbeit nicht unnötig zu belasten, eine berechtigte Warnung, wie sich später herausstellen sollte.

Bei dieser ersten Expertenrunde am 17. Juni 1949 in Bad Schlangenbad, dem ständigen Tagungsort des OA, traten die Finanzkontrolleure in großer Besetzung auf - Vizepräsident Mayer, Direktor Fuchs und Geschäftsstellenleiter Markull -, die das Gremium arbeitsteilig über ihre Organisationsvorschläge für die Bundesverwaltung informierten. In diesem Zusammenhang muß vorweg bemerkt werden, daß über diesen Auftritt der RH-Vertreter drei Protokollvarianten existieren: ein ausführliches mit handschriftlichen Korrekturen versehenes Verlaufsprotokoll[150], ein darauf aufbauendes gestrafftes stenographisches Protokoll, das dem offiziellen Kurzprotokoll beigefügt worden war[151], und eine vom RH revidierte Version dieser Anlage vom 2. Juli 1949[152]. Diese "berichtigte Fassung" - eine sehr euphemistische Umschreibung angesichts der gründlichen Überarbeitung, bei der die "nicht immer zutreffende ... stenographische Wiedergabe"[153] als Vorwand herhalten mußte, Passagen der Referate entweder ganz zu streichen oder sie neu zu formulieren - wurde am 8. Juli 1949 dem Büro des OA gleich in 150 Exemplaren "zur weiteren Veranlassung" mit der Bitte übersandt, "die alte Drucksache ... zu vernichten".[154]

Über die Gründe dieser Protokollmanipulation, die vom OA auch offiziell hingenommen wurde[155], kann an dieser Stelle wiederum nur auf der Plausibilitätsebene spekuliert werden. Vergleicht man die zwei entscheidenden Protokollvarianten, so scheinen zwei Motive für den plötzlichen Gesinnungswandel der RH-Referenten ausschlaggebend gewesen zu sein: Zum einen der Untersuchungsausschuß Pünder, der just am 8. Juli 1949 seine erste öffentliche Beweisaufnahme durchführte[156], und zum anderen die Widerstände seitens der Mehrheit der Ausschußmitglieder gegenüber ihrem zweistufigen Verwaltungsmodell, was - wollten sie ihre weitere Mitarbeit nicht gefährden - eine moderate Revision ihres Konzeptes notwendig machte, zumal am 9. Juli 1949 die letzte Verhandlungsrunde eingeläutet wurde, bei der sie nochmals beratend auf der abschlie-

149 Als Referenten für diese Organe stellten sich zur Verfügung MinRat Hermans, Rheinland-Pfalz, Landesdirektor Suchan, Schleswig-Holstein, und MinDir Wandersleb, Nordrhein-Westfalen.
150 BA/Z 12/92
151 Vgl. ebd.
152 BA/B 112/55
153 BA/Z 12/92
154 S. Anm. 152
155 Vgl. das entsprechende Kurzprotokoll mit Anlage in AVBRD Bd. 5, S. 619 ff.
156 Die zweite erfolgte am 20. 7. 1949. Es sei nochmals daran erinnert, daß die entsprechende Stellungnahme aus dem Sekretariat des PR ebenfalls vom 8. 7. 1949 datiert. Im übrigen ist Pünder in allen Punkten vom Untersuchungsausschuß entlastet worden, vgl. Anm. 5.

ßenden Diskussion über die Organisationsstruktur aller Bundesorgane in ihrem Sinne einwirken konnten und wohl auch wollten[157].

Angesichts der hoch emotional geführten Diskussion in der Medienöffentlichkeit hinsichtlich der 'Legalität' und 'Objektivität' der beiden RH-Gutachten vom März bzw. Mai fühlte sich Mayer wohl bemüßigt, einige besänftigende Worte über deren Vorgeschichte zu sprechen. Hierbei führte er aus, daß "bereits bei den Vorarbeiten zum Grundgesetz der Rechnungshof für die britische Zone von Präsident Dr. Adenauer ersucht worden (sei), sich mit gewissen Fragen zu beschäftigen und eine Geschäftsstelle in Bonn zu errichten".[158] In der bereinigten Fassung wurde die "Geschäftsstelle", wahrscheinlich im Zusammenhang mit dem 'Pünder-Ausschuß', ersetzt durch die Entsendung eines "Sachverständigen". Schon in diesem Punkt waren die RH-Vertreter gut beraten, daß sie bei ihren Referaten - im Gegensatz zum Oberdirektor des VWG - die Presse ausschließen ließen[159], hätte doch die so frühzeitige Errichtung der Außenstelle beim PR der öffentlichen Gerüchteküche hinsichtlich der engen Kooperation zwischen den beiden Institutionen neue Nahrung gegeben, diesen Auftrag habe der RHiVWG während bzw. nach der Auflösung dieses zonalen Kontrollorganes ebenfalls auf Bitte des PR-Präsidenten übernommen. Außerdem - so Mayer ganz bescheiden - wolle der RH mit seinen Gutachten keineswegs ein "Evangelium" verkünden, sondern dem Ausschuß nur "Vorschläge und Unterlagen zur Diskussion" liefern, in diesem Sinne seien auch die Ausführungen seiner beiden Mitarbeiter zu verstehen. Mit diesen konzilianten Worten war denn auch schon seine Mitarbeit im OA beendet, denn er überließ die 'Verteidigung' der RH-Interessen im engeren wie im weiteren Sinne vertrauensvoll seinem 'Obergutachter' Fuchs.

Dieser referierte anschließend vor dem 'neuen Auditorium' in komprimierter Form die 'alten Aufbauprinzipien' für die Bundesexekutive aus den beiden Expertisen, wobei er nach Kräften bemüht war, sie von dem Odium der Parteilichkeit zu befreien. So hob er gleich einleitend hervor, daß die dort entwickelten Organisationspläne ausschließlich auf seinem langjährigen bis auf den RSK zurückreichenden Erfahrungsschatz, seinen aktuellen Kenntnissen der bizonalen Verwaltungen aufgrund der von ihm bzw. seiner Truppe durchgeführten Überprüfungen und seiner Auswertung der einschlägigen Bestimmungen im GG beruhten, wohingegen "politische Gesichtspunkte wie etwa die Frage der Bundeshauptstadt"[160] in keinster Weise berücksichtigt worden seien. Vielmehr sei die "oberste Kernfrage" gewesen, "ob die derzeitige ausgedehnte Betätigung der öffentlichen Hand auf die Dauer so denkbar sei oder ob man nicht schon einen Status erreicht habe, in dem die Bürokratie oder der Parlamentarismus in verschiedenen Dingen eine Glanztätigkeit entfaltet und zu einer Überspitzung führt".[161] Dieser reichlich krude Satz war einer stilistisch-grammatikalischen Überarbeitung wirklich würdig, daß hierbei

157 Es kann hier keine vergleichende Inhaltsanalyse der verschiedenen Protokollvarianten geleistet werden, jedoch werden wir bei der Darstellung der Beratungstätigkeit der Rechnungsprüfer im OA die wichtigsten Unterschiede wenigstens punktuell berücksichtigen.
158 S. Anm. 151
159 dpd-Meldung v. 17. 6. 1949 in BA/Z 12/87 und AVBRD Bd. 5, S. 626, Anm. 36
160 S. Anm. 151
161 Ebd.

die durchscheinende Parlamentarismusschelte gleich mit wegretuschiert wurde, halten wir jedoch für erwähnenswert[162].

Unter diesem Aspekt sei auch die Frage der Dekonzentration der Ministerialarbeit geprüft worden, wobei die verwaltungsmäßige Negativentwicklung vor wie nach 1945 gezeigt habe, daß nur durch eine radikale Beschränkung der Ressorts auf ihre grundsätzlichen (Entscheidungs-) Aufgaben und eine Verlagerung der gesamten übrigen Routine-Verwaltungsarbeit auf nachgeordnete Behörden - sprich BOB - eine Überorganisation der Ministerialebene von vornherein erfolgreich bekämpft werden könne. Deshalb habe der RH in seinem Mai-Gutachten auch auf eine abteilungsmäßige Tiefengliederung der Ministerien für Wirtschaft, für Ernährung und für Post und Verkehr verzichtet[163]. Zum einen, weil bei den bizonalen Überleitungsbehörden "fast überall Organisationsfehler vorliegen und ein zu wünschendes Optimum noch nicht erreicht sei",[164] speziell was die Auslagerung von Detailentscheidungen auf die BOB betreffe, und zum anderen aus der Scheu heraus, "etwas Institutionelles zu schaffen, wo nur vorübergehend etwas gebraucht werde".[165] Aus dem letzteren Grund lehne der RH - so Fuchs weiter - auch die Errichtung aus der Not geborener Sonderministerien mit zeitlich limitierten Aufgaben ab, wie beispielsweise ein Flüchtlings- oder Wiederaufbauressort, und plädiere für eine bewußt knappe "Erstausstattung der ministeriellen Spitze", die "einheitlich und simultan in einem Akt" zu schaffen sei, während die BOB nach und nach errichtet werden könnten. Hinsichtlich ihrer 'personellen Erstausstattung' wiederholte der Direktor die Warnung aus dem Mai-Gutachten vor einer Politisierung der Ministerialbürokratie, deren Referenten "keine Politiker, sondern politisch versierte erste Fachkräfte" zu sein hätten, und betonte in diesem Zusammenhang nochmals die Notwendigkeit einer intensiven Personalrotation zwischen allen Verwaltungsebenen[166].

Nach einem abschließenden Appell an das Auditorium, aus Gründen der Sparsamkeit das zweistufige Verwaltungsmodell zumindest ernsthaft zu erwägen, in das schließlich auch die Erfahrung aus seiner Mitarbeit am GG mit eingeflossen sei[167], übergab Fuchs dem Bonner Geschäftsstellenleiter das Wort, der nach den vorliegenden Protokollvarianten allerdings das Kunststück fertig gebracht haben muß, 'simultan in einem Akt' zwei verschiedene Referate zu halten.

---

162 Der entsprechende Satzteil in der RH-Fassung lautet: "einen Status erreicht habe, der eine Überspitzung der Verwaltungsfunktion darstellt", dem man schon eher zustimmen kann. S. Anm. 152.

163 Die RH-Referenten hatten den Gliederungsvorschlag für die Ministerien zur optischen Unterstützung ihrer verbalen Ausführungen als großes graphisches Schema an der Stirnwand des Sitzungssaales befestigt, ebenso drei weitere Schemata aus dem März-Gutachten zur Gliederung der BOB, zum Verwaltungsaufbau insgesamt und zum oberbehördlichen Unterbau der Bundesministerien. Des weiteren legten sie dem OA als Informationsmaterial eine systematische Zusammenstellung der Zuständigkeiten der einzelnen Ressorts nach dem Grundgesetz vor (vgl. hierzu Anm. 151).

164 Ebd.

165 S. Anm. 152

166 S. Anm. 152. In der bereinigten Fassung ist der Vorwurf, daß die Mängel der Frankfurter Verwaltungen neben der Zusammenballung von Grundsatz- und Einzelentscheidungen vorrangig auf der fehlenden Verbindung zu den Ländern beruhten, die mit einem stärkeren oberbehördlichen Unterbau gegeben gewesen wäre (vgl. BA/Z 12/92), nicht mehr enthalten. Im übrigen ist hinsichtlich der personellen Erstausstattung zu bemerken, daß die Bemessungsvorschläge aus dem Mai-Gutachten in Erwartung der Besitzstandswahrungsansprüche seitens der Direktoren des VWG wahrscheinlich bewußt an einer illusorisch unteren Grenze angesiedelt worden waren, die auch in der Presse auf unglaubwürdiges Staunen stießen: Gesamtstärke des höheren, gehobenen und mittleren Dienstes für die Präsidialkanzlei 50, die Bundeskanzlei 120, das BMI 130, BMF 170, BMA 150, BMJ 80 und für den RH 200 (vgl. Mai-Gutachten Anhang A, Anm. 2).

167 Vgl. Anm. 151.

ORR Markull war anscheinend die Rolle zugedacht worden, die Gutachten und das bislang erarbeitete Material der Finanzkontrolleure anhand der ausgehängten Schemata zur Aufbaustruktur der Bundesexekutive in concreto zu erläutern, diesen Eindruck vermitteln zumindest die beiden ausführlichen Protokolle. Hiernach haben sich seine Ausführungen im wesentlichen auf eine kurze, aber dezidiert vorgetragene Verteidigung der RH-Vorschläge für die Bundeskanzlei und die vier Ressorts für Inneres, Finanzen, Arbeit und Justiz konzentriert, unter starker Betonung seines jeweiligen oberbehördlichen Unterbaus sowie - als Kehrseite der Medaille - auf eine harsche Zurückweisung der "heute von allen Seiten" geforderten und "in der öffentlichen Debatte ... als unbedingt nötig" erachteten Sonderministerien für Flüchtlings-, Besatzungs-, Post-, Gesundheits- und Wiederaufbaufragen, die als "Erhebung ... einzelner Verwaltungszweige in die Ministerialebene" abzulehnen seien, vielmehr müßten diese Aufgaben - falls sachlich notwendig - auf der Ebene der BOB bearbeitet werden[168].

Diese Philippika gegen Sonderministerien hat zwar, wie in der folgenden Aussprache deutlich wurde, den Unmut einiger Ausschußmitglieder erregt, die in diesem Punkt bis zur Beendigung ihrer Arbeit zerstritten blieben, da sie hierin eine anmaßende Einmischung in ihre Entscheidungskompetenz sahen, kann aber kaum der ausschlaggebende Grund für die Neufassung des Vortrages in dem RH-Protokoll gewesen sein. Wohl schon eher das Argument des Geschäftsstellenleiters, die vom RH so favorisierten BOB seien "nichts anderes als Oberste Bundesbehörden", zumal bereits in der Medienöffentlichkeit der Verdacht geäußert worden war, sie wären insgeheim Klein-, Neben- oder Konkurrenzministerien in Frankfurt, um die Errichtung der Ressorts in Bonn zu ermöglichen[169]. Ob diese Gleichsetzung nun auf einem Lapsus, einer Freudschen Fehlleistung oder schlicht einem stenographischen Fehler beruhte, diese Gleichsetzung mußte in der "berichtigten Protokollfassung" 'bereinigt' und der Verdacht der ministeriellen Doppelorganisation gründlich beseitigt werden. Hierin ist nunmehr ganz unverdächtig zu lesen, daß die BOB selbstverständlich ihr Vorbild in den höheren Reichsbehörden haben, das GG daher keinen neuen Behördentyp geschaffen hätte, im Gegenteil, die Entwicklung einer vierten Instanz gerade verhindere, weil es für die "meisten Ressorts keine Bundesmittel- und unteren Behörden" zulasse. Nichtsdestoweniger sei "aller Nachdruck auf eine stärkere Dekonzentration" der Ministerialarbeit zu legen und zwar im Sinne "der seit Jahrzehnten erörterten Frage der Verwaltungsreform", die man gerade jetzt, beim "Neuaufbau" der Bundesorgane, endlich berücksichtigen müsse, nicht zuletzt aus dem Gedanken heraus, "daß die Demokratie in Deutschland modernisiert und handlungsfähig gemacht werden müsse", womit auch die latent antiparlamentarische und antiföderalistische Einstellung der beiden RH-Vertreter aus der Welt geschafft werden sollte. Somit wandelten sich die 'konkreten Ausführungen' Markulls in ein weiteres 'Grundsatzreferat à la Fuchs', in dem nochmals ganz bescheiden die "nur unterstützende" Funktion des RH bei den Planungsvorarbeiten hervorgehoben wurde[170].

---

168 Vgl. Anm. 152. Nach dem RH-Vorschlag sollten die auswärtigen Angelegenheiten einschließlich der Besatzungsfragen in der Bundeskanzlei verortet und die Post wegen ihres zu geringen Umfanges an eigentlichen Ministerialaufgaben mit dem Bereich Verkehr zu einem Ressort verschmolzen werden.

169 Vgl. Anm. 126. Im Verlaufsprotokoll (Anm. 150) steht maschinenschriftlich Oberste Reichsbehörden, was handschriftlich in Oberste Bundesbehörde korrigiert ist.

170 Die konkreten Ausführungen Markulls über die Organisation der einzelnen Bundesorgane wurden mit Ausnahme derjenigen über die Bundeskanzlei stark gekürzt und die über die 'Sonderministerien' gar ganz gestrichen (vgl. Anm. 152).

Aber auch ohne diese Protokoll-Änderungen hatten die grundsätzlichen Forderungen der RH-Referenten das Wohlwollen des Vorsitzenden Stock gefunden, der mit ihnen vollkommen einer Meinung war, daß die Ministerien "auf die unbedingt notwendige Zahl zu begrenzen und dabei die Verwaltung sowie die Gesetzgebung klar voneinander zu trennen" seien und der ebenfalls zeitbedingte Fragen wie z.B. die des Flüchtlingswesens oder des Wiederaufbaus nicht in Sonderministerien, sondern in Verwaltungsämtern bearbeitet wissen wollte, die lediglich politisch einem Ressortchef unterstehen müßten[171].

Nach den Finanzkontrolleuren hielt der Vorsitzende des VR sein Grundsatzreferat über den Aufbau und die Struktur der künftigen Bundesorgane, wobei er mit einem Seitenhieb auf seine Vorredner einleitend betonte, daß er sich nicht zu dem "politisch-geographischen Streit" um Bonn/Frankfurt äußern werde, auch stehe er nicht als Politiker oder in seiner offiziellen Funktion als Oberdirektor vor dem Gremium, sondern - ganz bescheiden - als "Verwaltungsfachmann", um "dem sachlichen Urteil des Ausschusses nicht vorzugreifen".[172] Inhaltlich wiederholte Pünder im wesentlichen seine schriftlichen Ausführungen vom 3. Juni 1949 über die RH-Gutachten an Adenauer - mit einer Ausnahme: Er vertrat nunmehr die Meinung, daß die Behandlung der "auswärtigen Dinge" beim Bundeskanzler ein "unbedingter Fehler" wäre, die wegen der besseren parlamentarischen Kontrolle dem "Büro des Bundespräsidenten unterstehen (müßten), wie es unter Ebert und Hindenburg ausgesehen habe".[173] Ebenso falsch wäre es, dort Fragen des Marshallplanes bearbeiten zu lassen, da das "Koordinierungsinstrument des Kanzlers grundsätzlich von jeglicher Ressortarbeit freigehalten werden müßte". Notwendig wäre jedoch, für die laufende Unterrichtung des Regierungschefs die Stelle eines "General-Referenten für Wirtschaftsfragen" einzurichten, für die er den Leiter seines Büros, Krautwig, als geeigneten Kandidaten ins Gespräch brachte, und in diesem Zusammenhang plädierte er für ein eigenständiges "Außenwirtschafts-" bzw. "Außenhandelsministerium", das später organisch in das zukünftige "Auswärtige Amt" übergeleitet werden könnte.

Mit diesem Vorschlag stieß Pünder in der anschließenden Diskussion über die beiden 'Aufbaukonzeptionen' auf heftigen Widerstand seitens der Ausschußmitglieder. Diese vertraten unisono die Meinung, daß die "Außenpolitik" keinesfalls auf das rein "Wirtschaftliche" reduziert werden dürfte, sondern unbedingt so (über-)lebenswichtige Fragen wie die des Besatzungsstatuts, des Friedensvertrages, des Berlin-Status, der Europa-Union, des Atlantik-Paktes etc. einbeziehen müßte, die angesichts der zu erwartenden alliierten Vorbehalte gegenüber einem Außenministerium zunächst als Abteilung für auswärtige Angelegenheiten unter der Leitung eines dem Kanzler direkt unterstellten Staatssekretärs bei der Bundeskanzlei anzusiedeln sei[174]. Dieser thematischen Ausweitung der Außenpolitik, für die sich insbesondere der südbadische Botschaftsrat a.D. von Brentano einsetzte, stimmte Pünder zwar sofort zu, blieb jedoch bei seiner Meinung, daß hierfür ein - wie er es nun nannte - "Ministerium für zwischenstaatliche Beziehungen"[175] errichtet werden müßte, das von den Alliierten nicht nur toleriert,

---

171 S. Anm. 150
172 S. Anm. 151
173 Ebd. In seinem Brief an Adenauer hatte er eben diesen Vorschlag aus dem März-Gutachten mit eben diesem Argument als einen "ganz schweren Fehler" bezeichnet (vgl. Anm. 134).
174 S. Anm. 151
175 Vgl. hierzu u.a. Wengst 1984, S. 101 f.

sondern sogar begrüßt werden würde. In diesem speziellen Punkt wie hinsichtlich der Funktions- und Organisationsstruktur der Bundeskanzlei folgte der OA im wesentlichen dem Vorschlag der RH-Experten, die dieses Koordinierungsorgan für die "Kabinetts- und Auswärtigen Angelegenheiten"[176] bereits in ihrem Mai-Gutachten als das entscheidende Instrument für die Realisierung der Richtlinienkompetenz des Regierungschefs bezeichnet hatten[177].

Allerdings waren damit die konsensfähigen Themen[178] zwischen den Ausschußmitgliedern und den Finanzkontrolleuren - zumindest auf dieser Sitzung - erschöpft, mußten letzere doch eine z.T. recht harsche Kritik an ihrem zweistufigen Verwaltungsmodell hinnehmen. Insbesondere der bayerische Vertreter Ringelmann protestierte gegen dieses Konzept, das eine "vierte Instanz" schaffen würde, mit der praktischen Folge, "daß zunächst eine Oberbehörde zu entscheiden habe, gegen die wieder der Minister angerufen werden müßte, obwohl es sich um die gleiche Instanz handele. Das aber würde zu unhaltbaren Zuständen führen".[179] Andere Kollegen meldeten darüber hinaus ihre erheblichen Bedenken an, daß mit einer Dekonzentration aller 'Ministerialarbeiten nicht abstrakter Art' auf BOB eine kostensparende Vereinfachung der Bundesverwaltung erreicht werden könnte, befürchteten geradezu das Gegenteil, nämlich eine kostentreibende Komplizierung. Zudem dürfe in der Öffentlichkeit auf keinen Fall der Eindruck entstehen, "daß man unter einseitige Richtlinien gestellt werden könne, wie z.B. die ... , daß wir alle der Meinung seien, wir sollten die Bundesministerien möglichst klein halten".[180] In die gleiche Richtung zielte der Diskussionsbeitrag des Vertreters Schleswig-Holsteins, Landesdirektor Suchan, der dem Geschäftsstellenleiter Markull entgegenhielt, daß eine Bearbeitung so drängender Fragen wie beispielsweise die des Flüchtlings- oder des Wiederaufbauwesens nicht einfach Oberbehörden überlassen werden könne, bei denen die parlamentarische Kontrolle nicht so stark gegeben sei wie bei einem verantwortlichen Minister, und der aus diesem Grund prinzipiell für ein größeres Kabinett eintrat[181]. Wie erwähnt, blieb die Frage der Kabinettsgröße im Ausschuß bis zum Schluß umstritten[182] und führte am Ende der zweiten Sitzung nochmals zu einer erregten Debatte, wer denn nun die Zahl der Ressorts und deren Aufgabenbereiche letztendlich festlege. Hierbei vertraten die OA-Mitglieder mehrheitlich die Meinung, daß diese Kompetenz beim Kanzler und/oder Präsidenten liegen würde. Dem hielten die Rechnungskontrolleure entgegen, daß dies wohl eher eine Frage des Haushaltes sei, denn - so argumentierte Fuchs in seiner süffisanten Art- "wenn das Gehalt nicht bewil-

---

176 S. Anm. 151

177 Vgl. "Empfehlungen des OA der MPK über den Aufbau der Bundesorgane" 1949, T II, 3 Bundeskanzlei, S. 19 ff. Der von dem zuständigen Referenten Wandersleb vorgebrachte Vorschlag, hier auch das zentrale Beschaffungswesen sowie eine Koordinierungsstelle für Landesplanung und Raumforschung anzusiedeln, wurde von der Mehrheit der OA-Mitglieder abgelehnt (vgl. ebd. S. 20; siehe hierzu auch Wengst 1984, S. 102 f).

178 Mit einer Ausnahme: Alle Beteiligten waren sich darüber einig, daß das "mit nahezu diktatorischen Befugnissen" ausgestattete Personalamt des VWG auch gegen den Widerstand der Alliierten aufgelöst und seine Funktion wieder dem BMI als federführendem Ressort und dem BMF nach altbewährtem Muster übertragen werden sollte (vgl. Empfehlungen 49, T II, 18 Bundespersonalamt, S. 95 f.).

179 S. Anm. 151

180 So der Vertreter Niedersachsens, MinR Danckwerts, ebd.

181 Dies allerdings nicht ganz freiwillig, da er von seiner Landesregierung mit dem Auftrag in den OA abgeordnet worden war, sich für die Errichtung dieser beiden Ministerien einzusetzen, ebd.

182 Vgl. Empfehlungen 49, T. II, 13 Fürsorge, Lastenausgleich, Flüchtlinge, Wohnung und Siedlung, Raumordnung, Gesundheitswesen im Aufbau der Bundesbehörden sowie den Eventualvorschlag Flüchtlingsministerium, S. 73 ff.

ligt werde, seien die Ministerien nicht existent". Dies provozierte wiederum die Replik von Wandersleb, diese Ansicht laufe darauf hinaus, daß der "Rechnungshof die Organisationsgewalt habe", womit er das 'faktische Können' dieser Institution zwar gründlich ver-, ihr 'ideelles Wollen' jedoch richtig erkannt hatte. Im übrigen sollte er mit seiner Prognose recht behalten, daß diese Entscheidung in der Praxis weder vom Kanzler noch vom Präsidenten, sondern von den "politischen Parteien ... unter Berücksichtigung eines Ausgleichs ihrer Machtverhältnisse" und der zur Verfügung stehenden Persönlichkeiten getroffen würde[183].

Aufgrund dieser massiven Kritik an dem Verwaltungsmodell der Finanzkontrolleure wie an ihrem anmaßenden Auftreten blieb diesen nichts anderes übrig, als zum vorsichtigen Rückzug zu blasen. Deshalb nutzte Fuchs gleich die Sitzung am nächsten Tag, um die internen wie externen Vorwürfe gegenüber den RH-Expertisen zu entkräften und das Klima im OA zu entspannen. Nach dem obligaten Verweis auf seine langjährige Tätigkeit beim RSK und seine Rolle als "General-Sachverständiger" beim PR betonte er, daß es niemals weder seine Aufgabe noch die seiner Behörde gewesen sei, "Gutachten auf Anforderung zu erstatten", vielmehr wäre das hier vorgelegte Material auf jeden Fall ausgearbeitet worden, eben "weil es Aufgabe des Rechnungshofes sei, solche Unterlagen für den künftigen Bund ohnehin zu erstellen".[184] Im übrigen habe er mit "seinen Gutachten"[185], lediglich der "sachlichen Seite" dienen wollen, wobei er nicht den Anspruch erhebe, das "Ei des Kolumbus" geliefert zu haben. Aus diesen Gründen würde er den Ausschuß bitten, die Art und Weise seiner weiteren Mitarbeit einschließlich die seines Kollegen zu klären, zumal er zu seiner Verwunderung gehört habe, seine Behörde wolle die volle Mitgliedschaft beanspruchen, ein Gerücht, dem er bei dieser Gelegenheit energisch entgegentreten müsse.

Auf diese Erklärung reagierten die Ausschußmitglieder ihrerseits mit Verwunderung und versicherten ihren beiden Gästen, daß ihr beratender Sachverstand ohne Frage hochwillkommen sei, auf den man auch bei Anhörung der anderen externen Verwaltungsexperten nicht verzichten könne. Jedoch müßten sie von der Entscheidungsphase ausgeschlossen werden, da nach "außen hin" unbedingt der Eindruck verhindert werden müsse, als würde der Organisationsausschuß "im Fahrwasser einer anderen Stelle stehen", woraus in der Öffentlichkeit leicht ein 'Politikum' entstehen könne, gerade angesichts der Vorgeschichte und der Veröffentlichung der RH-Gutachten[186]. In diesem Zusammenhang gab es eine kurze Debatte darüber, ob den "Herren vom Rechnungshof", die möglicherweise von den "Frankfurter Herren infiziert" sein könnten, nur eine passive Beobachter- oder eine aktive Beraterrolle zugebilligt werden sollte, die letztlich nicht klar entschieden wurde[187]. Hiermit erklärte sich Fuchs einverstanden, verwahrte sich jedoch ganz entschieden dagegen, daß der RH auch nur das Geringste mit dieser Indiskretion zu tun gehabt hätte, sondern - so seine nicht ganz logische Satzführung - "daß seiner Meinung nach der Präsident des Parlamentarischen Rates die Dinge blockiert und er dann vorgeschlagen habe, die Dinge der Konferenz der Ministerpräsidenten zu übergeben, was aber nicht erfolgt sei". Zu seiner Erleichterung wurde

183 Vgl. AVBRD Bd. 5, S. 640 f.
184 BA/Z 12/92
185 Fuchs bekennt sich hier zu seiner Autorenschaft; ob zu Recht, kann hier nicht mit letzter Sicherheit geklärt werden.
186 Gemeint ist hier die Presseberichterstattung über die 'geheimgehaltenen Gutachten'.
187 Vgl. Anm. 184

ihm von Sekretär Lippmann sogleich Absolution erteilt, der mit der Übergabe der Gutachten an den OA diese Angelegenheit auch offiziell für erledigt erklärte[188].

Mit dieser Aussprache konnten die Schatten aus der Vorgeschichte der RH-Expertisen jedoch noch längst nicht vertrieben werden, die als 'öffentlich heiß diskutiertes Thema' noch manche Turbulenzen im OA verursachten[189]. Ihren Höhepunkt erreichte diese Auseinandersetzung auf der 10. Sitzung am 3. Juli 1949, auf der den RH-Beratern unverblümt der Vorwurf gemacht wurde, sie hätten den Begriff der Oberbehörde in ihren Gutachten nur deshalb so überstrapaziert, "um eine Lösung für Bonn zu finden"[190]. Diesmal beeilte sich Bonn-Lobbyist Wandersleb den Verdacht der Parteilichkeit mit dem Hinweis zu entkräften, daß dieser Behördentyp - "wenn auch in anderer Bedeutung" - schließlich im GG genannt werde. Unterstützung fand er hierbei von ganz unverdächtiger Seite, nämlich von dem südbadischen Vertreter von Brentano, der ausführte, daß man dem RH diesbezüglich keinen sachlichen Vorwurf machen könnte, denn "auch der Organisationsausschuß hätte das Recht gehabt, sich solche Gedanken zu eigen zu machen".[191] Durch diese Schützenhilfe gestärkt, verwahrte sich Fuchs zum wiederholten Male gegen die verzerrten Pressedarstellungen, der RH hätte seine Stellungnahmen unter der 'Richtlinienkompetenz' des Auftraggebers Adenauer ausgeführt. Vielmehr - so betonte er - hätte das hier von ihm vertretene Verwaltungskonzept geradezu in der Luft gelegen und sich zudem von Anfang an auf geltendes Recht bezogen, da die Verfassung nun einmal diesen "umstrittenen Begriff" enthalte[192]. All diese Entlastungsversuche konnten jedoch nicht verhindern, daß im OA der Modus der Mitarbeit der RH-Gäste wieder einmal zur Disposition gestellt und darüber hinaus beschlossen wurde, in einem Pressekommuniqué erstmals offiziell zu diesem umstrittenen Behördentyp Stellung zu nehmen. Hierin wurde der Position des RH, daß den BOB beim Aufbau der Bundesadministration eine zentrale strategische Bedeutung zukomme, insofern eine klare Absage erteilt, als man unmißverständlich hervorhob, daß dieser Instanz analog zu den früheren Reichsoberbehörden lediglich gewisse untergeordnete Verwaltungszuständigkeiten obliege, keinesfalls aber Aufgaben, "die ihrer Natur nach in die Ministerien gehören".[193]

Angesichts dieser Querelen ohne Ende sah sich wohl der hessische Ministerpräsident Stock genötigt, auf der 13. Sitzung vom 10. Juli 1949 einige klärende Worte zu sprechen. Hierbei bedankte er sich zunächst bei seinen Ausschußmitgliedern für die zwischenzeitlich "außerordentlich gut geleistete Arbeit" und bedauerte in diesem Zusammenhang, daß in der Presse "die Mitarbeit des Rechnungshofes nicht immer genügend gewürdigt worden (sei)". Denn - so fügte er hinzu - der OA hätte diese Institution um die Erstellung eines Gutachtens zum Aufbau der Bundesorgane als Grundlage seiner Arbeit auf

188 Vgl. ebd. Fuchs ließ sich die Gelegenheit nicht entgehen, mit dem Hinweis, Pünder habe über eine Reihe von Exemplaren verfügt, zumindest implizit den 'wirklichen Informanten' zu nennen.

189 So z.B. auf der Sitzungsperiode vom 23.-25. Juni 1949 (vgl. BA/Z 12/93)

190 So der Vertreter Württemberg-Hohenzollerns, Mostaf (vgl. BA/Z 12/91)

191 Vgl. ebd.

192 Vgl. ebd. Nur vergaß er hinzuzufügen, daß zum Zeitpunkt der Erstellung seiner Gutachten dieses Recht noch nicht galt und der zugrundliegende Art. 87, Abs. 3, S. 1 bis kurz vor der Verabschiedung des GG im PR umstritten war.

193 AVBRD Bd. 5, S. 748, Anm. 30. Die Idee, mit kurzen Pressekommuniqués das berechtigte Interesse der Journalisten zu befriedigen und damit gleichzeitig der Gerüchteküche in den Massenmedien über die OA-Arbeit die Nahrung zu entziehen, wurde schon auf der 4. Sitzung vom 23. 6. 1949 diskutiert; vgl. Anm. 189.

jeden Fall bitten müssen, wenn diese nicht bereits eine derartige Expertise vorgelegt hätte, wobei der Streit um den Auftraggeber vollkommen müßig sei. Diese Meinung werde er auch vor seinen Kollegen in der MPK vertreten. Nach dieser präsidialen Ehrenrettung konnten auch die ansonsten gegenüber den beiden Dauergästen eher distanziert-kritisch eingestellten Ausschußmitglieder nicht umhin, ihnen ebenfalls für ihre hilfreiche Mitarbeit zu danken[194].

3. *Die Experten des Rechnungshofes als Verwaltungsreformer, Sparkommissare und Interessenvertreter in eigener Sache*

Durch die von allen Seiten einsetzende Kritik an dem Verwaltungsmodell des RH gerieten die Finanzkontrolleure bei den langwierigen und z.T. bis in das kleinste Detail gehenden Verhandlungen über den Aufbau der einzelnen Bundesorgane von Anfang an in die Defensive, insbesondere hinsichtlich ihrer verwaltungsreformerischen Intentionen. Dies um so mehr, als auf der Sitzungsperiode vom 1. bis 4. Juli 1949 der geballte Sachverstand der geladenen Experten aus den bizonalen Verwaltungen[195] seine Wirkung im OA aus vielerlei Gründen nicht verfehlte:

Erstens waren sie durch die normative Kraft der faktischen Existenz ihrer Verwaltungsapparate - von Art. 133 GG einmal abgesehen - von vornherein in einer stärkeren Position; zweitens konnten sie genüßlich auf die inzwischen hinreichend bekannten Argumente gegen das zweistufige Verwaltungskonzept des RH zurückgreifen, was sie auch reichlich taten; drittens schürten sie die auch von den Ausschußmitgliedern gehegten Befürchtungen, der OA geriete in das Fahrwasser Dritter, sprich des RH, und viertens hatten die meisten von ihnen als Betroffene der gefürchteten Organisationsprüfungen sowieso noch ein Hühnchen mit diesem Kontrollorgan bzw. seinem Direktor Fuchs zu rupfen[196]. Von daher ist der Einschätzung von Wengst wohl zuzustimmen, daß die Frankfurter Direktoren den "maßgeblichen Einfluß auf die Meinungsbildung des Ausschusses" gehabt hatten[197]. Sie ist jedoch insofern ergänzungsbedürftig, als der 'Einfluß der Berater-Gäste' auf diesen 'Meinungsbildungsprozeß' so gering denn auch

194 Vgl. BA/Z 12/91 Zu den letzteren gehörte auch der geschäftsführende Vorsitzende Nischalke, der unter Berufung auf den abwesenden Stock schon früher den RH-Vertretern nur einen 'Horchposten' zubilligen wollte, dem dieser, wäre er anwesend gewesen, wohl widersprochen haben dürfte, da sich seine Vorstellungen über den Aufbau der Bundesverwaltung weitgehend mit denen des RH deckten (vgl. Anm. 184).

195 Der OA hatte auf seiner 3. Sitzung vom 18. 6. 1949 nicht nur die internen Referenten für die einzelnen Ministerien festgelegt, sondern auch beschlossen, die Direktoren bzw. Leiter der bizonalen Verwaltungen anzuhören (vgl. BA/Z 12/92). Diesem Beschluß wurde auf der 61. Direktorialsitzung des VR vom 29. 6. 1949 entsprochen (vgl. AVBRD Bd. 5, S. 688). Es referierten neben dem Leiter des Personalamtes, Oppler, und des Statistischen Amtes, Fürst, Erhard (VfW), Storch (VfA), Zaubitzer (VfPF), Frohne (VfV), Schlange-Schöningen (VfE(LF)) und Krautwig (Direktorialkanzlei).

196 Fast alle externen Sachverständigen aus dem VWG sprachen sich entschieden gegen eine rigide Trennung von Ressort und BOB aus (vgl. hierzu u. a. die entsprechenden Kurzprotokolle in AVBRD Bd. 5, S. 689 ff.). Als Beispiel für die Beeinflussung des OA durch den nicht namentlich genannten RH sei aus einer Stellungnahme der VfA vom 23. 6. 1949 zu einer möglichen Ausgliederung ihrer Aufgaben auf BOB zitiert: "Ich halte es für richtig, daß der OA von Einflüssen und Empfehlungen dritter Stellen frei gehalten wird, damit er sich aus der eigenen Kenntnis und den Erfahrungen seiner Mitglieder ein unbeeinflußtes Bild über die Zweckmäßigkeit der künftigen Organisation machen kann"; deutlicher kann man wohl in diesem Zusammenhang nicht werden (BA/Z 12/94).

197 Wengst 1984, S. 104

wieder nicht war, denn sie verfügten ebenfalls über taktische Vorteile, die sie durchaus zu nutzen wußten.

Zum einen hatten sie die Bühne schon längst besetzt, bevor die bizonalen Experten auftraten und mit ihren schriftlichen Grundsatzpapieren und Arbeitsmaterialien sowie ihren mündlichen Sachbeiträgen die Diskussion thematisch zumindest vorstrukturiert. So hatten die RH-Vertreter beispielsweise für die Sitzungsperiode vom 23. bis 25. Juni 1949, auf der die einzelnen Ressorts erstmals behandelt wurden, z.T. recht ausführliche Organisationspläne für die künftigen Ministerien für Wirtschaft, Verkehr, Post und Ernährung einschließlich ihrer Personalbemessung und ihres oberbehördlichen Unterbaues vorgelegt, also für die bizonalen Überleitungsverwaltungen, die sie in ihrem Mai-Gutachten - wie die weiteren Verhandlungen im OA zeigten - zu Recht als die "problematischste Gruppe" bezeichnet hatten[198]. Sie verfügten in dieser Hinsicht zwar über kein Informationsmonopol im OA, da sich die Referenten für die einzelnen Ressorts bei bzw. durch die entsprechenden Überleitungsverwaltungen sachkundig machten bzw. machen ließen[199], aber sie waren die ersten und - was noch wichtiger gewesen sein dürfte - die ständigen Berater, die bei allen offenen Problemen schriftlich oder mündlich, gefragt oder ungefragt sofort und zu jeder Zeit diesem Gremium 'ihre Lösungsvorschläge' präsentieren konnten[200]. Zum zweiten waren sie als Gegenspieler zu den Direktoren des VWG geradezu prädestiniert, da - wie Fuchs des öfteren betonte - unabhängig von der Frage, "ob es ... zweckmäßig oder politisch geboten (sei), die Bundesverwaltung an den Aufbau der Frankfurter Zweizonenverwaltung anzuschließen", allein schon die Tatsache, daß der WR einen Ausschuß zur Überprüfung ihrer Organisation eingesetzt habe, hinreichend deren "unorganische Entwicklung" belege[201]. Darüber hinaus konnte er darauf verweisen, daß die praktische Durchführung dieser Untersuchungen bei ihm bzw. seiner Abteilung gelegen hätte bzw. noch liegen würde[202] und die vergangenen wie aktuellen RH-Vorschläge eben auf diesen Ergebnissen und den daraus abgeleiteten allgemeinen Grundsätzen beruhen würden. Insofern wären die RH-Berater sowohl als kenntnisreiche wie als glaubwürdige Informanten ausgewiesen gewesen, wenn durch die dubiose Vorgeschichte ihrer beiden Gutachten nicht doch intern wie extern erhebliche Zweifel an dem 'lauteren Charakter' ihres Verwaltungskonzeptes aufgekommen wären. Deshalb versuchten die 'General-Sachverständigen' im

198 ARI/FK/9/2/21061949. Aus dem äußerst knappen und allgemein gehaltenen Plan für das Postministerium geht hervor, daß der RH von einer ressortmäßigen Trennung dieses Bereichs von dem des Verkehrs nach wie vor nicht sehr überzeugt war. Des weiteren wurde dem OA eine ressortmäßige Abgrenzung auf dem Gebiet des Personalrechts (ARI/FK/9/2/23061949), eine Übersicht über nachgeordnete zentrale Verwaltungseinrichtungen (ARI/FK/9/2/08071949) und eine "Zusammenstellung von Zuständigkeiten der künftigen Bundesministerien nach dem Grundgesetz" (BA/B 112/55) überreicht.

199 Vgl. hierzu das stenographische Protokoll der 3. Sitzung (18. 6. 1949) des OA (BA/Z 12/94) sowie die vom Ausschuß erbetene Stellungnahme der VfA u.a. zur Frage des oberbehördlichen Unterbaus des künftigen BMA (BA/Z 12/94).

200 Ein Beispiel: Ringelmann hatte am 18. 6. 1949 einen Katalog von Grundsatzfragen zum Aufbau der Ministerien aufgestellt, für den der RH schon zwei Tage später Punkt für Punkt die Antworten parat hatte, die auch so größtenteils akzeptiert wurden, wie etwa die, die Federführung der Rechtsverhältnisse für Beamte dem BMI, für alle anderen Kräfte dem BMF zu übertragen, oder die, eine gesonderte Vermögensverwaltung einzurichten, oder die, die kassenmäßige Organisation der Bundesverwaltung in der Regel in der Form der Einheitskasse zu führen (vgl. Drucksache Nr. 8 des OA (Ringelmann) (BA/Z 12/94); RH-Stellungnahme vom 21.6.1949 (ebd.)).

201 So zuletzt in den "Allgemeinen Bemerkungen des RH zu den bisherigen Verhandlungen des OA" vom 8. 7. 1949 (BA/B 112/55)

202 So auch im Falle der Organisationsprüfung der Verwaltung für Ernährung, Landwirtschaft und Forsten (VfELF), die kurz vor dem Abschluß stand (vgl. ARI/FK/9/2/21061949).

weiteren Verlauf des verbissen geführten Verteilungskampfes um Zuständigkeiten, Aufgaben, Personal, Referate, Abteilungen und nachgeordnete Stellen notgedrungen sich stets mehr als 'staatspolitisch-neutrale Sparkommissare' gegenüber den 'interessengebundenen Besitzstandswahrern' aus den 'Frankfurter Zentralbehörden' zu profilieren und stets weniger als 'Verwaltungsreformer'.

Priorität hatte für sie fortan, den OA angesichts des massiven Auftritts der Interessenvertreter der bizonalen Verwaltungsapparate und der zahlreichen lauten Rufe nach 'Sonderministerien' wenigstens auf ihr Sparkonzept - kleines Kabinett mit kleinen, straff und einheitlich organisierten Ministerien - zu verpflichten, während sie ihre verwaltungsreformerische Intention - Auslagerung aller Ministerialarbeit nicht-abstrakter Art auf BOB - zwar zäh, aber zunehmend defensiv im Sinne einer 'erweiterten Bestandserhaltung' des vorhandenen oberbehördlichen Unterbaus vertraten. Dies wird besonders deutlich in den "Allgemeinen Bemerkungen zu den bisherigen Verhandlungen des Organisationsausschusses" vom 8. Juli 1949[203], die die Rechnungsprüfer als letztes Grundsatzpapier für die Sitzungsperiode vom 9. bis 13. Juli 1949 verfaßt hatten, auf der die Grundstruktur der Empfehlungen dieses Gremiums festgelegt und somit nochmals die Organisationsstruktur aller Bundesorgane sowie allgemeine Fragen wie z.B. des Beamtenrechts, der Überleitungsmaßnahmen oder der Verwaltungsreform zur Sprache kommen sollten[204]. Hierin wurde in traditioneller RH-Manier dem Gremium die 'Rüge erteilt', es sei bei seiner Ermittlung der 'ministeriellen Erstausstattung' insofern nicht einheitlich verfahren, als teils "Globalpläne", teils "tatsächliche Erstausstattungspläne" erarbeitet und in einigen Fällen die Ressorts "reichlich mit Aufgaben und demgemäß mit Abteilungen und Referaten" ausgestattet worden seien. Des weiteren wurde moniert, daß den Wünschen der Frankfurter Direktoren, auch sehr engen Sachgebieten die Referatswürde zu verleihen, nicht immer entschieden genug entgegengetreten worden sei, was zu einer "Zersplitterung und Erhöhung der Kosten je Einheit" führen werde; dies widerspreche jedoch nicht nur dem Sparsamkeitsprinzip, sondern verhindere insgesamt den für die parlamentarische Exekutivkontrolle unbedingt erforderlichen homogenen Grundaufbau der Ministerien[205].

Viel verhaltener im Ton lesen sich jedoch die im Vergleich zu den früheren Gutachten nahezu elegisch klingenden Passagen zur Verwaltungsreform, in denen die Verfasser die Ausschußmitglieder in ungewohnt bescheidener Art bitten, wenigstens zu erwägen, ob sie in ihren Empfehlungen nicht in geeigneter Form zum Ausdruck bringen könnten, "daß die jetzige Gelegenheit zu einer echten Verwaltungsreform sich nicht in einer Um-

203 Vgl. BA/B 112/55; auch in BA/Z 12/95

204 Danach wurde in einem Redaktionsausschuß ein Entwurf erarbeitet, der auf der Abschlußtagung des OA am 25. - 30. 7. 1949 beraten wurde. Die endgültige Fassung der Empfehlungen wurde am 25. 8. 1949 der MPK übersandt, deren Hauptausschuß hiervon lediglich Kenntnis nahm, womit sie in den Augen des süddeutschen Föderalisten Leusser "ein Begräbnis erster Klasse" erfuhr (vgl. AVBRD Bd. 5, S. 871, Anm. 23/24, S. 1060, Anm. 9 sowie Empfehlungen 49, S. VII).

205 S. Anm. 202. Im Zusammenhang mit der Personalausstattung der Ressorts sprach sich der RH aus Flexibilitätsgründen für die Beibehaltung der Unterscheidung zwischen Beamten und Angestellten aus. Die Alliierten hatten ja bekanntermaßen in ihrem Gesetz Nr. 15 vom 15. 2. 1949 u.a. diese Unterscheidung aufgehoben und verfügt, daß alle bizonalen Verwaltungsangestellten in das Beamtenverhältnis zu überführen seien. Der OA beschwerte sich beim VR, daß hiervon auch nach dem Inkrafttreten des GG noch sehr weitgehend Gebrauch gemacht und damit in unzulässiger Weise die Personalwirtschaft des Bundes präjudiziert würde (vgl. hierzu den in den Empfehlungen abgedruckten Briefwechsel S. 98 ff., AVBRD Bd. 5, S. 868 f., Anm. 18; sowie allgemein zur alliierten Beamtenpolitik Wengst 1984, S. 135 ff. und Wengst 1988, S. 21 ff. und die dort angegebene Literatur).

bildung von Organisationsformen" erschöpfen dürfe. Vielmehr möchten sie doch darauf hinweisen, daß bei der "Neuordnung" der Ministerialbürokratie die Chance nicht vertan werden sollte, in geeigneten Fällen öffentliche Aufgaben generell abzubauen sowie die Rationalisierungsmöglichkeiten der "Dezentralisation auf Verwaltungsträger ausserhalb des Bundes" und der "Dekonzentration auf nachgeordnete Stellen im weitesten Sinne" in vollem Umfange zu nutzen, wobei der RH die Meinung vertrat, gerade bei letzterer "vor weittragenden Vorschlägen" nicht zurückzuschrecken[206].

Die Prüfungs-Monita hinsichtlich der uneinheitlichen ministeriellen Erstausstattung sowie der unterschiedlichen Auslegung der Referats- bzw. Abteilungsstruktur der Ressorts fanden im OA starke Beachtung[207], während die verwaltungsreformerischen Denkanstöße nur geringes Interesse erweckten[208]. Insgesamt gesehen muß man den 'General-Sachverständigen' jedoch bescheinigen, daß sie ihre letzte Beratungsrunde geschickt nutzten, nochmals ihre Organisationsvorschläge für die einzelnen Ministerien in z.T. ausführlichen Sachbeiträgen zu verkaufen, insbesondere zu den zwei 'Problem-Ressorts' für Verkehr und Post, für deren 'technische Betriebe' sie das Prüfungsrecht für ihr Kontrollorgan erkämpfen konnten[209]. So verabschiedete sich der RH-Direktor Fuchs denn auch sehr konziliant mit dem Kompliment, "er habe selten in einem Ausschuß mitwirken dürfen, der qualitativ so gut zusammengesetzt gewesen sei"[210], wobei zu fragen bleibt, wie erfolgreich seine Mitwirkung alles in allem gewesen ist.

Zur Beantwortung dieser Frage sollen die Empfehlungen des OA aus der Sicht der RH-Experten in ihren drei nur analytisch klar voneinander zu trennenden Rollen - Verwaltungsreformer, Sparkommissare und Interessenvertreter in eigener Sache - kurz unter dem Aspekt berwertet werden, wie zufrieden bzw. unzufrieden sie mit ihrer Beratungstätigkeit sein konnten[211]. In ihren Bemühungen, mit der Neuordnung der Bundesverwaltung gleichzeitig eine Verwaltungsreform zu verbinden, sind die 'Dauer-Gäste' aus dem RH eindeutig gescheitert. Denn ihr auf der zentralen (Rationalisierungs-)Strategie einer umfassenden Dekonzentration der Ministerialarbeit auf Bundesoberbehörden beruhendes zweistufiges Verwaltungsmodell wurde einhellig mit dem Argument abgelehnt, "daß eine grundsätzliche Änderung des bisherigen Systems durch Bildung von Zentraloberbehörden, d.h. eine Aufteilung der Aufgaben der Ministerien auf zwei Instanzen, zu keinem brauchbaren Ergebnis und zu keiner Vereinfachung führen würde", im Gegenteil, hiermit wäre nur "Doppelarbeit" und "Zeitverlust" verbunden, da "in den Oberbehörden wieder gewisse allgemeine Referate eingerichtet werden (müßten), wie sie sich bereits in den Ministerien vorfinden", denen ohnehin nur die "Ausarbeitung der Gesetzesvorlagen und die Entscheidung grundsätzlicher Fragen und die Aufsicht, nicht aber die Exekutive zukommt".[212] Zudem werfe das politisch brisante

---

206 Mit diesen Bemerkungen wurde dem OA gleichzeitig eine aktualisierte, nach den Ministerien gegliederte Übersicht über die vorhandenen bzw. bislang vorgeschlagenen zentralen Verwaltungseinrichtungen übergeben (ARI/FK/9/2/08071949).

207 Vgl. AVBRD Bd. 5, S. 810 ff.

208 Vgl. die äußerst kurze Diskussion über den Aufgabenabbau bzw. die BOB in AVBRD Bd. 5, S. 867 bzw. 868

209 Vgl. Protokoll dieser Sitzungsperiode in AVBRD Bd. 5, S. 859 ff., speziell 859 ff. und 853 ff., sowie Empfehlungen 49, S. 6

210 AVBRD Bd. 5, S. 868

211 Eine 'monokausale Analyse' hinsichtlich ihres Einflusses auf den Entscheidungsprozeß des OA ist aufgrund der komplexen internen wie externen Interessenkonstellation, der neben bzw. hinter den offiziellen Sitzungen ablaufenden 'Bargainings-Prozesse', der wechselnden politischen, sachlichen und persönlichen Koalitionen etc. nicht leistbar.

212 Empfehlungen 49, S. 4

Problem der Verwaltungsreform "grundsätzliche Fragen staatspolitischer Natur" auf, die der "O.A. im Rahmen seines Auftrages nicht bearbeiten (konnte)" und auch nicht wollte[213]. Allerdings fühlte das Gremium sich verpflichtet, auf die Bedeutung dieser Thematik bei der "Fortentwicklung der Bundesorganisation" hinzuweisen, gelte es doch, die "allseits mit Recht beklagte Aufblähung der öffentlichen Verwaltung" zu verhindern, deren Ursachen weniger in dem "Beharrungs- und Ausdehnungswillen der Beamtenschaft" gesehen wurden als vielmehr in der "Gesetzgebung, die künftig bei jeder Maßnahme den Umfang des zur Durchführung erforderlichen Verwaltungsaufwandes eingehend berücksichtigen sollte",[214] weshalb der Ausschuß mit dem RH einen regen Personalaustausch zwischen dem Bund und den Ländern für besonders wünschenswert erachte, u.a. weil hierdurch die Ministerialbeamten immer wieder mit der Verwaltungspraxis konfrontiert würden[215]. Im übrigen werden die Rationalisierungsstrategie 'Abbau öffentlicher Aufgaben' überhaupt nicht und die der Dezentralisation nur kurz unter dem Aspekt der Entlastung der Landesverwaltungen durch die künftige Bundesadministration erwähnt[216]. Einig waren sich wiederum beide Seiten über den Grundsatz, "daß die Ministerien von Einzelfragen möglichst freigehalten werden sollen und der Instanzenweg nicht stets bis zum Ministerium zu gehen braucht".[217] Aus diesem Grund sei die bewährte Tradition aus dem Reich beizubehalten, klar definierte Aufgabenbereiche aus der Ministerialbürokratie auf 'Spezial-Behörden' zu verlagern, die diese als Durchführungs-, Aufsichts- und Beschwerdeinstanz stellvertretend für das jeweils vorgesetzte Ressort selbständig bearbeiten. In dieser Hinsicht konnten die RH-Experten mit ihrer Taktik einer 'erweiterten Bestandserhaltung' des vorhandenen oberbehördlichen Unterbaues schon eher zufrieden sein, denn in den Empfehlungen wurde nicht ausgeschlossen, daß "die eine oder andere Oberbehörde dieser Art zur Entlastung eines Ministeriums" neu errichtet werden müßte[218]. Nur in der entscheidenden Frage, wo denn bei dieser Dekonzentration der kompetenz- und organisationsmäßige Schnitt anzusetzen sei, hatten sie mit ihrem geplanten radikalen Reformschnitt nicht den konservativen Geschmack der Ausschußmitglieder getroffen, was sich logischerweise negativ auf ihre Rolle als Sparkommissare bei der organisations- wie personalmäßigen Erstausstattung der ministeriellen Ebene auswirken mußte.

In dieser Funktion konnten die Rechnungsprüfer hinsichtlich der "Größe des Kabinetts" den Empfehlungen noch ohne größere Einwände zustimmen. Denn der OA hatte - unter der reichlich verschwommenen Prämisse, daß einerseits die schwere Last der Regierungsverantwortung auf eine "ausreichende Anzahl" ministerieller Schultern verteilt werden müßte, ohne jedoch andererseits die "Bildung eines einheitlichen politischen Willens" nicht allzusehr zu erschweren[219] - sich schließlich auf acht Ressorts geeinigt: BMI, BMF, BMJ, BMWi, BMA, BMEL, BMV und BMP[220]. Sie konnten dies um so mehr, als hiermit die von ihnen so vehement bekämpften und im Ausschuß bis zum

213 Ebd., S. 3
214 Ebd.
215 Ebd. S. 10. Fuchs hingegen vertrat aufgrund seiner Prüfungserfahrungen die Meinung, daß die "Verwaltung (vielfach) Aufgaben suche, für die keine gesetzlichen Grundlagen vorhanden seien", AVBRD Bd. 5, S. 867.
216 Vgl. Empfehlungen 49, S. 3
217 Ebd., S. 4
218 Ebd. Die vom RH in seiner letzten Übersicht genannten 'Spezial-Behörden' wurden vom OA auch weitgehend akzeptiert.
219 Ebd. S. 3
220 Vgl. ebd. S. 4. Die Abteilung für Auswärtige Angelegenheiten im BKA nicht mitgezählt.

Schluß strittig gebliebenen 'Sonder-Ministerien' mehrheitlich abgelehnt worden waren. Vielmehr sollten diese sozialpolitisch ohne Zweifel bedeutsamen Aufgaben wie "Fürsorge, Lastenausgleich, Flüchtlinge, Wohnungs- und Siedlungswesen (Aufbau), Raumordnung und Gesundheitswesen"[221] jeweils demjenigen Ressort übertragen werden, "in dessen Bereich der Schwerpunkt der verschiedenen an sich denkbaren Zuständigkeiten gefunden wurde", im Zweifelsfall mit einer Option für das "für die allgemeinen Staatsaufgaben zuständige Bundesministerium des Innern".[222] Angesichts der Bedeutung dieser Aufgaben, "die in den nächsten Jahren im Brennpunkt des politischen Lebens stehen und in Gesetzgebung wie Verwaltung eine besondere Rolle spielen werden"[223] sowie ihrer Komplexität und Interdependenz, die eine klare ressortmäßige Aufteilung kaum möglich machten, wurde empfohlen, hierfür verstärkt "interministerielle Ausschüsse" einzusetzen, die generell als ein geeignetes Instrument für eine effektivere Koordination der Ministerialarbeit betrachtet wurden, mit dem der "Gang der Verwaltung wesentlich (gefördert), viel Reibungen und manche Doppelarbeit (erspart) werden könnte."[224] Die zusätzliche Verteilung dieser 'Sonder-Aufgaben', die sich bei einem genaueren Hinsehen zumeist als 'Dauer-Aufgaben' des Sozial- bzw. Wohlfahrtsstaates entpuppten[225], auf die acht Ressorts hatte natürlich die Konsequenz, daß deren Ausstattung an Organisation und Personal üppiger ausfallen mußte als es den 'Sparkommissaren' recht sein konnte, deren ursprüngliche Personalbemessung für die Ministerialbürokratie hierdurch vollends obsolet geworden war, die allerdings, da zuvor veröffentlicht, den OA unter einen Rechtfertigungsdruck setzte. Dieser instrumentalisierte in diesem Punkte seinerseits - trotz aller diesbezüglichen Differenzen - die Finanzkontrolleure als Legitimatoren für seine Aufbauempfehlungen für die Bundesorgane, deren Anzahl und Größe - wie er befürchtete - angesichts der außergewöhnlich ernsten Finanzlage des Bundes und der Länder in der "Öffentlichkeit wahrscheinlich wenig Beifall finden (werden)". Schließlich habe er bei seiner Konzeption der Verwaltungsorganisation, die im "vorgeschlagenen Umfang zur Durchführung des Grundgesetzes nicht nur notwendig, sondern unentbehrlich" sei, die "Gesichtspunkte der Sparsamkeit, soweit möglich, in vollem Maß berücksichtigt", weshalb er "besonderen Wert auf die Fühlungnahme mit dem Rechnungshof gelegt (habe)", wie die ständige Beratung seitens dieser Kontrollinstitution verschämt umschrieben wird[226]. Und in der Tat dürfte der "Gesamtpersonalbedarf für das Bundesparlament und die Bundesregierung" mit insgesamt 3255 Kräften (ohne Arbeiter), davon 819 des höheren Dienstes[227], auch aus der Sicht der

221 Ebd. S. 73. Zur Diskussion der einzelnen Organisationsvorschläge vgl. das entsprechende Kapitel der Empfehlungen 49, T. II, 13, S. 73 ff.

222 Ebd. S. 8

223 Ebd. S. 73

224 Ebd. S. 8. Dieser Gegenvorschlag des OA, 'Rationalisierung durch Intensivierung bzw. Effektivierung der interministeriellen Koordination', muß im Kontext der zentralen Forderung des RH gesehen werden, 'Rationalisierung durch Dekonzentration der Ministerialarbeit auf BOB', obgleich beide Strategien auf verschiedenen Ebenen ansetzen und sich durchaus ergänzen können. Zum Thema 'interministerieller Ausschuß' allgemein vgl. Prior 1968.

225 Auf das hier zugrundeliegende Dilemma, das liberalistische Prinzip der Rechtsstaatlichkeit mit den Prinzipien der Sozial- und Industriestaatlichkeit in Einklang zu bringen, hat schon Pirker frühzeitig hingewiesen, der in diesem Kontext ausführt: "Dieser Versuch hat aber naturgemäß den Einbau einer starken Autorität der Exekutive zur Folge, um die sich immanent auseinandersetzenden Triebkräfte dieser verschiedenen Staats- und Verfassungsprinzipien zu neutralisieren" (Pirker 1977, S. 156), die auch sehr schnell ihre ressortmäßige Verfaßtheit bekommen haben.

226 Zit. Empfehlungen 49, S. 3

227 Ebd., S. 97

'gastierenden Sparkommissare' dennoch als relativer Erfolg zu werten sein, wenn man ihre weitreichenden Ziele als Verwaltungsreformer einmal beiseite läßt.

Einen vollen Erfolg kann man den RH-Vertretern jedoch in ihrer Rolle als 'Interessenvertreter in eigener Sache' bescheinigen. Denn bei den Verhandlungen im OA über die Aufgabenstellung, Prüfungskompetenzen, Organisationsstruktur und Personalausstattung des künftigen obersten Finanzkontrollorgans im Bund erzielten sie - trotz der manifest und/oder latent vorhandenen Animositäten persönlicher wie institutioneller Art gegenüber den 'Dauer-Beratern' - nahezu ein Traumergebnis[228]. Allerdings wurde dieses im nachhinein, u.a. ausgerechnet von ihrem zeitweiligen Kollegen Keßler, insofern etwas verwässert, als in dem Überleitungsgutachten für die 'ministrablen' VWG-Verwaltungen der BRH mit seiner Residenz in Frankfurt vorlieb nehmen mußte, was den 'General-Experten' schmerzhaft getroffen haben muß, hatte er doch schon den Sitz des RRH in Potsdam als zu weit ab von der Reichshauptstadt Berlin empfunden[229].

4. Die Empfehlungen des Organisationsausschusses

Betrachtet man die Arbeitsergebnisse des OA unter dem gleichen Aspekt des Erfolges bzw. des Mißerfolges wie die Beratungstätigkeit der RH-Vertreter, so könnte man die Meinung vertreten, daß seine Empfehlungen nicht nur im Hauptausschuß der MPK für die vorzubereitenden Überleitungsmaßnahmen "ein Begräbnis erster Klasse" erlitten hätten[230], sondern man sie vor dem Hintergrund des aus den koalitionspolitischen Verhandlungen hervorgegangenen Kabinetts[231] gar als Makulatur bezeichnen müßte und damit die auf den einzelnen Sitzungen ausgetragenen 'Sträuße' unter den Mitgliedern einerseits und zwischen ihnen und den externen Experten andererseits als einen 'Streit um des Kaisers Bart'. Dieses harte Verdikt wird jedoch der anschließenden konkreten Aufbauphase der Bundesorgane nicht gerecht, bei der die Empfehlungen durchaus eine wichtige Rolle spielten, dienten sie doch als Arbeitsgrundlage für eine vom Kabinett eingesetzte Kommission für den personellen und organisatorischen Aufbau der Bundesorgane, der neben den Vorsitzenden Heinemann (BMI) und Schäffer (BMF) wiederum die uns schon bekannten Ministerialräte aus dem RMI Globke, Keßler und von Lex angehörten[232].

Dieses Gremium, das bis heute in der zeitgeschichtlichen Forschung ein Schattendasein führt, sollte neben Fragen des Beamtenrechts, der Personalpolitik und -rekrutierung Organisationsvorschläge für die einzelnen Ressorts be- bzw. erarbeiten. Letztere

228 Vgl. hierzu u.a. den Beitrag von Gilles in diesem Band
229 Vgl. BA/Z 12/91. Das Kabinett hatte am 4. 11. 1949 eine Dreier-Kommission (Kriege (Leitung), Keßler und Globke) eingesetzt, die Stellungnahmen über die organisations- und personalmäßige Überführung der Frankfurter Verwaltung als Grundstock der Bonner Bundesadministration erarbeiten sollte (vgl. hierzu Wengst 1984, S. 140 f.).
230 Vgl. Anm. 204. Es ist Wengst zuzustimmen, daß dies als Ausdruck einer "kontinuierlichen Machtverlagerung von den Ministerpräsidenten auf die Parteien" zu werten ist (Wengst 1984, S. 107), zumal der OA von Anfang an geradezu überbetont hatte, daß der "künftigen Bundesregierung in keiner Weise vorgegriffen werden dürfe", weshalb er auch eine Überführung der "Frankfurter Verwaltungen in ihrer jetzigen Zusammensetzung in die Bundesministerien" ablehnte (Empfehlungen 49, S. 12).
231 13 Ressorts, davon fünf 'Sonderministerien'
232 Vgl. Wengst 1984, S. 138

wurden in Form einer Stellungnahme zu den Schlangenbader Empfehlungen verfaßt[233]. Hierin unterstützten die Autoren in ihren Vorbemerkungen zwar die personalpolitische Prämisse des OA, den "Personalbedarf" der 'ministeriellen Spitze' "durchweg auf ein Mindestmaß" festzulegen, monierten jedoch, daß "in einer Anzahl von Fällen die Zahl der zugemessenen Kräfte unter keinen Umständen" ausreichen würde[234], wobei sie speziell das BMI im Visier hatten, das einzige Ministerium, bei dem sie den OA-Vorschlägen ihr Testat insofern verweigerten, als es z.T. zu wenig in Unterabteilungen und Referate gegliedert sei[235]. Ansonsten ist der Einschätzung von Wengst beizupflichten, daß dieses 'Evaluierungs-Trio' die Empfehlungen weitestgehend übernommen und "lediglich für die dort noch nicht aufgeführten Ministerien (für Angelegenheiten des Marshallplans, der Vertriebenen, des Bundesrates, für Wohnungsbau und für Gesamtdeutsche Fragen) eigene Organisationsvorschläge" unterbreitet habe, die dem "Kabinett als Grundlage für den personellen und organisatorischen Aufbau (der Ministerialbürokratie G.O.)" gedient hätten[236]. Als eine der wenigen Ausnahmen ist die Bundestagsverwaltung unter ihrem Direktor Trossmann zu nennen, der für seine Behörde die Organisationsstruktur des PR-Sekretariats übernahm und an ihr trotz gutachtlicher Intervention seitens des BRH im Jahre 1952 festgehalten hat[237].

Am 4. November 1949 wurde vom Kabinett erneut ein Ausschuß mit dem Auftrag eingesetzt, "Vorschläge für die Überführung der bizonalen Verwaltungen in die entsprechenden Bundesministerien zu machen".[238] Dieses unter der Leitung des VfF-Abteilungsleiters Walter Kriege tagende Gremium, dem ebenfalls Globke und Keßler angehörten, kam in seinem Bericht zu dem Ergebnis, daß eine "Zäsur zwischen den bisherigen Organen des Vereinigten Wirtschaftsgebiets und den neuen Organen des Bundes"[239] unumgänglich sei, die Frankfurter Behörden aufgelöst und hierfür kleine, den korrespondierenden Ressorts unterstellte Abwicklungsstellen errichtet werden müßten. Des weiteren erarbeitete es für die 'ministrablen Verwaltungsämter' des VWG detaillierte Übersiedlungspläne nach Bonn unter Einbeziehung ihrer nachgeordneten Oberbehörden, die im Gegensatz zu den Ministerien nicht am Regierungssitz untergebracht zu werden brauchten. Bei letzteren handele es sich "teils um schon bestehende Stellen, die in verschiedenen Fällen erweitert werden, teils um neu zu schaffende Stellen, die sich ihren Personalkörper noch schaffen müssen. Im Rahmen dieser Umorganisation müßte es den Ressorts nach Ansicht des Ausschusses möglich sein, diejenigen personellen Umgruppierungen vorzunehmen, die erforderlich sind, um die Ministerien nur mit solchen Kräften zu besetzen, die für die Ministerialarbeit geeignet

233 Stellungnahme zu den Schlangenbader Empfehlungen vom 1.10.1949, unterzeichnet von Globke, Keßler und von Lex (ARI/FK/9/5/01101949)

234 Ebd.

235 Vgl. ebd. Hierbei ging es hauptsächlich um die Abteilungen Bundesorganisation und Verwaltungsrecht (sic!), Kulturelle Angelegenheiten und Gesundheitswesen. Keßler und von Lex wurden Unterabteilungsleiter bzw. Staatssekretär im BMI, wo sie zusammen mit von Perbandt die dortige Personalpolitik dominierten, und standen zu diesem Zeitpunkt - ebenso wie Globke - auf dem Abordnungsweg schon beim Bund im Dienst (Wengst 1984, S. 168). Es ist uns deshalb etwas unverständlich, wie Dommach (1988, S. 191) behaupten kann, Mayer habe im Oktober 1949 Keßler dem BKA als Verbindungsmann des RH benannt, wobei er sich zu Unrecht auf Gilles (1986) beruft.

236 Wengst 1984, S. 139 sowie zum Aufbau der Ressorts: Empfehlungen 49, Kapitel 3, II, 7, S. 158 ff.

237 Vgl. ebd., S. 120 f.

238 Kommissionsbericht vom 19.1.1950, (BA/B 112/9)

239 Ebd.

sind".[240] Damit wiesen die nunmehr 'offiziellen Personalberater' ihrem heimlichen Auftraggeber, Konrad Adenauer, den Weg, wie er unter personalwirtschaftlichen Gesichtspunkten seine von ihnen geteilte antifrankfurtistische Generallinie bei der Gestaltung der Bundesexekutive realisieren könnte: "Solider Aufbau unserer Ministerien ..., ruhige Entwicklung, Fachbetonung, keine Überstürzung",[241] ein Aufbaukonzept, das - nach Meinung des BRH - so ruhig nicht umgesetzt wurde[242].

Mit diesem Votum wurde aber keineswegs eine generelle Dekonzentration der Ministerialarbeit auf BOB befürwortet, im Gegenteil, die Verfasser waren der Auffassung, daß eine "Teilung der Ministerien nur zu einer Erschwerung der Verwaltung und darüber hinaus auch zu einer Personalvermehrung führen würde", weshalb sie nur in Ausnahmefällen eine Verlagerung "festumrissener Aufgabengebiete" auf "Spezial-Oberbehörden" analog zu den früheren "Reichsmittelbehörden" empfahlen[243]. Noch entschiedener lehnten sie die Errichtung von "General-Oberbehörden" ab, da "die Verflechtung zwischen Leitung, Planung, gesetzgeberischen Arbeiten einerseits und der praktischen Verwaltung andererseits ... so vielfältig und so eng, und die Befruchtung der unmittelbaren ministeriellen Arbeit durch die Erfahrung der Praxis so notwendig (sei), daß diese beiden Arbeitskreise eines Ministeriums nicht ohne Schaden für beide Teile getrennt werden können".[244] Mit diesen Argumenten erteilte auch dieses Gremium dem zweistufigen Verwaltungsreformmodell des RH eine klare Absage, was trotz der zeitweiligen Mitarbeit Keßlers in der Gutachtenabteilung von Fuchs nicht weiter verwunderlich ist, kann doch diese 'Seilschaft aus dem ehemaligen Reichsinnenministerium (RMI)' um ihren Koordinator Blankenhorn ganz eindeutig als ein 'Interessenclub' für eine starke Ministerialbürokratie bezeichnet werden, die denn auch in den darauffolgenden Jahren kräftig wucherte: Die Personalsteigerungsrate im Zeitraum von 1952 bis 1971 lag zwischen 50 und 100 Prozent[245]. Noch exorbitanter ist allerdings die Personalentwicklung der nachgeordneten Dienststellen: Schon 1957 betrug die Steigerungsrate 122 Prozent, und sie pendelte sich in den folgenden Jahren bei etwa 280 Prozent ein[246]. Dazu beigetragen hat u.a. die rapide Entwicklung im Bereich der BOB, auf die abschließend noch ein kurzer Blick geworfen werden soll.

Resümee: Verwaltete Politik oder politische Verwaltung?

Wie bereits kurz erwähnt, beruht der von den Finanzkontrolleuren favorisierte Behördentyp der BOB zur "Abbürdung von Zuständigkeiten der Ministerien"[247] auf Art. 87, Abs. 3, S. 1 des GG, der lautet: "Außerdem können für die Angelegenheiten, für die dem Bunde die Gesetzgebung zusteht, selbständige Bundesoberbehörden und neue bundesunmittelbare Körperschaften und Anstalten des öffentlichen Rechts errichtet wer-

240 Ebd.
241 Vermerk Heinemanns über die Kabinettssitzung am 29. 9. 1949, zit. nach Wengst 1984, S. 138
242 Vgl. BWV-Gutachten 1971, S. 15
243 S. Anm. 237
244 Ebd.
245 Einschließlich der Arbeiter (vgl. BWV-Gutachten 1971, Anhang A); auf die Gründe kann hier nicht eingegangen werden.
246 Ebd.
247 Ebd., S. 51

den"[248]. Dieser Artikel war hinsichtlich der ursprünglich vorgesehenen Zustimmungspflicht des Bundesrates bis zum Schluß im PR heftig umstritten[249] (wobei zu fragen wäre, inwieweit hierbei das März-Gutachten eine unterschwellige Rolle gespielt haben könnte), weckte er doch bei allen aufrechten Föderalisten die allerschlimmsten Befürchtungen, daß hierdurch "die nach Sinn und Aufbau unseres Grundgesetzes den Ländern zustehenden Verwaltungszweige in die Verwaltung des Bundes" überführt werden könnten[250], und für das Land Bayern war er schließlich ein wesentlicher Grund dafür, die Verfassung abzulehnen[251]. Darüber hinaus hat er ganze Generationen von Verfassungs-, Staats- und Verwaltungsrechtlern beschäftigt, die diese 'Generalklausel' zum Ausbau der einheitsstaatlichen Administration mal eher negativ unter dem Aspekt des dominanten Einflusses des Bundes auf die deutsche Verwaltung oder der daraus resultierenden 'Gemengelage' bzw. Mischverwaltung[252], mal eher positiv unter dem Gesichtspunkt, die "Folgen des reichlich weit durchgeführten Grundsatzes vom Vollzug der Bundesgesetze durch die Länder in gewissem Umfang ... kompensieren" zu können, diskutiert haben[253].

Trotz aller Unterschiede bei der Interpretation im einzelnen sind sich alle Autoren einig, daß mit dem Artikel 87, Abs. 3 des GG ein Organisationstyp geschaffen wurde, "der in einer gewissen organisatorischen und funktionalen Selbständigkeit dem zuständigen Ressort gegenüber, aber dennoch in grundsätzlicher Weisungsgebundenheit Aufgaben wahrnehmen soll, die der Sache nach für das ganze Bundesgebiet von einer Oberbehörde ohne Mittel- und Unterbau und ohne Inanspruchnahme von Verwaltungsbehörden der Länder ... wahrgenommen werden können".[254] Von dieser Möglichkeit, die OBB mit einem nichtministeriellen gesamtstaatlichen Verwaltungsunterbau zu versehen, hat der Bund in Form der BOB für Spezialaufgaben auch reichlich Gebrauch gemacht[255], deren Effizienz z.T. "durch die Schaffung bundesweit dislozierter Außenstellen oder eine intensive Zusammenarbeit mit anderen Einrichtungen mehrstufiger Bundesverwaltung bzw. anderen (auch privaten) Stellen wesentlich gesteigert werden" konnte[256]. Weiterhin besteht weitgehender Konsens darüber, daß hiernach eben nur 'Spezial-Behörden' und keine 'General-Behörden' à la RH, "also eine für den gesamten Geschäftsbereich eines Ministeriums abgespaltete Dienststelle",[257] eingerichtet werden könnten; besser gesagt, bestand, denn in der neueren Literatur wird in dieser Frage nicht mehr so eindeutig Stellung bezogen[258], zumal in der Verwaltungspraxis mit dem 1959 errichteten Bundesverwaltungsamt im Zuständigkeitsbereich des BMI ein derarti-

248 v. Mangoldt 1953, S. 466
249 Der u.a. von den bayerischen Vertretern Laforet und Pfeiffer eingebrachte Antrag, diese Zustimmungspflicht wieder einzufügen, wurde im HA am 5.5.1949 mit 11 zu 8 Stimmen abgelehnt (vgl. Kratzer 1950, S. 530).
250 Ebd. S. 536. Der aus Bayern stammende Verwaltungsjurist betrachtete diesen Artikel denn auch folgerichtig als eine "Fehlkonstruktion", ebd. S. 530.
251 Vgl. Dittmann 1983, S. 80. Die Alliierten hatten ebenfalls Bedenken, daß sich hierdurch eine "übermäßige Machtkonzentration" beim Bund entwickeln könnte; vgl. ihr Genehmigungsschreiben vom 12.5.1949, abgedruckt in Mangoldt 1953, S. 670.
252 Vgl. u.a. Köttgen 1954 bzw. 1962; sowie Loeser 1976
253 v. Mangoldt, 1953, S. 474
254 Dittmann 1983, S. 253
255 Vgl. insbesondere Köttgen 1954 und 1962, Becker 1978, Dittmann 1983.
256 Dittmann 1983, S. 256
257 Kratzer 1950, S. 532, der an dieser Stelle das 'Haaser-Gutachten' einer kurzen, aber dezidierten Kritik unterzieht
258 Vgl. etwa Rump 1978, Dittmann 1983

ger Behördentyp geschaffen worden ist und weiterhin eine Tendenz in dieser Richtung besteht[259].

Aber nicht nur die quantitative Entwicklung im Bereich der BOB spräche für eine späte Bestätigung des vom RH vielleicht zu früh vertretenen Verwaltungskonzeptes, sondern auch die qualitative, wie Becker zeigt. Dieser kommt in seiner sehr interessanten empirischen Studie über "zentrale nichtministerielle Organisationseinheiten der Bundesverwaltung" u.a. zu dem Ergebnis, daß sich diejenigen Ressorts ohne bundeseigenen Unterbau vorrangig konditionalprogrammierte, nach außen gerichtete Exekutivorgane geschaffen haben, hingegen diejenigen mit einem unterbehördlichen Korpus schwerpunktmäßig finalprogrammierte[260], nach innen gerichtete Assistenz- bzw. Informationseinheiten.

Wenn wir den Konjunktiv gewählt haben, so deshalb, weil sich dieser Prozeß der oberbehördlichen Ausdifferenzierung unsystematisch, quasi naturwüchsig vollzogen hat und auf der "ministeriellen Ebene im veritablen Umfang nicht nur Regierungs-, sondern auch Verwaltungsaufgaben erfüllt werden".[261] Diese Tatsache, also die alte Frage, wo die Trennungslinie zwischen diesen beiden Verwaltungsebenen verlaufen solle, war auch dem BWV 1971 noch ein Dorn im Auge Er beantwortete diese Frage dahingehend, daß der rasche Aufbau der Bundesrepublik dazu geführt habe, "daß sich die Verwaltungsarbeit in den Ministerien zusammenballte ... (und) innerhalb der einzelnen Ministerien ... die Leitung anfangs mehr an sich ziehen (mußte) als es eine vernünftige Arbeitsteilung vorschreibt. Diese Kopflastigkeit muß beseitigt und die Verwaltungsarbeit dekonzentriert werden".[262] Wie dieser "Abbürdungsprozeß" von oben nach unten, der angesichts der bis zur Unüberschaubarkeit aufgeblähten Ressorts und des zu erwartenden weiteren Aufgabenzuwachses heute dringlicher denn je sei, durchgeführt werden könne, dazu wird im wesentlichen auf die entsprechenden Vorschläge aus den RH-Gutachten aus der unmittelbaren Vorgeschichte der Bundesrepublik und auf die diesen zugrundeliegenden methodischen wie theoretischen Prämissen des ehemaligen RSK Saemisch zurückgegriffen[263]. Hierbei wird nochmals eindringlich hervorgehoben, daß die Ministerien ihre eigentlichen (Regierungs-)Aufgaben nur dann effizient erfüllen könnten, wenn alle belastenden nichtministeriellen Arbeiten auf nachgeordnete Behörden dekonzentriert würden, wobei der hiergegen schon sehr früh vorgebrachte Einwand des damit verbundenen zu komplexen und komplizierten Koordinationsbedarfs lakonisch mit dem Argument gekontert wird, daß es "in der Ministerialarbeit ... wesentlich darauf (ankomme), Zusammenarbeit zu organisieren".[264] Mit dieser Rationalisierungsstrategie der Entmischung der Aufgaben- bzw. Tätigkeitsbereiche und deren organisationsinter-

---

259 Vgl. hierzu Becker 1978, der zusätzlich auf das Bundesamt für Finanzen verweist, wobei in diesem Kontext u.a. noch das Bundesumweltamt zu nennen wäre sowie der Bericht der Projektgruppe Regierungs- und Verwaltungsreform beim BMI, Verlagerung von Aufgaben aus den Bundesministerien (1972), in dem eine Ausgestaltung der BOB zu Generalbehörden empfohlen wird (S. VI).

260 Zu dem Begriffspaar Konditional- und Finalprogrammierung vgl. u.a. Luhmann 1973, S. 101 ff.

261 Dittmann 1983, S. 10. So hat denn auch das Bundesverwaltungsgericht in seinem Beschluß vom 4. 7. 1956 die Unterscheidung von OBB und BOB für organisationsrechtlich irrelevant gehalten, eine späte Ehrenrettung für den diesbezüglichen Lapsus des Bonner Geschäftsstellenleiters Markull auf der ersten Arbeitssitzung des OA (vgl. S. 58).

262 BWV-Gutachten 1971, S. 16, wo aus dem BWV-Bericht 1959 zitiert wird.

263 Vgl. hierzu auch die beiden vorhergehenden Beiträge von Weinert in diesem Band.

264 BWV-Gutachten 1971, S. 46

nen und/oder -externen Zentralisierung[265] setzte auch der damalige BWV Hopf auf das Verwaltungskonzept seiner bizonalen Vorgängerbehörde, womit der mögliche Einwurf, die Finanzkontrolleure hätten ihre verwaltungsreformerischen Vorstellungen im nachhinein ihrem März-Gutachten übergestülpt, um es von dem Odium der Parteilichkeit für Bonn zu befreien, nicht als sonderlich stichhaltig angesehen werden kann.

Allerdings gibt es einen gewichtigen Unterschied zwischen den beiden RH-Positionen von 1949 und 1971: die Vertreter der ersteren suchten die 'Stunde Null' unter Verkennung ihrer realen Einflußmöglichkeiten und der damaligen politischen Konstellation offensiv zu nutzen, um die ihrer Meinung nach (partei-)politisch-orientierte, finalprogrammierte Ministerialbürokratie auf einen nicht weiter reduzierbaren Kern zu begrenzen und sie durch die Dominanz der apolitischen, konditionalprogrammierten Fachverwaltungen zu domestizieren, mit dem Ziel, durch 'Administrierung der Politik eine Politisierung der (ministeriellen) Verwaltung' zu verhindern[266]. Daß sie mit dieser (verwaltungs-)politischen Entmischungsstrategie scheitern mußten, lag - von den in dieser Zeit noch starken föderalistischen Gegenkräften und dem gegenläufigen machtpolitischen Kalkül des ersten Bundeskanzlers einmal abgesehen - an ihren theoretischen wie methodischen Prämissen, die "politische" ministerielle Verwaltung klar von der "administrativ-fachlichen" scheiden zu können. Eine derartige eindeutige Trennung ist jedoch u.a. nach Meinung der Projektgruppe Regierungs- und Verwaltungsreform beim BMI, die Ende der 60er Jahre eingesetzt worden war, nicht möglich, eben weil "Regieren und Verwalten als Funktionen aufs engste verbunden und vermischt sind"[267]. Im Gegenteil, sie hielt dieses "idealtypische" Begriffspaar für die Abgrenzung dieser beiden Bereiche oder gar als Grundlage einer organisatorischen Dekonzentration der Ministerialarbeit im Sinne "eines unpolitisch-neutralen Vollzuges politischer Entscheidungen"[268] für scheinobjektiv, da es hierfür realiter keine allgemein gültigen Kriterien gebe[269].

Nun kann wohl kaum behauptet werden, daß die Organisations-Experten aus dem bizonalen RH dieses Primat der 'regelgebundenen entmischten Fachadministration' gegenüber der 'vermischten politischen Ministerialverwaltung' aus den theoretischen und/oder empirischen Erkenntnissen der Bürokratieforschung abgeleitet haben, es sei denn, sie hätten die metaphorische Analogie Max Webers, einem der wenigen klassischen Legendenbildner der deutschen Soziologie, "ein Betrieb ist der moderne Staat ..., ebenso wie eine Fabrik"[270], aus Unkenntnis seiner anderen Schriften gründlich mißverstanden und sie legalistisch-mechanistisch hypostasiert, sondern es dürfte wohl eher dem tradierten Bild eines (partei-)politisch neutralen, hierarchisch gegliederten Verwaltungs-

265 Vgl. hierzu Pirker u.a. 1984

266 Hieran wurde vom BWV 1971 moderate Kritik geübt, denn es sei allgemein nicht mehr angebracht, "den Ministerien nur die politischen Führungsaufgaben zu übertragen und ihnen außer Spezialoberbehörden auch Generalbehörden zur Seite zu stellen, die die Verwaltung leiten" (S. 62); der BRH hat zwar an diesem Ziel festgehalten, aber es eher defensiv verfolgt.

267 Vgl. ihren Bericht zur Verlagerung von Aufgaben aus den Bundesministerien, Bonn 1972, S. 26; das Zitat stammt aus dem "Schweizer Expertenbericht über Verbesserungen in der Regierungstätigkeit und Verwaltungsausführung" von 1967. Auch diesem Gremium gehörte ein RH-Vertreter als teilnahmeberechtigtes Mitglied an: der damalige BRH-Direktor Karehnke.

268 Ebd. S. 25

269 Dies war für sie allerdings kein Grund, ihre Forderung fallen zu lassen, daß "zumindest für 'regelgebundene' (d.h. gesetzesakzessorische) Tätigkeiten, für Durchführungsaufgaben und für Einzelfallentscheidungen in den Ministerien kein Raum mehr sein (sollte)"; ebd. S. 6

270 Weber 1976, S. 825

staates geschuldet sein. Sie konnten damals nicht und können heute nicht anders, als Politik in Kategorien der legalistischen Bürokratie, besser: ihrer Kontrolle zu denken, was sie geradezu zwingt, Politik (in geregelte) Verwaltung zu transformieren, wobei die hiermit immer verbundene Retransformierung des administrativen Handelns in Politik weniger reflektiert wird, obwohl oder gerade weil demokratisch-pluralistisch verfaßte Industrie- und Sozialstaaten durch einen Prozeß zunehmender Enthierarchisierung und Dekonturierung des politischen Handelns aufgrund der auf nationaler wie internationaler Ebene zu beobachtenden "Diversifikations- und Verflechtungsdynamik der ... gesellschaftlichen Interessen"[271] und durch eine Vielzahl intermediärer autonomer Institutionen mit regulativen Funktionen, zu denen auch der RH gehört, gekennzeichnet werden[272]. Von daher schlagen sich die Kontrolleure in Sachen Verwaltungsökonomie[273] und -ethik bei diesem strukturellen Widerspruch zwischen der "Einheit der 'Regierung' und der Vielfalt der 'Partizipations-Repräsentation'"[274] nolens volens auf die Seite derjenigen Rationalisierungstheoretiker (der Herrschaft G. O.), die ihre "Radikalität der Kritik jeder politischen Theologie nicht zufällig mit dem Anspruch (verbinden), eine rein administrative Fassung der (politischen G. O.) Entscheidungstheorie hervorzubringen. Damit aber wird der Begriff des Politischen seiner Bedeutung beraubt und gerät jenes 'arcanum' der Macht aus dem Blick, das dem Symbolcode des Politischen zugrunde liegt - und das Weber sehr wohl präsent war".[275] Das Paradox hierbei ist jedoch, daß ausgerechnet die formal ohne Sanktionsgewalt ausgestatteten Institutionen der öffentlichen Finanzkontrolle, die 'Ritter ohne Schwert', um eine gängige Metapher aufzugreifen, eben in diesem 'geheimen Raum' als unabdingbare funktionale Voraussetzung ihrer Wirkungsentfaltung agieren müssen, wollen sie ihre Rolle als Hüter der paradigmatischen Normen der Ordnungsmäßigkeit, Sparsamkeit und Wirtschaftlichkeit in der Verwaltung erfolgreich spielen, womit sich auch in diesem Zusammenhang die These der Janusköpfigkeit dieser Kontrollorgane, Rechnungsprüfer und Organisationsberater in einem zu sein, bestätigt und zugleich ihre politischen Grenzen als selbsternannte "Inhaber der Organisationsgewalt" aufgezeigt werden[276].

---

271 Maramao 1989, S. 250

272 Zur Problematik der intermediären Institutionen und ihrer politischen Funktionen vgl. Pirker 1989 sowie den folgenden Beitrag von Otto/Pirker.

273 Vgl. hierzu Jeep 1989

274 Maramao 1989, S. 205

275 Ebd. S. 205 f.

276 Zu dieser komplexen Thematik, die hier nur andeutungsweise umrissen werden konnte, vgl. insbesondere Diederich u.a. 1990 sowie Diederich u.a. 1984, Gilles u.a. 1987, Pirker 1989 und Gilles u.a. 1989.

Gerhard Otto/Theo Pirker

Epiprolog: Intermediäre Institutionen in pluralistisch verfaßten Gesellschaften[1]

Wenn wir uns für die rhetorische Figur des Oxymorons 'Epiprolog' entschieden haben, so aus folgendem Grund: Einerseits ist das im folgenden vorgestellte Forschungskonzept Ausfluß eines abstrahierenden Resümees der Ergebnisse des von der Stiftung Volkswagenwerk geförderten Projektes "Geschichte und Bedeutung der Finanzkontrolle und ihrer Behörden im Nachkriegsdeutschland (Westzonen)". Andererseits stellt es eine forschungsperspektivische Ausweitung des Untersuchungsgegenstandes auf intermediäre regulative Institutionen, deren Soziogenese, Funktionen und Wirkungsmechanismen in pluralistisch verfaßten Wirtschafts- und Dienstleistungsgesellschaften dar, die weit über den Bereich der institutionalisierten Öffentlichen Finanzkontrolle hinausreicht, sind doch die Rechnungshöfe nur eine, wenn auch prototypische organisatorische Materialisation gesellschaftlicher Wertideen und Interessenlagen. Insofern ist dieser Beitrag gleichermaßen Rück- wie Ausblick.

I. Gesellschaftliche Pluralisierung und intermediäre Gewalten

Intermediäre Institutionen, die autonom gesellschaftliche Teilbereiche kontrollieren bzw. regulieren, nehmen in der Geschichte der sozialwissenschaftlichen Forschung - mit wenigen Ausnahmen, wie z.B. die Gewerkschaften - einen erstaunlich geringen Raum ein. Mit dieser Feststellung dürften wir u.a. wohl auch bei Ralf Dahrendorf Zustimmung finden, der vor nicht allzulanger Zeit in einer polemischen, nichtsdestoweniger gehaltvollen Standortbestimmung der Soziologie den "Verlust der Institutionen" beklagt hat: "Irgendwann, irgendwie sind der Soziologie die Institutionen verloren gegangen. Institutionen: Gestalt gewordene Normen, Entscheidungs- und Sanktionsinstanzen. Irgendwie, irgendwann hat die Soziologie begonnen, sich als Disziplin für die subinstitutionellen Wirklichkeiten des Sozialen zu definieren".[2] Gleichzeitig bekennt er freimütig, daß er an dieser spezifisch deutschen "antiinstitutionellen Haltung" mit seinem in der Zunft viel beachteten "Homo Sociologicus" nicht ganz schuldlos gewesen sei, habe er doch in seiner "Jugendsünde" schon vom Ansatz her einen fundamentalen Fehler begangen, den es zu korrigieren gelte: "Freiheit ist nicht Freiheit von Institutionen, sondern Freiheit durch Institutionen; Fortschritt ist nicht Systemsprengung, sondern strategische Reform".[3]

Diese anti-institutionelle Haltung der Sozialwissenschaftler ist um so verwunderlicher, als in der deutschen Nachkriegsgeschichte die sogenannte Pluralismusdebatte der zwanziger und dreißiger Jahre wieder vehement aufgegriffen wurde. Nun geht es hier nicht darum, diese Debatte aufs neue zu beleben, schon allein deshalb nicht, weil das

---

1 Dieser Beitrag ist eine überarbeitete und erweiterte Fassung unserer Abhandlung 'Autonomie und Kontrolle. Vorbemerkung zum Phänomen intermediärer Institutionen', in: Pirker (Hg.) 1989
2 Dahrendorf 1989, S. 4
3 Ebd. S. 5

Theorem des Pluralismus seit mehr als einem halben Jahrhundert extremen Bedeutungsvariationen und sogar Umkehrungen der ursprünglichen Bestimmung unterworfen und die staatswissenschaftliche und verfassungsrechtliche Kategorie 'Pluralismus' - spätestens seit der Periode des Kalten Krieges - zu einem überwiegend konservativ-agitatorischen Schlagwort verkommen ist. Zwar entspricht das Schlagwort vom 'pluralistischen Charakter westlicher Demokratien' keineswegs den hier vertretenen konzeptuellen wie empirischen Vorstellungen. Wenn im folgenden dennoch kurz auf diese Debatte eingegangen wird, dann in der Absicht, sie in eine über die Pluralität intermediärer regulativer Institutionen zu überführen.

Es ist jedem Kenner der sogenannten Pluralismusdebatte, oder genauer gesagt Pluralismusdebatten, in Deutschland evident, daß im Mittelpunkt dieser Diskussion die Auseinandersetzung von Carl Schmitt mit den wichtigsten Verfechtern der Theoreme des Pluralismus wie z.B. den britischen Sozialwissenschaftlern G. D. Cole und Harold Larsky (der außerdem langjähriger Vorsitzender der Labour-Party war) steht[4]. Dabei interessiert uns die Problematik, die Schmitt in den Mittelpunkt seiner Analysen stellt, bestenfalls am Rande, nämlich die von ihm als Gespenster und magische Kräfte dargestellte "Pluralität von Loyalitäten", die den monokratischen Staat in seinem Wesen zu zersetzen drohten oder, um den einflußreichen Legendenbildner selbst zu zitieren: Der pluralistische Staat "scheint, wenn nicht geradezu als Diener oder als Instrument einer herrschenden Klasse oder Partei, so doch ein bloßes Produkt des Ausgleichs mehrerer kämpfender Gruppen geworden zu sein, bestenfalls ein pouvoir neutre et intermédiaire (! d. Verf.), ein neutraler Vermittler, eine Ausgleichsinstanz zwischen den miteinander kämpfenden Gruppen, eine Art clearing office, ein Schlichter, der sich jeder autoritären Entscheidung enthält, der völlig darauf verzichtet, die sozialen, wirtschaftlichen, religiösen Gegensätze zu beherrschen, der sie sogar offiziell nicht kennen darf"[5].

Schmitt erkennt zwar ganz richtig, daß die tatsächliche, langfristige Entwicklung des modernen Staatswesens von der zentralen Kategorie der "Intermediarität" von vielen, d.h. pluralen, regulativen Institutionen geprägt ist. Er wollte sich jedoch dieser historischen, gesellschaftlichen und politischen Faktizität unter keinen Umständen beugen, sondern transponierte sie auf die transzendente Ebene der Loyalitäten, d.h. auf die Ebene der Werte und Wertsysteme. Und er stürzt von diesem Himmel der Loyalitäten in den Abgrund des nationalsozialistischen Staates[6], der autoritativ die Loyalität der Gesellschaft in ihrer Differenziertheit und Widersprüchlichkeit der gesellschaftlichen Mächte bis zur Phantasmagorie des totalitären Staates entwickelt als Ausdruck eben einer totalitären Gesellschaft, in der die Loyalität jedweder Institution und jedwedes Einzelnen gegenüber dieser Gesellschaft als selbstverständlich und als natürlich erscheint.

Der wohl einflußreichste Politologe deutscher Zunge versuchte hiermit die zentrale - letztendlich anthropologische - Fragestellung der modernen staats- und verfassungsrechtlichen Theoriediskussion zu beantworten, die allgemeingültig und eindeutig nicht zu beantworten ist, nämlich die nach dem "Einen und Vielen (Einheit der Regierung und Vielfalt der Partizipations-Repräsentanten der verbreiteten Macht- und Wissensfor-

4 Siehe Schmitt 1940, S. 134 f., 310
5 Schmitt, C.: Staatsethik und pluralistischer Staat (1930), in: ders. a.a.O., S.136
6 Im NS-Staat wurde das 'demokratische Homogenitätstheorem' Schmitts: "zur Demokratie gehört also notwendig erstens Homogenität und zweitens - nötigenfalls - die Ausschaltung oder Vernichtung des Heterogenen" (Schmitt 1926, zit. nach Kohl 1970, S. 18), für ethnische, politische und soziale Minderheiten blutiger Ernst.

men)", die durch die "Diärese zwischen occasio und Norm, Ausnahme und Gesetz, inventio und Disziplinierung"[7] in unserem säkularisierten, oder in den Worten Max Webers "entzauberten", Zeitalter sich verschärft stellt, ist doch weder das Eine noch das Andere total zu haben - u.a. ein Grund dafür, daß sich die Soziologie als eigenständige Wissenschaftsdisziplin herauskristallisieren und behaupten konnte.

Carl Schmitt mußte deshalb - wie allen Gegnern einer pluralen institutionellen Ordnung - die Ausdifferenzierung intermediärer Strukturen durch die 'Selbstorganisation' der sogenannten gesellschaftlichen Kräfte, mit der zwangsläufig eine Multiplikation der Machtzentren einhergeht, notwendigerweise als Autoritätsverfall und politische Unterminierung eines starken dezisionistischen Staates erscheinen - und dies übrigens in Verkennung der pluralistischen Traditionen in der Rechtsgeschichte und in der Arbeiterbewegung Deutschlands. Die Erodierung der politischen Organisationen oder gar der Nationalstaaten sah er nicht nur innerstaatlich gegeben, sondern - und in einem noch viel stärkeren Ausmaß - zwischenstaatlich, etwa durch die Intervention supranationaler Institutionen in die Souveränität der Einzelstaaten. Für uns Zeitgenossen ist es dabei von besonderer Ironie, daß Schmitt ausgerechnet den Völkerbund als eine solche der Souveränität der Nationalstaaten und der damit verbundenen Loyalität ihrer Mitglieder gefährliche und sie zersetzende Institution begreift - nein, nicht begreift, sondern ihn vielmehr als "Feind" einer monokratischen politischen Ordnung denunziert.

Für das hier vertretene Forschungskonzept ist in diesem Zusammenhang von Bedeutung, daß, gemessen an den Konstellationen der Weimarer Republik, sowohl innenpolitisch als auch außenpolitisch (europäisch, atlantisch) die Anzahl wie auch das Gewicht der autonomen, indirekten Gewalten und damit der unterschiedlichen regulativen Funktionen in einer Weise zugenommen haben, wie es sich Carl Schmitt in den zwanziger und zu Beginn der dreißiger Jahre dieses Jahrhunderts wohl nicht vorzustellen vermochte. Gerade hier, an dieser institutionellen und funktionellen Wirklichkeit, setzen unsere Forschungsintentionen an: durch empirische und zeitgeschichtliche Untersuchungen soll den Wissenschaftlern, Politikern und Publizisten dieses unbestreitbare Gewicht der indirekten, autonomen Gewalten noch schärfer, als es die Wirklichkeit von selbst tut, ins Bewußtsein gerufen werden.

Diese Zentrierung auf die Faktizität der intermediären Institutionen unter Einbeziehung ihrer Soziogenese unterscheidet uns von den Kontrahenten der zweiten Pluralismusdebatte nach 1945 bzw. nach der Gründung der Bundesrepublik, die gar keine oder nur sehr periphere empirische Intentionen hatten. Dies gilt für die Neopluralisten (z.B. Ernst Fraenkel und Kurt Sontheimer) ebenso wie für ihre 'rechten' und 'linken' Kritiker (z.B. Götz Briefs und Rüdiger Altmann auf der einen und Wolfgang Abendroth und Herbert Marcuse auf der anderen Seite). In diesem Sinne ist der Bemerkung Karl Loewensteins mit Nachdruck zuzustimmen, daß die geschichtliche Rolle dieser Institutionen noch nicht umfassend untersucht worden sei[8], und gleichzeitig zu ergänzen, daß auch deren aktuelle Funktions- und Wirkungsstrukturen bislang weitgehend im Dunkeln liegen. Wenn die Debatte überhaupt einmal über die akademische Innerlichkeit hinausging, dann bezog sie sich fast ausschließlich auf die Stellung der Einheitsgewerkschaften in Wirtschaft und Gesellschaft der Bundesrepublik

7 Marramao 1989, S. 205
8 Vgl. Loewenstein 1972, S. 186

Deutschland sowie im Rahmen der europäischen Einigung. In diesem Zusammenhang verstieg sich Götz Briefs sogar zu dem Begriff "Syndikaltotalitarismus", Altmann zeichnete das Bild einer "formierten Gesellschaft" usw. usf.. Daß dieselben Ideologen, die die Souveränität der jungen Bundesrepublik durch die Politik der Gewerkschaften in Gefahr sahen, die Teilung Deutschlands unkritisch hinnahmen und daneben die Unterhöhlung der nationalen Souveränität durch die europäischen Einigungsversuche auf den verschiedenen Ebenen im Spannungsfeld der Ost-West-Politik und der damit verbundenen militärischen internationalen Institutionen als selbstverständlich betrachteten, ist eine Geschichte, die erst einmal geschrieben werden müßte, uns aber in dem thematischen Kontext der intermediären Institutionen nur am Rande interessiert.

So wichtig die zeitgeschichtliche Erfassung der Genese des Begriffs bzw. des Schlagwortes Pluralismus für die Erhellung der sozialwissenschaftlichen Unterbelichtung intermediärer Gewalten auch sein mag, die Erkenntnis, daß die Sozialwissenschaften in Deutschland im 19. und 20. Jahrhundert fast ausnahmslos[9] der Tradition des Denkens in Hierarchien verhaftet waren bzw. heute noch sind, dürfte noch wichtiger sein. Derartige hierarchische Denkbilder involvieren bzw. (re-)produzieren ganz bestimmte Formen der gesellschaftlichen Arbeitsteilung und der Regulation sozialer Prozesse, wobei die hier thematisierten Institutionen - sozusagen aus der bildkompositorischen Logik heraus - zwangsläufig Fremdkörper darstellen.

Als Beleg hierfür seien drei große Legendenbildner für die Sozialwissenschaften im weiteren Sinne in unserem Jahrhundert angeführt: Sowohl im Paradigma der 'bürokratischen Weltrationalität' von Max Weber als auch in dem der 'strukturell-funktionalen Systemrationalität' von Talcott Parsons wie in dem der 'staatsinterventionistischen Wirtschaftsrationalität' von John Maynard Keynes sind intermediäre regulative Institutionen - wenn überhaupt - eher periphere Bestandteile - und dies sogar im Widerspruch zu ihren eigenen wirtschafts- und sozialgeschichtlichen Erkenntnissen bzw. empirisch-analytischen Untersuchungsergebnissen. Die Ursache in allen drei Beispielen für diesen Bias muß in deren letzten Endes dominierenden Auffassung von der Gesellschaft als System gesehen werden, dessen Elemente homogen sind und die in einem zwingenden operativen Verhältnis zueinander stehen, d.h. in einem universellen Funktionalismus, der autonome intermediäre Institutionen entweder ausschließt oder sie als Randphänomene betrachten muß. Es ist deswegen nicht weiter verwunderlich, daß auch die Luhmannsche Erst-Variante der Systemtheorie sie nicht als eigenständige Komponenten einzubeziehen vermag, obwohl nicht nur ihre systemtheoretische Kategorie der "Legitimation durch Verfahren" solchen Institutionen wie auf den Leib geschneidert zu sein scheint.

Im Gegensatz zu diesen Anhängern universaler Theorieentwürfe vertreten wir ein theoretisch-methodisches Konzept, das Pirker als intentionale Sozialforschung bezeichnet. Verkürzt gesagt geht es darum, gesellschaftliche Konstellationen real, d.h. authentisch zu erfassen, zu analysieren und für das Handeln von Individuen wie von Kollektiven, sei es in der Forschung, sei es in der Politik, ernst zu nehmen, um dann

9 Als solche Ausnahmen sind insbesondere zu nennen die Deutsche Historische Schule und so bedeutende und wirkungsvolle Wissenschaftler wie Ludwig Gumplowicz, die entgegen dem 'systemtheoretischen' Trend die Bedeutung gerade dieser Institutionen hervorgehoben haben. Nicht umsonst zählt Gumplowicz zu den beachtlichen Vertretern auf dem Gebiet des Genossenschaftswesens (vgl. zu dieser Problematik auch Pirker 1952).

forschungspraktische wie politische und soziale Handlungsstrategien zu entwickeln, und dies unter Berücksichtigung der Tatsache, daß es gilt, ein begrenztes Problem in einer begrenzten Zeit mit ökonomisch wie methodisch begrenzten Mitteln mit einer begrenzten intellektuellen Kapazität zu bewältigen. Diese Auffassung mag den theoretischen, methodologisch-szientifischen Vorstellungen der akademisch verfaßten Sozialforschung nicht gemäß oder gar widrig sein. Sozialforschung als Arbeit, d.h. als zielgerichtete Tätigkeit, begriffen, muß sich jedoch mit der materiellen, d.h. machtmäßigen Wirklichkeit der Gesellschaft(en) zwar nicht arrangieren, aber sich doch mit ihr konfliktbereit auseinandersetzen[10].

Insofern nimmt das Konzept einer intentionalen Sozialforschung die szientifische Norm der Allgemeingültigkeit zurück, eben weil sich die Sozialwissenschaftler in einem handlungsorientierten Kontext engagieren und sie damit zwingt, die Fragen des Warum und des Wie der Realitätsgestaltung explizit zu beantworten, ihre eigene Arbeit also zu legitimieren[11]. Durch diese empirische Orientierung und die Zentrierung auf die institutionellen gesellschaftlichen Strukturen grenzt sich das von uns vertretene Konzept der Sozialforschung grundlegend von neopositivistischen, Luhmannschen oder 'frankfurtistischen' Positionen sowie von aktuellen wie vergangenen modiösen Forschungsströmungen ab. Hierbei verstehen wir unter Institutionen im Felde der Politik arbeitsteilige Organisationen, die Handlungsmuster für Individuen wie für Kollektive strukturieren, die auf die allgemeine Ordnung der Gesellschaft oder gesellschaftlicher Teilbereiche gerichtet sind. Diese Bestimmung folgt dem, was wir unter politischem Handeln verstehen, nämlich zielgerichtete Tätigkeit, also Arbeit, die damit den Regeln, wenn nicht sogar den Gesetzen der gesellschaftlichen Arbeitsteilung unterworfen ist.

II. Öffentliche Finanzkontrolle: Ein blinder Fleck in der Finanzsoziologie

Bevor wir mit unseren konzeptuellen Überlegungen fortfahren, wollen wir noch einmal auf die sozialwissenschaftliche Zurückhaltung in puncto intermediäre Institutionen zurückkommen. Denn man sollte doch meinen, daß die in diesem Band im Vordergrund stehenden Einrichtungen der öffentlichen Finanzkontrolle wenigstens im Rahmen der Finanzsoziologie bereits Gegenstand der Analyse waren. Aber so verwunderlich es klingen mag, auch hier ist eine Fehlanzeige zu vermelden. Außer den Budgettheoretikern (z.B. Fritz Neumark) oder Budgetpraktikern (z.B. Kurt Heinig), die die Rechnungshöfe im Zusammenhang mit der Budgetkontrolle abhandeln, haben sich Finanzsoziologen mit dieser Thematik nicht beschäftigt[12]. Da dieser Tatbestand erklärungsbedürftig erscheint, soll ein kurzer Blick auf diese Disziplin geworfen werden.

---

10 Aufgrund eines solchen konkreten Konfliktes über forschungskonzeptionelle und gestaltungspolitische Fragen im Organisationsbereich Oberster Bundesbehörden, auf den hier nicht näher eingegangen werden kann (vgl. hierzu Pirker (Hrsg.) 1981; Gilles/Otto/Weinert 1987), sind wir beispielsweise auch auf die Öffentliche Finanzkontrolle, ihre Geschichte, ihre Institutionen und Funktionen als originäres sozialwissenschaftliches Untersuchungsfeld gestoßen und hierüber vermittelt wiederum auf das allgemeine Phänomen 'intermediäre regulative Institutionen'.

11 Vgl. hierzu auch Tiemann 1987

12 Daß die Institutionen der öffentlichen Finanzkontrolle nicht in den Blickpunkt der Finanzwissenschaftler gerieten, liegt u.a. auch daran, daß traditionellerweise letztere sich auf die Staatseinnahmen konzentrierten und erstere auf das Wie der Staatsausgaben; eine entsprechende Ergänzung dieser einseitigen Perspektive erfolgte auf beiden Seiten erst in jüng-

Wissenschaftsgeschichtlich ist die Tatsache bedeutsam, daß sich die Finanzsoziologie nie zu einem integralen Bestandteil der soziologischen Forschung und Theorie entwikkelt hat, sondern im Prinzip eine Soziologie der Finanzwissenschaft, oder besser: der Finanzwissenschaftler, geblieben ist. Dies hängt u.a. damit zusammen, daß sich die Finanzwissenschaft - trotz ihrer altehrwürdigen Tradition - stets mit dem Trilemma konfrontiert sah und sieht, daß ihr Erkenntnisobjekt (also im engeren Sinne der Staatshaushalt und im weiteren Sinne die öffentliche Wirtschaft) sowohl ökonomischer wie politischer wie verwaltungstechnischer Natur ist. Je nach Betonung dieser Aspekte ließe sich die Finanzwissenschaft deshalb auch unter die Wirtschaftswissenschaft, die Verwaltungs- und Staatslehre oder die Politische Wissenschaft subsumieren, was wiederum ihre Schwierigkeiten erklärt, sich als einheitliche und selbständige Disziplin in dem ausdifferenzierten und spezialisierten Wissenschaftssystem zu behaupten.

Aus diesem Trilemma hilft die des öfteren angetretene Flucht in die Position einer praxisorientierten Kunstlehre der staatlichen Finanztechnik nicht heraus, wird ihr dann doch von den szientifischen Puristen der Wissenschaftscharakter völlig abgesprochen. So ist es nicht weiter verwunderlich, wenn sich die Suche nach dem Erkenntnisobjekt bzw. nach seiner adäquaten theoretischen wie methodischen Behandlung wie ein roter Faden durch die Wissenschaftsgeschichte dieser Diszplin zieht, und dies vor allem mit der Intention, die Hegemonialansprüche der Ökonomie bzw. die Ökonomisierung der Finanzwissenschaft abzuwehren. Unter diesem Aspekt kann der Versuch einer soziologischen Fundierung der Finanzwissenschaft auch als eine Legitimierungs- und Verteidigungsstrategie der Finanzwissenschaftler zur Begründung und Erhaltung ihrer Autonomie und Identität betrachtet werden. Nicht umsonst hat Rudolf Goldscheid die "Finanzsoziologie" gegen Ende des Ersten Weltkrieges wieder einmal neu entdeckt, also in einer Zeit, als die Finanzwissenschaft wie die Finanzpolitik aus naheliegenden Gründen in einer tiefen Krise steckten. Und nicht umsonst hatten bei der anschließenden Wiederbelebung dieser Wissenschaft Mitte der zwanziger bis Anfang der dreißiger Jahre soziologische Deutungsversuche der Finanzprobleme[13] eine kurze Blütezeit[14], die jedoch durch das "Dritte Reich" ein abruptes Ende fand.

An dieser Stelle sei eine kurze Anmerkung zu Goldscheids programmatisch-überpointiertem Entwurf einer Finanzsoziologie[15] erlaubt: Hierin beklagt er die fehlende

---

ster Zeit, obwohl es gerade das Verdienst der soziologisch orientierten Finanzwissenschaftler war, hierauf schon frühzeitig hingewiesen zu haben.

13 Vgl. hierzu u.a. Beckerath 1952, S. 466

14 Als die wichtigsten Vertreter sind hier zu nennen: Gerhard Colm, Horst Jecht, Fritz Karl Mann, Fritz Neumark, Hans Ritschl und Herbert Sultan, die vor allem beeinflußt wurden von: Gustav von Schmoller, Joseph Schumpeter, Werner Sombart und Max Weber sowie von Albert Schäffle, dem Vater oder zumindest einem der 'Väter der Finanzsoziologie'. Neben dem naheliegenden Fachinteresse verband die genannten Apologeten einer Finanzsoziologie (wissentlich oder unwissentlich) eine gemeinsame politische (SPD-nahe) Orientierung, die nach 1933 die meisten in die Emigration trieb.

15 Es ist ein Verdienst von Rudolf Hickel, durch die Neuedierung der finanzsoziologischen Schriften Goldscheids und der einzigen unmittelbaren wissenschaftlichen Replik von Schumpeter diese dem heutigen Leser leichter zugänglich gemacht zu haben. Allerdings hätten wir seiner Einführung etwas mehr Soziologie und etwas weniger Ökonomie gewünscht. So leistet er mit seiner sozusagen links-keynesianischen Vereinnahmung des Goldscheidschen Ansatzes der Tendenz Vorschub, Finanzsoziologie sei per se Politische Ökonomie, sei Kapitalismus- bzw. Staatstheorie - in welcher marxistischen Variante auch immer. Dies liegt u. a. daran, daß er die staatswirtschaftlichen Elemente des Goldscheidschen Werkes, die zu einem guten Teil den damaligen politischen und ökonomischen Zeitumständen geschuldet sein dürften, über-, seine finanzwissenschaftlich methodischen wie strategischen Intentionen hingegen unterbewertet. Genau hier müßte u. E. eine sozialwissenschaftliche Interpretation ansetzen, die

soziologische Durchdringung der Finanzprobleme, die u.a. dazu geführt habe, daß die Finanzwissenschaft immer mehr zu einem bloßen Anhängsel der Nationalökonomie herabgesunken sei, und definiert die Finanzsoziologie als "die Lehre von der gesellschaftlichen Bedingtheit des öffentlichen Haushalts und seiner die Gesellschaftsentwicklung bedingenden Funktion"[16]. Diese Aussage klingt modern, enthält sie doch Kategorien wie etwa Fritz Karl Manns Zweiteilung der finanzsoziologischen Erkenntnisobjekte in die "Sozialkomponente der Finanzwirtschaft" und in die "Finanzkomponente der Gesellschaft" oder wie dessen Theorem von der "Ökonomisierung der Finanzpolitik" und, wie Sultan zu Recht erweitert, der "Finanztheorie" aufgrund der "Unterordnung der Finanzpolitik unter die Wirtschaftspolitik einerseits und die gewachsene und wachsende Bedeutung finanzpolitischer Mittel für die Wirtschaftspolitik andererseits"[17].

Angesichts dessen fragt man sich, warum dieses Konzept bei den 'seriösen' Finanzwissenschaftlern - außer einer meist polemischen Kritik - keinen weiterreichenden Einfluß gehabt hat und warum es auch von den Soziologen nicht rezipiert wurde. Dies kann nicht allein aus den - zum Teil zeitbedingten, zum Teil politischen und zum Teil wissenschaftlichen - Ungereimtheiten Goldscheids erklärt werden. Vielmehr ist zu vermuten, daß dies in seiner Hypostasierung der Soziologie zur Königswissenschaft, die er allerdings ihrerseits finanzwissenschaftlich fundiert wissen wollte, als Ersatz bzw. als Erweiterung der Finanzwissenschaft, der Staatslehre, der Rechtstheorie wie der Nationalökonomie liegen dürfte. Insofern hat er die Entwicklung der Finanzsoziologie gleichzeitig befördert wie behindert, mußten doch die betroffenen Wissenschaften gegen diesen omnipotenten Anspruch entweder heftigen Protest einlegen oder aber ihn totschweigen bzw. im Falle der Soziologie sich gegen die finanzpolitische wie -wissenschaftliche Fundierung zur Wehr setzen.

Nichtsdestoweniger sind die Goldscheidschen Kernprobleme einer so oder so betriebenen Finanzwissenschaft erhalten geblieben, nämlich die ihrer realen Einverleibung durch die Ökonomie oder ihrer befürchteten durch die Soziologie. Die "Ökonomisierung" der Finanzwissenschaft ist heute praktisch ein Faktum, das mehr oder weniger akzeptiert wird, obwohl Fritz Karl Mann noch in der zweiten Auflage des Handbuchs der Finanzwissenschaft eindringlich davor gewarnt hatte: "Das Eindringen der 'Fiscal Theorie' ist endlich noch aus einem akademischen Grunde bemerkenswert. Wenn die Finanzwissenschaft weniger auf die Finanzierung der Staatstätigkeit als auf eine 'Wirtschaftspolitik mit finanziellen Mitteln' ausgerichtet ist, rückt sie von selbst wieder an denselben Platz, den ihr einst die Väter der klassischen Schule angewiesen haben. Der Traum einer 'autonomen Finanzwissenschaft' wäre ausgeträumt. Sogar finanzwissenschaftliche Spezialisierung würde an Wert einbüßen"[18]. Ein weiterer Beleg für diese Dominanz der Ökonomie ist, daß in der dritten Auflage des Handbuchs der Fi-

Goldscheid gegen Goldscheid wie gegen seine 'linken' Apologeten und 'rechten' Kritiker verteidigt, wobei Schumpeter als Vorbild dienen könnte.

16 Goldscheid 1976 (1926), S. 254

17 Sultan 1952, S. 79

18 Mann 1952, S. 488. In diesem Zusammenhang ist anzumerken, daß Dahrendorf auch die moderne Soziologie nach ihrer - zu Recht oder zu Unrecht beklagten - Emanzipation von den Wirtschaftswissenschaften zunehmend mit einem "ökonomischen Imperialismus" konfrontiert sieht: die Ökonomen seien - so seine überspitzte Einschätzung - "nach Qualität und theoretischem Gewicht die überlegenen Sozialwissenschaftler der Zeit" (Dahrendorf 1989, S. 4) - eine Position, die in ihrer Allgemeinheit weder wir noch viele unserer Kollegen zu teilen vermögen.

nanzwissenschaft Finanzsoziologie durch Finanzpsychologie ersetzt worden ist, die den psychologischen Implikationen der ökonomischen Modelle eher zu entsprechen scheint und in diesem Sinne als Akzeptanzforschung finanzpolitischer Maßnahmen oder der Finanzverwaltung aus Sicht der Steuerzahler betrieben wird[19]; d. h. die finanzsoziologischen Ansätze aus den zwanziger und dreißiger Jahren wurden nach dem Zweiten Weltkrieg nicht ernsthaft wiederaufgegriffen und weiterentwickelt. Eine der wenigen Ausnahmen stellt hierbei Fritz Karl Mann dar, der dieser Tradition verhaftet blieb und den Versuch unternahm, eine Finanzsoziologie, die er als eine Art Bindestrichsoziologie verstand, als Hilfswissenschaft und finanzwissenschaftliche Methode für die Finanzwissenschaft zu begründen, um die zunehmend außerökonomischen Zwecke der finanzpolitischen Mittel adäquat untersuchen zu können. In diesem Zusammenhang hat er wie kein anderer deutschsprachiger Autor auf die Problematik der zunehmenden Pluralität der intermediären finanzpolitischen Institutionen hingewiesen, was wohl auf seine Alltagserfahrungen wie seine wissenschaftliche 'Sekundärsozialisation' in den USA zurückzuführen sein dürfte[20]. Hingegen hat eine Soziologisierung der Finanzwissenschaft nicht stattgefunden, wurde ein empirisch fundiertes Konzept bzw. eine Theorie der 'öffentlichen (Finanz-)Wirtschaft' innerhalb der Soziologie nicht entwickelt[21], die u. E. nur als eine politische Soziologie des Finanz- und Steuerstaates in modernen Wirtschafts- und Dienstleistungsgesellschaften betrieben werden kann, die die diesbezüglichen Institutionen bzw. institutionellen Arrangements in den Vordergrund stellt.

III. Strukturparameter intermediärer Institutionen

Mit der 'intermediären regulativen Institution' haben wir zwar die zentrale Kategorie unseres Forschungsansatzes benannt, aber dennoch ist hier nicht der Ort, den in den Sozialwissenschaften sehr unterschiedlich gehandhabten Begriff 'Institution' und die jeweils darauf aufbauenden theoretischen Ansätze bzw. Fragmente eingehend zu diskutieren. Wichtig ist in diesem Zusammenhang nur eines, daß die Institutionalisten aller Richtungen von dem Axiom ausgehen, daß die Institutionen das Verhalten von Individuen wie von Kollektiven, ob Kleingruppen oder Großgruppen, präformieren und nicht umgekehrt. Diesen Tatbestand formuliert Lepsius folgendermaßen: "Institutionen formen Interessen und bieten Verfahrensweisen für ihre Durchsetzung, Institutionen geben Ideen Geltung in bestimmten Handlungskontexten. Der Kampf der Interessen, der Streit über Ideen, der Konflikt zwischen Institutionen lassen stets neue soziale Konstellationen entstehen, die die historische Entwicklung offen halten. Aus Interessen, Ideen und Institutionen entstehen soziale Ordnungen, die die Lebensverhältnisse, die Personalität und die Wertorientierung der Menschen bestimmen"[22]. Auch wenn er die Dynamik der ideen- bzw. interessengebundenen institutionellen Entwicklung über-, die

19 Vgl. hierzu Hansmeyer/Mackscheidt 1977
20 Vgl. hierzu Mann 1959; sowie ders. 1969
21 Bezeichnenderweise stammen die entsprechenden Artikel im Handwörterbuch der Sozialwissenschaften (1961) sowie im Wörterbuch der Soziologie von Bernsdorf (1969) von dem Finanzwissenschaftler F.K. Mann, was wiederum die paradoxe Situation widerspiegelt, daß die Soziologen die 'Finanzsoziologie' als eine Aufgabe der Finanzwissenschaftler verstehen, die diese - wie es den Anschein hat - nicht mehr betreiben (wollen).
22 Lepsius 1990, S. 6

innovationshemmende, aber kontinuitätsstiftende Beharrlichkeit einmal errichteter Institutionen hingegen unterbetont, sind wir mit ihm einer Meinung, daß "die Konstellation von Interessen, Ideen und Institutionen ... noch immer ungenügend analysiert (ist)"[23].

Der Begriff des Axioms wird hier jedoch keinesfalls in seiner rein formallogi(sti)schen Bedeutung gebraucht, sind doch nach unserem Verständnis axiomatische Sätze - zumindest in den Sozialwissenschaften und insbesondere in der Sozialforschung - keineswegs nicht weiter begründbare Sätze, sondern vielmehr Grundsätze, die aus der Forschungserfahrung - im materiellen und materialistischen Sinne - begründet und begründbar sind.

Als eine weitere zentrale Kategorie ist bereits die der Intermediarität angesprochen worden. Deshalb stehen im Fokus unserer gegenwärtigen und zukünftigen Forschungsaktivitäten die organisatorisch langfristig angelegten, unterschiedlichen Gesellschaftsbereichen zugeordneten intermediären Institutionen, die nicht zwingend den Interventionen der sogenannten 'oberen' oder 'obersten' Gewalten im Rahmen der politischen Verfaßtheit einer Gesellschaft unterworfen sind, denen also ein relativ hoher Grad an Autonomie zukommt. Dies bedeutet jedoch keinesfalls, daß sie bezüglich ihrer Konstituierung, Rekrutierung, Organisation, ordnungspolitischen Funktion und ihres gesellschaftlichen Regulierungsbereiches im rechtsfreien Raum tätig sein könnten; vielmehr agieren sie unter verfassungs- wie verfahrensmäßig restriktiven Rahmenbedingungen. Die Unterwerfung solcher intermediärer regulativer Institutionen unter Recht und Gesetz, ihre Einfügung in den Rahmen von Verfahren, Regeln und Ausführungsbestimmungen etc. versteht sich gerade in Deutschland, mit seiner extrem dem Kult der Verrechtlichung hingegebenen politischen Kultur beinahe von selbst. Diese Selbstverständlichkeit ist für uns als Sozialwissenschaftler der zweite axiomatische Satz im vorher angegebenen Sinne, wobei anzumerken ist, daß gerade dieser teutonische Legalismus das angeführte Primäraxiom des Institutionalismus noch vertieft, erhärtet und in seinem Gültigkeitsbereich beträchtlich ausweitet.

Obwohl also die externen restriktiven Rahmenbedingungen solcher regulativer Institutionen ihrerseits wiederum institutionell-legalistisch gesetzt sind, können diese aufgrund ihrer hohen Handlungsautonomie weder de jure noch de facto von irgendeiner politisch-juristischen Institution auf begrenzte Gebiete ihrer Tätigkeit oder gar auf bestimmte Verfahren festgelegt werden; sie würden sonst ihren spezifischen Charakter, ihre Identität verlieren. Denn, so Lepsius, "institutionelle Differenzierung bedeutet nicht nur Unterscheidung von sozialen Handlungskontexten, sondern auch ihre relative Freisetzung von gesellschaftlichem Sanktionsdruck und damit die Chance zur Entwicklung eigener institutionalisierter Wertorientierungen. Die relative Freiheit von äußerem Sanktionsdruck auf die institutionelle Binnenordnung fordert allerdings eine Begrenzung des Anspruchs auf allgemeine Gültigkeit der ausgegrenzten Wertorientierungen. Mit anderen Worten: die Art der funktionalen Spezifizität ist der Kern institutioneller Differenzierung, und die Bestimmung von Geltungsrahmen und Durchsetzungskraft gegenüber anderen institutionalisierten Handlungseinheiten ist die gesamtgesellschaftlich bedeutsame Wirkung der Institutionalisierungsprozesse. Durch die funktionale Spezifizierung ergibt sich ja nicht nur - im Sinne einer institutionellen

---

23 Ebd. S. 7

Arbeitsteilung - eine je besondere Leistungskompetenz, sondern auch eine spezifische Privilegierung von Interessenlagen gegenüber gesamtgesellschaftlicher Konformität"[24].

Daraus ergibt sich z. B. für die Rechnungshöfe auf Bundes- wie auf Landesebene eine extreme und kaum zu kontrollierende Spannbreite ihrer regulierenden Tätigkeiten[25]. Die hiermit verbundene Diskretion ihrer Arbeit und ihre darin eingebundenen politischen Ambitionen werden in der Weltliteratur am eindrucksvollsten durch Gogols "Revisor" dargestellt: Man weiß, daß er eines Tages kommen wird, aber nicht genau wann, und was er will. Er kann wie ein Inquisitor die Absolution relativ rasch erteilen, er kann aber auch die Schrauben der Folter anziehen. Es kann allerdings auch die allzu irdische Möglichkeit bestehen, daß der Revisor in der corruptio mentalis der Bürokratie und der bürgerlichen Gesellschaft selbst befangen ist, dann muß er taktisch geschickt in die bestehende Korruption eingefangen werden. Nur, man weiß auch dies nicht, und somit ist allein die Unsicherheit sicher.

Diese Vorwirkung des Revisors durch seine pure Existenz, die soziologisch unter die Erwartungs-Erwartung subsumiert werden kann, ist auch heute noch einer der zentralen Wirkungsmechanismen der öffentlichen Finanzkontrolle, wobei jedoch die zwischenzeitlich entwickelten rationalen Verfahren der Kontrolle bei den Kontrollierten einen Teil ihrer Unsicherheit über das Wie der Prüfung absorbieren können. In diesem Zusammenhang muß nach unseren Forschungsergebnissen betont werden, daß hierbei nicht so sehr die 'Verwicklung' der Finanzkontrolleure in die Korruption der Kleinbürokratie im speziellen im Vordergrund steht, sondern vielmehr die 'corruptio mentalis in actu' in bezug auf die Nähe oder gar die Gleichheit (finanz-) politischer Vorstellungen im Sinne einer Erwartungs-Erwartung der Kontrolleure hinsichtlich des politischen Systems bzw. seiner jeweiligen Akteure.

Übrig bleibt - sozusagen als erweiterter axiomatischer Satz -, daß die Tätigkeiten der öffentlichen Finanzkontrolle wie die der intermediären regulativen Institutionen schlechthin von einer extremen Diskretion des politischen Handelns geprägt sind, die beiden Seiten entsprechend große Bewegungsspielräume eröffnet. Eine Aufgabe der Sozialforschung auf diesem Gebiet besteht also darin, auf die alten Fragen der Verfassungsrechtler und Politiker Antworten zu geben: Wer kann oder soll die intermediären Kontrollinstitutionen mit welchen Verfahren kontrollieren, ohne daß sie ihren autonomen Charakter verlieren, der für ihre regulativen Funktionen unabdingbar ist? Mit anderen Worten: Welches Ausmaß von Handlungsspielraum muß, soll oder kann diesen Institutionen zugestanden werden? Diese Fragen mit der häufig erhobenen Forderung nach einer externen institutionellen Kontrolle der Kontrollinstitutionen zu beantworten, greift u. E. zu kurz. Zum einen würde damit eine unendliche Spirale der Kontroll-Kontrollkreise in Gang gesetzt, zum anderen widerspricht sie eben dem spezifischen Charakter intermediärer regulativer Institutionen, die gerade dadurch gekennzeichnet sind, daß sie einer tatsächlichen oder vermeintlichen oder wünschenswerten Kontrolle entzogen sind. Sie agieren - wie bereits gesagt - zwar nicht im rechtsfreien Raum, jedoch unterliegen ihre Politik, ihre politischen Ziele und ihre Verfahren keiner externen formalen Kontrolle. Hieraus erwächst ihnen eine von außen nicht bzw. nur schwer bestimmbare Rolle ihrer politischen Aktivitäten. Ob und inwieweit sie dieses

24 Ebd. S. 55
25 Dies wird z. B. in den Beiträgen von Otto und Weinert überdeutlich.

Handlungspotential nutzen, liegt bei diesen Institutionen selbst und hängt im wesentlichen von ihren internen Machtverteilungskriterien und Machtverteilungspraktiken ab sowie von ihrer Verflechtung mit anderen Institutionen. Nur in dieser Verfaßtheit vermögen sie das Arkanum, das sogenannte Geheimwissen, voll ins Spiel zu bringen und die Möglichkeiten wie die Grenzen der politischen Diskretion auszuloten und auszunutzen, wie auch immer ihre formalrechtliche Verfaßtheit sein mag, die letztendlich residualer Natur ist.

Dieser nur sehr schwer bestimmbare politische Einfluß regulativer Institutionen beruht auf ihrer relativ hohen Handlungsautonomie, deren graduelle Ausprägung allerdings von Fall zu Fall neu zu bestimmen wäre. Ihr Entscheidungs- und Handlungsfreiraum ist - wie schon angedeutet - eine funktionale Voraussetzung, wenn sie ihrer Aufgabe, als objektive Sachwalter sozialer Werte, technischer Standards oder als Interessenverwalter die ihnen zugeordneten gesellschaftlichen Teilbereiche nach innen zu regulieren und nach außen zu legitimieren, erfolgreich erfüllen wollen, wozu ihnen auch die 'hoheitliche' Definitions-, Explikations- und Interpretationskompetenz zugebilligt werden muß, ohne die sie nicht akzeptiert würden[26]. Als ein Beispiel hierfür sei auf die durch die Bundeshaushaltsordnung gesetzte finale Rechtskategorie der 'Wirtschaftlichkeit' verwiesen, die von den Rechnungshöfen zeit- wie situationsadäquat für die Verwaltung operationalisiert werden muß, ohne daß die Frage geklärt wäre, ob die Staatsadministration dieses Kriterium überhaupt erfüllen kann[27].

Autonomie bedeutet also institutioneller Vertrauensvorschuß und kann als mögliche Kodifizierung dessen aufgefaßt werden, was Luhmann "riskante Vorleistung" nennt. In einer institutionalistischen Wendung dieses Begriffs heißt das, gerade für staatliche und öffentliche regulative Institutionen trifft offenbar zu, daß sie nicht nur legalistisch handeln können, sondern darüber hinaus den ihnen gewährten politischen und moralischen Vertrauensvorschuß für ihre eigenen Aktivitäten wie für die ihnen zugeordneten gesellschaftlichen Teilbereiche legitimieren müssen. Letzteres ist jedoch unbestimmt und bleibt unbestimmbar, wodurch institutionelles Handeln prekär wird, da weitere potentielle Gefährdungsbereiche jenseits der Ebene rechtmäßigen Handelns zu befriedigen sind.

So stellt beispielsweise der Bundesrechnungshof auf der jährlichen Pressekonferenz zu seinen Bemerkungen zur Haushalts- und Wirtschaftsführung regelmäßig Verfehlungen der Exekutive gegen die Gebote von Ordnungsmäßigkeit, Sparsamkeit und Wirtschaftlichkeit vor, die, von einem ehemaligen Präsidenten der Prüfbehörde als "ungewollte Knüller" apostrophiert, politisch und finanziell durch ihre Marginalität bestechen. Allerdings sind diese Fälle bestens dafür geeignet, die Bestandsnotwendigkeit dieses Finanzkontrollorgans zu rechtfertigen, ohne die Staatsbürokratie und damit das politische System in seinen Grundstrukturen in Frage zu stellen bzw. stellen zu müssen. Skandale mit einer handfesten politischen Brisanz sind u. E. von den Finanzkontrolleuren bislang noch nicht in die Medienöffentlichkeit lanciert worden[28].

Ähnliches gilt für den schon fast wieder in Vergessenheit geratenen Zusammenbruch der Neuen Heimat, wobei die eher unbedeutenden Bereicherungsversuche einiger Ge-

26 Vgl. hierzu u.a. Otto 1990
27 Vgl. hierzu u.a. Jeep 1989
28 Zur Frage der systemimmanenten Bereinigung politischer Skandale unter Beteiligung des Rechnungshofs vgl. Gilles 1989 sowie Diederich u.a. 1990

werkschaftsfunktionäre symptomatische Bedeutung für das Ganze erhielten, obwohl der eigentliche systemerschütternde Skandal in dem Versagen der internen wie externen, halb-öffentlichen, öffentlichen wie staatlichen Kontrollorgane zu verorten ist. Dennoch war die Reaktion der Öffentlichkeit nicht weiter verwunderlich angesichts der donnernden Moralität der Gewerkschaften, mit der diese die Daseinsberechtigung ihrer Unternehmen über Jahrzehnte begleitet hatten. Hier wie auch in der immer noch nicht ganz beigelegten coop-Affäre erweist sich wieder einmal mehr die Aktualität des 'Potthoffschen Bonmot': "Nach dem Testat kam die Pleite", die vornehmlich auf die öffentlich vereidigten Wirtschaftprüfer - aber nicht nur auf diese - gemünzt war bzw. zu münzen wäre.

Wie bereits ausgeführt wird der Regulierungsbereich wie die -struktur intermediärer Institutionen zwar von den Grenzen der politischen wie ökonomischen Verfaßheit der Gesellschaft bzw. der gesellschaftlichen Sektoren bestimmt. Aber ein nicht unbeträchtlicher Anteil ihrer Funktionen und Wirkungsmechanismen läßt sich hieraus allein nicht ableiten, sondern ergibt sich in weitaus größerem Maße aus der eigendynamischen Konsistenz ihrer spezifischen Organisationsform, ihrer ein- und ausgeübten Verfahren und ihrer Personalstruktur. D.h. wiederum, daß die rechtliche, organisatorisch-apparative, personelle und funktionale Kontinuität derartiger Institutionen zu einer zentralen empirisch-analytischen wie zeitgeschichtlichen Forschungskategorie wird. Wie anders könnte man zum Beispiel das Phänomen erklären, daß die im wesentlichen in der Weimarer Republik geprägte Öffentliche Finanzkontrolle sowohl während der NS-Herrschaft wie während der Vor- und Frühgeschichte der Bundesrepublik ihre institutionelle Grundstruktur beibehalten konnte. Diese materielle Beharrungskraft und institutionelle Eigendynamik können eben nicht bzw. nur bedingt aus der konstitutionellen Verfaßtheit der Finanzgewalten oder der geldpolitischen Institutionen abgeleitet werden, die keineswegs eine in allen Teilen kodifizierte systematische Ordnung darstellen, sondern einer sozialwissenschaftlichen Erklärung bedürfen, die die Soziogenese derartiger Institutionen als eine zentrale Forschungsfrage ernst nimmt.

Dies gilt um so mehr, als beispielsweise die Finanzpolitik in den modernen demokratisch verfaßten Wirtschafts- und Dienstleistungsgesellschaften - wie Fritz Karl Mann richtig bemerkt - durch eine Vervielfältigung fiskalischer Gewalten gekennzeichnet ist, die in keinem zwingenden hierarchischen Verhältnis zueinander stehen. Diese Pluralisierung ist nicht nur im politischen System im engeren Sinne durch die - im Falle der Bundesrepublik - finanzhoheitliche Stufung Bund-Land-Kommune bedingt, sondern auch durch die Einschaltung weiterer intermediärer Institutionen, die entweder Interessen sozialer Gruppierungen bzw. gesellschaftlicher Teilbereiche vertreten oder aber öffentliche, ihnen vom Staat delegierte Aufgaben wahrnehmen. Diese zweite Gruppe, die wesentlich heterogener ist als die erstgenannte, bezeichnet Mann - im Unterschied zu dem hier vorgestellten Konzept, das auch regulative autonome Staats-Institutionen mit einbezieht - als "intermediäre Finanzgewalten" oder als "Hilfsfisci". Die Finanzpolitik realisiert sich also in diesem institutionellen Gestrüpp, wobei "rationale fiskalische Entscheidungen ... durch diese institutionellen Entwicklungen ... beeinträchtigt werden" können[29].

---

29 Mann 1969, S. 44, 45. Er verdeutlicht dies am Beispiel der USA, wenn fiskalische Maßnahmen der Bundesregierung zur Wirtschaftsförderung oder Stabilitätspolitik durch gleichzeitige

Daß dies nicht nur für den Bereich der Finanzpolitik, sondern auch für andere Gesellschaftssektoren zutrifft, dürfte nach den obigen Ausführungen und nach der allgemeinen Lebenserfahrung einleuchtend sein. So kommt z.B. Rittershausen für die Geldpolitik zu einem ähnlichen Ergebnis wie Mann für die Finanzpolitik, wenn er die Vorstellung einer monophon-hierarchischen institutionellen Verfaßtheit kritisiert: "Es ist vielmehr eine Vielzahl von souveränen und halbsouveränen Trägern vorhanden, die 'polyphon', wie in einem dirigentenlosen Konzert gewissermaßen zu einem Spiel zusammenwirken, das wir 'Wirtschaftspolitik' nennen. Auch die Ministerien, deren Anliegen es sein sollte, die große Linie einer solchen Wirtschaftspolitik zu koordinieren und durchzusetzen, erweisen sich in der Praxis als mit zu großen Verzögerungen arbeitend, als ungenau orientiert, mit einem ungenügenden Instrumentarium bewaffnet und zu gegenseitiger Uneinigkeit geneigt, also den Pluralismus verstärkend."[30]

Aufgrund der vielfältigen, keineswegs offen zutage liegenden Verflechtungen verwundert es nicht, daß sich die intermediären regulativen Institutionen primär an dem institutionell Machbaren orientieren und weniger an dem sachlich wie politisch Möglichen bzw. Notwendigen. Durch diese Handlungsorientierung müssen solche Institutionen - unabhängig davon, welche sozialen Werte sie wie auch immer hüten - konservativ werden, sind sie als Stabilitätsgaranten der tradierten politischen und ökonomischen Verfaßtheit der Gesellschaft zu betrachten, womit wir wieder auf die zentrale Kategorie der institutionellen wie gesellschaftlichen Kontinuität zurückgekommen sind.

Leider haben weder die vorgenannten noch andere Autoren aus dem von ihnen richtig konstatierten Tatbestand der Faktizität des institutionellen Pluralismus die forschungsstrategisch einzig logische Konsequenz gezogen, nämlich die intermediären regulativen Institutionen selbst in den Mittelpunkt ihrer Untersuchungen zu stellen. Denn nur wenn deren instrumentelle wie expressiv-symbolische Funktions- und Wirkungsstrukturen, ihre aus- und eingeübten Verfahren, ihre Organisations- und Personalprinzipien, ihre Handlungs- und Informationsstrategien, ihre institutionelle Verflochtenheit und ihre Entstehungs- und Entwicklungsgeschichte - um nur einige wichtige Parameter zu nennen - bekannt sind, kann beispielsweise eine rationale, weil realitätsgerechte Politik auch umgesetzt werden, wie dies Mann aus finanzwissenschaftlicher Perspektive heraus programmatisch fordert. Eine Forderung allerdings, die ohne eine sozialgeschichtliche und empirisch-analytische Untermauerung Programm bleiben muß oder, um es mit den Worten Horst Claus Recktenwalds, der beinahe als ein Vorläufer und Begründer unseres Forschungskonzeptes gelten kann, zu sagen: die auf eine "Lücke" hinweist, "die zwar bequem festzustellen, aber außerordentlich schwer zu schließen ist"[31].

---

fiskalische Aktionen seitens der Bundestaaten oder der Kommunen oder anderer intermediärer Gewalten konterkariert werden.

30 Rittershausen 1962, S. 55

31 Recktenwald 1977, S. 730

IV. Intermediäre Institutionen und gesellschaftliche Stabilität

Die Schließung dieser Lücke ist jedoch angesichts der Entwicklungen im ehemaligen Ostblock mehr als dringlich geworden, mußten doch - so unsere Generalhypothese - die kommunistischen Herrschaftssysteme zwangsläufig in die Krise kommen, eben weil sie über kein oder aber nur über ein inadäquates Subsystem autonomer intermediärer Institutionen verfügten, das kooperativ oder konfliktuell zwischen den Ordnungsvorstellungen der herrschenden (Partei-)Elite, den bürokratischen Zentralgewalten, den sozialen Gruppierungen und den Alltagserfahrungen der einzelnen (Zwangs-) Mitglieder vermitteln konnte[32]. In dieser Einschätzung wissen wir uns wiederum mit Lepsius einig, der ebenfalls nicht im Klassenkampf, sondern im Institutionenkampf das Agens der gesellschaftlichen Entwicklung sieht: "Die gegenwärtige Auflösung der politischen, wirtschaftlichen und sozialen Ordnung des Ostblocks zeigt die Mängel von Ordnungsvorstellungen, die, von der Klassenanalyse ausgehend, keine differenzierte Institutionenanalyse zu entwickeln vermochten. Durch die Auflösung, Homogenisierung und politische Fusion von Institutionen wurden die Gesellschaften des Ostblocks zunehmend ökonomisch entwicklungsgehemmt, kulturell ritualistisch und in der Lebensführung auf bloße Fügsamkeit diszipliniert. Das bestehende Institutionengefüge des Westens ist seinerseits nicht ohne Mängel. Doch im Vergleich mit dem Ostblock zeigt es, daß die Ausdifferenzierung, Heterogenität und konfliktorische Koordination von Institutionen größere Freiheit in der Lebensführung, raschere Anpassungselastizität in der Problemverarbeitung und höhere Differenzierung von Wertbeziehungen ermöglichen. Das war auch Webers Meinung und Hoffnung bei aller Beschwörung der Dunkelheit einer bürokratischen Nacht"[33]. Bleibt anzumerken, daß eben diese 'bürokratische Nacht' das zentrale innovationslähmende Strukturmerkmal des real existierenden Sozialismus ist bzw. war.

Die institutionelle Sklerose der kommunistischen Herrschaftssysteme bzw. die Unfähigkeit oder Unwilligkeit, autonome intermediäre Institutionen auszudifferenzieren bzw. ausdifferenzieren zu lassen, ist auch darauf zurückzuführen, daß die Kommunisten - aber nicht nur sie - die programmatische Proklamation einer totalen Herrschaft und als Replik aus dem Westen die Kritiken an totalitärer Herrschaft für die politische und gesellschaftliche Wirklichkeit genommen haben. Der fundamentale Irrtum aller "Totalitaristen" besteht schlichtweg darin, daß sie der Ansicht sind, differenzierte (Industrie-)Gesellschaften könnten total beherrscht, könnten sozusagen zwangshomogenisiert werden. Gesellschaften sind aber immer differenzierter, widersprüchlicher und renitenter, als die politische Führungselite und die bürokratischen Zentralgewalten das anzunehmen gewillt sind. Dieser Irrglaube beruht letztendlich auf einer Art 'Megalomania grandiosa' - ein Bewußtsein, das sich weder von den politischen Lehren des Christentums, gleichgültig welcher Provenienz, und schon gar nicht von denen des Islams begründen läßt, jedoch in der Geschichte der verschiedenen religiösen Richtungen sich zu begründen versucht und teilweise auch exekutiert worden ist, und dies im doppeldeutigen Sinne des Wortes.

---

32 Zu dieser Problematik vgl. Pirker 1990, auf den sich die folgenden Ausführungen im wesentlichen stützen.
33 Lepsius 1990, S. 7

Ein weiterer Grund für den Zusammenbruch der kommunistischen Herrschaftssysteme liegt in der Aushöhlung ihrer ideologischen Legitimationsbasis, beruhte diese doch neben dem (eschatologischen) Versprechen auf eine humane und herrschaftsfreie Zukunft, eine Transsubstantiation des Reichs der Notwendigkeit in das Reich der Freiheit (Friedrich Engels), vor allem auf dem inzwischen überlebten Anspruch, in der Vergangenheit die einzige weltpolitische und militärische Kraft gegen den imperialistischen Faschismus gewesen zu sein, die sich auch nach dessen Niederwerfung weiterhin als das Bollwerk gegen die stets drohenden Gefahren einer Restauration faschistischer Ordnungsmuster verstanden hat. Beide Legitimitätsansprüche waren angesichts der sozialen, politischen und ökonomischen Stabilität der kapitalistisch verfaßten westlichen Industriestaaten und der u. a. durch die modernen Massenmedien akzellerierenden internationalen Diffusion des kulturell-zivilisatorischen Anspruchsniveaus auch und gerade in sozialistischen Mangelgesellschaften obsolet geworden, hingegen wurden grundlegend neue legitimatorische Strategien u. E. nicht entwickelt und konnten auch nicht entwickelt werden, eben aufgrund der defizitären institutionellen Struktur dieser politischen Systeme.

Bei der Reorganisation der kommunistischen Herrschaftssysteme bzw. ihrer Transformierung in pluralistisch-marktwirtschaftlich verfaßte Demokratien wird deshalb - so unsere operativ-allgemeine Forschungshypothese - allein schon aus der geographischen, politischen und geistesgeschichtlichen Nachbarschaft der 'alten' Bundesrepublik Deutschland zur ehemaligen Deutschen Demokratischen Republik und zu den anderen Gesellschaften des ehemaligen Ostblocks der komplexen Vielfalt der bundesrepublikanischen intermediären Institutionen eine Vorbildfunktion zukommen. Dies gilt für die Errichtung von autonomen Institutionen, die sich schwerpunktmäßig auf die Steuerung und/oder Kontrolle anderer politischer und wirtschaftlicher Großorganisationen konzentrieren (Zentralbanken, Rechnungshöfe, Wirtschaftsprüfungsorgane usw.) ebenso, wie für solche, die durch Bündelung und Vermittlung von Gruppeninteressen gesellschaftliche Segmente regulieren (Gewerkschaften, Unternehmerverbände, Selbstverwaltungsorgane wie die Industrie- und Handelskammern, Handwerkskammern, Berufsgenossenschaften, Berufsverbände etc.) oder für solche, die sich zur Überwachung und Verbesserung (sicherheits-)technischer und produktionsorganisatorischer Standards sowie zur Erhöhung der Qualität von Verbrauchsgütern ausdifferenziert haben (Technische Überwachungsvereine, Normierungs- und Rationalisierungsinstitutionen, Verbraucherverbände usf.). Dies gilt aber auch für sogenannte Gegen-Institutionen, die sich durch die Formulierung und Organisierung bislang unbefriedigter sozialer Bedürfnisse entsprechende Regulierungs- und Kanalisierungsfunktionen (vorübergehend) zu eigen gemacht haben bzw. zu eigen zu machen versuchen und damit einerseits die gesamtgesellschaftliche Konfliktwahrnehmungs- und Problemverarbeitungskapazität erhöhen und andererseits als Agens der institutionellen Entwicklung dienen (soziale, ökologische Bewegungen, Menschenrechtsorganisationen usw.)[34].

Die Richtigkeit unserer Hypothesen unterstellt, ist es eines der derzeit wichtigsten forschungspolitischen Gebote, die nicht nur sozialwissenschaftlichen Defizite im Bereich der intermediären Institutionen unserer Gesellschaft aufzuarbeiten, über deren kon-

---

34 Dieser erste flüchtige Entwurf einer Typologie der intermediären institutionellen Struktur der Bundesrepublik Deutschland erhebt keinen Anspruch auf Vollständigkeit, zumal die Grenzen zwischen den einzelnen Typen fließend sind.

krete Entwicklungsgeschichte, aktuelle Funktionsstrukturen und Wirkungsmechanismen - wie schon eingangs betont - erstaunlich wenig bekannt ist. Hinzu kommt noch ein anderer Grund: die institutionelle Ausgestaltung der westeuropäischen Union. Die politische Integration der europäischen Nationalstaaten, die sich wieder einmal zwischen den anscheinend oder auch nur scheinbar unversöhnlichen Polen Unitarismus und Föderalismus, bürokratischer Zentralismus und regionalem Partikularismus, bewegt, und die zukünftige politische Kultur werden - wie schon die kontroverse Debatte um das supranationale Zentralbankwesen zeigt - entscheidend von der Grundstruktur und -verfassung der europaweit agierenden intermediären Institutionen und deren Verhältnis zu den nationalen Pendants geprägt sein, eine Problemstellung, auf die an dieser Stelle nur hingewiesen werden kann[35].

35 Vgl. hierzu u.a. den interessanten Beitrag von Lepsius "Der europäische Nationalstaat: Erbe und Zukunft" in: ders. 1990

Abkürzungen

AG	Arbeitsgemeinschaft der obersten Prüfungsbehörden der britischen und der amerikanischen Besatzungszone
AGORP	Arbeitsgemeinschaft der obersten Rechnungsprüfungsbehörden des Bundesgebietes
AO	Anordnung
ARI/FK	Archiv Regulative Institutionen am Zentralinstitut für sozialwissenschaftliche Forschung der Freien Universität Berlin, Bereich Finanzkontrolle
Art.	Artikel
AVBRD	Akten zur Vorgeschichte der Bundesrepublik Deutschland
BA	Bundesarchiv
BAOR	British Army of the Rhine
BayHStA	Bayerisches Hauptstaatsarchiv
BFA	Beratender Finanzausschuß
BICO	Bipartite Control Office
BIPFIN	Bipartite Control Office Finance Group
BKA	Bundeskanzleramt/Bundeskanzlei
BMA	Bundesministerium für Arbeit
BMELF	Bundesministerium für Ernährung, Landwirtschaft und Forsten
BMF	Bundesministerium der Finanzen
BMI	Bundesministerium des Innern
BMJ	Bundesministerium der Justiz
BMP	Bundesministerium für das Post- und Fernmeldewesen
BMV	Bundesministerium für Verkehr
BMVP	Bundesministerium für Verkehr und Post
BMWi	Bundesministerium für Wirtschaft
BOB	Bundesoberbehörden
BR	Bundesrat
BRH	Bundesrechnungshof
BT	Bundestag
BT-Prot	Stenographische Berichte / Protokolle des Deutschen Bundestages
BWV	Bundesbeauftragter für Wirtschaftlichkeit in der Verwaltung
CCG (BE)	Control Commission for Germany/British Element
DRP	Deutsche Reichspost
DS	Drucksache
ER	Exekutivrat des Vereinigten Wirtschaftsgebietes
ERP	European Recovery Program
FA	Finanzausschuß der Ministerpräsidentenkonferenz
FDTI	Finance Division Technical Instruction
FK	Finanzkontrolle

FKB	Finanzkontrollbehörden
GDF	Gemeinsamer Deutscher Finanzrat
GEAB	German Economic Advisory Board
GG	Grundgesetz
GGO	Gemeinsame Geschäftsordnung
GO	Geschäftsordnung
GStH	Gesetz über die Staatshaushaltsführung
GVBl.	Gesetz- und Verordnungsblatt
HA	Hauptausschuß
HdbPIO	Handbuch politische Institutionen und Organisationen 1945 - 1949
HH	Haushalt
HN	ZRH-Hausnachrichten
HStA	Hauptstaatsarchiv
IfZ	Institut für Zeitgeschichte
JA	Juristischer Ausschuß der Ministerpräsidentenkonferenz
JEIA	Joint Export - Import Agency
Kl.Erw./k.E.	Kleine Erwerbungen
KORP	Konferenz der Präsidenten der obersten Rechnungsprüfungsbehörden des Bundes und der Länder
LA	Landesarchiv
LR	Länderrat des Vereinigten Wirtschaftsgebietes
LReg	Landesregierung
LRH	Landesrechnungshof
LRHSH/LRKSH	Landesrechnungshof Schleswig-Holstein / Landesrechnungskammer Schleswig-Holstein
LRK	Landesrechnungskammer
LV	Landesverwaltung
MFI	Ministerium für Finanzen
MilReg.	Militärregierung
MinDir.	Ministerialdirigent bzw. Ministerialdirektor
MinPräs.	Ministerpräsident
MinRat	Ministerialrat
MPK	Ministerpräsidentenkonferenz
MR	Militärregierung
Ns.	Niederschrift
OA	Organisationsausschuß der Ministerpräsidentenkonferenz
OBB	Oberste Bundesbehörde(n)
OMGUS	Office of Military Government for Germany (US)
ORB	Oberste Rechnungsprüfungsbehörden
ORH	Bayerischer Oberster Rechnungshof
ORL	Oberste Rechnungsprüfungsbehörden der Länder
ORR	Oberregierungsrat
PA	Parlamentsarchiv
PR	Parlamentarischer Rat
PRH	Provinzialrechnungshof

PRO FO/WO/T	Public Record Office - Foreign Office / War Office / Treasury
PrORK	Preußische Oberrechnungskammer
RA	Rechtsausschuß
RFM	Reichsfinanzministerium
RGBl	Reichsgesetzblatt
RH	Rechnungshof
RHfS	Rechnungshof für Sonderaufgaben
RHiVW	Rechnungshof im Vereinigten Wirtschaftsgebiet
RHO	Reichshaushaltsordnung
RHRhPf	Rechnungshof Rheinland-Pfalz
Rj/Rjj	Rechnungsjahr/e
RK	Rechnungskammer
RKO	Reichskassenordnung
RM	Reichsministerium
RMF	Reichsministerium der Finanzen
RMI	Reichsministerium des Innern
RPA	Rechnungsprüfungsamt
RPO	Rechnungsprüfungsordnung
RRH	Reichsrechnungshof / Rechnungshof des Deutschen Reichs
RSK	Reichssparkommissar
RWB	Wirtschaftsbestimmungen für die Reichsbehörden
SCAEF	Supreme Commander, Allied Expeditionary Force
Schw. Hall	Schwäbisch Hall
SeBi	Senatsbibliothek
SHAEF	Supreme Headquarters, Allied Expeditionary Force
StA	Staatsarchiv
StaBi	Staatsbibliothek Berlin
STBKAH	Stiftung Bundeskanzler Adenauer Haus
TA	Technischer Ausschuß der Ministerpräsidentenkonferenz
TOP	Tagesordnungspunkt/e
VAW/VFW	Verwaltungsamt für Wirtschaft / Verwaltung für Wirtschaft des Vereinigten Wirtschaftsgebietes
VfA	Verwaltung für Arbeit
VfELF	Verwaltung für Ernährung, Landwirtschaft und Forsten
VfF	Verwaltung für Finanzen
VfP	Verwaltung für Post- und Fernmeldewesen
VfV	Verwaltung für Verkehr
VfW	Verwaltung für Wirtschaft des Vereinigten Wirtschaftsgebietes
VO	Verordnung
VR	Verwaltungsrat
VRW	Verwaltungsrat für Wirtschaft
VWG	Vereinigtes Wirtschaftsgebiet
WB	Wörtlicher Bericht des Wirtschaftsrates des Vereinigten Wirtschaftsgebietes
WR	Wirtschaftsrat des Vereinigten Wirtschaftsgebietes
ZAW	Zentralamt für Wirtschaft

ZFV	Zonenfinanzverwaltung
ZHA	Zonen-Haushalts-Amt bzw. Zentral-Haushalts-Amt
ZRH	Zonenrechnungshof / Rechnungshof des Deutschen Reichs (Britische Zone)

Archive und Quellen

Archiv Regulative Institutionen des Zentralinstituts für sozialwissenschaftliche Forschung der Freien Universität Berlin (ARI):

Bestand: Finanzkontrolle (FK)

Bayerisches Hauptstaatsarchiv München (BayHStA):

Bestand: Finanzministerium (MF)

Bundesarchiv Koblenz (BA):

Bestand:	Reichsfinanzministerium (R2)
Bestand:	Länderrat des amerikanischen Besatzungsgebietes (Z1)
Bestand:	Länderrat des Vereinigten Wirtschaftsgebietes (Z4)
Bestand:	Parlamentarischer Rat (Z5)
Bestand:	Verwaltung für Wirtschaft des VWG (Z8)
Bestand:	Zentral-Haushalts-Amt (Z10)
Bestand:	Büro der Ministerpräsidenten des amerikanischen, britischen und französischen Besatzungsgebietes (Z12)
Bestand:	Direktorialkanzlei der Verwaltungsrates des Vereinigten Wirtschaftsgebietes (Z13)
Bestand:	Gemeinsamer Deutscher Finanzrat / Verwaltung für Finanzen des Vereinigten Wirtschaftsgebietes (Z28)
Bestand:	Bundesrechnungshof (mit Vorgängerbehörden) (B112)
Bestand:	Kleine Erwerbungen
Bestand:	Nachlaß Pünder
Bestand:	Nachlaß Rossmann

Institut für Zeitgeschichte München (IfZ):

Bestand: SHAEF Finance Division (Fin)

Landesarchiv Schleswig (LA Schleswig):

Bestand: Landesregierung (605 und 611)

Parlamentsarchiv Bonn:

Bestand: Organisations- und Finanzausschuß des Parlamentarischen Rats

Public Record Office London (PRO):

Bestand: Foreign Office (FO) 371, 942
Bestand: War Office (WO) 220
Bestand: Treasury (T) 160

Staatsarchiv Bremen (StA Bremen):

Bestand: Finanzverwaltung

Staatsarchiv Hamburg (StA Hamburg):

Bestand: Finanzbehörde

Stiftung Bundeskanzler Adenauer Haus Rhöndorf:

Bestand: 09.20

Quelleneditionen:

Akten zur Vorgeschichte der Bundesrepublik Deutschland 1945 - 1949, hrsg. vom Bundesarchiv und Institut für Zeitgeschichte

Der Parlamentarische Rat 1948-1949. Akten und Protokolle, hrsg. vom Deutschen Bundestag und vom Bundesarchiv

Wörtliche Berichte und Drucksachen des Wirtschaftsrates des Vereinigten Wirtschaftsgebietes 1947 - 1949, hrsg. vom Institut für Zeitgeschichte und dem Deutschen Bundestag, Wissenschaftliche Dienste

Literatur

Abelshauser, W., *Wirtschaft in Westdeutschland. Rekonstruktion und Wachstumsbedingungen in der amerikanischen und britischen Zone,* Stuttgart 1975

Akten zur Vorgeschichte der Bundesrepublik Deutschland 1945 - 1949, Band 3: *Juni - Dezember 1947,* bearbeitet von Günter Plum, München 1982

Akten zur Vorgeschichte der Bundesrepublik Deutschland 1945 - 1949, Band 4: *Januar - Dezember 1948,* bearbeitet von Christoph Weisz, Hans-Dieter Kreikamp und Bernd Steger, München 1983

Akten zur Vorgeschichte der Bundesrepublik Deutschland 1945 - 1949, Band 5: *Januar - September 1949,* bearbeitet von Hans-Dieter Kreikamp, München 1981

Ambrosius, G., *Die Durchsetzung der Sozialen Marktwirtschaft in Westdeutschland 1945 - 1949,* Stuttgart 1977

Bayerische Landeszentrale für politische Bildungsarbeit (Hg.), *Dem Staat in die Kasse geschaut. 1812 - 1987: 175 Jahre Bayerischer Oberster Rechnungshof,* München 1987

Becker, B., Zentrale nichtministerielle Organisationseinheiten der unmittelbaren Bundesverwaltung. In: *Verwaltungsarchiv* 1978, S. 149 ff.

Beckerath, E. von, Die neuere Geschichte der deutschen Finanzwissenschaft (seit 1800). In: *Handbuch der Finanzwissenschaft,* Band 1, Tübingen 1952, S. 417 ff.

Behrendt, G., *Das Bundeskanzleramt,* Frankfurt a.M. 1967

Benz, W., *Von der Besatzungsherrschaft zur Bundesrepublik,* Frankfurt a.M. 1984

Bericht der von der Verwaltung für Finanzen bestimmten Kommission über die *Prüfung der Verwaltung für Wirtschaft des Vereinigten Wirtschaftsgebiets,* Frankfurt a. M. 1948

Biederbick, K.-H./Recktenwald, W., *Das Bundesministerium der Justiz,* Frankfurt a.M. 1967

Böckenförde, E.-W., *Die Organisationsgewalt im Bereich der Regierung,* Berlin 1964

Böning, W., Der Landesrechnungshof Schleswig-Holstein. In: *30 Jahre Landessatzung 1949 - 1979. Festschrift zum 30. Jahrestag der Verabschiedung der Landessatzung für Schleswig-Holstein,* hrsg. von U. Barschel, Neumünster 1979, S. 209 ff.

Bohnsack, H.-J., *Finanzen und Finanzkontrollwesen in der Hansestadt Hamburg in der ersten Nachkriegszeit 1945/46 unter besonderer Berücksichtigung des Besatzungskostenhaushalts. Eindrücke eines damaligen Angehörigen der Kämmerei,* Ms. Hamburg 1986.

Bracher, K.-D., *Die Auflösung der Weimarer Republik. Eine Studie zum Problem des Machtverfalls in der Demokratie,* Villingen 1971 (5. Aufl.)

Bracher, K.-D., Stufen der Machtergreifung. In: Bracher/Schulz/Sauer, *Die nationalsozialistische Machtergreifung*, 3 Bände, Berlin 1974

Bundesrechnungshof, *Bemerkungen des Bundesrechnungshofs zu den Haushaltsrechnungen des Vereinigten Wirtschaftsgebietes für die Rechnungsjahre 1947, 1948 und das Rumpfrechnungsjahr 1949*, Frankfurt a.M. 1952

Bundesrechnungshof, *BWV-Gutachten über die Verlagerung von Aufgaben aus den Bundesministerien*, Frankfurt a.M. 1971

Bundesrechnungshof(es), Präsident des, *Gutachten über die Organisation der Landesregierung und Landesverwaltung Schleswig-Holsteins*, Kiel 1950

Bundesrechnungshof (Hg.), *250 Jahre Rechnungsprüfung. Zur zweihundertfünfzigjährigen Wiederkehr der Errichtung der Preußischen Generalrechenkammer*, Frankfurt a.M. 1964

Cadel, G., Gemeinwohl oder Gewinn? Die Finanzkontrolle öffentlicher Unternehmen durch Rechnungshöfe und Wirtschaftsprüfer. In: Pirker (Hg.) 1989, a.a.O., S. 91 ff.

Colm, G., Probleme der Finanzsoziologie. In: *Reine und angewandte Soziologie. Eine Festgabe für Ferdinand Tönnies zu seinem achtzigsten Geburtstage am 26. Juli 1935*, Leipzig 1936, S. 106 ff.

Dahrendorf, R., Einführung in die Soziologie. In: *Soziale Welt*, Heft 1- 2/1989, S. 2 ff.

Der Parlamentarische Rat 1948 - 1949. Akten und Protokolle, Band 3: *Ausschuß für Zuständigkeitsabgrenzung*, bearbeitet von Wolfram Werner, Boppard am Rhein 1986

Diederich, N./Cadel, G./Dettmar, H./Haag, J., *Die diskreten Kontrolleure. Eine Wirkungsanalyse des Bundesrechnungshofes*, Opladen 1990

Diederich, N./Gilles, F.-O./Otto, Ge./Otto, Gu./Weinert, R., *Der Bundesrechnungshof - Institutionelle, funktionelle und organisatorische Probleme der Kontrolle. Eine Wirkungsanalyse der BRH-Tätigkeit im legislativen und exekutiven Bereich*, Ms. Berlin 1983

Diederich, N./Gilles, F.-O./Otto, Ge./Otto, Gu./Weinert, R., Die Institution Rechnungshof. Stiefkind der Sozialwissenschaften. In: *Zeitschrift für Parlamentsfragen*, Heft 4/1984, S. 479 ff.

Diederich, N./Gilles, F.-O./Otto, Ge./Otto, Gu./Weinert, R., *Der Bundesrechnungshof - Institutionelle, funktionelle und organisatorische Probleme der Kontrolle. Eine Wirkungsanalyse der BRH-Tätigkeit im legislativen und exekutiven Bereich - Pilotstudie über Theorieansätze und Feldzugang*, Ms. Berlin 1985

Dittmann, A., *Die Bundesverwaltung*, Tübingen 1983

Dommach, H.A., Der Funktionsverlust des Reichsrechnungshofs in den Vorkriegsjahren. In: Pirker (Hg.) 1987, a.a.O., S. 35 ff.

Dommach, H.A., Zur Gründungsgeschichte des Bundesrechnungshofs. In: Pirker (Hg.) 1987, a.a.O., S. 77 f.

Dommach, H.A., *Von Potsdam nach Frankfurt. Der Reichsrechnungshof im NS-Staat und die Neuordnung der Finanzkontrolle im demokratischen Nachkriegsdeutschland,* Berlin 1988

Donnison, F.S.V., *Civil Affairs and Military Government North-West Europe 1944 - 1946,* London 1961

Empfehlungen des Organisationsausschusses der Ministerpräsidenten-Konferenz über den Aufbau der Bundesorgane, Wiesbaden 1949

Eschenburg, Th., *Staat und Gesellschaft in Deutschland,* Stuttgart 1956

Faude, A./Fritz, K., *Das Bundesministerium des Innern,* Frankfurt a.M. 1966

Fietzek, R./Mehl, St., *Archiv Regulative Institutionen - Bereich Finanzkontrolle. Beschreibung und Bestandsübersicht (Berliner Arbeitshefte und Berichte zur sozialwissenschaftlichen Forschung,* Nr. 24), Berlin 1990

Foelz-Schroeter, M.E., *Föderalistische Politik und nationale Repräsentation 1945-1947,* Stuttgart 1974

Forsthoff, E., *Lehrbuch des Verwaltungsrechts,* Band 1: *Allgemeiner Teil*, München 1950

Gilles, F.-O, *Die verkannte Macht. Determinanten der Nachkriegsgeschichte der Institution Rechnungshof,* Berlin 1986

Gilles, F.-O., Der Reichsrechnungshof zwischen obrigkeitsstaatlicher Tradition und geforderter Demokratisierung. In: Pirker (Hg.) 1987, a.a.O., S. 19 ff.

Gilles, F.-O., Mit der Ministerialbürokratie solidarisch. Anmerkungen zur politischen Gestaltungsfunktion der Finanzkontrolle in der Weimarer Republik. In: Pirker (Hg.) 1989, a.a.O., S. 24 ff.

Gilles, F.-O., *Krähwinklige Krämerseelen versus imperiale Reichssymbole. Anmerkungen und Dokumente zur Diskussion um die Themen Hauptstadt und Föderalismus (Berliner Arbeitshefte und Berichte zur sozialwissenschaftlichen Forschung,* Nr. 36), Berlin 1990

Gilles, F.-O./Otto, Ge., Ordnungsgemäße Beuteverwaltung? Zur Finanz-, Verwaltungs- und Wirtschaftskontrolle in den von Deutschland während des zweiten Weltkrieges besetzten Gebieten. In: Pirker (Hg.) 1989, a.a.O., S. 35 ff.

Gilles, F.-O./Otto, Ge., Die Seriosität des schönen Scheins. Anmerkungen zur Bundesbank als einer intermediären Institution. In: Pirker (Hg.) 1989, a.a.O., S. 155 ff.

Gilles, F.-O./Otto, Ge./Weinert, R., Die Institution Rechnungshof im Lichte der Wissenschaft - Defizite und Perspektiven. In: Pirker (Hg.) 1987, a.a.O., S. 175 ff. (a)

Gilles, F.-O./Otto, Ge./Weinert, R., Öffentliche Finanzkontrolle zwischen Tradition und Innovation. Ein Beitrag zur Entwicklung der Institution Rechnungshof nach 1945. In: *Finanzarchiv* NF, Heft 3/1987 (Band 45), S. 463 ff. (b)

Gilles, F.-O./Otto, Ge./Weinert, R., *Vergangene und aktuelle Probleme der Finanzkontrolle in Deutschland (Berliner Arbeitshefte und Berichte zur sozialwissenschaftlichen Forschung*, Nr. 2), Berlin 1987 (c)

Gilles, F.-O./Otto, Gu./Weinert, R., *Zentralisieren - Entmischen - Entlassen. Die Rationalisierung der Schreibdienste in den öffentlichen Verwaltungen (DGB-Schriftenreihe Automation und Angestellte*, Heft 9), Düsseldorf 1987

Gilles, F.-O./Otto, Gu./Pirker, Th./Weinert, R., *Ungebrochene Tradition nach dem Zusammenbruch. Zur Geschichte der Rechnungshöfe in den westlichen Besatzungszonen nach 1945 (Informationen aus Lehre und Forschung der FU Berlin*, Nr. 9), Berlin 1985

Gilles, F.-O./Haag, I./Otto, Ge./Weinert, R., Deduktionen, Identitäten, Tendenzen, Probleme. In: Pirker (Hg.) 1989, a.a.O., S. 174 ff.

Girndt, I.E., *Zentralismus in der britischen Zone. Entwicklungen und Bestrebungen beim Wiederaufbau der staatlichen Verwaltungsorganisation auf der Ebene oberhalb der Länder 1945 - 1948,* Bonn 1970

Golay, J.F., *The Founding of the Federal Republic of Germany,* Chicago 1958

Goldscheid, R., Staatssozialismus oder Staatskapitalismus. Ein finanzsoziologischer Beitrag zur Lösung des Staatsschuldenproblems (Wien 1917). In: Hickel (Hg.) 1976, a.a.O., S. 40 ff.

Goldscheid, R., Staat, öffentlicher Haushalt und Gesellschaft. Wesen und Aufgabe der Finanzwissenschaft vom Standpunkte der Soziologie (Tübingen 1926). In: Hickel (Hg.) 1976, a.a.O., S. 253 ff.

Haag, I., Funktionswandel und Wirkungsstruktur der öffentlichen Finanzkontrolle. Ergebnisse einer empirischen Untersuchung des Bundesrechnungshofes. In: Pirker (Hg.) 1989, a.a.O., S. 76 ff.

Handbuch politische Institutionen und Organisationen 1945 - 1949, bearbeitet von Heinrich Potthoff in Zusammenarbeit mit Rüdiger Wenzel, Düsseldorf 1983

Hansmeyer, K.-H./Mackscheidt, K., Finanzpsychologie. In: *Handbuch der Finanzwissenschaft*, Band 1, Tübingen 1973, S. 553 ff.

Heinig, K., *Das Budget*, 3 Bände, Tübingen 1949, 1951

Hickel, R. (Hg.), *Die Finanzkrise des Steuerstaats. Beiträge zur politischen Ökonomie der Staatsfinanzen*, Frankfurt a.M. 1976

Horstmann, Th., *Alliierte Bankenpolitik nach dem Zweiten Weltkrieg in Westdeutschland. Entflechtung und Rekonzentration der deutschen Großbanken 1945 - 1956*, Bochum 1986

Horstmann, Th., Kontinuität und Wandel im deutschen Notenbanksystem. Die Bank deutscher Länder als Ergebnis alliierter Besatzungspolitik nach dem Zweiten Weltkrieg. In: Pirker (Hg.) 1989, a.a.O., S. 135 ff.

Institut für Besatzungsfragen, *Einwirkungen der Besatzungsmächte auf die westdeutsche Wirtschaft*, Tübingen 1949

Jecht, H., *Wesen und Formen der Finanzwirtschaft. Umrisse einer Finanzwirtschaftslehre und Finanzsoziologie*, Jena 1928

Jeep, H., Szientifische Norm oder politische Legitimation? Das Problem der Wirtschaftlichkeit in der Staatsadministration aus wirtschaftswissenschaftlicher Sicht. In: Pirker (Hg.) 1989, a.a.O., S. 106 ff.

Jeep, H./Riese, H., *Wirtschaftlichkeit in der Staatsadministration: Szientifische Norm oder politische Legitimation? (Berliner Arbeitshefte und Berichte zur sozialwissenschaftlichen Forschung*, Nr. 6), Berlin 1989

Jürgensen, K., *Die Gründung des Landes Schleswig-Holstein nach dem Zweiten Weltkrieg*, Kiel 1969

Kohl, H., Pluralismuskritik in der Bundesrepublik. Zur Pluralismusdebatte. In: *Aus Politik und Zeitgeschichte*, Beilage zur Wochenzeitung *Das Parlament*, B 13/70

Köttgen, A., Der Einfluß des Bundes auf die deutsche Verwaltung und die Organisation der bundeseigenen Verwaltung. In: *Jahrbuch des öffentlichen Rechts* NF, Band 3, 1954, S. 67 ff. sowie Band 11, 1962, S. 173 ff.

Köttgen, A., Die Organisation der Landesregierung und Landesverwaltung Schleswig-Holstein. In: *Die Öffentliche Verwaltung*, 1951, S. 546 ff.

Landesrechnungshof Schleswig-Holstein, *Denkschrift für das Rechnungsjahr 1965*, Kiel 1966

Landesrechnungshof(es) Nordrhein-Westfalen, Präsident des (Hg.), *40 Jahre Landesrechnungshof Nordrhein-Westfahlen 1948 - 1988*, Düsseldorf 1988

Landesrechnungskammer Schleswig-Holstein, *Denkschrift und Bemerkungen zum Rechnungsjahr 1948*, Schleswig 1951

Landesrechnungskammer Schleswig-Holstein, *Denkschrift und Bemerkungen zum Rechnungsjahr 1950*, Schleswig 1952

Lepsius, M.R., *Interessen, Ideen und Institutionen*, Opladen 1990

Lepsius, M.R., Modernisierungspolitik als Institutionenbildung: Kriterien institutioneller Differenzierung. In: ders. 1990, a.a.O., S. 53 ff.

Lepsius, M. R., Der europäische Nationalstaat: Erbe und Zukunft. In: ders. 1990, a.a.O., S. 256 ff.

Loeser, R., *Theorie und Praxis der Mischverwaltung*, Berlin 1976

Loewenstein, K., Gruppenpluralismus und Machtdynamik (1959). In: Nuscheler/Steffani (Hg.): *Pluralismus - Konzeptionen und Kontroversen*, München 1972, S. 183 ff.

Lonhard, Otto-Günter, Die Rechnungsprüfungsbehörden in Baden und Württemberg (1945-1952). In: Rechnungshof Baden-Württemberg (Hg.) 1987, a.a.O., S. 61 ff.

Luhmann, N., *Legitimation durch Verfahren*, Neuwied 1972

Luhmann, N., *Zweckbegriff und Systemrationalität*, Frankfurt a.M. 1973

Luhmann, N., *Soziale Systeme*, Frankfurt a.M. 1984

Mangoldt, H. von, *Das Bonner Grundgesetz* (Kommentar), Berlin 1953

Mann, F.K., Geschichte der angelsächsischen Finanzwissenschaft In: *Handbuch der Finanzwissenschaft*, Band 1, Tübingen 1952, S. 469 ff.

Mann, F.K., *Finanztheorie und Finanzsoziologie*, Göttingen 1959

Mann, F.K., Finanzsoziologie In: *Handwörterbuch der Sozialwissenschaften*, Band 3, Göttingen 1961, S. 642 ff.

Mann, F.K., Finanzsoziologie. In: *Wörterbuch der Soziologie*, hrsg. von W.Bernsdorf, Stuttgart 1969, S. 290 ff.

Mann, F.K., Finanzpolitische Entscheidungen in einer pluralistischen Gesellschaft aus ökonomischer Sicht. In: Recktenwald (Hg.): *Finanzpolitik*, Köln 1969, S. 33 ff.

Marramao, G., *Macht und Säkularisierung*, Frankfurt a.M. 1989

Meckel, H./Kronthaler, O., *Das Bundesministerium für das Post- und Fernmeldewesen und die Deutsche Bundespost*, Frankfurt a.M. 1967

Morsey, R. (Hg.), *Verwaltungsgeschichte. Aufgaben, Zielsetzungen, Beispiele. Vorträge und Diskussionsbeiträge der verwaltungsgeschichtlichen Arbeitstagung 1976 der Hochschule für Verwaltungswissenschaften*, Berlin 1977

Morsey, R., Personal- und Beamtenpolitik im Übergang von der Bizonen- zur Bundesverwaltung (1947 - 1950). Kontinuität oder Neubeginn? In: ders. (Hg.) 1977, a.a.O., S. 191 ff.

Müller, U., Die Gründungsgeschichte des Rechnungshofs von Berlin. In: Pirker (Hg.) 1987, a.a.O., S. 131 ff.

Neumark, F., *Der Reichshaushaltsplan. Ein Beitrag zur Lehre vom öffentlichen Haushalt*, Jena 1929

Niermann, E., *Die Errichtung selbständiger Bundesoberbehörden und ihr Verhältnis zu Landesbehörden nach Art. 87 Abs. III, Satz 1 des Grundgesetzes*, Hagen 1951

Nobis, F., *Das Bundesministerium für Ernährung, Landwirtschaft und Forsten*, Bonn 1971

Otto, Ge., *Ökonomie und Ethik im Verwaltungshandeln. Konzeptionelle Anmerkungen zu den Wirkungsmechanismen der Rechnungshöfe im modernen Finanz- und Steuerstaat (Berliner Arbeitshefte und Berichte zur sozialwissenschaftlichen Forschung*, Nr. 32), Berlin 1990

Otto, Ge./Weinert, R., Die Entwicklung des Finanzkontrollwesens in der amerikanischen und französischen Zone. In: Pirker (Hg.) 1987, a.a.O., S. 93 ff.

Otto, V., *Staatsverständnis des Parlamentarischen Rates*, Düsseldorf 1977

Peucker, H., *Grundlagen neuzeitlicher Finanzkontrolle*, Göttingen 1952

Pfuhlstein, F. von, Der Weg von der Preußischen Generalkammer zum Bundesrechnungshof. In: Bundesrechnungshof (Hg.), a.a.O., 1964, S. 7 ff.

Pfuhlstein, F. von, Über die Institution des Bundesbeauftragten für Wirtschaftlichkeit in der Verwaltung. In: Schiffer/Karehnke (Hg.) 1975, a.a.O., S. 375 ff.

Pirker, Th., Staatsautorität und pluralistische Ordnung. In: *Gewerkschaftliche Monatshefte*, Heft 10/1952

Pirker, Th., *Die verordnete Demokratie*, Berlin 1977

Pirker, Th. (Hg.), *Schreibdienste in obersten Bundesbehörden. Eine vergleichende Untersuchung*, Frankfurt a.M. 1981

Pirker, Th. (Gilles, F.-O./Otto, Ge./Weinert, R.), Finanzkontrolle zwischen Föderalismus und Zentralismus. Der Bayerische Oberste Rechnungshof von 1919 - 1952. In: Bayerische Landeszentrale für politische Bildungsarbeit (Hg.) 1987, a.a.O., S. 39 ff.

Pirker, Th. (Hg.), *Rechnungshöfe als Gegenstand zeitgeschichtlicher Forschung. Entwicklung und Bedeutung der Rechnungshöfe im 20. Jahrhundert*, Berlin 1987

Pirker, Th. (Hg.), *Autonomie und Kontrolle. Beiträge zur Soziologie des Finanz- und Steuerstaates*, Berlin 1989

Pirker, Th., Autonomie und Kontrolle. In: ders. (Hg.) 1989, a.a.O., S. 7 ff.

Pirker, Th., *Restauration und Reform. Die Krise und der Zerfall kommunistischer Herrschaftssysteme (Berliner Arbeitshefte und Berichte zur sozialwissenschaftlichen Forschung*, Nr. 20), Berlin 1990

Pistorius, Th. von., Integrationslehre und Finanzwissenschaft. In: *Zeitschrift für die gesamte Staatswissenschaft*, Heft 3/1929 (Band 87), S. 489 ff.

Projektgruppe Regierungs- und Verwaltungsreform beim Bundesminister des Innern, *Bericht zur Verlagerung von Aufgaben aus den Bundesministerien*, Bonn 1972

Pünder, D., *Von Preußen nach Europa*, Stuttgart 1968

Pünder, T., *Das bizonale Interregnum. Die Geschichte des Vereinigten Wirtschaftsgebietes 1946 - 1949*, Waiblingen 1966

Randel, E., *Das Bundesministerium für Wirtschaft*, Frankfurt a.M. 1966

Rechnungshof Baden-Württemberg (Hg.), *Finanzkontrolle in Baden-Württemberg. Beiträge zur Geschichte, Aufgaben und Arbeit der Rechnungsprüfungsbehörde*, Karlsruhe 1987

Recktenwald, H.C., Umfang und Struktur der öffentlichen Ausgaben in säkularer Entwicklung. In: *Handbuch der Finanzwissenschaft*, Band 1, Tübingen 1973, S. 713

Reger, Hans, Die gemeinsame Prüfung durch die Rechnungshöfe des Bundes und der Länder. Geschichte, Verfassungsgrundlage, Ausblick. In: *Der Öffentliche Haushalt*, Heft 3/1967/68, S. 130 ff.

Reusch, U., Die Londoner Institutionen der britischen Deutschlandpolitik 1943 - 1948. Eine behördengeschichtliche Untersuchung. In: *Historisches Jahrbuch 1980*, S. 318 ff.

Reusch, U., *Deutsches Beamtentum und britische Besatzung 1943 - 1947*, Stuttgart 1985

Ritschl, H., *Theorie der Staatswirtschaft und Besteuerung*, Bonn 1925

Rittershausen, H., *Die Zentralnotenbank. Ein Handbuch ihrer Instrumente, ihrer Politik und ihrer Theorie*, Frankfurt a.M. 1962

Rump, J., *Die Errichtung selbständiger Bundesoberbehörden und des ihnen unterstellten Verwaltungsunterbaus nach Art. 87 Abs. 3 GG*, Köln 1978 (Diss.)

Rüß, G., *Anatomie einer politischen Verwaltung*, München 1973

Saemisch, F.E.M., *Die Kontrolle der staatlichen Finanzwirtschaft*, Berlin 1931

Scharf, C./Schröder, H.-J. (Hg.), *Politische und ökonomische Stabilisierung Westdeutschlands 1945 - 1949. Fünf Beiträge zur Deutschlandpolitik der westlichen Alliierten*, Wiesbaden 1977

Scharf, C./Schröder, H.-J. (Hg.), *Die Deutschlandpolitik Großbritanniens und die britische Zone 1945 - 1949*, Wiesbaden 1979

Schäfer, H., Die bundeseigene Verwaltung. In: *Die Öffentliche Verwaltung*, Heft 10/1958, S. 241 ff.

Schäfer, Th., *Die Schleswig-Holsteinische Gemeinschaft 1950 - 1958*, Neumünster 1987

Schäffle, A.E.F., *Die Steuern*, 2 Bände, Leipzig 1895, 1897

Scherpenberg, J. von, *Öffentliche Finanzwirtschaft in Westdeutschland 1944 - 1948. Steuer- und Haushaltswesen in der Schlußphase des Krieges und den unmittelbaren Nachkriegsjahren dargestellt unter besonderer Berücksichtigung der Entwicklung in der britischen Zone*, Frankfurt a.M. 1984

Scherpenberg, J. von, Die Rekonstruktion der öffentlichen Finanzwirtschaft. In: Foschepoth/Steininger (Hg.), *Britische Deutschland- und Besatzungspolitik 1945 - 1949*, Paderborn 1985, S. 213 ff.

Schiffer, E./Karehnke, H. (Hg.), *Verfassung, Verwaltung, Finanzkontrolle. Festschrift für Hans Schäfer zum 65. Geburtstag*, Köln 1975

Schmitt, C., *Die geistesgeschichtliche Lage des heutigen Parlamentarismus*, München 1926

Schmitt, C., *Positionen und Begriffe im Kampf um Weimar*, Hamburg 1940

Schmölders, G., *Das Irrationale in der öffentlichen Finanzwirtschaft. Probleme der Finanzpsychologie*, Hamburg 1960

Schmölders, G., *Steuermoral und Steuerbelastung*, Berlin 1932

Schumpeter, J.A., Die Krise des Steuerstaats (Graz 1918). In: Hickel (Hg.) 1976, a.a.O., S. 317 ff.

Schumpeter, J.A., *Kapitalismus, Sozialismus und Demokratie*, München 1950

Schweigert, E., *Die Finanzverwaltung Westdeutschlands in der Zeit vom Ende des 2. Weltkrieges bis zu ihrer Neuordnung durch das Grundgesetz* (*Schriftenreihe des Bundesministeriums der Finanzen*, Heft 12), Bonn 1970

Schwerin von Krosigk, L. Graf, *Memoiren*, Stuttgart 1977

Sigg, W., *Die Stellung der Rechnungshöfe im politischen System der Bundesrepublik Deutschland*, Berlin 1983

Sörgel, W., *Konsens und Interesse*, Stuttgart 1969

Sultan, H., *Die Staatseinnahmen. Versuch einer soziologischen Finanztheorie als Teil einer Theorie der politischen Ökonomie*, Tübingen 1932

Sultan, H., Finanzwissenschaft und Soziologie. In: *Handbuch der Finanzwissenschaft*, Band 1, Tübingen 1952, S. 66 ff.

Thies, J., What is going on in Germany? Britische Militärverwaltung in Deutschland 1945/46. In: Scharf/Schröder (Hg.), a.a.O., S. 29 ff.

Tiemann, S., *Die staatsrechtliche Stellung der Finanzkontrolle des Bundes*, Berlin 1974

Tyrell, A., *Großbritannien und die Deutschlandplanung der Alliierten 1941 - 1945*, Frankfurt a.M. 1987

Unruh, G.-Ch. von, Verwaltungsreformen - Vorhaben und Ergebnisse seit dem Ausgang des 19. Jahrhunderts. In: Morsey (Hg.), a.a.O., S. 23 ff.

Veit, O., Grundlagen der Steuermoral. Eine finanzsoziologische Studie. In: *Zeitschrift für die gesamte Staatswissenschaft*, Heft 2/1927 (Bd. 83), S. 317 ff.

VfELF-Gutachten, Bericht der von der Verwaltung für Finanzen bestimmten Kommission über die *Prüfung der Verwaltung für Ernährung, Landwirtschaft und Forsten des Vereinigten Wirtschaftsgebietes*, Frankfurt am Main 1948

VfW-Gutachten, Bericht der von der Verwaltung für Finanzen bestimmten Kommission über die *Prüfung der Verwaltung für Wirtschaft des Vereinigten Wirtschaftsgebiets*, Frankfurt am Main 1948

Vogel, W., *Westdeutschland 1945 - 1950. Der Aufbau von Verfassungs- und Verwaltungseinrichtungen über den Ländern der drei westlichen Besatzungszonen.* Teil I - *Geschichtlicher Überblick; oberste beratende Stellen und Einrichtungen für Gesetzgebung, Verwaltung und Rechtsprechung; einzelne Verwaltungszweige: Ernährung, Landwirtschaft und Forsten*, Koblenz 1956

Vogel, W., *Westdeutschland 1945 - 1950. Der Aufbau von Verfassungs- und Verwaltungseinrichtungen über den Ländern der drei westlichen Besatzungszonen.* Teil II - *Einzelne Verwaltungszweige: Wirtschaft, Marshallplan, Statistik*, Boppard a.Rh. 1964

Vogel, W., *Westdeutschland 1945 - 1950. Der Aufbau von Verfassungs- und Verwaltungseinrichtungen über den Ländern der drei westlichen Besatzungszonen.* Teil III - *Einzelne Verwaltungszweige: Finanzen, Post und Verkehr, Arbeit und Soziales, Flüchtlinge, Suchdienst und Kriegsgefangene, Justiz, Inneres*, Boppard a.Rh. 1983

Watt, D.C., Hauptprobleme der britischen Deutschlandpolitik 1945 - 1949. In: Scharf/Schröder (Hg.) 1979, a.a.O., S. 15 ff.

Weber, W., *Spannungen und Kräfte im westdeutschen Verfassungssystem*, Stuttgart 1958 (2. erw. Aufl.)

Weddigen, W., Die Aufgaben der Finanzwissenschaft. In: *Zeitschrift für die gesamte Staatswissenschaft*, Heft 2/1929 (Band 87), S. 360 ff.

Weinert, R., Bruchloser Übergang? Zur Kontinuität der öffentlichen Finanzkontrolle im NS-Staat und im Nachkriegsdeutschland. In: Pirker (Hg.) 1989, a.a.O., S. 64 ff.

Weinert, R., Wie ein "Veilchen im Verborgenen" - Der Rechnungshof des Deutschen Reiches im Zweiten Weltkrieg. In: Pirker (Hg.) 1987, a.a.O., S. 51 ff.

Wengst, U., *Staatsaufbau und Regierungspraxis 1948 - 1953. Zur Geschichte der Verfassungsorgane der Bundesrepublik Deutschland*, Düsseldorf 1984

Wengst, U., *Beamtentum zwischen Reform und Tradition*, Düsseldorf 1988

Wieland, L., *Das Bundesministerium für Vertriebene, Flüchtlinge und Kriegsgeschädigte*, Frankfurt a.M. 1968

Wittrock, K., Möglichkeiten und Grenzen der Finanzkontrolle. Das Verhältnis des Bundesrechnungshofes zum Bundestag. In: *Zeitschrift für Parlamentsfragen*, Heft 2/1982, S. 209 ff.

Wittrock, K., Das Ende des Reichsrechnungshofs und die Versuche eines Neubeginns. In: *Die Öffentliche Verwaltung*, Heft 8/1986, S. 329 ff.

Wittrock, K., Das Bundesrechnungshofgesetz im Lichte historischer Rückblende. In: Pirker (Hg.) 1987, a.a.O., S. 155 ff.

Wormit, H.-G., Der erste Sekretär erinnert sich. In: Titzck (Hg.), *Landtage in Schleswig-Holstein gestern - heute - morgen*, Neumünster 1987, S. 203 ff.

Wörtliche Berichte und Drucksachen des Wirtschaftsrates des Vereinigten Wirtschaftsgebietes 1947 - 1949, hrsg. vom Institut für Zeitgeschichte und dem Deutschen Bundestag, Wissenschaftliche Dienste, Bearbeiter: Christoph Weisz und Hans Woller, Band 2: *1. - 22. Vollversammlung*, München 1977

Wörtliche Berichte und Drucksachen des Wirtschaftsrates des Vereinigten Wirtschaftsgebietes 1947 - 1949, hrsg. vom Institut für Zeitgeschichte und dem Deutschen Bundestag, Wissenschaftliche Dienste, Bearbeiter: Christoph Weisz und Hans Woller, Band 3: *23. - 40. Vollversammlung*, München 1977

Wörtliche Berichte und Drucksachen des Wirtschaftsrates des Vereinigten Wirtschaftsgebietes 1947 - 1949, hrsg. vom Institut für Zeitgeschichte und dem Deutschen Bundestag, Wissenschaftliche Dienste, Bearbeiter: Christoph Weisz und Hans Woller, Band 4: *Drucksachen Nr. 1 - 637*, München 1977

Wörtliche Berichte und Drucksachen des Wirtschaftsrates des Vereinigten Wirtschaftsgebietes 1947-1949, hrsg. vom Institut für Zeitgeschichte und dem Deutschen Bundestag, Wissenschaftliche Dienste, Bearbeiter: Christoph Weisz und Hans Woller, Band 6: *Drucksachen Nr. 1183 - 1672*, München 1977

Zavelberg, H.G. (Hg.), *Die Kontrolle der Staatsfinanzen - Geschichte und Gegenwart 1714 - 1989. Festschrift zur 279. Wiederkehr der Errichtung der Preußischen General-Rechen-Kammer*, Berlin 1989

GPSR Compliance

The European Union's (EU) General Product Safety Regulation (GPSR) is a set of rules that requires consumer products to be safe and our obligations to ensure this.

If you have any concerns about our products, you can contact us on ProductSafety@springernature.com

In case Publisher is established outside the EU, the EU authorized representative is:

Springer Nature Customer Service Center GmbH
Europaplatz 3
69115 Heidelberg, Germany

Batch number: 10809472

Printed by Printforce, the Netherlands